前方後円墳の築造と儀礼

塩谷 修 著

同成社

目　次

序章　前方後円墳の築造と儀礼について……………………………………………3

はじめに　3
第1節　古墳における儀礼の研究史　3
第2節　問題の所在と研究のねらい──前方後円墳における儀礼研究の展望──　13

第1章　前期古墳の土器祭祀──関東地方を中心に──……………………………25

はじめに　25
第1節　古墳出土土器の様相　25
第2節　出土状況と器種組成　31
第3節　土器群を出土する古墳について　36
まとめ　41
附節　畿内大型前方後円墳の土器祭祀　43

第2章　埋葬施設上土器祭祀の系譜………………………………………………55

はじめに　55
第1節　土器祭祀の源流　55
第2節　畿内と吉備　62
第3節　初期古墳祭祀の系譜と意義　68
まとめ　71

第3章　壺形埴輪の性格と歴史的意義……………………………………………75

はじめに──問題の所在──　75
第1節　各地の壺形埴輪　76
第2節　壺形埴輪の分類　78
第3節　壺形埴輪の系譜と変遷　82
第4節　出土古墳からみた性格　88
まとめ　92

第4章　前方後方墳の築造と儀礼の波及
——東山道・東海道東縁からみた前方後方墳の特質—— …… 97

はじめに　97
第1節　分布特徴と各地の動向　101
第2節　規模と墳丘形態　106
第3節　立地と群構成　108
第4節　儀礼とその系譜　110
第5節　前方後方墳と前方後円墳　112
まとめ　114

第5章　前方後円墳の築造と儀礼の波及
——器台形円筒埴輪と壺形埴輪の検討—— …… 119

はじめに　119
第1節　常陸北部久慈川中流域の事例と問題提起——星神社古墳・梵天山古墳資料の分析——　120
第2節　梵天山古墳群の成立と展開　125
第3節　器台形円筒埴輪と壺形埴輪の検討——祭祀儀礼の特色と波及——　128
まとめ　133

第6章　土器祭祀の展開と「造り出し」の成立 …… 137

はじめに　137
第1節　土器祭祀の展開と画期　137
第2節　「造り出し」の系譜　146
まとめ——「造り出し」の成立——　155

第7章　盾持人物埴輪の特質と歴史的意義 …… 161

はじめに　161
第1節　資料群と分析の視点　162
第2節　資料の分析　162
第3節　変遷と地域色　173
第4節　特質と埴輪配置の意味　179
まとめ　184

第8章　家形埴輪と前方後円墳の儀礼　………………………………………………………189

はじめに　189

第1節　形式と配置状況の分類　190

第2節　家形埴輪の変遷とその意味　199

第3節　家形埴輪の特質　216

まとめ——家形埴輪と前方後円墳の儀礼的性格——　222

第9章　古墳時代後期の前方後円墳と儀礼
　　　　　——常総地域における後期・終末期古墳をとおして——　………………………227

はじめに——研究の視点——　227

第1節　古墳時代後期の認識　228

第2節　古墳の変遷——首長系譜と前方後円墳の消長——　229

第3節　埋葬施設の特徴と変遷　235

第4節　埴輪配置と土器供献の変遷　240

まとめ　242

終章　前方後円墳における儀礼と時代観　………………………………………………………249

挿図出典一覧　257

初出一覧と編集方針　265

あとがき　267

索　引　269

挿図・表目次

【挿図】

第1図	王塚古墳後室左・右壁の彩色壁画	8
第2図	高井田山古墳出土土器	11
第3図	人物埴輪形式の配置関係模式図	13
第4図	前期古墳の埋葬頭位の地域性	16
第5図	関東地方の土師器出土古墳分布図	26
第6図	A類の土師器群（1）	33
第7図	A類の土師器群（2）	34
第8図	B類の土師器群（1）	35
第9図	B類の土師器群（2）	36
第10図	C類の土師器群	37
第11図	天皇陵古墳出土の土師器	45
第12図	箸墓古墳の出土位置	47
第13図	平尾城山古墳後円部出土土器	48
第14図	那須八幡塚古墳出土の二重口縁壺形土器	50
第15図	能満寺古墳出土土器実測図	56
第16図	北作1号墳出土土器実測図	57
第17図	勅使塚古墳、駒形大塚古墳　出土土器実測図	58
第18図	神門4号墓・5号墓、小田部墓　出土土器実測図	61
第19図	神門4号墓土器出土状況	62
第20図	見田大沢4号墓出土の壺形土器	63
第21図	黒宮大塚墳丘墓竪穴式石室上出土の土器群と出土状況	64
第22図	楯築墳丘墓の中心埋葬施設と円礫堆の断面図	65
第23図	円礫堆出土の特殊器台形土器	66
第24図	西谷3号墓埋葬施設上土器群の出土状況	67
第25図	西谷3号墓埋葬施設上土器群	68
第26図	高松C墳墓出土土器実測図	69
第27図	弘法山古墳出土土器実測図	70
第28図	都月1号墳の特殊器台形円筒埴輪・壺形埴輪	75
第29図	壺形埴輪実測図集成（1）	79
第30図	壺形埴輪実測図集成（2）	80

第 31 図	相似形の古墳（１）	91
第 32 図	相似形の古墳（２）	91
第 33 図	相似形の古墳（３）	91
第 34 図	甲斐銚子塚古墳と朝子塚古墳の墳形比較	92
第 35 図	関東地方の弥生後期の遺跡分布と墳墓	97
第 36 図	北関東の前方後方墳分布図	102
第 37 図	1期の分布図	103
第 38 図	2期の分布図	103
第 39 図	3期の分布図	104
第 40 図	4期の分布図	104
第 41 図	前方後方形墳墓の類型	107
第 42 図	前方後方墳の前方部長指数（前方部長／後方部長）	108
第 43 図	箸墓古墳　特殊器台形・特殊壺形埴輪と底部穿孔有段口縁壺形土器（壺形埴輪）	119
第 44 図	星神社古墳と梵天山古墳群	120
第 45 図	星神社古墳墳丘測量図	121
第 46 図	星神社古墳　器台形円筒埴輪・底部穿孔有段口縁壺（壺形埴輪）	122
第 47 図	梵天山古墳墳丘測量図	124
第 48 図	梵天山古墳　底部穿孔有段口縁壺（壺形埴輪）	125
第 49 図	高山塚古墳墳丘測量図	127
第 50 図	川井稲荷山古墳の器台形円筒埴輪	131
第 51 図	東殿塚古墳の器台形円筒埴輪	131
第 52 図	箸墓古墳の想定復原図	132
第 53 図	ホケノ山古墳石囲い木槨上端出土の壺形土器	132
第 54 図	2～3期の土器（１）	141
第 55 図	2～3期の土器（２）	142
第 56 図	4期の土器（１）	143
第 57 図	4期の土器（２）・5期の土器	144
第 58 図	森将軍塚古墳後円部台形状施設	147
第 59 図	森将軍塚古墳台形状施設出土埴輪・土器	148
第 60 図	森将軍塚古墳後円部背面墳麓出土土器	149
第 61 図	台形状施設をもつ古墳実測図	150
第 62 図	櫛山古墳出土土器・土製品	152
第 63 図	寺戸大塚古墳後円部の土器供献	155
第 64 図	赤土山古墳後円部東側後方台形状施設（造り出し）と家形埴輪出土状況	157
第 65 図	盾持人物埴輪の類型（盾部1）	166
第 66 図	盾持人物埴輪の類型（盾部2）	167

第 67 図	盾持人物埴輪の類型（頭部 1）	168
第 68 図	盾持人物埴輪の類型（頭部 2）	169
第 69 図	瓦塚古墳中堤の埴輪配置	173
第 70 図	観音山古墳墳丘中段の埴輪配置	173
第 71 図	塚廻り 1 号墳前方部の埴輪配置	173
第 72 図	盾持人物埴輪の顔面・頭部規模（幅×高さ）	180
第 73 図	河南鄭州二里崗漢代画像磚	183
第 74 図	河南洛陽北魏孝昌 2 年（526）侯剛墓誌蓋刻画	183
第 75 図	家形埴輪各部名称模式図	191
第 76 図	平尾城山古墳出土家形埴輪の基部	202
第 77 図	庵寺山古墳出土の入母屋平屋建物	210
第 78 図	家形埴輪（切妻形式）	211
第 79 図	家形埴輪（入母屋形式）1	212
第 80 図	家形埴輪（入母屋形式）2	213
第 81 図	家形埴輪（寄棟形式）	214
第 82 図	家形埴輪と共存する土製供物	217
第 83 図	家形埴輪と共存する供献土器（金蔵山古墳）	217
第 84 図	佐味田宝塚古墳出土の家屋紋鏡	218
第 85 図	西都原 170 号墳出土の子持家形埴輪	218
第 86 図	富士山古墳出土の入母屋家形埴輪	221
第 87 図	弥生墳丘墓と古墳の変遷概念図	229
第 88 図	常総地域の主要古墳分布図	230
第 89 図	常総地域の古墳変遷図	232
第 90 図	箱式石棺・横穴式石室変遷図（1）	238
第 91 図	箱式石棺・横穴式石室変遷図（2）	239
第 92 図	横穴式石室後室の造り付け石棺	240
第 93 図	古墳出土供献土器変遷図	241

【表】

第 1 表	Ⅰ群の古墳概要一覧	38
第 2 表	Ⅱ群の古墳概要一覧	39
第 3 表	Ⅲ群の古墳概要一覧	40
第 4 表	天皇陵古墳出土の土師器と円筒埴輪	47
第 5 表	埋葬施設上の土器群を出土する初期古墳一覧	56
第 6 表	弥生時代方形周溝墓一覧	59
第 7 表	壺形埴輪出土古墳一覧	77

第 8 表	壺形埴輪の分類一覧	81
第 9 表	壺形埴輪出土古墳の副葬品一覧	84
第 10 表	出土鏡の組成（１）	85
第 11 表	出土鏡の組成（２）	85
第 12 表	器台形円筒・円筒埴輪をもつ前方後方墳一覧	89
第 13 表	前方後方墳一覧	98
第 14 表	上野の前方後方墳編年表	105
第 15 表	下野・常陸の前方後方墳編年表	105
第 16 表	前方後方墳出土の土器	111
第 17 表	器台形円筒埴輪を出土する主な前方後円（方）墳	129
第 18 表	底部穿孔有段口縁壺（壺形埴輪）を出土する前期前方後円（方）墳	130
第 19 表	関東地方の古墳出土土器編年表	146
第 20 表	新沢千塚古墳群　土器出土古墳一覧	154
第 21 表	盾持人物埴輪一覧	163
第 22 表	盾持人物埴輪の配置状況分類	170
第 23 表	盾持人物埴輪と共存する形象埴輪群構成表	171
第 24 表	盾持人物埴輪の形態時期別分類（盾部）	174
第 25 表	盾持人物埴輪の形態時期別分類（頭部）	177
第 26 表	各地の家形埴輪一覧	192
第 27 表	家形埴輪の形式分類	200
第 28 表	家形埴輪の形式と配置状況	204
第 29 表	関東地方の後期大型前方後円墳の規模と数	228
第 30 表	畿内地方の後期大型前方後円墳の規模と数	228
第 31 表	終末期古墳の墳丘規模	234
第 32 表	常総地域の主な後期・終末期古墳	236

前方後円墳の築造と儀礼

序章　前方後円墳の築造と儀礼について

はじめに

　古墳時代は、列島各地の首長層が大和の前方後円墳を頂点に同一の喪葬儀礼を共有し、擬制的な同祖同族関係に基づく大和政権主導の政治的連合体制によって統合されていたとの考えがある[1]。その意味で、この時代は前方後円墳の時代（およそ3世紀後半〜7世紀初頭）と呼ぶにふさわしいし、前方後円墳そのものが時代史研究の中心的な資料ともいえる。

　古墳時代の研究には、文化史と政治史と大きく二つの潮流がある。また、時代の象徴ともいえる前方後円墳の築造は儀礼を軸に展開しており、大王や王、地方の首長の死に際して執り行われるもので、それは喪葬の儀式であると同時に政治的儀式でもある。これらの点から考えてみても、前方後円墳を資料に時代史を研究する方向性には、思想・文化史的アプローチと政治史的アプローチとの両面が求められる。

　本書は、上記の考えのもとに、前方後円墳の築造と儀礼をテーマにその思想・文化史的背景や政治史的背景について考察し、古墳時代史の一端を明らかにしようとするものである。まずは、本章において、古墳における儀礼の研究史を整理し、前方後円墳の築造とそれに伴う儀礼研究の展望を提示したい。

第1節　古墳における儀礼の研究史

　ここでは、古墳時代研究のなかで、古墳築造に伴う儀礼をテーマにした研究、あるいはそれに言及した研究について、（1）前方後円墳の出現と喪葬儀礼、（2）古墳築造と儀礼の諸段階および変遷、（3）土器と埴輪と儀礼の3点を視点に概観する。研究の目的や問題意識、対象とする地域や時期など、その内容はさまざまであるが、本研究に焦点を集約し、総体として研究の現状と到達点を把握することに努めたい。このため、研究史を整理するという観点から、基本的に項目ごとに研究の年代順に記述することとしたい。

1. 前方後円墳の出現と喪葬儀礼

　古墳時代の始まりは、新たな政治中枢の擁立という点で大和における巨大前方後円墳の出現を契機としていると考えられる。巨大前方後円墳の成立に喪葬儀礼がどのような歴史的意味をもって

いたのか、また前方後円墳は本質的にどのような思想的背景のもとに、どのような儀礼体系を具有し成立したのか、これらは前方後円墳の時代とその歴史性を考える上で重要な論点と考える。

我が国特有の墓制である前方後円墳とはいかなるものか。古くは1900年代前半に、梅原末治は当時の遺骸保存の簡単な点や封土と埋葬施設の層序関係から、前方後円墳の大部分は生前に造営されたものと見られるとして実証的な観点から前方後円墳が寿陵であろうと考えた。また梅原は、くびれ部に中国の祠堂を想起させる家形埴輪があることや、前方部に祭器片がある二、三の事例から、前方部が祭壇として付加された施設である可能性を示唆している。その後小林行雄も、「（前方部）は儀式場とよんでも、祭壇とよんでもよい広場を、後円部より一段低い位置に設置しようとする計画によってうまれたものである。しかもそこは、外部からみれば神聖な墓域の内部であったから、のちにそこが埋葬の場に転用されることがあったとしても、不思議ではないといえよう」と述べ、二次的な埋葬の場ともなった前方部がもともとは儀式の場として成立したものであるとして、前方部祭壇説を踏襲している。前方後円墳が被葬者の生前に築造された寿陵であるとの考えや、埋葬の場である後円部に対し、前方部は祭壇として付加された祭祀の場、儀式の場であるとの考えは、論証する具体例がきわめて少なかった当時の一つの仮説ではあったが、前方後円墳の本質に迫る重要な指摘でもあった。

近藤義郎は、はじめて前方後円墳の出現・成立について論理的かつ歴史的な解釈を行った。近藤は、「前方後円墳の築造を通じて各地部族連合の首長と大和連合との［間に結ばれた※筆者注］擬制的同族的結合、（中略）その結合の内容は、いうまでもなく、畿内中枢としての大和連合を盟主とする一種の政治的、経済的交流であった。そして、この結合は首長霊の鎮魂・継承、祖霊と一体のものとしての首長霊の継承祭式の型式を共有する点において、諸部族社会の構造的均質性の上に成り立ったものである」とし、前方後円墳の成立は大和連合を盟主とする擬制的同族的結合によるものであり、弥生墓における喪葬祭祀の具体例から、前方後円墳とともに、首長霊を継承する共通の祭祀型式が創出されたことに重要な歴史的意味があると考えた。その後、近藤のこの論説を契機に、前方後円墳がもつ思想的・政治的背景や、具体的な儀礼体系についての新たな考えが提起されるようになる。

都出比呂志は、埋葬の過程で墓壙内壁、粘土床上面、木棺外面、石室壁体内側、天井石、被覆粘土上面などに赤色顔料が塗られており、繰り返される赤色塗布を通じて死者を永遠に密閉する方式が前期古墳の喪葬の原理と考えた。また、京都府向日市寺戸大塚古墳では、最終的に墓壙を埋め終えた後、墳頂に方形壇を築いており、この壇の外側辺から集中的に出土した破砕された高杯や小型壺から、ここでの飲食物供献あるいは共食の儀礼を想定した。この後、円筒埴輪が方形壇の上と外郭さらには墳丘斜面の平坦面にも配置され、この埴輪なる象徴物を残してすべての儀礼は終了するとした。都出は、前方後円墳は墓でありながら墓ではないものへと変化したのであり、首長権継承儀礼を挙行する祭壇としての政治的記念物がここに創造されたのであると結論付けた。また、「前方後円墳の誕生に、中国思想が影響を与えた形跡がある」とし、埋葬における北枕の思想、後円部の三段築成、朱の愛好と、畿内中枢における定型化した前期前方後円墳の三つの特徴をあげ、その思想的背景にも言及した。

和田晴吾は、前・中期の事例をもとに前方後円墳の築造と儀礼との関係を整理し、「墓域を定め、墳丘を築き、墓坑を掘削し、石槨を営みつつ、棺を安置し、遺体や副葬品を納めた後、墓坑を埋めもどし、葺石・埴輪を整え、古墳づくりは終了する。この間、複数箇所において、炭や灰（火の使用）、あるいは土器や石製品や土製品などといった遺物の出土から、何らかの儀礼が行われたことを推測させる痕跡が認められるが、ここでは墳丘の築造に先立つものを地鎮儀礼、墓坑の掘削から埋めもどしまでの一連の行為を納棺・埋納儀礼、墓坑の埋めもどし後の墳丘頂部でのものを墓上儀礼、墳丘裾部でのものを墓前儀礼としておく」とし、そのシステムの一層の概念化を図った。とくに、前・中期の古墳を宗教的側面から、遺体を密封する墓としての性格と、遺体の埋納が終わってから葺石を施し埴輪を配置して仕上げられた「他界の擬えもの」、つまり見たての他界としての性格の二面から捉えようと試みた[8]。また、古墳出現の背景に中国からの強い影響が想定され、寿陵の制もその重要な要素として伝来した可能性が高いとした。さらに、埋葬施設の棺・槨は、遺体を入念に保護・密封し、邪悪なものの侵入を防ぐためにその構築に多くの努力がはらわれており、この「辟邪」の思想とも呼ぶべきものも、古墳出現前夜に槨とともに伝わった中国の喪葬思想の中核をなす一要素であったと想定した[9]。

　和田は、「古墳を築造する過程、および遺体を取り扱う過程の全体が、まさに葬制に由来する儀礼的行為であった」とした[10]。福永伸哉も「前方後円（方）墳が地域的な社会構造の違いを残したまま、そこに覆い被さるようにきわめて短期間に広範囲で出現した要因として、それが列島の諸集団の統合を生み出すような儀礼の場としての性格を強く持って出発した」[11]とし、ともに前方後円墳に代表される古墳がもつ儀礼の場としての性格を強調した。前方後円墳は、築造から埋葬に至る行為そのものが、喪葬に直接かかわる人々の儀礼行為であったと考えられる。先の近藤や都出は、これを首長権（霊）の継承儀礼と捉えた。一方、広瀬和雄は、後円部墳頂の方形区画で執り行われた儀式で亡き首長はカミと化し、共同体を守護し繁栄を保障しつづけるという共同幻想が、前方後円墳祭祀の本質であったとした[12]。前方後円墳で執り行われる儀礼の歴史的意味を、前者は首長権の継承、つまり新首長と共同体秩序の儀礼的復活と考え、後者は儀礼を経てカミと化した亡き首長が共同体を守護すると考える[13]。

　前方後円墳の出現と儀礼については、上記のような諸見解が一定の成果・到達点として把握できる。これに対し白石太一郎の次の指摘は現状の課題として重要であろう。「古墳の被葬者は神をまつる司祭ではあっても、けっして神とは考えられていなかったと思われる。また前首長の古墳を造営するのは、その後継者に確定した新首長の重要な仕事であったことは疑いないから、古墳造営という行為が首長権の継承と不可分の関係にあったことは確かであろう。しかしそのことから古墳における埋葬儀礼を即首長権継承儀礼ととらえるのはあまりにも短絡的である。古墳の人物埴輪群像が首長権継承儀礼を表現したとする水野正好氏の興味深い仮説も、そのままの形では成立しがたい」[14]。

2. 古墳築造と儀礼の諸段階および変遷

　前方後円墳は、古墳を代表する象徴的記念物として登場した。重要な点は、前方後円墳がその

出現時から、儀礼の場としての性格を強くもっていたことで、その本質に連なる思想的背景や歴史的意味については古墳時代研究の重要な課題として議論されてきた。ここでは、それらを踏まえて、古墳築造と儀礼の諸段階、儀礼の変遷とその背景についてこれまでの研究成果を概観したい。

　戦後の古墳時代研究をリードした小林行雄は、墳形や埋葬施設の構造などから、古墳時代を前期（4世紀）、中期（4世紀末から5世紀）、後期（6、7世紀）の三時期に区分した。そのうえで、後期の典型的な埋葬法は中国や朝鮮で長い歴史をへてきた横穴式石室であったとし、黄泉戸喫（ヨモツヘグイ）や合葬墓、家族墓など新しい儀礼や葬法も、横穴式石室に伴って朝鮮から伝えられたと考えた。こうして横穴式石室は、死者が行くべき黄泉国と考えられるようになったのであり、古墳時代後期は他界思想などの変革の時代と説いた。[15]

　横穴式石室墳を典型とする古墳時代後期を、他界思想や喪葬儀礼の変革の時代とする理解はその後も継承され、学説として定着していく。白石太一郎は、「前期古墳と後期古墳とでは、そのイデオロギー的背景がある面では全く異質」と考え、横穴式石室に残る儀礼の痕跡から、「このように古墳をめぐる儀礼に大きな変化をうながした他界観の変化が、新しく大陸・半島から流入した黄泉国のイデオロギーに基づくものであり、当然それはまた古墳の横穴式系の埋葬施設、多量の須恵器・土師器の副葬に象徴される副葬品の変化、コトドワタシをはじめとする新しい埋葬儀礼などとともに一つのコンプレックスとして受容されたもの」と理解した。[16]

　都出比呂志も、前・中期の古墳では竪穴式原理の埋葬を行うこと、墳頂の平坦面を儀礼の場として重視すること、墳丘を三段築成することは有機的に結びついており、後期に横穴式石室を採用し、儀礼の場を墳頂から石室入口に移し、二段築成とすることは、古い祭祀体系を否定してこそ可能であったと考えた。都出は、「古墳時代の後期には前方後円墳の形骸は存続していたとしても、すでに前期以来の前方後円墳祭式の体系は、大きな変容を遂げていたということができよう」と述べ、後期の変革を前代の祭祀体系の否定、前方後円墳の形骸化として重視した。[17]

　古墳における儀礼研究の重要性を主張する土生田純之は、古墳の構築段階ごとに実施された儀礼について、古墳時代全般にわたる実例にあたり検証を試みている。[18]その結果、古墳の選地から完成までに実施された儀礼には、前述の和田と同様に「土器を用いた儀礼と焚火の二者が確認された」とし、弥生時代から古墳時代終末に至る普遍的な行為で、日本列島に広く浸透したと理解した。一方、5世紀末から6世紀前半のころ、日本で新来の来世観である黄泉国思想が理解されるようになると、すでに導入されていた横穴式石室の内部ではこの思想にふさわしい新たな儀礼であるヨモツヘグイやコトドワタシなどが施行されたとも考えた。土生田の指摘の特徴は、これを「死生観の大変革[19]」と捉えるとともに、「弥生時代以来の伝統的な儀礼が新来のそれに取ってかわられるのではなく、旧来の儀礼を継承しながら新しい儀礼をも重層的に採用した」と理解した所にある。なお、新来（外来）の黄泉国思想については、中国からの文物や技術の移入を認めつつ、中国思想の導入には高度な理解力が必要であるとし、[20]中国からの直接的な思想的影響を否定的に捉え、より朝鮮半島からの影響を重視した。

　菱田哲郎は、「筑紫君磐井の反乱あたりを起点として、六世紀中葉に整えられた統治機構は、ミヤケ、国造、部民制を通して、日本列島の広い範囲を版図とする国家の成立を意味する」という。

菱田は、このように国家形成において６世紀中葉を重視する立場から、畿内的な横穴式石室の本格的な普及や大王墓における埴輪祭式の終焉もこれと時期を同じくして、連動するものと考え、この時期に大王墓を中心に喪葬儀礼の革新があったと推測した。[21]

このように、古墳時代後期が、他界思想や喪葬儀礼の変革の時代とする理解が学説として定着していくなか、和田晴吾は、古墳において実施される諸儀礼を古墳祭祀と総称し、その思想内容や行為の実態に迫るため、研究の方向性をより具体的に提起した。和田は、棺と古墳祭祀という観点から、古墳時代における「据えつける棺」と「持ちはこぶ棺」の二種の棺の存在を提唱した。[22] そこでは、前・中期の竪穴式の埋葬施設と、後期に普及する横穴式石室の双方の墳丘築造と埋葬、および儀礼の手順を以下のように復原している。

【竪穴式】
①墳丘の築造[23]
②墓壙の掘削→墓壙内基礎工作→粘土床の設置→棺身の安置→石槨下部の構築［埋納儀礼の開始・納棺儀礼の舞台の完成］
③遺体の安置→棺内副葬品の配置→棺蓋の設置→棺外副葬品の配置［納棺儀礼の完了］
④石槨上部の構築→天井石の設置→粘土被覆→墓壙の埋め戻し［埋納儀礼の完了］

【横穴式石室】
①墓壙の掘削→石室基礎工作→(石室構築開始か)→棺の設置→石室の構築・墳丘の築造［石室・墳丘の完成］
②遺体の安置→館内副葬品の配置→棺蓋の設置［納棺儀礼・埋納の開始］
③棺外副葬品の配置→何らかの儀礼→石室入口の閉塞［埋納の終了］
④前庭での儀礼［墓前儀礼］

和田は、二種の棺の最大の差異は納棺儀礼を行う場の違い、すなわち持ちはこぶ棺の場合は古墳とは異なる場、つまり殯儀礼の場にあるのに対し、据えつける棺の場合は古墳の埋納儀礼の場にあると考えた。こうして先の手順をみると、後期の横穴式石室も前・中期の竪穴系の埋葬施設と同様に据えつける棺で、納棺儀礼と埋納儀礼は一体のものとしてあり、墳丘や内部施設の構築と不可分に結びついていたことを明らかにした。

さらに、後期に畿内を中心に定着、普及した横穴式石室では、遺体は前代と変わらず棺内に密封され、前・中期の密封を基本とする槨的な性格はそのまま受け継がれ、玄室内は死者の空間とはならなかったとし、石室内から出土する土器類も前代の墳丘上で行われた飲食物供献が場所を移して実施されたものとするなど、古墳築造に伴う儀礼のあり方において、前・中期と後期との連続性を強調した。[24]

古墳における儀礼や他界観の面から後期を変革の時代とする考えが通説化しつつあったが、和田の古墳祭祀論が提起されて以後、前・中期から後期への連続性、継続性を重視する論調が散見されるようになる。

白石太一郎は、古墳副葬品における農工具のセットについて、前期初頭以来、後期末葉の奈良県生駒郡斑鳩町藤ノ木古墳まで存続した倭国首長層の喪葬儀礼における伝統的な習俗であったとし

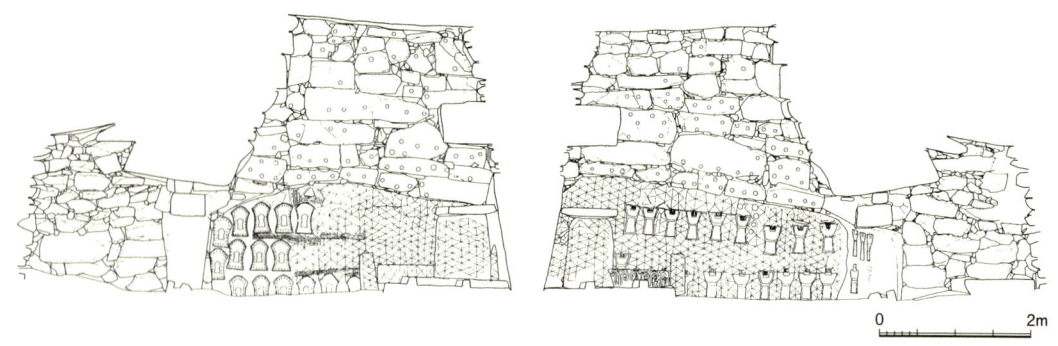

第1図　王塚古墳後室左・右壁の彩色壁画

て注目した。また白石は、日本の装飾古墳における他界観についても言及した。6世紀中葉の福岡県嘉穂郡桂川町王塚古墳後室の装飾は、上半部は多数の星がちりばめられた夜の世界、黄泉国であるとし、一方その下半部は辟邪の文様である連続三角文を地文に、靫、盾、弓、大刀など辟邪の意味をもつ武器・武具の図文が加えられ、「まさに後室は辟邪の文様・図文で埋め尽くされている」と読み解いた。白石の論説は、いずれも従来から前期古墳を特徴付けるとされてきた祭式や喪葬観念で、それらが後期にまで受け継がれていることを示唆した点に意義がある。白石は、前述の1970年代の自身の考えに修正を加えつつ、後期横穴式石室墳やその喪葬儀礼について、「日本の横穴式石室がその前提となる来世観やそれにもとづく儀礼と一体的なコンプレックスとして受容されたとは考えにくい」のであり、「横穴式石室の受容を、即新しい来世観・世界観の成立と考えるには慎重な態度が求められよう」と、問い直している。

　岩松保は、横穴系埋葬施設の横口や羨道・前庭は土で厚く埋め戻され、追葬時には逆に多大な労力が必要であったことに注意した。その構造は機能的に追葬を容易にという理由ではなく、他界観や死生観が反映する象徴的な理由があって生まれたと想定し、「横穴系埋葬施設は羨道を厚く土で盛り上げて閉塞し、玄室への［再※筆者注］入室時には必要最小限の入り口しか開けない。このような共通した閉塞・開口方法とともに、玄室に入る際の"動き"も、［竪穴系埋葬施設と同様に※筆者注］すべて"上から下へ"という動きで一致する」ことを指摘した。岩松は、「横穴系の埋葬施設の構造は、竪穴系埋葬施設の構造に、その源が辿れる。それゆえ、横穴系埋葬施設の他界観もまた竪穴系埋葬施設における他界観に収斂する可能性が指摘できるのである」と述べ、やはり両者の継続性を示唆した。

　こうしたなかで、あらためて古墳時代後期における外来思想の影響に注目し、その変革を重視する考えも提起されている。広瀬和雄は、「五世紀後半ごろ、横穴式石室と須恵器の副葬という大きな画期が、畿内の前方後円墳に訪れた」とし、横穴式石室やその儀礼は「霊肉分離の観念」を前提としており、5世紀後半ごろに朝鮮半島から伝わってきた外来思想であるとの新たな考えを提示した。こうした「霊肉二元論の観念にもとづく他界観の浸透が、伝統的な前方後円墳祭祀を変貌させていく」と解釈し、前方後円墳における古墳時代後期の変革には、この観念が大きく影響していたと主張した。

　向井佑介も、奈良県藤の木古墳や群馬県高崎市綿貫観音山古墳などの横穴式石室の棺のまわり

に垂れぎぬをめぐらす事例について、5世紀後葉から6世紀に流行する中国北朝の棺を覆う帷帳と共通する性格をもっており、誄や諡号など新たな喪葬儀礼とともに北朝から伝来した可能性を想定した。また、日本の横穴式石室についても、楽浪塼室墓の系譜をひく横穴式石室が朝鮮半島から日本列島へと伝えられたとして、その特徴が単室墓を主体とし明器や俑の副葬がほとんどみられず、石室内における食物供献儀礼が重視されるのは、中国東晋・南朝の墓制の影響と考えた。向井は、中国におけるより具体的な事例と比較し、古墳時代後期の墓制における中国思想の影響を重視することと、その再認識を促したのである。

3. 土器と埴輪と儀礼

　古墳から出土する土器と埴輪は、古墳築造と儀礼との関係を示唆する数少ない考古資料、つまり遺構・遺物の主要な構成要素として重要な位置を占めている。古墳の墳丘や付属施設内で行われた土器祭祀や埴輪配置がいかなるものか、その実態や変遷、性格、古墳築造と儀礼との関係における位置付けや意味について、これまでの研究の要点を一瞥しておきたい。なお、本書の内容もおもに土器祭祀や埴輪配置の論題とその考察が中心であり、以下は本書ではとりあげていない論考を中心に整理している。

　小林行雄は、日本の古墳において土器の副葬が顕著になるのは、須恵器製作の技術が朝鮮半島から伝来してからであるとし、横穴式石室内に土器を並置するようになり、その際に土器のなかに種々の食物を入れたのであろうと考えた[32]。こうして、小林は、「横穴式石室の内部を、死者の住む世界として、そこに生者の手で捧げられる最後の食物をおく儀礼は、やがて、その最後の食事をも、象徴的な副葬品であらわす風習を生み出した。それが土製の竈に釜と甑とをのせた、小型の竈一具を横穴式石室の入口ちかくにおさめる風習である」と理解し、記紀が記す「黄泉戸喫」の物語は、この風習を説話化したものであろうと解釈した[33]。白石太一郎もまた同様な視点で、古墳時代後期の横穴式石室で、羨道入口の閉塞石中から出土する須恵器などの土器が、死者との最後の別れの儀礼に用いられたものであろうと考え、「［記紀の※筆者注］イザナギノ神の黄泉国行きの物語にみられる「コトドワタシ」こそ、まさにこの横穴式石室の閉塞時の儀礼にほかならないのではないかと思われるのである」と説いた[34]。

　小林や白石による土器論は、記紀の説話を援用しながらも、横穴式石室内の事例から古墳における祭祀儀礼にはじめて歴史的な解釈を試みた点に意義がある。なお、これらに対し辰巳和弘は、「殯の期間が終了し、葬地である古墳に葬られるのは、肉体から魂が遊離して、完全な死の状態になったと認識された段階である」とし、「殯の終了を告げる儀礼にこそ、離別の言葉を言い放つ「事戸を渡す」行為はふさわしい」のであって、横穴式石室の閉塞にあたって実修されるものではないと考えた。また、「横穴式石室や横穴から出土する土器やミニチュア炊飯具は、死者に捧げた食事を盛ったうつわであり、また来世での日々の生活に供える明器としてそこにある」とも指摘した[35]。

　岩崎卓也は、日本の古墳に土器の副葬が始まるのは、朝鮮半島や中国大陸からの影響とした上で、横穴式石室における「それは訣別をふくめて死後の生活をおもんぱかってのことに相違あるま

い。その場所が石室内と想定されたのか否かはさだかではないが、このような他界観の変化をもたらしたのは、大陸思想によることを認めておきたい」と述べ、石室内への土器副葬と他界観を外来思想による一体のものとして捉えた。
(36)

　横穴式石室古墳から発見される土器の儀礼について白石太一郎は、その出土場所によって（1）棺内、（2）棺側（棺上を含む）、（3）石室内、（4）羨道閉塞部、（5）石室外の五つに分類し、（1）は入棺時の、（2）および（3）は石室内に棺が納置された際の、（4）は石室閉塞時の、（5）は埋葬終了後の儀礼に伴うものと考えた。このうち、石室外すなわち墳丘上の土器群は時として埴輪を伴っているものがあり、この儀礼が古墳造営にまつわる儀礼のうちでも最も重要なものであったことは明らかであろうとし、前期古墳、さらには弥生時代の墳墓に遡る飲食物供献儀礼の系譜をひくものであろうと推測した。
(37)

　弥生時代の喪葬儀礼と土器について考察した大庭重信は、墓壙上に置かれた供献用の土器に注目し、「［終末期になってはじめて採用される※筆者注］墓壙上に土器を置く行為を副葬行為や施朱などの一連の埋葬儀礼の最終段階に執り行われた祭祀行為ととらえると、埋葬の場での儀礼を重視するこのような祭祀形態は畿内の伝統からはたどることが出来ない」と系譜の重要性を論じた。つまり、このような祭祀形態は、中期後葉以降の吉備地域を中心に中国地方に多く認められるもので、「これらの祭祀形態が共同墓地を脱した首長墓に採用されている点は、中国地方からの単なる習俗の伝播としてではなく、墳丘上で執り行われる葬送儀礼が、首長権継承儀礼などの政治的意味をもって、終末期になってできあがった各地の首長間ネットワークを通じて出現した可能性があろう」と重視し、このような変化は、「［それまでの※筆者注］畿内における方形周溝墓の葬送儀礼の伝統をうちやぶり、古墳の成立へと移行する過程でおこった重要な転換」と、評価した。
(38)

　古谷紀之は出現期古墳や前期古墳の喪葬儀礼について、土器配置という観点からその地域的特徴や、系譜、変遷について総括的に論じた。古谷は先の大庭と同様に、弥生時代後期の山陽・山陰地方の特徴である主体部上に供膳具をおく土器配置を問題にし、後期後葉以降周辺地域に大きな影響を与えているとして、「その影響は伊勢の高松墳丘墓や美濃の端龍寺山山頂墳、信濃の根塚墳丘墓、北平1号墓などに主体部上土器配置が見られることから、間接的に東日本へと及んでいた」と東海以東への波及について具体的に指摘した。一方畿内においては、中期以降、穿孔壺を区画墓の墳丘各所に配置する行為が注目されるとし、のちの底部穿孔壺の「囲繞配列」や関東地方の方形周溝墓の土器配置にも共通性を認め、「［主体部上への※筆者注］供膳具の配置が、吉備や山陰などを中心に西あるいは日本海側に偏っているのに対して、［墳丘各所への※筆者注］壺の配置は畿内を中心として東あるいは太平洋側に偏っているという、おおまかな分布の違いは指摘できるかもしれない」と、吉備・山陰と畿内との系譜や波及の違いを示唆した。また、壺の配置に関連して、「ホケノ山古墳において加飾壺による囲繞配列が出現していることは、古墳時代前期の壺による囲繞配列の祖形が畿内において誕生したことを示しているといえよう。その下地には弥生時代中期以来の「瓜生堂型土器配置」の影響があったと思われる」と述べる。さらに、古谷は、畿内地方の定型化した前期古墳の土器配置は不明な部分が多いとしつつ、墳頂部の性格に関連して、前期中段階の西日本における畿内型古墳の好例として京都府向日市寺戸大塚古墳や平尾城山古墳をとりあげ、主体

部上を避け、主体部脇に土器を置くようになる儀礼の変化が認められ、主体部上が神聖視されたことと関連があると、古墳の性格と儀礼の場の変化にも言及した。

　後期古墳の土器の儀礼について森本徹は、初期の畿内型横穴式石室をもつ大阪府柏原市高井田山古墳から出土した土器（第2図）を検討し、「初期の横穴式石室では石室に土器を納める行為と、墳丘上に土器を置く行為の両方が存在し、それぞれに用いられる器種が決められていた」とし、墳丘上に置かれた器台や壺などの土器は、横穴式石室以前の古墳で実施されていた飲食儀礼の流れを汲むものであり、石室内に納められた高坏も同様な儀礼に用いられたと考えた。つまり、横穴式石室における土器の儀礼そのものが、前代から継続する日本列島自生の儀礼と結論づけた。さらに、「石室内に土器が入れられなくなる七世紀代にいたっては、飲食儀礼を含む、継承儀礼という行為そのものが、文献史料に登場する「殯」という儀式に変化し、古墳における葬送儀礼そのものが劇的に変化するのではないか」と、7世紀における儀礼の変革にも言及した。

　和田晴吾は、古墳の築造と埋葬の手順、それと儀礼との関係を整理するなかで、土器を用いた儀礼の位置付けや性格についても言及した。和田は、葺石や埴輪が整備された古墳完成後に、土器を用いた飲食物供献を中心とする儀礼が墳頂や墳丘裾部で実施されたとし、それを首長である死者の魂に山海の幸を奉納する儀礼と位置付けた。また、前期後葉から中期前葉には、この儀礼が継続

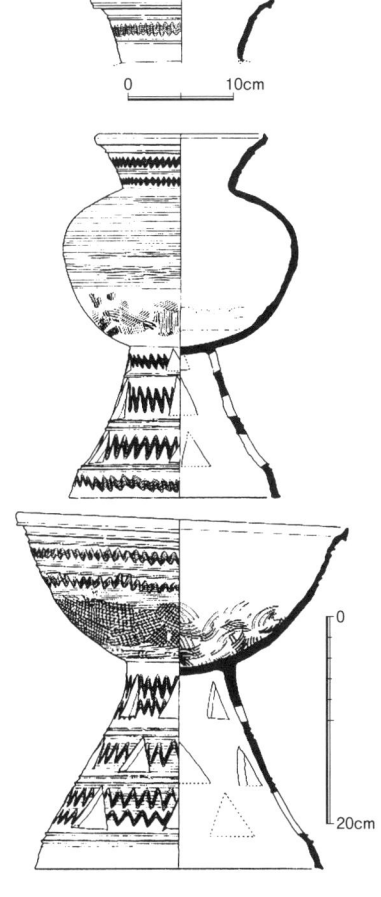
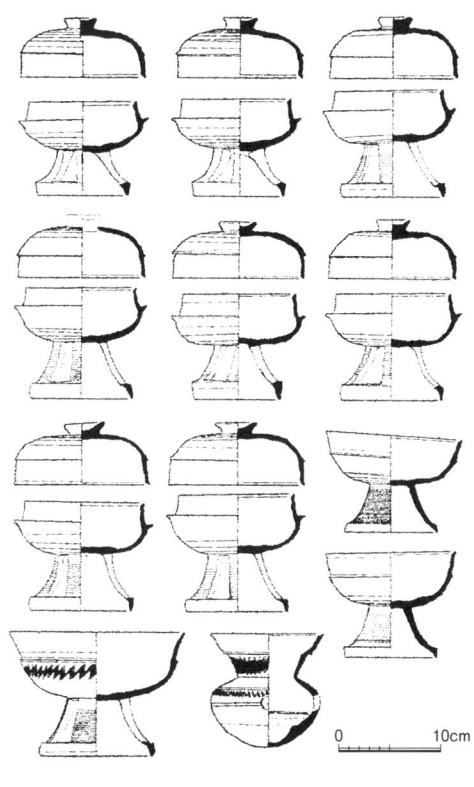

第2図　高井田山古墳出土土器
（左：墳丘上　右：石室内）

的に行われていることを示すために、腐らない土製品を用いて永続性のあるものとして固定化していったと考えた。こうして、古墳での儀礼行為は、この土器や土製品の儀礼をもって終了するのであり、「中国のような継続的な祭祀を行う施設もなく、定期的に人びとが古墳を訪れ何らかの祭祀を行った痕跡も発見されていない。古墳の意味を考える上で、この点もまた重要なポイントである」とその特質についても注意を促している。

　和田はさらに、前方後円墳に樹立された埴輪の役割についても論じている。まずは、古墳時代前期後葉から中期前葉に完成する典型的な様式を提示した。後円部墳頂埴輪列の中心は他界における首長の居館を表現した家形埴輪群で、他はそれを邪悪なものから護るための武器・武具類や、権力者や貴人の身辺を護り権威づける道具類からなっていると解説した。円筒埴輪や朝顔形埴輪が幾重にもめぐる埴輪列は、邪悪なものを饗宴して追い返す結界であり、墳丘上の世界が飲食物に充ち満ちていることをあらわしているなどとし、埴輪そのものは儀礼や祭祀で用いられたものではないのであり、墳丘全体を他界に擬えて、そこにあるべきものとして立て並べられた模造品であろうと位置付けた。

　高橋克壽は、前方後円墳で実施される「[土器を用いる※筆者注]造り出しの祭祀は、本来墳頂で行われていたものが降りてきたものと考えられる。(中略)造り出しへの祭りの場の移行は、4世紀後半からの形象埴輪群の発達により墳頂が狭苦しくなったことも要因として考えられなくもないが、むしろ古墳の外から見えやすい場所へ舞台を移すことに意を注ぐようになったため」と考えた。高橋は、この時期実際の飲食物を土製供物にかえて祭祀が行われるようになるなかで、5世紀中頃に出現する人物埴輪は、造り出しで祭祀を行う人物まで土製品化したものと解釈した。車崎正彦も、「古墳祭祀の最後のマツリは、奈良県東殿塚古墳のように墳丘の裾で行われた。まさに死者の世界と生者の世界の境界であり、その場がやがて造出しとして整備される。幽明を境する場での墓前儀礼は、死者の霊魂を他界へと旅立たせる儀礼である」とし、この造り出しの儀礼を具象化し、配置されたのが人物埴輪であろうと説いた。

　墳丘に配置された人物埴輪群の意味するところについては、これまでさまざまな意見が提起されてきた。代表的なものをあげると、後藤守一による葬列説、水野正好による首長霊の継承儀礼説、若松良一らによる殯説、杉山晋作による生前活動顕彰碑説、若狭徹による有力者の権威を示す複数場面説、稲村繁による中国陶俑影響説などである。

　これらの諸説に対し、塚田良道は、個別の埴輪や古墳例から推論して人物埴輪の意味を特定する研究は論理の飛躍を伴い、検証不可能な仮説を増やしてきたと論断し、人物埴輪群の意味を理解するには、全国の多くの古墳に貫徹するその構造を正しく把握することが必要不可欠であろうと説いた。塚田は、検証すべきは、地域や時間を超えた人物埴輪の形態と配置の関係にあるとし、人物埴輪の形態属性の比較検討によって形式分類を行い、その分類と配置の脈絡を分析し、人物埴輪群の構造を解明することを提唱した。その結果、人物埴輪の各形式に共通する性格は、ある特定の人物に服属してその奉仕にあたる近侍的職掌であろうとし、「人物埴輪の構造とは、基本的に特定の人物に服属して奉仕にあたる近侍集団をそれぞれの階層や職掌を示す服装や所作で製作し、さらにそれぞれの相対的な場の関係を古墳という空間上に反映させた姿である」と結論付けた(第3図)。

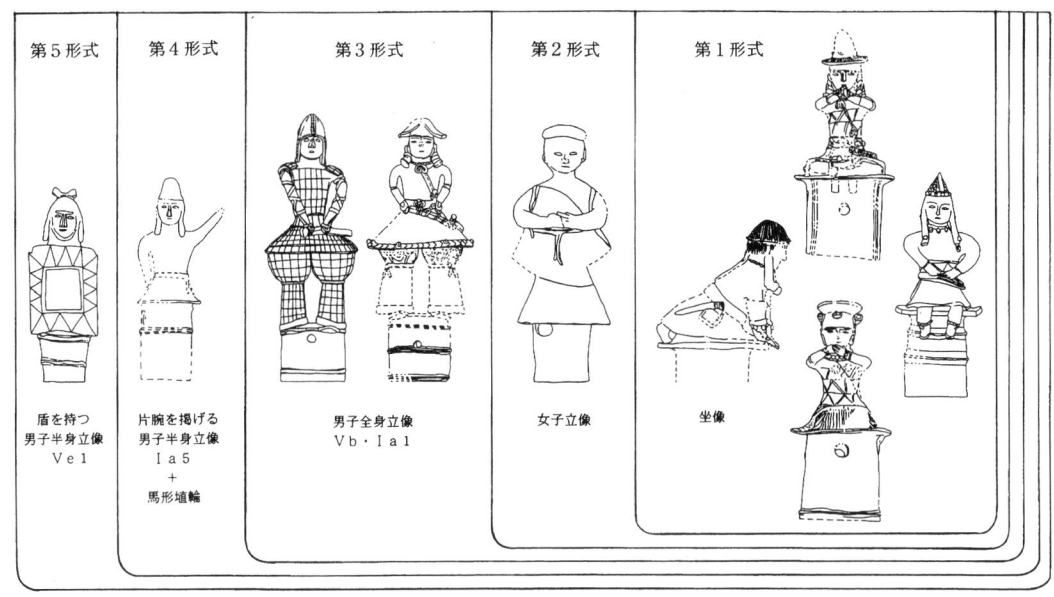

第3図　人物埴輪形式の配置関係模式図

また、塚田は人物埴輪の衰退、消滅にも言及した。「近畿地方における人物埴輪の衰退は、横穴式石室の普及、とくに須恵器の石室内への副葬と関連する」とし、「被葬者に対する飲食物供献行為が、畿内型石室の導入によって墳丘裾から石室の内側へと変化したのに伴い、墳丘の外側において人物埴輪によって飲食物供献行為や被葬者に対する奉仕行為を示すことも衰退していったのだろう」と理解した。塚田は、このような人物埴輪の衰退を、被葬者の世界そのものが、水に囲まれた広大な墳丘の世界から横穴式石室内に移ったことを反映した現象とみなした。(51)

第2節　問題の所在と研究のねらい——前方後円墳における儀礼研究の展望——

まずは、前節の研究史からみえてくる問題の所在を明確にし、自己の問題意識として研究の前提となる認識や定義を提示しておきたい。

1. 問題の所在と問題意識

問題の所在については、研究史を整理した視点に基づき、研究の課題をまとめると以下の三つになる。

一つ目は、前方後円墳がその出現時から保有する儀礼の具体相をイメージし、その全体像を明確に定義することである。被葬者やその後継者と儀礼との関係、中央および地方首長層と儀礼との関係を意識し、前方後円墳築造に伴う儀礼の思想的役割、政治的役割を明らかにすることが重要である。統治者たる被葬者の性格や、古墳築造と首長権継承儀礼との関係もこの課題に通じている。

二つ目は、竪穴式の埋葬施設と横穴式石室とに分けて概念化された墳丘築造や埋葬および儀礼の手順を基礎に、前方後円墳築造に伴う儀礼のあり方について古墳時代前・中期と後期との連続

性、非連続性を検証することである。この課題は、中国など大陸からの外来思想の影響やその歴史的評価とも深くかかわっている。

　三つ目は、前方後円墳における主要で中心的な儀礼と考えられる土器祭祀と埴輪配置について、儀礼の系譜や変遷を明らかにすることである。それぞれの系譜や儀礼の場の変遷は、被葬者の性格など前方後円墳の政治的側面ともかかわる重要な問題である。また、土器祭祀と埴輪配置との儀礼的関係性をより明確にすること、その上で、円筒埴輪や壺形埴輪、各種形象埴輪や人物埴輪が何を表現しているのか、埴輪配置の果たす役割を考えその本質を明らかにすることは重要であり、前方後円墳と儀礼の本質にも通じる課題である。

　福永伸哉は、出現期の前方後円墳が列島各地に波及し、諸集団を統合する原動力となった要因として、その儀礼の場としての性格を強調している。本書では上記の課題を検討するなかで、この前方後円墳が備える儀礼の場としての性格を「通時的」に検証し、時代の特質を考察することが大きな課題である。

　前方後円墳が古墳の代表かつ典型であることは、前方後円墳の出現から消滅まで一貫して変わらない。このように、本研究の前提には、古墳時代が前方後円墳の時代であるという認識が存在する。

　都出比呂志は、「弥生時代から古墳時代における首長墓祭祀の場が、亡き首長の後継者が先代の首長の霊を祭る行為を通じて先代の権力を継承する儀礼の場であったとする考えは多くの指示を得ている」としたうえで、典型的な前方後円墳と弥生墓との間には、規模や構造の点で大きな飛躍があると指摘する。つまり、前方後円墳は墓でありながら墓ではないものへと変化し、首長権継承儀礼を挙行する祭壇としての政治的記念物が創造されたと理解した。

　白石太一郎は、古墳は政治的・社会的に何らかの機能を果たしたであろうが、「それはまず墳墓の造営がはたす思想的・宗教的役割を媒介としてはじめて機能を果たすのであって、この点を無視して、古墳を政治史や社会構成史の資料として利用するのは、きわめて危険である」と警告する。

　福永伸哉は、前方後円墳は儀礼の場として出現したとするなかで、「儀礼は戦略的に管理できるものである。一旦、共通の儀礼へ参加すると、外国との交渉を独占しながら常に儀礼のスタイルを主導し、必要な器物の入手・制作・配布をコントロールする中央政権とそれを受容する側の地域勢力の間には、必然的に明確な中央—周辺関係が形成される」とその政治的意義を説明した。

　上記はいずれも、政治性の強い前方後円墳の前提として、前方後円墳がもつ思想的・宗教的側面や儀礼の場としての性格が重要であることを示唆するものである。

　和田晴吾は、前方後円墳の儀礼や思想的側面を重視するが、前方後円墳の墓壙内はもちろん墳丘上で行われた儀礼にも首長権継承儀礼が行われたことを示唆するものは認められないとした。古墳の墳丘は死者（首長）の魂が棲む「他界の擬えもの」で、葺石や埴輪で整備され、死者に奉仕するために飲食物の供献を中心とした儀礼が行われたと考えた。また、首長の魂が棲む古墳の表現には形や規模の上で差があるとし、「古墳の秩序はこの差を基本に成立し、ヤマト王権内における首長の政治的身分秩序を反映したもの」と考え、古墳の宗教的性格は、自ずとその政治社会的性格と結びつくものと理解した。

前方後円墳の特質に触れた諸賢の見解を一瞥してみた。先に紹介した研究史とともにこれらを整理すると、時代を象徴する前方後円墳には、政治的側面と思想的側面の二つの顔があると考えられる。政治的側面には、列島規模での共通性と差異性、つまり前方後円形や埋葬施設などの共通性と、前方後方墳や円墳、方墳などの異なる形や規模の格差による差異性とがあって、これによってかたや政治的連合体制、かたや身分秩序の双方を表示していることがあげられる。また、前方後円墳は生前に用意される寿陵であった蓋然性は高く(58)、古墳の築造は被葬者たる王や首長が生前に指揮して行い、実際の埋葬儀礼はその後継者が新たな王や首長に就任して執り行ったと思われる。そう考えると、前方後円墳の築造から埋葬に至る行為そのものが、王権や首長権の継承と深くかかわっていた可能性は高いのであり、きわめて政治的な行為であったと考えられる。

　前方後円墳の思想的側面の基礎は、中国から伝来した神仙思想にあると考えられる。神仙思想は、中国の秦、漢代に源流のある不老長寿の他界思想(59)で、高々と築かれた墳頂部への埋葬、墳丘を囲む周溝やその附属施設（出島・州浜状施設）などは前方後円墳の特質のひとつで、神仙思想の崑崙山や三神山（蓬莱、方丈、瀛州）への昇仙をイメージし山上他界あるいは海上他界を表現したものと思われる(60)。神仙思想が描く他界は、「辟邪」と「奉仕」の思想で満たされているが(61)、前方後円墳もおもに埋葬施設の密封と防御、被葬者への飲食物供献などによって他界における辟邪と奉仕を演出したと考えられる。

　以上のように整理した前方後円墳の理解については、本書の検証のなかであらためて詳述したい。前方後円墳は、神仙思想の影響のもと他界の演出によって実施される政治的表示であり、その築造や埋葬はさまざまな儀礼を軸に進行していると考えられることから、本書ではこれらを総称して「前方後円墳築造儀礼」という概念を提示する(62)。この考え方は、思想的にも政治的にも儀礼に重きをおいた前方後円墳とその時代の特質を理解するため、他界の舞台装置として設けられた施設やそこで実修された祭祀儀礼だけでなく、そこで執り行われた喪葬にかかわるあらゆる行為や、さらには墳形や規模などが視覚的に明示された古墳本体の築造をも儀礼と捉え(63)、「前方後円墳築造儀礼」(64)として包括的に認知しようとするものである。つまり、前方後円墳は、この「前方後円墳築造儀礼」を核として営まれた、時代とその歴史性を象徴する政治的記念物と定義される。

2．論点と研究のねらい

　本書では、過去の研究成果と問題の所在、前方後円墳とその時代に対する上記のような考えに基づき、新たに提起した前方後円墳築造儀礼の観点からいくつかの論点を設定した。以下、管見に触れた先学の研究を頼りに各論点を提示し、時代史を展望する研究のねらいを解説しておきたい。

　（1）祭祀儀礼の系譜

　前方後円墳は、東アジアのなかにおいても個性的な墓制である。我が国特有の王墓として位置付けられる前方後円墳、その築造に際し執り行われる諸儀礼は多彩だが、その意味や性格を考えるにはやはり儀礼の出自や系譜、背後にある思想を明らかにすることが重要である。

　すでに紹介したように、都出比呂志は、出現期の前方後円墳に中国思想の影響が認められるとし、埋葬における北枕の思想、墳丘の三段築成、埋葬施設への朱の使用と密封思想の3点をあげて

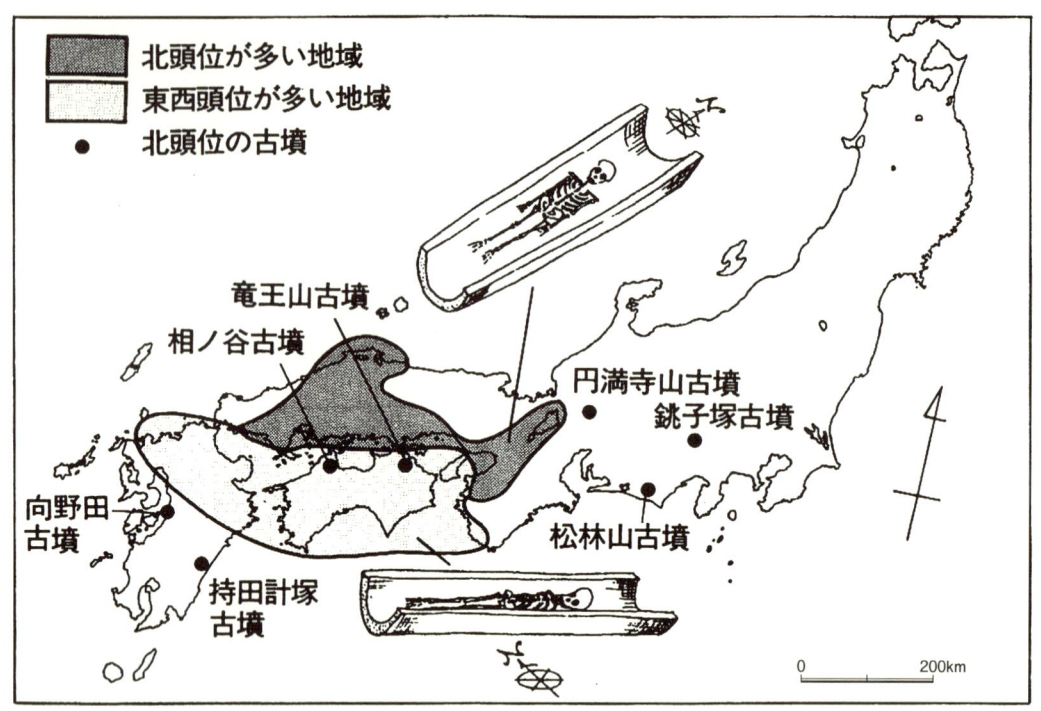

第4図　前期古墳の埋葬頭位の地域性

いる。古墳時代前期の畿内地方や吉備、出雲地方では、竪穴式石室に北枕で埋葬するものが顕著である（第4図）。中国でも湖南省の馬王堆墓など戦国時代から前漢代の竪穴式系木槨墓では北枕が圧倒的に多いことから、『儀礼』にあらわれる儒教の「生者南面、死者北面」の思想的影響を想定している。古墳時代前期と中期の前方後円墳は、一般に後円部を三段、前方部を二段ないし三段に築造するものが多い。これに対し、弥生時代の墳丘墓の中には三段築成は認められない。中国古代における、伝説上の仙山である崑崙山や、皇帝の即位儀礼で天を祀る郊祀制の円丘がいずれも三段と考えられていることから、これら中国思想が前方後円墳の成立に影響を与えた可能性を示唆している。また、前期古墳の木棺に顕著に認められる多量の水銀朱の使用は、遺体を密封する思想とともに、不老・不死の薬として仙丹を流行させた道教の思想との関連が考えられるとする(65)。

一方、川西宏幸は、前・中期古墳やその副葬品にみる神仙観などに中国思想の影響を認めつつ、6世紀（古墳時代後期）におけるその地域的、社会的な深化を重視する。6世紀には、高句麗墳墓の壁画にみられる四神思想の影響が、倭の横穴式石室を南開口へと導いたとして、群集墳を構成する小型古墳の石室にもこの方位観が浸透していることから、これら中国思想の影響が社会深くにまで及んでいたと考える。こうして、「中国風の思想が地域的にも社会的にも広がりをみせるのは、六世紀のことであり、これに較べれば五世紀中・後葉は、思念上の変化がなお一部にとどまっていたとみられる」と評価している(66)。

本書では都出や川西の指摘を踏まえ、土器祭祀や埴輪配置にみる祭祀儀礼の出自や系譜、思想的背景について検討したい。中国など外来思想の影響とともに我が国独自の伝統的思想へも配慮し、前方後円墳出現期から終焉にいたる展開のなかで、祭祀儀礼の出自や系譜の一端を検証する。

とくに、埋葬施設上の土器祭祀（第1・2章関連）、器台形円筒埴輪と壺形埴輪（第5章関連）、盾持人物埴輪（第7章関連）、家形埴輪（第8章関連）の検討をとおして考えてみたい。

（2）祭祀儀礼の秩序と階層性

前方後円墳はその出現時から、被葬者の身分を墳形と規模との二重原理で表現していたと考えられている[67]。本書では、これら墳形や規模など築造された古墳の本体だけでなく、付設された施設やそこで実施された祭祀儀礼も念頭に、前述した前方後円墳築造儀礼総体としての身分秩序や階層性について考えてみたい。

前方後円墳と前方後方墳に代表される政治的優劣は、古墳時代前期から明らかで、広瀬和雄も指摘するように、そこには日本列島を西と東に分かつ優劣、地域偏差的な政治序列も想定されてよい[68]。

和田晴吾は、古墳時代後期後葉以降、広範な階層に普及する畿内系横穴式石室について、「中期まで多様なものの階層による使い分けがみられた埋葬施設が斉一化され、尺単位の規模の差でもって統一的に秩序付けられることとなった」とする[69]。菱田哲郎も、後期の横穴式石室にみられる階層差は、その副葬品からも検証されてきたとし、「地域の有力者の間では、石室の規模や構造、棺、副葬品に至るまで、かなり明確に身分差をあらわす規範があった」のであり、これは6世紀におけるミヤケ制や部民制の波及に対応するものと言及する。さらに、「横穴式石室を主体とする墓制では、階層差と職能、さらには出自とを明瞭に示す機能が重視されていることが明らか」とも評価している[70]。

和田や菱田の指摘は、古墳時代後期になると、横穴式石室の規模や副葬品に基づく広範かつ統一的な身分秩序が整備されたことを提起しており、これは同時期のミヤケ制や部民制とも対応するより制度的なもので、被葬者の出自や職能をも示す身分制の出現を示唆するものである。

本書では、祭祀儀礼の秩序と階層性について、土器祭祀（第1・2章関連）、壺形埴輪の性格（第3章関連）、前方後方墳の特質（第4章関連）、造り出しの成立（第6章関連）、後期前方後円墳の儀礼（第9章関連）などの問題をとおして考察する。前期古墳の祭祀儀礼を中心に、その出自や系譜も参照しながら古墳時代前期の身分秩序の細部を検討し、中期を経て、後期の政治序列についても言及したい。

（3）祭祀儀礼の波及と政治動向

前方後円墳は、古墳時代の初期の段階にすでに九州から東北南部までの広域に、しかも大きな時期差をもたずに波及していたと考えられている。これに関しては、前方後円墳を代表とする古墳の波及をうながした主体と、これを受容した側と双方のかかわりがどのようなものであったのか、基本的な視点が提起されている[71]。

福永伸哉は、弥生時代終末期に、列島各地の首長墓祭祀に共通性があらわれるようになるとし、首長層の墳墓に限定された共通性が広範囲に出現したことに注目している[72]。広瀬和雄も、弥生時代終末期の大規模な墳丘墓を王墓と考え、その中心埋葬施設が日本には自生しない中国起源の木槨・木棺を共有していることから、各地の王に密接な交渉があったとする。しかも、「各地の首長層は王を抱き、相互に交渉をもちながら各々が自律性を保持していて、各地首長層には上下の関係はみ

られなかった。つぎの古墳時代とは違って、中央と地方の関係はまだ存在しなかった」ことも指摘する(73)。

福永は、中央から周辺へ広範囲に短期間のうちに出現する初期前方後円（方）墳の背景について、中央と地方との直接的な支配被支配関係ではなく、創出された統合儀礼の戦略的管理とそれへの参加という視点で解釈を試みている(74)。岩崎卓也は地域性にも注目し、東日本に分布する組み合わせ式箱形木棺などの長大な埋葬施設の特質から、古墳時代前期の東日本の中で近畿の首長層と直結していたのは伊勢湾地方の首長層で、その他各地の首長らはそれを介しての王権との連合にすぎなかった、と想定する。岩崎も、このような近畿首長層と東日本首長層との関係を、祭祀イデオロギーの共有という視点で理解する(75)。

また、一方で岩崎は、前期古墳の被葬者に武人的な性格は稀薄であったとし、古墳の地方への波及は武力を伴うものはまれで、統合を可能にしたのは鉄を含む重要物資にかかわる流通システムであったろうと、経済的側面を重視する(76)。新納泉も、大規模古墳群の分布が、物資の流通経路と富の掌握をめぐる激しい競合の産物であったと考える。新納は、「前方後円墳は、物資の流通経路の掌握によって蓄積された富を放出する場であり、祭祀・儀礼を主導することで、他地域勢力との関係を構築・再構築し、それによって流通経路掌握の維持・拡大を有利に進め」たのであり、古墳の築造は、政治的意図が大きく作用するが、経済的な関係がより重要な背景となっていたと結論付けている(77)。

本書では、前方後円墳築造に伴う祭祀儀礼について、その波及と政治動向との関係を考えてみたい。一つの視点は、弥生時代首長墓祭祀の系譜的影響と、そこからみた中央と地方との関係である。また、上述した福永の指摘にある儀礼の戦略的管理や、岩崎や新納が指摘する東日本の独自的性格や前方後円墳築造における経済的側面への視点などを鑑み、前方後円墳が象徴する政治体制の波及について、儀礼の観点から古墳時代前期を中心に考察する。具体的には、埋葬施設上の土器祭祀（第2章関連）、壺形埴輪（第3章関連）、東国の前方後方墳（第4章関連）、前期前方後円墳の儀礼（第5章関連）などの問題をとりあげ検討し、中・後期への推移についても展望してみたい。

（4）祭祀儀礼の場と形の変遷

前方後円墳の前方部は、古墳時代のごく初期には、後円部墳頂とともに祭祀儀礼の場であったと考えられている(78)。奈良県桜井市箸墓古墳(79)や京都府向日市元稲荷古墳(80)の前方部平坦面から出土した壺形埴輪や特殊器台形埴輪がそれを証明している。その後、前方部は儀礼の場から二次的な埋葬の場としての様相を強めていく(81)。この前方部の急速な変容が示すように、前方後円墳の築造に伴う祭祀儀礼は、古墳時代を通して変化しており、とくに儀礼の場と形の変遷が注目される。

和田晴吾は、元来古墳の儀礼の多くは墳丘上で実施されたとし、前方後円墳には墳丘へと登る出入口が必要であり、それは墳丘側面のくびれ部付近に設けられたと考える。この考えに基づき和田は、儀礼の場としての造り出しの出現について、「中期に出現してくる造出は、この［前方後円墳の※筆者注］出入口における儀礼の場が墳丘側に取り込まれ固定化されたと考えられる施設」で、前方後円墳の出入口が変化したものと捉える(82)。小浜成も、造り出し上での儀礼の発生について、前期古墳の後円部裾に取り付く方壇状施設や、墳丘裾に多数の家形・囲形埴輪群を配列する特

設の場などが造り出しの原型となる可能性を指摘している。小浜はまた、造り出しと前後して、古墳の外郭をめぐる堤上での儀礼の出現についても言及する。[83]

岩崎卓也は、前期後半期の関東地方に粘土槨と割竹形木棺の組み合わせが導入されるのと、同地方の古墳出現期の特徴でもある東海系土器群が姿を消すのとはほぼ同時期であると指摘する。これと連動して埋葬施設上など古墳から出土する土器も、棒状脚の高杯や小型坩のような近畿系の土器が用いられるようになり、儀礼の形が変化することを示唆している。[84]

本書では、前期古墳の土器祭祀（第1章関連）、土器祭祀の展開（第6章第1節関連）、造り出しの系譜（第6章第2・3節関連）、後期・終末期古墳の祭祀儀礼（第9章関連）などの問題をとおして、古墳における祭祀儀礼の場と形の変遷、その意味について検討する。関東や畿内の前期古墳における土器祭祀の変遷や中期古墳への展開を検証し、土器の儀礼から造り出しの系譜や成立を考える視点を提言する。また、後期・終末期古墳について、とくに横穴式石室を新たな祭祀儀礼の場と考え、その特質についても言及したい。

（5）祭祀儀礼からみた後期古墳変質の実態

横穴式石室墳を墓制の典型とする古墳時代後期は、他界思想や喪葬儀礼の変革の時代と理解されて久しい。都出比呂志は、後期古墳の特徴として、墳頂部が狭くなること、儀礼の場が横穴式石室の入口付近になること、そして墳丘が二段築成になることをあげている。これは、広い墳頂平坦面と竪穴原理の埋葬施設を有し、三段築成の墳丘を築く前・中期古墳の祭祀体系とは異質であるとし、後期の古墳祭祀は古い儀礼体系の否定の上に成立したと考える。[85] 菱田哲郎は、大王墓を中心とする喪葬儀礼の革新は、6世紀中葉に整えられたミヤケ制や部民制の波及と一致するとし、6世紀前半から中頃にかけての王権中枢部の変化の諸相が端的にあらわれた結果であると、その変化を歴史的に評価し、重視している。[86]

向井佑介は、研究史でも触れたように、中国の墓制や喪葬儀礼の影響に注目し、古墳時代後期の変革を評価する。向井は、古墳時代開始期には朱の使用や鏡の副葬などに若干の中国的要素がみとめられるが、それは中国文化を体系的に理解したものではなく、特定の文物や思想を選択的に受容したにすぎなかったと考える。古墳時代中期以降、大陸文化が本格的に受容され、とくに横穴式石室内における食物供献儀礼や棺を覆う葬具の帷帳など、後期になると、中国南朝や北朝の喪葬儀礼が導入され、列島の古墳文化が大きく変質したと指摘する。[87]

これらに対し森本徹は、古墳時代後期に盛行する横穴式石室内に納められた土器類を検討し、これらは朝鮮半島の風習を取り入れ被葬者の持ち物として副葬されたものではなく、本質的には日本における従来の古墳祭祀の流れの中に位置付けられるものと考える。森本は、「石室には脚のついたものを中心に、液体を入れる道具、それを注ぐ道具、食べ物を盛る道具といったものを用い、特に盛る道具を複数納めるという形が本質的なものと考えてよいだろう。したがって、石室に納められる土器の具体的な用途としては飲食行為というものが想定され」るとし、このような石室内における土器の儀礼そのものが、それ以前の古墳において執り行われていた墳丘や造り出しの儀礼の流れを汲む、まさに日本列島的な横穴式石室特有の儀礼であると結論付けている。[88]

本書では、盾持人物埴輪の変遷（第7章関連）、家形埴輪の変遷（第8章関連）、後期・終末期

古墳の祭祀儀礼（第9章関連）などの問題をとおして、古墳時代における他界思想の背景や推移、前方後円墳築造儀礼の変遷などを検証する。その上で、後期古墳の儀礼の実態とともにその歴史的評価、ひいては古墳時代後期の位置付けを明らかにすること、その必要性などを提言したい。

（6）祭祀儀礼からみた前方後円墳の時代の特質と画期

　前方後円墳は、古墳時代前期から後期の間、およそ3世紀後半から7世紀初頭にかけて、350年もの長きにわたって築造され続けてきた。ただ、そのなかで古墳時代後期が政治や社会の大きな変わり目にあたることもまた多くの認める所で、前述した古墳時代後期の位置付けとともに、時代の画期をどこに置くかは意見の分かれるところでもある。

　和田晴吾は、古墳時代前・中期と後期の、とくに後期後葉との質的な差は古墳時代の前後の差よりはるかに大きいと考え、古墳時代を一体として捉えることは難しいとする。首長層による在地支配とその連合体制の到達点である中期段階を首長制の最終段階、初期国家段階とし、王権の支配が家長層にまでおよび、首長層が官人化しはじめる後期を本格的な国家的秩序の始まり、成熟国家段階と評価する。[89]

　一方、前方後円墳体制を提唱した都出比呂志は、6世紀に入ると前方後円墳の性格は大きく変貌するとしつつ、古墳時代を一体として把握しようとする。都出は、3世紀の古墳時代の始まりとともに初期国家が成立すると考える。古墳時代はその初期から中央権力が各地の地域権力に支えられるという権力構造で、初期国家を特徴付けるこの権力構造は前方後円墳の時代が終焉する6世紀末まで続き、古墳時代の権力構造が崩れて、戸籍をつくって中央権力が人々を直接掌握した時点で成熟国家である律令制国家が誕生するとの理解を示した。[90]

　広瀬和雄も視点は異なるが、前方後円墳の時代において、各地の首長が大和首長層との連合からそれへの服属へとその政治的地位を下降させていくというような、政治構造の変革を認める考えに対し疑問を唱える。広瀬は、「各地の前方後円（方）墳の共通性からすれば、それが表わしているのは最初から最後まで「連合」という首長同士のつながりだけではないのか」と、やはり時代の一体性を強調している。[91]

　これらに対して、前方後円墳時代論を提唱した近藤義郎は、古墳時代を擬制的な同祖同族関係に基づく部族連合の段階とし、律令制支配の確立をもって古代国家の成立と見ている。[92]古墳時代と律令制の時代との対比という視点では、前方後円墳体制に象徴される古墳文化と律令体制の背景にある寺院造営や仏教文化との比較を通して、時代の潮流や画期を読み取ろうとする考えもある。高橋照彦は、前方後円墳の築造が終焉を迎えると、畿内を中心に寺院の造営が広がりをみせることに注意し、古墳と寺院の動向には同一の画期が認められると考える。そして、古墳と寺院の変遷の大枠を具体的に示して、大王墳の画期には崇峻・推古朝頃の前方後円墳の終焉と方墳化、舒明・皇極朝の八角墳の創出、持統・文武朝の火葬の採用があるとし、これらと飛鳥寺、百済大寺（吉備池廃寺）、藤原京内にある薬師寺・大官大寺など王権にかかわる奈良時代以前の寺院造営の変遷と画期が合致することから、両者共通の政治的背景や時代の潮流が反映していることを読み取るべきであろうと指摘している。[93]

　前方後円墳の時代とその画期をどのように捉えるかについては、本書の第9章と終章において

考えてみたい。この問題は、上記のように、古墳時代をその前後の時代のなかに位置付け、弥生時代や律令制の時代との比較検討を通して、時代の特質を明らかにすることで解き明かされるものと思われる。

　前述したように、王や首長の埋葬の場であり、権力の継承とも深くかかわる前方後円墳は、他界の演出によって執行される政治的表示であり、その築造から埋葬にいたる行為はさまざまな儀礼を軸に進められたと考えられる。筆者は、これを称して前方後円墳築造儀礼という概念を提示したが、論点とともに縷々上述した研究のねらいもそこに立脚している。第1章から第9章の各章をとおして、この前方後円墳築造儀礼の観点から古墳築造に伴う祭祀儀礼に関する論題に取り組み、可能な限り検証を進め、終章においてそれらの成果を整理したい。本書は、これら全体の検討結果をとおして、思想史的側面および政治史的側面の両面から、前方後円墳とその時代の特質や時代の画期について考察するものである。

注

（1）　西嶋定生「古墳と大和政権」『岡山史学』10号、1961年。近藤義郎『前方後円墳の時代』岩波書店、1983年。都出比呂志「日本古代の国家形成論序説―前方後円墳体制の提唱―」『日本史研究』343、1991年。
（2）　梅原末治「上代墳墓の営造に関する一考察」『芸文』16-4、1925年。
（3）　梅原末治『佐味田及新山古墳の研究』1921年。
（4）　小林行雄『古墳の話』岩波書店、1959年、136頁。
（5）　注（1）近藤文献、199頁。
（6）　都出比呂志『前方後円墳と社会』塙書房、2005年。
（7）　都出比呂志「古墳が造られた時代」『古代史復元6』講談社、1989年、31頁。
（8）　和田晴吾「古墳の他界観」『国立歴史民俗博物館研究報告』152、2009年、249～250頁。なお、玉城一枝は、古墳築造過程における玉使用の祭祀に注目し、弥生時代後期から古墳時代終末期の資料を渉猟し、墳丘築造以前、埋葬施設造営時、埋葬時、埋葬施設の埋め戻し段階、埋葬終了後、墳丘形成後など、それぞれの段階における各種玉類を用いた祭祀の存在を検証している。玉城一枝「古墳構築と玉使用の祭祀」『博古研究』第8号、1994年。
（9）　和田晴吾「葬制の変遷」『古代史復元6』講談社、1989年。
（10）　注（9）文献、105頁。
（11）　福永伸哉「古墳の出現と中央政権の儀礼管理」『考古学研究』46-2、1999年、66頁。
（12）　広瀬和雄「前方後円墳祭祀の論理」『国立歴史民俗博物館研究報告』145、2008年。
（13）　車崎正彦「古墳祭祀と祖霊観念」『考古学研究』47-2、2000年。
（14）　白石太一郎「Ⅲ古墳の祭祀・儀礼と他界観　ことどわたし考」『古墳と古墳時代の文化』塙書房、2011年、384頁。
（15）　小林行雄『古墳の話』岩波書店、1959年。
（16）　白石太一郎「ことどわたし考」『橿原考古学研究所論集　創立三十五周年記念』1975年、367～369頁。
（17）　注（7）文献、34頁。
（18）　土生田純之「古墳築造過程における儀礼―墳丘を中心として―」『古墳文化とその伝統』勉誠出版、1995年、113～114頁。
（19）　土生田純之「第3章　黄泉国の成立」『黄泉国の成立』学生社、1998年。

(20) 土生田純之「古墳における儀礼の研究―木柱をめぐって―」『九州文化史研究所紀要』第36号、1991年。
(21) 菱田哲郎『古代日本国家形成の考古学』京都大学学術出版会、2007年、151・261頁。
(22) 和田晴吾「棺と古墳祭祀―「据えつける棺」と「持ちはこぶ棺」―」『立命館文学』542、1995年、23〜37頁。
(23) 和田は、墓域の選定や整地に伴う墳丘築造以前の儀礼、地鎮儀礼（第1節1参照）の存在についても想定する（注（8）（22）文献）。茨城県水戸市安戸星1号墳では、古墳出現期の前方後方墳の後方部盛土下から、炭化物を伴い土器片およびガラス玉が出土し、ほかにも木柱痕が認められるなど、墳丘築造前の儀礼の痕跡とも思われる遺構・遺物が発見されている（茂木雅博ほか『常陸安戸星古墳』安戸星古墳調査団、1982年）。
(24) 注（8）文献。ただし、後述するが、和田の時代認識はこれとは異なり古墳時代後期を画期と考え、古墳時代を二分して中期以前を初期国家、後期以後を成熟国家の段階と考える。和田晴吾「古墳文化論」『日本史講座』第1巻、東京大学出版会、2004年。
(25) 白石太一郎「藤ノ木古墳出土農工具の提起する問題」『国立歴史民俗博物館研究報告』第70集、1997年。
(26) 白石太一郎「装飾古墳にみる他界観」『国立歴史民俗博物館研究報告』第80集、1999年、81頁。
(27) 白石太一郎「横穴式石室誕生」『大阪府立近つ飛鳥博物館平成19年度秋季特別展図録』2007年、14・15頁。
(28) 岩松保「横穴系埋葬施設の構造と黄泉国の配置―地下式横穴墓の閉塞・開口方法を通して」『遠古登攀』2010年、136・142頁。
(29) 広瀬和雄「前方後円墳と大和政権」『日本古代王権の成立』青木書店、2002年、26頁。
(30) 広瀬和雄「古墳時代再構築のための考察」『国立歴史民俗博物館研究報告』第150、2009年、109頁。
(31) 向井佑介「中国諸王朝と古墳文化の形成」『古墳時代の考古学』7、同成社、2012年。
(32) 小林行雄「黄泉戸喫」『考古学集刊』第2冊、東京考古学会、1949年。
(33) 注（4）文献、160頁。
(34) 注（16）文献、348頁。
(35) 辰巳和弘『古墳の思想―象徴のアルケオロジー―』白水社、2002年、130〜131頁。
(36) 岩崎卓也『古墳の時代』教育社歴史選書＜日本史＞46、1990年、254〜255頁。
(37) 注（16）文献。
(38) 大庭重信「弥生時代の葬送儀礼と土器」『待兼山論叢』26、1992年、108〜109頁。
(39) 古谷紀之『古墳の成立と葬送祭祀』雄山閣、2007年、213〜217頁。
(40) 森本徹「墓室内への土器副葬の意味」『大阪府立近つ飛鳥博物館平成19年度秋季特別展図録』2007年、105頁。
(41) 注（8）文献、255〜256頁。
(42) 高橋克壽「埴輪と古墳と祭り」『古代史の論点』5、小学館、1999年、155〜156頁。
(43) 注（13）文献、36頁。
(44) 後藤守一『埴輪』アルス文化叢書15、1942年。
(45) 水野正好「埴輪芸能論」『古代の日本』第2巻、角川書店、1971年。
(46) 若松良一「再生の祀りと人物埴輪―埴輪群像は殯を再現している」『東アジアの古代文化』72号、1992年。森田克行「今城塚古墳の埴輪群像を読み解く」『発掘された埴輪群と今城塚古墳』高槻市立しろあと歴史館、2004年。
(47) 杉山晋作「東国の人物埴輪群像と死者儀礼」『国立歴史民俗博物館研究報告』68、1994年。
(48) 若狭徹「保渡田八幡塚古墳の埴輪群像を読み解く」『はにわ群像を読み解く』かみつけの里博物館、2000年。

(49) 稲村繁『人物はにわの世界』同成社、2002 年。
(50) 塚田良道「人物埴輪の形式分類」『考古学雑誌』81-2、1996 年。同「人物埴輪の型式学」『古代学研究』第 162 号、2003 年。同『人物埴輪の文化史的研究』雄山閣、2007 年。
(51) 注(50)塚田 2007 年文献、183～185 頁・205～206 頁。
(52) 近藤義郎「なぜ前方後円墳か」『前方後円墳の成立』岩波書店、1998 年。
(53) 注(１)近藤文献。
(54) 注(６)文献、381 頁。
(55) 注(16)文献、348 頁。
(56) 注(11)文献、66～67 頁。
(57) 注(８)文献、266 頁。
(58) 茂木雅博『古墳時代寿陵の研究』雄山閣、1994 年。
(59) 曾布川寛「崑崙山と昇仙図」『東方学報』第 51 冊、京都大学人文科学研究所、1979 年。同『崑崙山への昇仙―古代中国人が描いた死後の世界―』中公新書 635、1981 年。伊藤清司『死者の棲む楽園―古代中国の死生観―』角川選書 289、1998 年、川西宏幸『倭の比較考古学』同成社、2008 年。
(60) 注(８)和田文献、白石太一郎「墓と他界観」『列島の古代史　ひと・もの・こと』7、2006 年。なお、民俗学の谷川健一は、古代における日本人の他界観について海上他界を重視し、強調している。谷川健一『常世論―日本人の魂のゆくえ』講談社学術文庫、1989 年。谷川健一『日本人の他界観』人文研ブックレット 1、中央大学人文科学研究所、1993 年。
(61) 信立祥『中国漢代画像石の研究』同成社、1996 年。
(62) 塩谷修「市史検討会の記録　築造儀礼からみた古墳時代後期の位置付け―常総地域における後期・終末期古墳を通して―」『土浦市立博物館紀要』第 21 号、2011 年。
(63) 王墓が造営された時代の特質を考える際、他の東アジア諸国に比べ我が国では、前方後円墳の諸要素のなかでとくに墳丘とその築造自体に大きな意義を有していたと考えられる。茂木雅博『墳丘よりみた出現期古墳の研究』雄山閣、1987 年。
(64) 森本徹も古墳の儀礼について、実際に執行される祭祀的行為のほか、納棺などの喪葬行為自体も儀礼の範疇に含めて理解している。森本徹「シシヨツカ古墳の喪葬儀礼」『大阪府立近つ飛鳥博物館　館報』16、2012 年。
(65) 注(７)文献。都出比呂志『古代国家の胎動―考古学が解明する日本のあけぼの―』NHK 人間大学テキスト、1998 年。
(66) 川西宏幸『同型鏡とワカタケル』同成社、2004 年、309～310 頁。
(67) 注(65)都出文献、1998 年。
(68) 注(30)文献。
(69) 和田晴吾「古墳文化論」『日本史講座 1』東京大学出版会、2004 年、196 頁。
(70) 注(21)文献、146～148 頁。
(71) 岩崎卓也「古墳分布の拡大」『古代を考える　古墳』吉川弘文館、1989 年。
(72) 注(11)文献。
(73) 注(30)文献、111 頁。
(74) 注(11)文献。
(75) 岩崎卓也「埋葬施設から見た古墳時代の東日本」『考古学叢考』中、吉川弘文館、1987 年。
(76) 注(71)文献。
(77) 新納泉「経済モデルからみた前方後円墳の分布」『考古学研究』52-1、2005 年、51 頁。
(78) 注(３)文献。

(79) 中村一郎・笠野毅「大市墓の出土品」『書陵部紀要』第 27 号、1976 年。
(80) 京都大学文学部考古学研究室向日丘陵古墳群調査団「京都向日丘陵の前期古墳の調査」『史林』54-6、1971 年。
(81) 注（4）文献。
(82) 和田晴吾「墓壙と墳丘の出入口―古墳祭祀の復元と発掘調査―」『立命館大学考古学論集』Ⅰ、1997 年。注（8）文献、251 頁。
(83) 小浜成「埴輪による儀礼の場の変遷過程と王権」『大阪府立近つ飛鳥博物館平成 17 年度秋季特別展図録』2005 年。
(84) 注(75)文献。
(85) 都出比呂志『古代国家はいつ成立したか』岩波新書、2011 年。
(86) 注(21)文献。
(87) 注(31)文献。
(88) 注(40)文献、101 頁。
(89) 注(69)文献。
(90) 注(85)文献。
(91) 注(30)文献、39 頁。
(92) 注（1）近藤文献。
(93) 高橋照彦「仏教の流入と古墳文化」『古墳時代の考古学』7、同成社、2012 年。一方、白石太一郎は、個々の氏族ごとに大型古墳造営の終焉と寺院造営の開始の実態について詳細に検討し、7 世紀の政治史や社会史の上で両者がストレートには結び付かないことを指摘している。白石太一郎「古墳の終末と寺院造営の始まり」『大阪府立近つ飛鳥博物館平成 19 年度春季特別展図録』2007 年。

第1章　前期古墳の土器祭祀
―関東地方を中心に―

はじめに

　近年、関東地方において古墳出現期の諸問題に関する論議が活発化するなかで、古墳から出土する土師器が古墳編年の示標として注目されている。これは、埴輪をもたず、副葬品においても僅少な前期古墳の年代決定に際し、比較的顕著なかたちで発見される土師器の年代観（土器型式）がその一手段となり得るものと考えられているからである。古墳から出土する土師器は、一般的に、古墳における喪葬祭祀に使用されていたものと考えられている。とくに各地の前期古墳に顕著に認められることから、埴輪出現以前の古墳において、喪葬祭祀の面で重要な役割を果たしていたものと思われる。過去の研究にも、このような観点から、土師器群の出土状況を中心とした分類に基づき、祭祀形態の復原を試み、その変遷過程の究明を目的とした論考がいくつか認められる。そのなかでも、全国的視野に立つものとして、小林三郎による「古墳出土の土師式土器Ⅰ」[1]や岩崎卓也による「古式土師器再考」[2]等の論考は注目に値するものであり、両氏の研究成果が現時点における一つの到達点を示すものと思われる[3]。

　このような過去の研究成果が示すように、古墳出土土師器の年代観は、本来、土師器を伴う喪葬祭祀形態の変遷のなかで把えられるべき問題であり、個々の土器型式それ自体を問題にする以前に、土師器群の出土状況、あるいは器種組成といった何らかの形で喪葬祭祀の実態を示すと思われるものからその変遷をたどっていかなければならないものと思われる[4]。

　以上を踏まえ、本章では、土器の型式的変遷にのみ重点を置く古墳出土土師器に対する最近の見方に反省を促す意味も含め、関東地方における前期古墳出土の土師器の様相を、おもに出土状況と器種組成の2点に焦点をあてて観察し、祭祀形態の復原に重点を置き、その変遷および、これまであまり追求されることのなかった古墳諸要素との有機的関連について明らかにすることを目的とした。

　なお、ここでとりあげる資料は、古墳外表面、埋葬施設覆土内および周溝内等から発見されたものである[5]。

第1節　古墳出土土器の様相

　近年、関東地方においても前期古墳から土師器の出土例が増加している。ここでは、関東地方

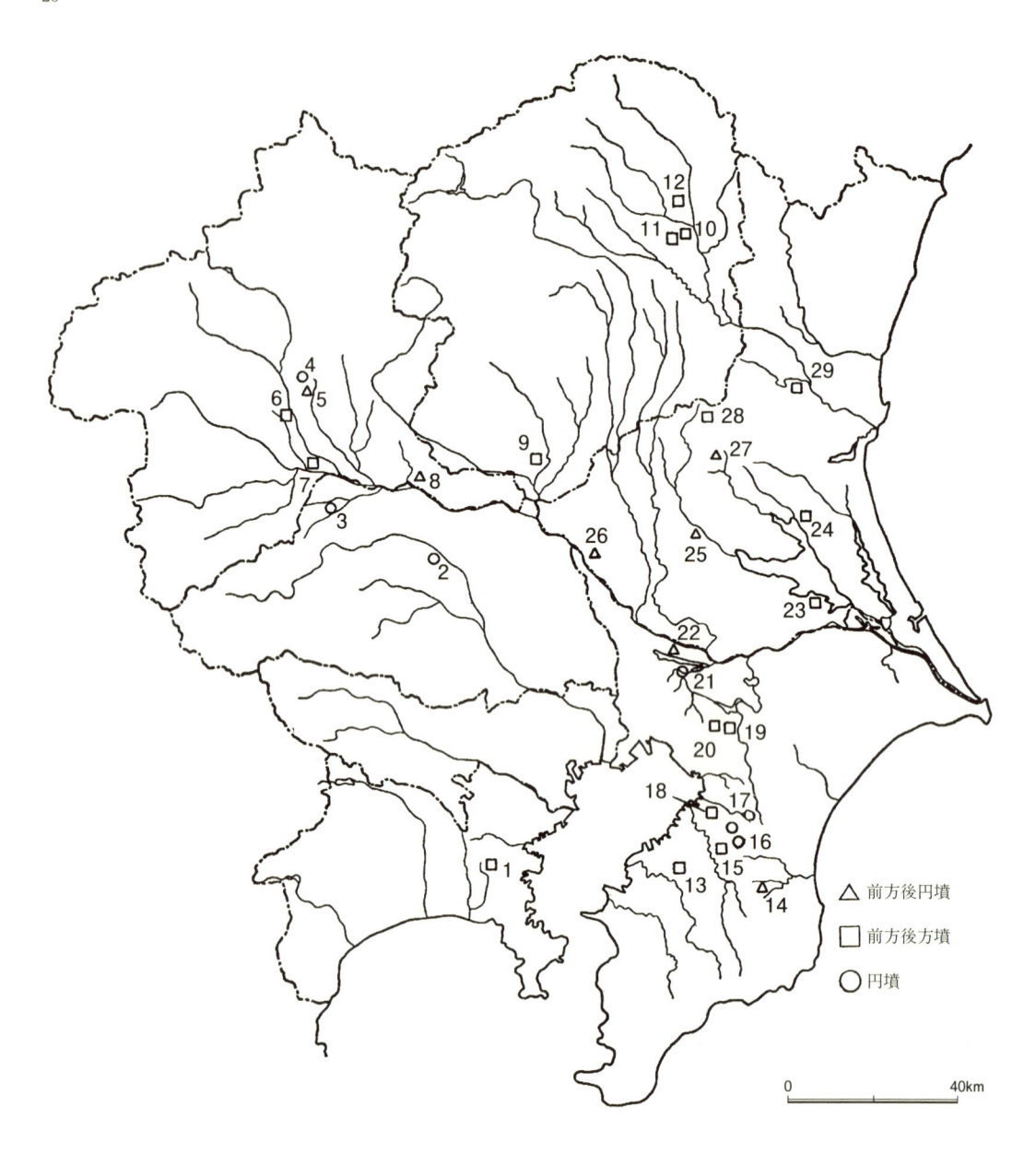

1：東野台2号墳　2：諏訪山5号墳　3：前山2号墳　4：朝倉2号墳　5：前橋天神山古墳　6：元島名将軍塚古墳　7：下郷SZ42号墳　8：朝子塚古墳　9：山王寺大桝塚古墳　10：那須八幡塚古墳　11：駒形大塚古墳　12：下侍塚古墳　13：鳥越古墳　14：能満寺古墳　15：東間部多2号墳　16：小田部古墳　17：神門4号墳　18：新皇塚古墳　19：飯合作1号墳　20：飯合作2号墳　21：北作1号墳　22：水神山古墳　23：原1号墳　24：勅使塚古墳　25：山木古墳　26：上出島2号墳　27：佐自塚古墳　28：狐塚古墳　29：安戸星1号墳

第5図　関東地方の土師器出土古墳分布図

の前期古墳を中心に、土師器を出土する古墳の実例を列挙し、土師器の出土状況および器種組成について、その様相を概観することにする。

1. 相模
（1）東野台2号墳（第5図1）[6]

神奈川県横浜市戸塚区に所在する前方後方墳である。土師器は、北側くびれ部から小型丸底土器1個体が出土している。[7]

2. 武蔵
（1）諏訪山5号墳（第5図2）[8]

埼玉県東松山市西本宿に所在する半円形を呈する小古墳である。土師器は、墳頂表土下20cm、埋葬施設直上から多数出土している。器種は、壺形土器、器台形土器、甕形土器、台付甕形土器がある。すべて破片となって出土し、完形品に復原し得なかったという。

（2）前山2号墳（第5図3）[9]

埼玉県本庄市北堀に所在する円墳である。土師器は、墳麓部テラスより小型坩形土器1個体が出土している。

3. 上野
（1）朝倉2号墳（第5図4）[10]

群馬県前橋市朝倉町に所在する円墳である。墳丘周囲の葺石に密着し、あるいはその間から、直口縁と有段口縁の壺形土器が数個体分出土している。内外面に赤色塗彩の施されていたものもある。これらの壺形土器は、墳丘の周縁に配列されていたものと考えられている。

（2）前橋天神山古墳（第5図5）[11]

群馬県前橋市後閑町に所在する前方後円墳である。後円部墳頂に、埋葬施設を中心に直径約25mの範囲で石敷が存在し、その石敷上面より、複合口縁壺形土器が多数（10個体を下らないという）出土している。これらの壺形土器は、底部に焼成前の穿孔を有し、器表面には赤色塗彩が施されている。報告者は、墳頂部周縁に一定の方向性をもって配列されていたものと推定されている。このほか墳頂部からは、小型丸底土器、高杯形土器、器台形土器も出土しているというが、詳細は不明である。

（3）元島名将軍塚古墳（第5図6）[12]

群馬県高崎市元島名に所在する前方後方墳である。土師器は、後方部東辺、南東辺の墳丘裾部より多数出土している。後方部東辺からは、有段口縁壺形土器13～14個体分、高杯形土器2個体、器台形土器2個体、小型丸底土器2個体、S字状口縁台付甕3個体分が、後方部南東辺からは、有段口縁壺形土器3～4個体分が出土している。この他、後方部北辺（先端）から有段口縁壺形土器2個体分が採集されているという。本古墳出土の有段口縁壺形土器（第10図3）は、すべて同一規格のもので、底部に焼成後の穿孔を有し、器面には赤色塗彩が施されている。また、胴部

上段には、櫛描による平行線文、波状文が施されている。これらの土師器は、その出土状況から墳丘上方から転落したものと考えられており、報告者は、後方部墳頂における有段口縁壺形土器の方形配列を推定されている。

（4）下郷 SZ42 号墳[13]（第5図7）

群馬県佐波郡玉村町宇貫に所在する前方後方墳である。土師器は、墳丘裾部、墳丘縁辺の周溝内から多数出土している。後方部東側張り出し遺構北側から有段口縁壺形土器、高杯形土器が、後方部東側張り出し遺構南側から焼成前の底部穿孔を有する有段口縁壺形土器が、東側くびれ部付近からは、埴輪質を含む焼成前底部穿孔の有段口縁壺形土器多数および直口縁壺形土器、坩形土器が（第8図1）、西側くびれ部付近および前方部西側からは、壺形土器がそれぞれ出土している。報告によると、東側くびれ部出土の土器群は方台部から転落したものと考えられている。

（5）朝子塚古墳[14]（第5図8）

群馬県太田市牛沢に所在する前方後円墳である。土師器は、後円部墳頂の円筒埴輪方形区画列の西南隅から南にはずれて、壺形土器が円筒埴輪の上に載せられた状態で出土したという。底部および胴部に焼成前の穿孔が施されている。

4. 下野

（1）山王寺大桝塚古墳[15]（第5図9）

栃木県栃木市藤岡町に所在する前方後方墳である。土師器は、後方部墳頂の埋葬施設直上および棺内から、S字状口縁台付甕の口縁部片が出土しており、本来破砕されて粘土槨直上に置かれていたものと考えられている。さらに、埋葬施設北壁上端より北約1.5mのほぼ同レベル上に槨と平行して、鉄剣、鎌、鉄鏃、刀子の一群の遺物が出土し、この東端から、完形品の直口縁壺形土器（焼成後底部穿孔）1個体（第8図2）が出土している。このほか、後方部墳丘削土中に、墳丘南西部から底部に焼成前の穿孔を有する同一規格の三個の壺形土器が発見されており、後方部墳丘に配列されていたものと考えられている。[16]

（2）那須八幡塚古墳[17]（第5図10）

栃木県那須郡那珂川町に所在する前方後方墳である。土師器は、後方部墳頂表土下より多数出土している。器種は、甕形土器、小型丸底坩があるという。[18]

（3）駒形大塚古墳[19]（第5図11）

栃木県那須郡那珂川町に所在する前方後方墳である。土師器は、埋葬施設上、後方部墳頂下50～70cmの径1m以内の範囲から多量に出土している（第6図1）。器種は、高杯形土器20個体分、器台形土器、鉢形土器、直口縁壺形土器、焼成前底部穿孔の壺形土器底部片がそれぞれ1個体分ずつである。鉢形土器の底部にも焼成前の穿孔が施されている。

（4）下侍塚古墳[20]（第5図12）

栃木県大田原市に所在する前方後方墳である。周溝調査の際に、後方部北側（先端）および西側のトレンチ内より2個の有段口縁壺形土器（第10図4）が出土している。これらの土器は、同一規格で、赤色塗彩され、底部には焼成前の穿孔を有する。土器片は、葺石中あるいはその近くで

5. 上総

（1）鳥越古墳（第 5 図 13）

　千葉県木更津市太田に所在する前方後方墳である。第一主体部直上の土壙内より石臼、石杵とともに、高杯形土器 3 個体、鉢形土器 2 個体（片口鉢を含む）、直口縁壺形土器 1 個体を含む約 10 個体分程の土師器が出土したという。直口縁壺形土器は、内外面に赤色塗彩が施されている。このほか、第二主体部上からも土師器が出土したというが詳細は不明である。

（2）能満寺古墳（第 5 図 14）

　千葉県長生郡長南町に所在する前方後円墳である。後円部墳頂表土下 20 cm、木炭槨上より、槨とほぼ等しい広がりをもって厚さ 40 cm の黒色土層帯が発見され、そのほぼ全域にわたって土師器片が出土した（第 6 図 3）。器種は、高杯形土器 1、器台形土器 2、有段口縁壺形土器口縁部、焼成前底部穿孔の壺底部（おそらくは有段口縁壺形土器 1 個体分と思われる）がある。故意に破砕され埋置されたような状態で発見されたという。

（3）東間部多 2 号墳（第 5 図 15）

　千葉県市原市西広に所在する前方後方墳である。土師器は、後方部北側（先端）、東西両側、およびくびれ部両側のそれぞれの周溝内より、下層もしくは周溝底に密着した状態で多数出土している。くびれ部両側からは、直口縁、有段口縁の壺形土器多数、鉢形土器 2、甕形土器 2（第 8 図 5）が出土し、壺形土器には、焼成後の底部穿孔を有するものや赤色塗彩の施されたものが存在する。後方部側の周溝内からは、壺形土器 4、高杯形土器 3 が出土している。出土状況から、大部分は本来墳丘内に置かれていたものと考えられている。

（4）小田部古墳（第 5 図 16）

　千葉県市原市小田部に所在する円墳である。土師器は、埋葬施設西半部分直上のやや南側、墳頂部表土下 20 cm の位置から、高杯形土器 5 個体分（第 7 図 1）が出土している。このほか、西側周溝および南側周溝の最下底近くより、器台形土器、手捏ねの小型甕形土器が出土している。

（5）神門 4 号墳（第 5 図 17）

　千葉県市原市惣社に所在する円墳である。墳頂部墓壙内に落下した状態で、壺形土器（有段、複合、直口縁を含む）5、高杯形土器 5、器台形土器 7（第 6 図 2）が出土しており、本来は墓壙埋め戻し完了面に置かれたものと考えられている。

（6）新皇塚古墳（第 5 図 18）

　千葉県市原市菊間に所在する前方後方墳である。土師器は、後方部東側の周溝内より、ほとんどが周溝の内縁に寄った所に集中して発見され、内縁から 1.1 m 内側のローム層上からも出土したという。器種は、すべて同一規格の有段口縁壺形土器（第 10 図 1）で、赤色塗彩され、底部には焼成前の穿孔が施されている。報告者は、これらの土器が本来周溝内縁の上端部に置かれてあったものと推定されている。

6. 下総

（1）飯合作1号墳（第5図19）[31]

千葉県佐倉市下志津に所在する前方後方墳である。埋葬施設上から、直口縁壺形土器1（第7図2）が出土しており、口縁部内面が赤色塗彩され、底部には焼成後の穿孔がある。

（2）飯合作2号墳（第5図20）[32]

1号墳に隣接して構築された前方後方墳である。土師器は、周溝内から多数出土している。後方部側の周溝内より複合口縁壺形土器2、小型器台形土器1、高杯形土器1、小型坩形土器1、甕形土器1が、くびれ部両側の周溝内より複合口縁壺形土器1、脚付小形坩形土器1が、前方部側周溝内から有段口縁壺形土器1が出土している。これらは本来、後方部墳頂およびくびれ部鞍部上に置かれていたものが多いと考えられている。

（3）北作1号墳（第5図21）[33]

千葉県柏市片山に所在する円墳である。土師器は、ほとんどが埋葬施設内から出土しているが、埋葬施設は陥没が著しく、これらの土器は埋葬施設直上20cmのところにある厚さ3～13cmの焼土層の形成とほぼ同時相のものと考えられており、本来は埋葬施設上に存在したものと思われる。器種は、有段口縁壺形土器1、複合口縁壺形土器1、直口縁壺形土器2、椀形土器3、器台形土器3、高杯形土器3（第6図4）があり、複合・有段口縁の壺形土器を除くほとんどのものに赤色塗彩、底部への焼成前の穿孔が認められる。

（4）水神山古墳（第5図22）[34]

千葉県我孫子市に所在する前方後円墳である。前方部墳頂表土下30～50cmのところから口縁部を欠損した壺形土器（第8図3）が出土している。

7. 常陸

（1）原1号墳（第5図23）[35]

茨城県稲敷市浮島に所在する前方後方墳である。後方部墳頂下50cm、埋葬施設上の覆土内から、直口縁壺形土器（焼成前底部穿孔）2、複合口縁壺形土器口縁部破片、器台形土器脚部破片（第7図4）が出土しており、複合口縁壺形土器については、破砕された土器片を散布したものではないかと考えられている。このほか、前方部先端溝状遺構内から、口縁部を欠損した壺形土器1が出土している[36]。

（2）勅使塚古墳（第5図24）[37]

茨城県行方市沖洲に所在する前方後方墳である。土師器は、後方部墳頂表土下30～40cmの埋葬施設上から、故意に破砕されたと思われる状態で多数出土したという。器種は、直口縁壺形土器、高杯形土器、器台形土器、小型丸底坩形土器が存在する。直口縁壺形土器には、底部に焼成前の穿孔が施されていたらしい。このほか、後方部東側溝内より、複合口縁壺形土器が出土しており、底部に焼成前の穿孔が施されている。

（3）山木古墳（第5図25）[38]

茨城県つくば市山木に所在する前方後円墳である。土師器は、くびれ部の墳丘裾部から出土し

た、底部に焼成前の穿孔を有する壺形土器1（第8図4）である。
　（4）上出島2号墳（第5図26）[39]

　茨城県坂東市上出島に所在する前方後円墳である。墳丘内からは、同一規格の複合口縁壺形土器（第10図2）が多数出土している。底部は焼成前に穿孔されている。まず、後円部墳頂からは、主軸線より東へ1.5m程離れて、表土下約50cmから、主軸線に併行して直線上に発見された。また、それ以外は、封土と台地の接点下から出土したという。出土地点は、東西くびれ部、前方部西側稜線、後円部西側、後円部・前方部先端の各所である。報告によると、これらは、墳丘上に部分的に配列されていたものとされている。

　（5）佐自塚古墳（第5図27）[40]

　茨城県石岡市佐久に所在する前方後円墳である。後円部墳頂下40～50cmの埋葬施設上方から、器台形土器、高杯形土器、円筒器台が一括（第7図3）して、また、前方部先端溝内から、底部に焼成前の穿孔を有する有段口縁壺形土器1が出土している。

　（6）狐塚古墳（第5図28）[41]

　茨城県桜川市岩瀬に所在する前方後方墳である。土師器は、墳丘各所から多数出土している。西側くびれ部溝底、後方部西南コーナー封土中、前方部先端溝内などから、有段口縁を含む底部に焼成後の穿孔を有する壺形土器が、また、後方部墳頂（埋葬施設よりやや東）から、器台形土器2、高杯形土器2が出土している。

　（7）安戸星1号墳（第5図29）[42]

　茨城県水戸市飯富町に所在する前方後方墳である。土師器は、後方部先端溝状遺構内より、直口縁壺形土器2（焼成後底部穿孔を含む）、くびれ部西側溝状遺構内より、小型鉢形土器1、甕形土器口縁部片、くびれ部東側テラス面より、直口縁壺形土器1（内外面に赤色塗彩）、縦横突帯付壺形土器1（第9図）が出土している。

第2節　出土状況と器種組成

1．出土状況の分類

　関東地方の前期古墳から出土した土師器群は、その墳域内でのあり方から分類すると、次の3類に分けることができる。

　　A類：埋葬施設上に埋置されたもの。
　　B類：くびれ部、前方部先端を中心とした埋葬施設上以外の特定の場所に置かれたもの。
　　C類：墳頂部周縁あるいは墳丘周縁に配置、配列されたもの。

上の分類に従い、先に紹介した古墳例を類別し列記してみよう。[43]

〔A類〕
諏訪山5号墳（武蔵）、山王寺大桝塚古墳、那須八幡塚古墳、駒形大塚古墳（下野）、鳥越古墳、能満寺古墳、小田部古墳、神門4号墳（上総）、飯合作1号墳、北作1号墳（下総）、原1号墳、勅使塚古墳、佐自塚古墳、狐塚古墳（常陸）。

〔B類〕

東野台2号墳（相模）、前山2号墳（武蔵）、下郷SZ42号墳、朝子塚古墳（上野）、山王寺大桝塚古墳（下野）、東間部多2号墳（上総）、飯合作2号墳、水神山古墳（下総）、山木古墳、佐自塚古墳、狐塚古墳、安戸星1号墳（常陸）。

〔C類〕

山王寺大桝塚古墳、下侍塚古墳（下野）、朝倉2号墳、前橋天神山古墳、元島名将軍塚古墳（上野）、新皇塚古墳（上総）、上出島2号墳（常陸）。

このなかで、狐塚古墳、佐自塚古墳ではA類とB類が、山王寺大桝塚古墳ではA類とB類とC類がそれぞれ一古墳内で共存している。類型ごとに喪葬祭祀における土器群の果たす役割は異なっており、喪葬祭祀自体の性格も類型ごとに相異するものと思われる。それ故、先の三古墳にみられるような共存は、一古墳内で執り行われる土器を伴う喪葬祭祀の多様性を物語るものといえよう。

2. 出土類型別にみた器種組成

各古墳から検出された土師器群の器種組成について、前項で分類した出土類型単位に観察すると、そこには、地域を越えたある一定の共通した特徴が認められるようである。次に、そうした器種組成の特徴について、出土類型別に述べてみよう。

〔A類（第6、7図参照）〕

A類の土師器群は、その器種組成から、壺形土器、器台形土器、高杯形土器のセット関係を充足するもの（A1類）と、それらのセット関係を充足しないもの（A2類）とに細分される。A1類を出土する古墳としては、駒形大塚古墳、能満寺古墳、神門4号墳、北作1号墳、勅使塚古墳が、A2類を出土する古墳としては、諏訪山5号墳、山王寺大桝塚古墳、那須八幡塚古墳、鳥越古墳、小田部古墳、飯合作1号墳、原1号墳、佐自塚古墳、狐塚古墳があげられる。これをみてもわかるように、資料数の少ない相模・武蔵を除いて、A類の出土するすべての地域において、A1・A2両類のそれぞれが認められるのである。A2類の組成はそれぞれの地域において複雑な様相を呈しており、一様には捉えにくいといえよう。しかし、一つの特徴として、壺、器台・高杯のいずれかの欠除とともに、甕・鉢等の日常什器すなわち祭祀性の稀薄な器種の存在が指摘される。また、A1類をみると、神門4号墳、北作1号墳では、セットを構成する三器種がその個体数において相互にバランスがとれており、全体的に多量な土器が埋置されているのに対し、勅使塚古墳にみられる直口縁壺形土器、(44)駒形大塚古墳にみられる高杯形土器と、三器種のなかでもある特定の器種にその中心が置かれているというような、セット関係の細部における地域的な相異も看取される。

〔B類（第8、9図参照）〕

壺形土器を中心としている。大部分のものには、底部に焼成後あるいは焼成前の穿孔が施されており、中には器面に赤色塗彩が施されているものもある。しかし、水神山古墳、飯合作2号墳例のように底部穿孔を全く施さない例も存在する。個体数としては、1～2個体といったきわめて少数の壺形土器を使用する例が多いと思われるが、(45)下郷SZ42号墳、東間部多2号墳、安戸星1号墳

第1章 前期古墳の土器祭祀 33

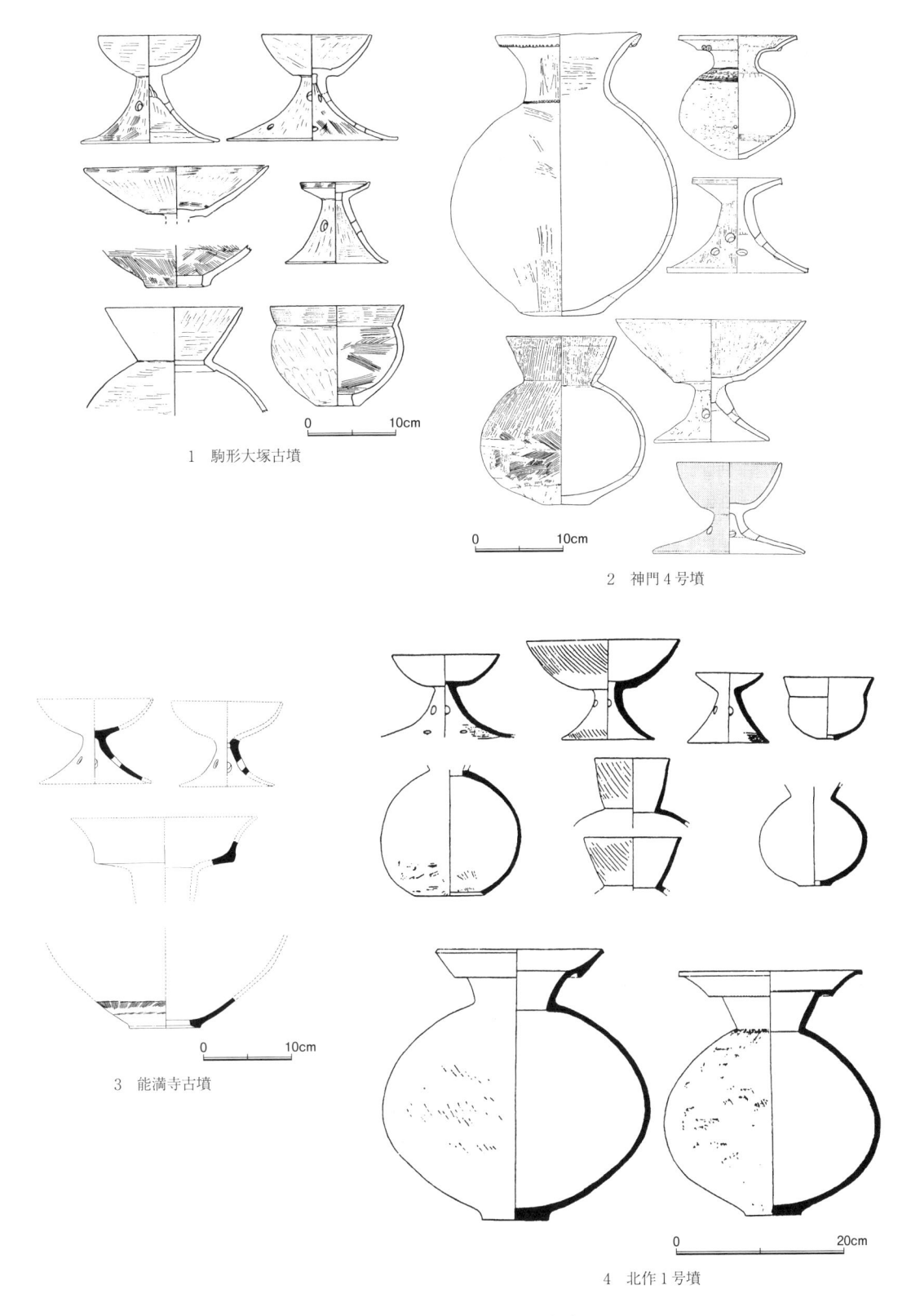

1　駒形大塚古墳

2　神門4号墳

3　能満寺古墳

4　北作1号墳

第6図　A類の土師器群（1）

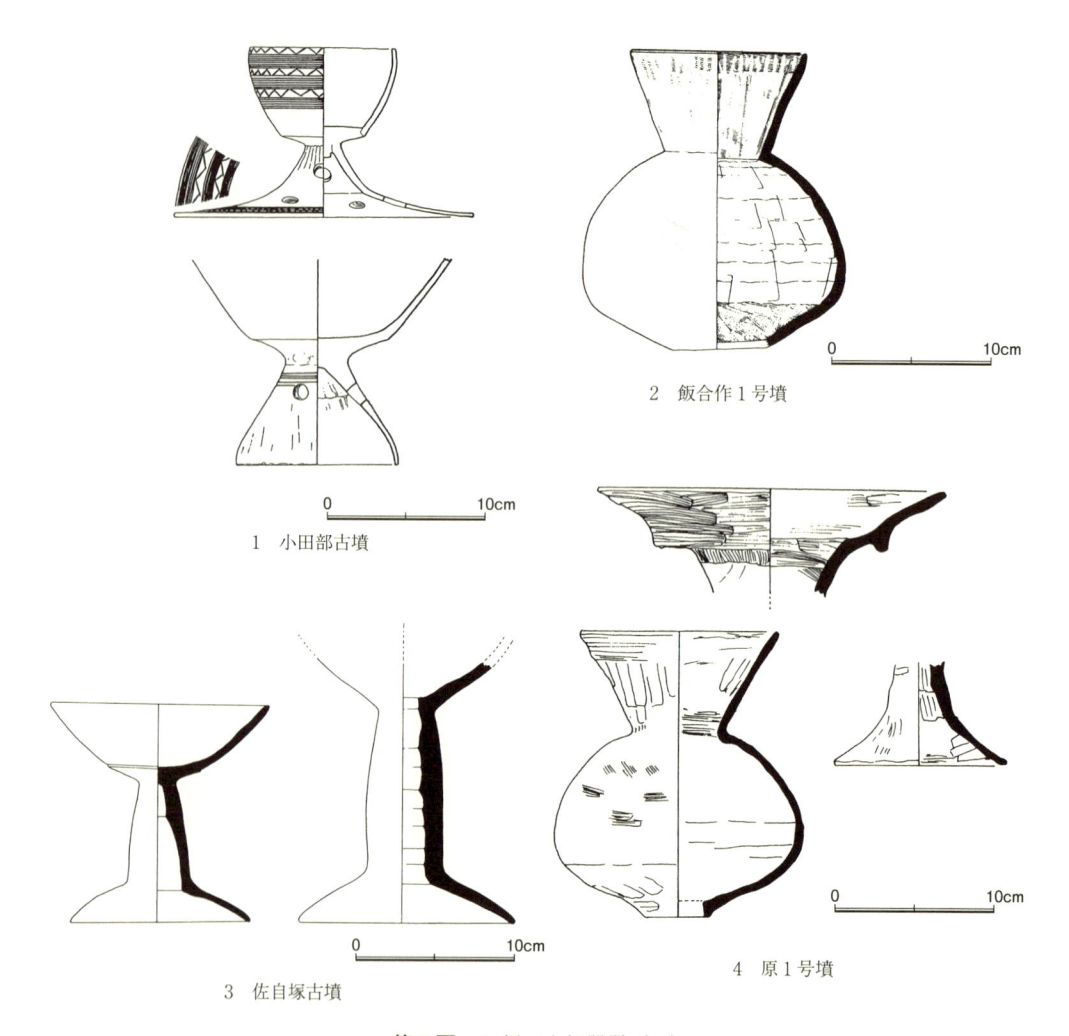

1 小田部古墳
2 飯合作1号墳
3 佐自塚古墳
4 原1号墳

第7図　A類の土師器群（2）

のように、複数の壺形土器を中心として、鉢、甕等の壺形土器以外の器種を伴って構成されるものも認められる。とくに、東間部多2号墳、安戸星1号墳にみられる出土状況および器種組成の類似性は、小規模前方後方墳という墳丘形態の類似からもうかがえる両者の密接な性格的関連性を示唆するものと思われる。

〔C類（第10図参照）〕

壺形土器のみで構成され、一古墳内では、すべて同一規格の壺形土器が用いられるのを特徴としている。底部には、必ず穿孔が施されており、それは、ほとんどが焼成前のものである。また、有段口縁、複合口縁の壺形土器が多く、器面への赤色塗彩、元島名将軍塚古墳例にみられる体部への櫛描文など総じて装飾的要素が強いことが指摘される。

はじめに述べたように、個々の出土類型における器種組成は、大局では地域を越え共通した特徴を示しているといえよう。しかし、その反面、細部においては地域的に相異する点も認められた。それは、A類において最も明確であり、B類、C類と徐々に解消され、C類ではほとんど認め

第1章 前期古墳の土器祭祀　35

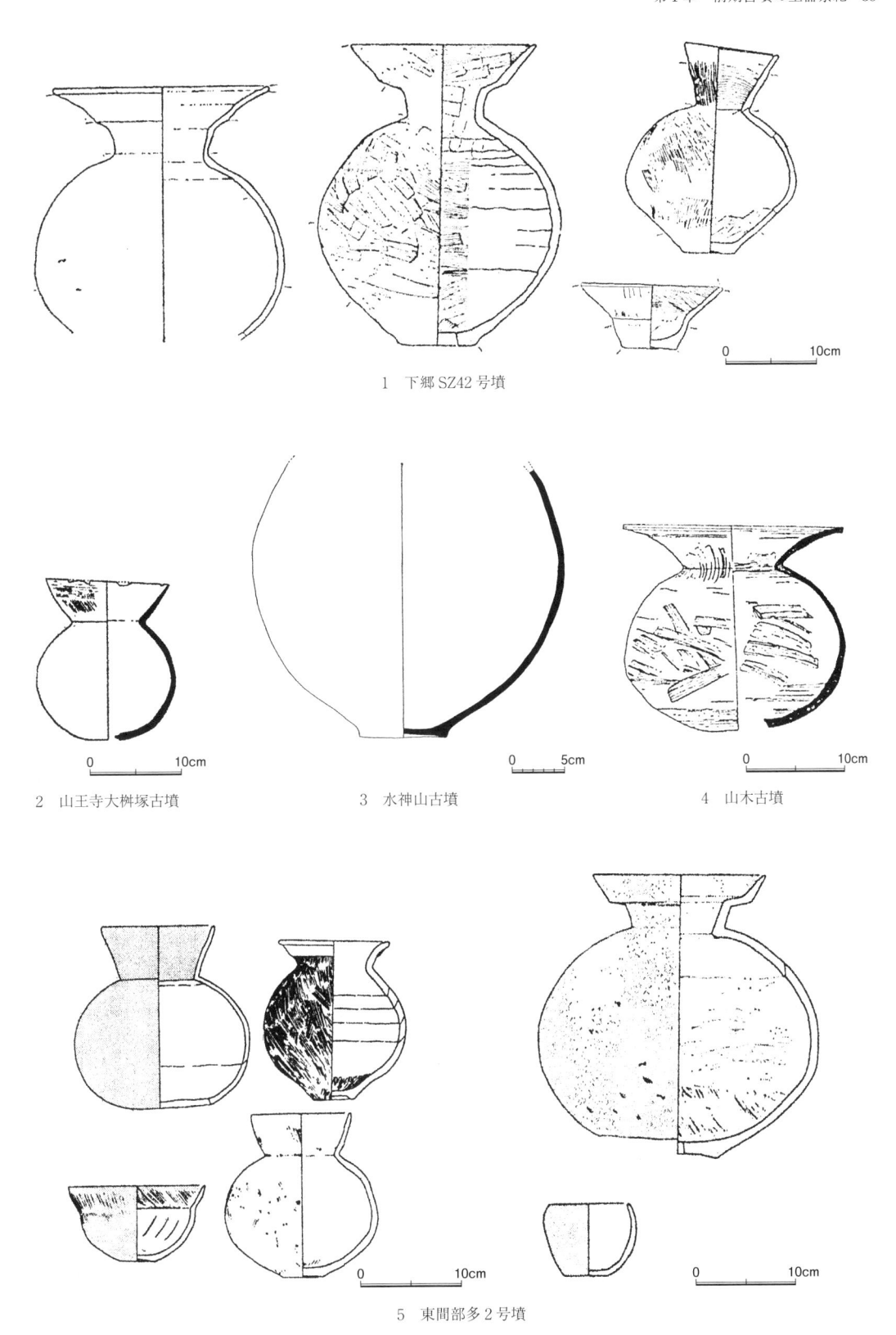

1　下郷SZ42号墳

2　山王寺大桝塚古墳　　　3　水神山古墳　　　4　山木古墳

5　東間部多2号墳

第8図　B類の土師器群（1）

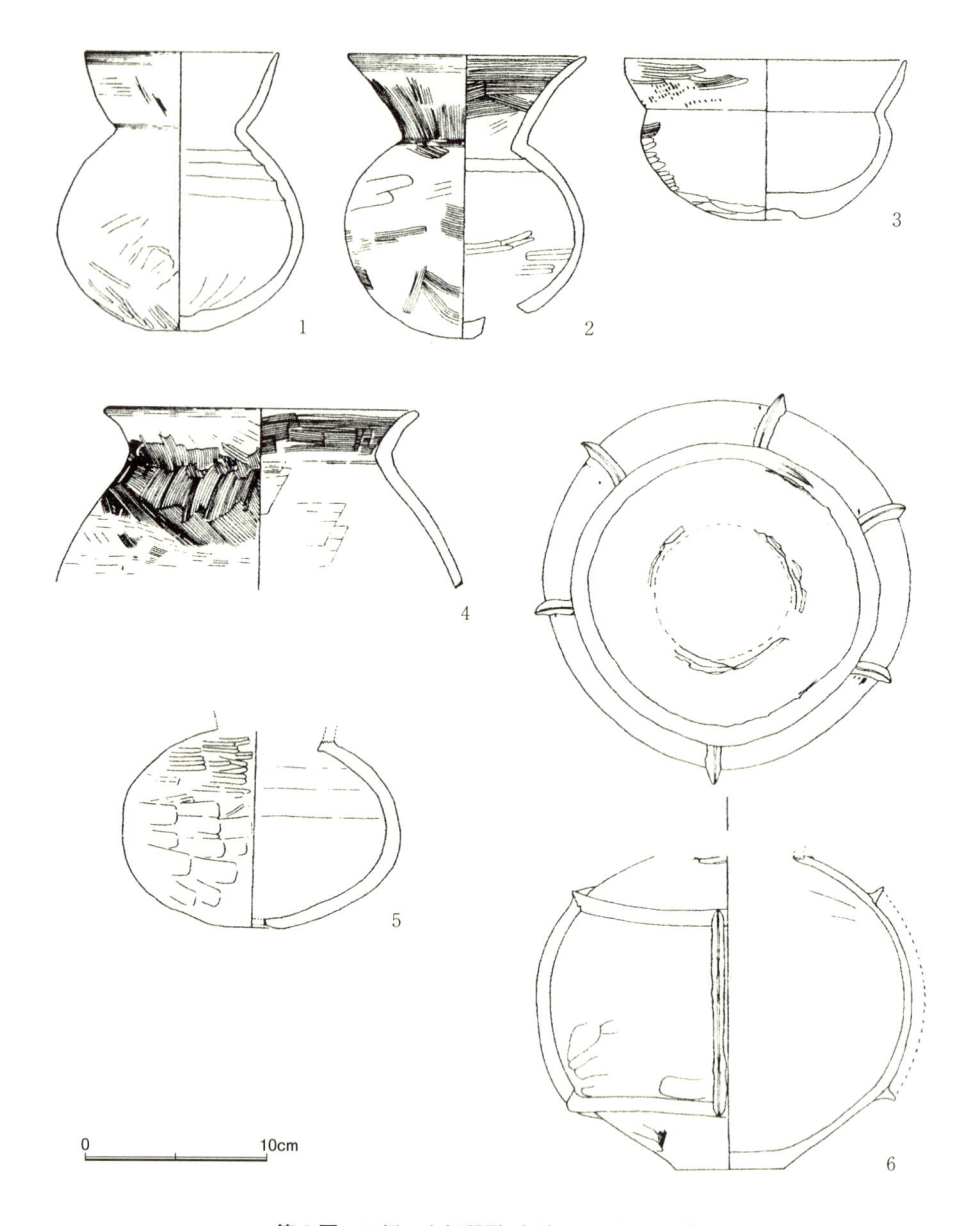

第9図 B類の土師器群（2）（安戸星1号墳）

られない。要するにこれは、A・B類とC類の喪葬祭祀上の性格的な差を示すものと思われる。前者、とくにA類が日常的な祭祀用具の古墳祭祀への転用といった感を抱かせるのに対し、後者は壺形土器の規格性等から本質的に古墳祭祀を目的として製作されたものと考えられる。すなわち、祭祀の性格は、それぞれの器種本来の性格にもあらわれている。

第3節　土器群を出土する古墳について

土師器群をその墳域内でのあり方からA、B、Cの3類に分類し、諸古墳を類別し、さらに、

1 新皇塚古墳

2 上出島2号墳

3 元島名将軍塚古墳

4 下侍塚古墳

第10図 C類の土師器群

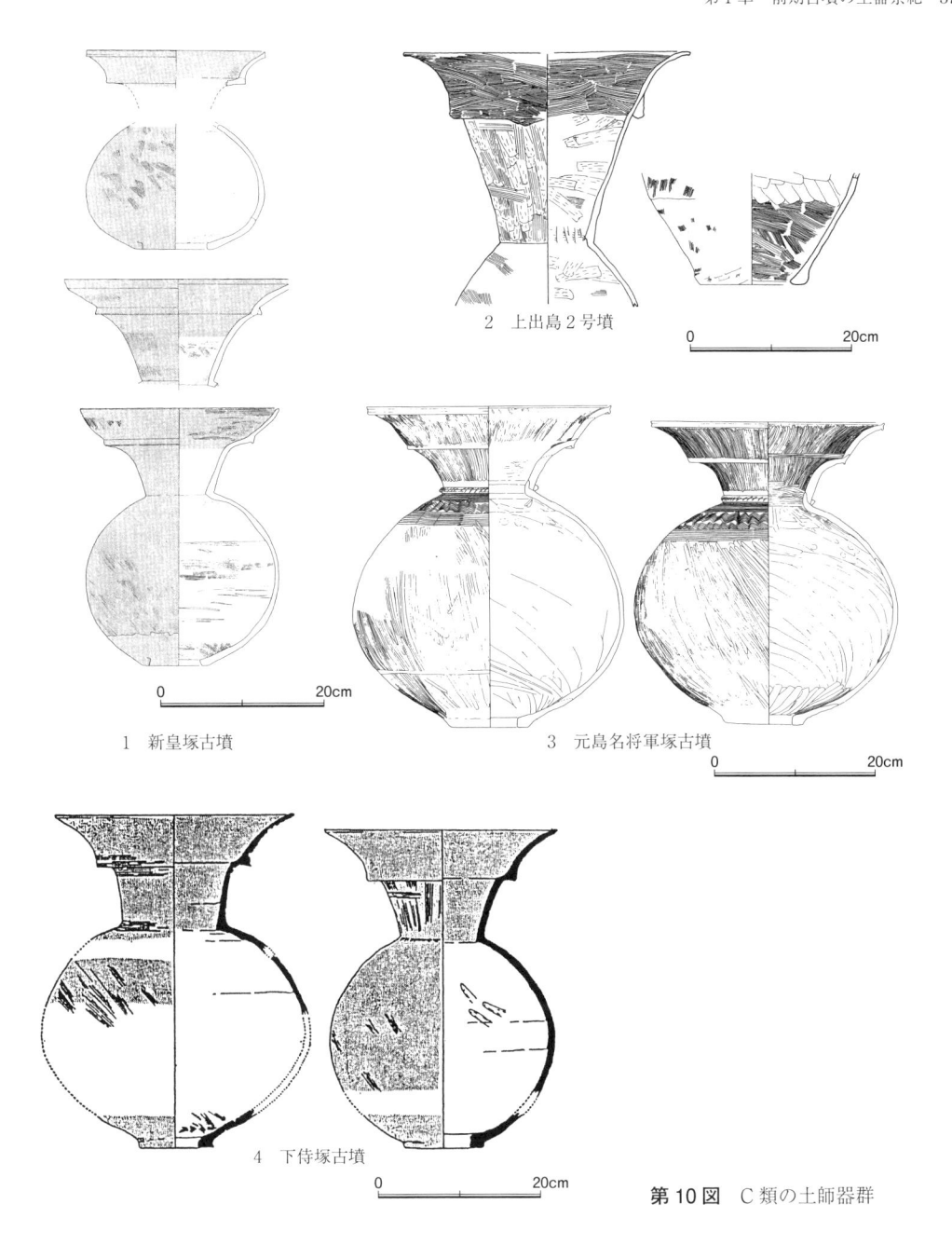

　各々の出土類型における器種組成の特徴について述べてみた。次に、それらの土師器群を出土する古墳についてその概要を述べてみよう。ここでは、A類を出土する古墳をⅠ群、B類を出土する古墳をⅡ群、C類を出土する古墳をⅢ群とし、それぞれ地域別にみていくことにする。便宜上、狐塚古墳、佐自塚古墳のようなA・Bの二類を出土する古墳はⅡ群に、山王寺大桝塚古墳のようなA・B・Cの三類を出土する古墳はⅢ群に含めて考えることにする。また、相模、武蔵の地域に関しては、地域別の比較資料とするには、資料的に確実なものが少ないため、ここでは考察の対象から除外した。

第1表 Ⅰ群の古墳概要一覧

地域	古墳名（立地）	墳形（m）	埋葬施設（m）	副葬品	外部施設
上野	該当なし				
下野	駒形大塚（丘陵端）	後方 (64)	木炭槨 (5.0)	画文帯神獣鏡、銅鏃、刀、剣、刀子、斧、鈍、ガラス小玉	葺石
	那須八幡塚（台地端）	後方 (64)	木棺直葬 (6.5)	夔鳳鏡、剣、鋸、鈍、間透（あいすき）、けずり小刀、斧、鎌	葺石
上総	神門4号（台地端）	円 (34)	木棺直葬 (4.3)	鏃、剣、槍、管玉、ガラス玉	周溝 突出部
	能満寺（丘陵端）	後円 (73)	木炭槨 (7.5)	獣形鏡、銅鏃、鉄鏃、刀、剣、斧、鈍、ガラス小玉	
	小田部（丘陵端）	円 (23)	木棺直葬 (3.9)	碧玉管玉、ガラス小玉・丸玉	周溝
	鳥越（丘陵端）	後方 (25)	木棺直葬1 (2.8)	碧玉管玉、ガラス小玉、鉄製品	
			木棺直葬2 (3.8)	方格規矩鏡、水晶棗玉、ガラス玉、鉄器	
下総	北作1号（丘陵端）	方 (16×18)	粘土槨 (3.6)	銅鏃、鉄鏃、刀、剣、斧、鈍	周溝 突出部
	飯合作1号（台地端）	後方 (25)	木棺直葬 (3.8)	ガラス玉	周溝
常陸	勅使塚（丘陵端）	後方 (64)	木棺直葬 (9.1)	重圏文鏡、剣先片、管玉、ガラス小玉	
	原1号（丘陵端）	後方 (29)	木棺直葬 (3.7)	槍、剣、斧、鈍、鑿、鉇、鎌、針、碧玉管玉、ガラス小玉	

1. Ⅰ群

　Ⅰ群に属する古墳は10基あり、その概要は第1表のとおりである。Ⅰ群の古墳を概観すると、10基中、前方後方墳6基、円墳3基で、前方後円墳は能満寺古墳の1基であり、Ⅰ群のなかでは異例の存在である。しかし、能満寺古墳に関しては、これまでに前方後方墳として報告されたこともあり、いまだ墳形確認の調査がなされていないことからも、今後前方後方墳であることが証明される可能性も十分あり得るといえる。(24) このように考えると、Ⅰ群、すなわちA類を出土する古墳は、佐自塚古墳のような他の類型と共伴する例を除けば、ほぼ前方後方墳か円墳、それも小規模あるいは中規模のものに限られ、A類は前方後円墳には主体的には存在しないものと思われる。また、埋葬施設は、木棺直葬、木炭槨といった簡略な構造のものが大半を占めており、ただ一例粘土槨を有する北作1号墳にしても、全長3.6mといたって小規模のものである。さらに、副葬品をみても、玉類と武器、農工具を主体に、全体的に少量で貧弱な様相がうかがわれる。以上のような、墳形、埋葬施設、副葬品にみられるⅠ群の諸特質は、A類の喪葬祭祀の性格に密接に関連するものと思われる。また、駒形大塚古墳、那須八幡塚古墳、鳥越古墳の副葬品中に舶載鏡が含まれる点は注目すべき事象といえよう。

　Ⅰ群の古墳は、下野、上総、下総、常陸の四地域に認められ、各地域において最古の一群に位置付けられる出現期の古墳である。これに対して、古墳出現においてこれら四地域と時期的にさほど違いがないと思われる上野の地域に、A類を出土する古墳が全く認められないという現象は興

第2表　Ⅱ群の古墳概要一覧

地域	古墳名（立地）	墳形（m）	埋葬施設（m）	副葬品	外部施設
上野	下郷SZ42号（台地端）	後方　（42）	不明	不明	周溝　突出部
	朝子塚（台地縁）	後円　（124）	不明	不明	葺石、埴輪
下野	該当なし				
上総	東間部多2号（台地端）	後方　（35.5）	不明	不明	周溝
下総	飯合作2号（台地端）	後方　（30）	不明	不明	周溝
	水神山（台地端）	後円　（67）	粘土槨　（5.1）	刀子、針、ガラス管玉、ガラス小玉、滑石管玉	周溝
常陸	佐自塚（丘陵端）	後円　（67）	粘土槨　（8.5）	刀子、勾玉、管玉、竹櫛	
	狐塚（台地端）	後方　（36）	粘土槨　（7.0）	短甲、銅鏃、刀、剣、刀子、鉇	
	山木（台地端）	後円　（48）	粘土槨　（5.5）	短剣、（鉄石英、碧玉、滑石）管玉、ガラス丸玉、ガラス小玉	
	安戸星1号（丘陵上）	後方　（29）	不明	不明	突出部

味深い事実である。

2．Ⅱ群

　Ⅱ群に属する古墳は9基あり、その概要は第2表に示すとおりである。Ⅱ群の古墳は、上野、上総、下総、常陸の四地域に認められ、下野には存在しない。しかし、山王寺大桝塚古墳は、B類と共伴するためⅢ群に位置付けているが、埋葬施設の脇からB類に属すると思われる直口縁壺形土器が出土している。下野では、この他にもB類を出土する古墳が存在すると考えられ[46]、この種の土師器群は関東地方の各地域に認められるといえよう。

　Ⅱ群は、前方後方墳5基、前方後円墳4基で構成されている。埴輪列を有し、古墳の様相からみてもⅡ群のなかではやや性格を異にすると思われる朝子塚古墳[47]は除くとしても、8例中3例が前方後円墳であり、前方後円墳が1例しか認められなかったⅠ群に比してその存在は顕著なものといえる。このように、古墳の形態からうかがわれるB類の大きな特徴は、A類の土師器群が前方後円墳には主体的に存在し得なかったのに対し、前方後方墳とともに前方後円墳にもその存在が比較的多く認められることにある。また、埋葬施設をみても、確認されているものに関してはすべて粘土槨であり、木棺直葬が主体的であったⅠ群とは異なる様相がうかがわれる。しかし、その反面大部分が小規模ないし中規模の古墳であり、副葬品をみても貧弱な様相をとどめるなど、Ⅰ群とあまり変わらぬ点も指摘される。このほか、特筆すべき点として、下郷SZ42号墳後方部や安戸星1号墳くびれ部の墳丘裾部に付設された突出部の存在があげられる。この種の突出部は、Ⅰ群の古墳には認められなかったものであり、両古墳の土師器の出土状況からみても、B類の土師器群と喪葬祭

第3表　Ⅲ群の古墳概要一覧

地域	古墳名（立地）	墳形（m）	埋葬施設（m）	副葬品	外部施設
上野	朝倉2号（台地上）	円　（23）	粘土槨　（5.7）	刀、剣、鏃、鎌、斧	葺石 周溝
	前橋天神山（台地上）	後円（124）	粘土槨　（8.8）	三角縁神獣鏡、禽獣鏡、半円方格帯画像鏡、変形獣形鏡、銅鏃、大刀、刀、剣、鉄鏃、刀子、斧、鉇、鑿、釣針、針、鞍、碧玉・滑石製紡錘車形石製品、ガラス小玉	葺石 周溝
	元島名将軍塚（台地端）	後方　（91）	粘土槨　（?）	四獣鏡、碧玉石釧、刀、鉇、勾玉	葺石、周溝、突出部
下野	山王寺大桝塚（平地）	後方　（96）	粘土槨　（8.5）	四神鏡、銅鏃、鉄鏃、大刀、剣、斧、鉇、鎌、鞍、ガラス小玉、（槨外：剣、鎌、鏃、刀子）	周溝
	下侍塚（台地上）	後方　（84）	不明	不明	葺石、周溝
上総	新皇塚（台地端）	後方（60＋）	粘土槨　（13.9）	南棺：珠文鏡、剣、刀、刀子、鑿、鉇、鎌、斧、管玉、ガラス小玉 北棺：内行花文鏡、石釧、勾玉、管玉、（槨外：剣、鎌、鏃、刀子、鉇、斧）	周溝
下総	該当なし				
常陸	上出島2号（台地上）	後円　（56）	粘土槨　（10.0）	滑石勾玉・管玉、剣、鏃、斧、針	

祀の上で密接な関連をもって機能したものと考えられる。[48]

　Ⅱ群の古墳は、相対的にみると各地域ともⅠ群に後出する様相が看取される。

3．Ⅲ群

　Ⅲ群に属する古墳は7基あり、その概要は第3表に示すとおりである。Ⅲ群の古墳は、上野、下野、上総、常陸の四地域に認められ、上野に最も多い。

　前方後方墳4基、前方後円墳2基、円墳1基が存在し、C類は、B類と同様に前方後円墳、前方後方墳の両者に認められる。しかし、前方後方墳の墳丘規模をみると、Ⅰ・Ⅱ群に顕在した小規模、中規模の前方後方墳は認められず、全長91mの元島名将軍塚古墳、全長96mの山王寺大桝塚古墳、全長84mの下侍塚古墳、後方部長60mの新皇塚古墳（前方部が現存せず全体の規模は不明）と、前方後方墳としては大型の古墳に限定されていることがわかる。前方後円墳では、前橋天神山古墳のような大形のものもある反面、上出島2号墳のような規模的にはⅡ群と変わりないものにもC類は認められる。Ⅲ群の古墳の特徴は、前方後方墳にみられる大型化は言うに及ばず、全長8〜10mの長大な粘土槨、鏡を含めた質量ともに豊富な副葬品といった様相が、全般的な傾向として認められることにあり、器種組成と同様に、古墳の内容の上でもA・B類とC類との間には大きな較差が看取される。また、前橋天神山古墳出土例を除くⅢ群出土の鏡は、すべて小型仿製鏡であり、これは前述したⅠ群の様相と対比される。Ⅲ群の古墳は、本資料中、各地において最

も新しく位置付けられる古墳と考えられる。

　まとめ

　以上、関東地方の前期古墳から出土した土師器群をその墳域内でのあり方からA、B、Cの3類に大別し、それぞれの器種組成の特徴に触れ、最後に、土師器群を出土する古墳についてその概要を述べてみた。以下、それらを整理し若干の考察を加えまとめとしたい。
　先に、器種組成の特徴について検討した際、出土類型ごとにみられる地域差と性格の相異について簡単に触れておいた。器種組成からうかがわれる地域差は、A類、とくにA1類のセット関係のなかで最も明確に認められる。B類では、底部穿孔による仮器化の有無や一部の古墳にみられる他器種（甕、鉢等）の存在など地域的に幾分相異する点が見受けられるものの、壺形土器を主体とするあり方は全体として共通する様相として捉えられる。さらにC類では、壺形土器における規格化や底部穿孔、装飾性といったあらゆる点で共通した様相がうかがわれる。つまり、地域差はA類、B類、C類と徐々に解消され、C類ではほとんど存在しなかったものと思われる。次に、器種の性格に関しては、A類が壺形土器、器台形土器、高杯形土器を中心とした多様な器種によって構成され、日常的な祭祀用具の感が強いのに対し、B類では壺形土器が中心となり、ほぼ一般的に認められる底部への穿孔は仮器化の進行を意味している。さらにC類では、規格化された壺形土器のみで構成され、底部へはほとんど焼成前の穿孔が施されている。よって、これらがA類、B類とは性格的に異なり、まさに古墳祭祀を目的として製作されたものであろうことは想像に難くない。
　このように器種組成にあらわれた地域差の有無や祭祀的性格の相異は、喪葬祭祀における統一化、儀礼化への一側面を示すものと思われ、祭祀形態の段階的な推移として捉えられる。すなわち、A類からB類、そしてC類へという土師器群の変遷が考えられよう。また、A類を細分したA1類、A2類については、A2類の特徴がA1類の器種の欠除と日常什器の加入にあり、さらに壺形土器の仮器化の傾向がA1類に比してA2類に強く認められることから、前者をA1類の器種組成の崩壊、後者を祭祀形態の儀礼化の進展として捉え、A1類からA2類への変遷を想定したい。つまり、器種組成の諸要素からみて、出土型式におけるA1→A2類→B類→C類という変遷過程が想定される訳である。出土型式をもとに分類したⅠ群、Ⅱ群、Ⅲ群の古墳は、その内容からみてⅠ群が最も古く、Ⅲ群が最も新しく位置付けられ、Ⅰ群→Ⅱ群→Ⅲ群という変遷が地域ごとの相対的な流れとして捉えられるものと思う。これは、土師器の出土類型に置き換えてみると、A類→B類→C類という変遷となる。また、A1類とA2類の先後関係については、前者が駒形大塚古墳、神門4号墳、北作1号墳、勅使塚古墳等の各地の出現期の古墳から出土することや、Ⅱ群に属する佐自塚古墳や狐塚古墳に後者の土師器群が認められることなどから考えて、相対的にA1類を出土する古墳がA2類を出土する古墳に先行する様相が看取される。このように、先に器種組成の面から想定した出土型式の変遷は、古墳の相対的な先後関係からみても大方のところで合致するものと考えられる。

A類の土師器群は、その出土状況および器種組成において弥生時代からの伝統を受け継ぐ方形周溝墓の土器群との共通性が認められ⁽⁵²⁾、従来から指摘されるように、その性格には共同体的な集団祭祀の傾向が強く残されていると考えられる⁽⁵³⁾。A類の器種組成にみられる地域的相異などもこのような祭祀の性格に起因するものと考えられ、弥生時代からの地域差の一面を示すものと思われる。そして、これらの土師器群は、小規模ないし中規模の前方後方墳や円墳、方墳に認められ、前方後円墳あるいは大型前方後方墳にはほとんど認められないことが指摘される。とくに、初期の小、中規模の前方後方墳にA類が顕在化するのに対し、前方後円墳の出現に際しそれが主体的に存在し得なかったことは対照的である。これは、単に関東地方（A類の顕著に認められる下野、上総、下総、常陸）における前方後方墳と前方後円墳の出現の時期差を反映するだけでなく、古墳祭祀の一面に弥生時代の伝統を色濃く残さざるを得なかった前方後方墳の被葬者とそれを否定しつつあった前方後円墳の被葬者との間に、首長としての性格あるいは出現の契機の上で何らかの較差が存在したことを示すものと思われる。

　B類の出自については現在のところ明らかにし得ない。しかし、A類からの変遷過程にみられる壺形土器の仮器化や地域差の解消といった現象からうかがわれるように、その出現が喪葬祭祀の儀礼化、統一化の進展によるものであることは明らかであり、それはまた、Ⅱ群の古墳における前方後円墳の出現、粘土槨の普及といった変化と無関係ではないだろう⁽⁵⁴⁾。その反面、墳丘規模や副葬品の質においてはⅠ群と何ら変わらぬ点も認められた。ここでは、前代からの停滞した様相を留めながらも、直接的な関係の有無は別として、より畿内的色彩が強化したことを指摘しておきたい⁽⁵⁵⁾。ともかく、器種組成の崩壊に伴うA類の衰退からB類への変遷は、儀礼化、統一化の動きのなかで共同体的な喪葬祭祀の場が埋葬施設上から徐々にくびれ部や前方部先端といった他の特定の場所へ移行したことを示すものであり⁽⁵⁶⁾、それは、他地域からの何らかの影響なくしては起こり得なかったものと思われる。また、一部の古墳にみられる突出部の付設もこのような喪葬祭祀の変革のなかで、埋葬施設上に代わる新たな祭祀の場として出現したものかと思われる。

　これに対し、B類からC類への変遷には、器種組成や古墳の内容に認められる較差が示すように喪葬祭祀の上で大きな飛躍があったものと思われる。C類は、仮器化された同一規格の壺形土器を配列することに意味があり⁽⁵⁷⁾、こうした例は奈良県桜井市外山桜井茶臼山古墳⁽⁵⁸⁾、同県天理市和爾町上殿古墳⁽⁵⁹⁾、大阪府羽曳野市壺井御旅山古墳⁽⁶⁰⁾等、畿内地方の前期古墳に類例が多く、その初源は畿内大和地方に求められるものと考えられる。それは、円筒埴輪とともに畿内勢力独自の極度に儀礼化した喪葬祭祀形態であり、関東地方におけるその出現は、円筒埴輪の出現と同様にこの地域が畿内勢力の祭祀形態の枠にほぼ完全に組み込まれたことを示すものであろう。C類の土師器群は、円墳、前方後円墳、前方後方墳のそれぞれから発見され、そのなかでも前方後方墳では大型古墳にのみ認められた。関東地方で前方後方墳から円筒埴輪が発見されたという報告はなく、前方後方墳が墳丘規模の大型化、粘土槨の長大化、副葬品の増大化に伴い畿内勢力と直結する喪葬祭祀として導入した祭祀形態がC類すなわち壺形土器の配列に限られていたことがうかがわれる。これは、円筒埴輪をもつものと壺形土器を配列するものとの両者が併存する前方後円墳のあり方と比較し、この地域における前方後方墳の特異性であり、前述したA類の土師器群のあり方の相違とも考え合

わせ興味深い。円筒埴輪あるいは壺形土器を配列する儀礼の出現が畿内勢力とより完全な紐帯の上に成り立つ首長階級の出現を意味することは言うまでもない。しかし、両者の間には、その出自あるいは性格において相異する点があったものと思われ、前方後方墳の特異性はその一端を反映するものではないだろうか。[61]

　出土型式の変遷とその性格について述べてきたが、上野の地域ではA類の土師器群が全く発見されておらず、また、他の下野、上総、下総、常陸でもすべての地域においてこの変遷過程が確認されている訳ではない。しかし、出土類型の出現、消滅の時期には地域ごとに多少の差は予想されるものの、上野を除く四地域では、おおよそこの流れに沿った変遷を辿るものと思われる。下野、上総、下総、常陸の地域においてその古墳出現期にA類の土師器群が顕著に認められるのに対し、上野の地域ではそれが全く認められないことは何を意味するのだろうか。上野では、とくにC類を出土する古墳が多く認められる。これらは定型化した古墳としては初期のものであり、Ⅲ群のなかでは時期的にやや遡り、他地域のⅠ群の一部と重なる時期にあたるものもある。

　こうしてみると、関東地方の古墳出現期に、下野、上総、下総、常陸では埋葬施設上で壺、器台、高杯を用いた土器祭祀が行われ、上野では墳頂部周縁への壺形土器の配列が、朝子塚古墳にみられる埴輪配置やそれに伴う土器祭祀とともに展開しており、大きく異なる様相を示しているといえよう。これは、それぞれの出土類型の性格から考えて、上野が古墳出現の間もない時期に、他地域に先んじて畿内勢力とより密接に結びつき、祭祀儀礼を共有していたことを裏付けるものと思われる。初期の円筒埴輪が、関東地方ではおもに上野の地域に最初に導入されたことも相呼応する事象だろう。これに対し、下野、上総、下総、常陸の地域では、古墳の出現をみても、その段階では喪葬祭祀の一面に弥生時代から続く在地首長墓の伝統を根強く残していたものと思われる。そこには、これらの地域に畿内勢力の保持する儀礼化した喪葬祭祀を受け入れるだけの母胎が成立していなかった状況がうかがわれるとともに、上野地域とは古墳出現の社会的、政治的背景を異にしていたことが想定される。それはまた、上野地域のC類あるいは埴輪を有する大型前方後方墳・後円墳と、他の四地域のA類を有する小、中規模前方後方墳との対比が示すように、土師器群のあり方にとどまらず、古墳の墳丘形態や規模等の異同とも深くかかわる一連の問題でもある。

　出土型式の変遷が示すように、その後徐々に畿内勢力の影響は浸透し、C類の出現段階には上記四地域も畿内中枢の祭祀形態の枠に組み込まれたものと考えられる。円筒埴輪の出現もC類の出現とさほど時間差はないと思われるが、それは大型前方後円墳出現の時期にあたり、C類の出現よりは相対的にやや遅れるのかもしれない。しかし、円筒埴輪配列との関連は、さらに地域的に限定して見ていかなければならない問題であり、地域によっては円筒埴輪が直接的に早く出現する所も存在するであろうし、小地域単位に複雑な様相を呈していたものと思われる。[62]

附節　畿内大型前方後円墳の土器祭祀

　本章の附節として、畿内大型前方後円墳の土器祭祀について、天皇陵古墳から出土する土師器に焦点を当て、その特徴の一端を考察する。

古墳から出土する土師器は、従来からその編年的位置付けと出土状況の二つの方向から研究が行われてきた。しかし、ここで問題とする天皇陵古墳、すなわち陵墓あるいは陵墓参考地に指定されている古墳に関しては、土師器の出土例は少なく、その実態については不明な部分が多い。
　ここでは、天皇陵古墳出土の土師器の実例と研究の現状を紹介し、古墳時代前半期を中心に若干の問題を検討し今後の課題を提起したい。

1. 天皇陵古墳と土師器

　古墳から出土する土師器は全国各地で確認され、近年その類例は増加し、前半期の古墳では600基を超える事例が集成されている。しかし、このなかで古墳築造に直接伴う土師器、つまり古墳祭祀にかかわるものはというと出土状況などを十分に吟味する必要があり、その数は厳選されるものと思われる。実際の所、古墳祭祀にかかわる土師器の使用は、前半期の古墳、それも中・小の古墳が主だったと予測される。これは、古墳祭祀が多分に階層性を内包していたことや後半期には古墳祭祀の中心が形象埴輪を含む埴輪配置や須恵器をもちいた土器祭祀に移っていったと考えられることと深くかかわっている。

　はじめに述べたように、古墳出土の土師器については、編年的位置付けと出土状況の検討の二つの方向性がある。あらゆる点で情報量が限定されている天皇陵古墳では、前者の問題については出土地点の如何や古墳の築造に直接伴うものか否かにかかわらず、出土土師器は古墳の年代推定にある一定の役割を果たし得るといえよう。

　これに対し、出土地点や出土状況など古墳祭祀の復原を前提に土師器を検討する場合、原則として墳丘内部への立入り調査が認められていない天皇陵古墳には大きな制約があると言わねばならない。なぜならば、土器を使用する古墳祭祀は、おもに墳丘内部の特定の場で執り行われていたと想定されるからである。今、古墳から出土する土師器を出土地点をもとに類型化すると、（1）埋葬施設内、（2）埋葬施設上などの墳頂部、（3）くびれ部などの墳丘据部各所と三つに大別することができる。しかも、（1）は壺、坩、甕、（2）は小型土器類、（3）は壺をはじめ多様な器種が用いられるなど使用器種にも類型ごとに特徴が認められ、土器祭祀の全体像を明らかにするには発掘調査に基づく器種組成の把握も重要と考えられる。

　このような出土地点、器種組成の相違は、祭祀の系譜や性格、変遷などを反映しており、個々の古墳の性格と深くかかわるものといえる。もし、天皇陵古墳のような大型古墳も含めてこれらを比較検討することが可能ならば、埴輪などと同様にこの時代の政治史的研究に重要な役割を果たし得ると考えられる。

2. 天皇陵古墳出土の実例

　ここでは、実例として箸墓古墳（陵墓名：倭迹迹日百襲姫墓）、渋谷向山古墳（陵墓名：景行天皇陵）、行燈山古墳（陵墓名：崇神天皇陵）、誉田山古墳（陵墓名：応神天皇陵）の管見に触れた4基の事例をとりあげ、主に土師器の出土状況、器種、編年的位置付けを中心に紹介することにしたい（第11図）。

1　箸墓古墳

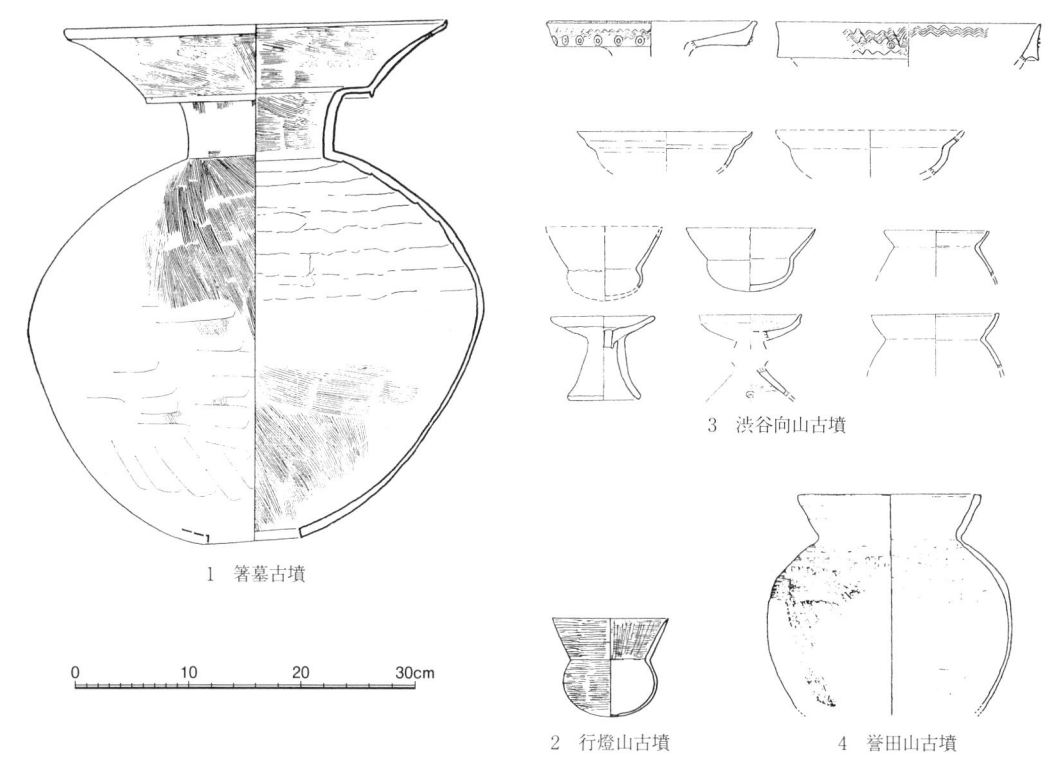

2　行燈山古墳　　3　渋谷向山古墳　　4　誉田山古墳

第11図　天皇陵古墳出土の土師器

　箸墓古墳は、奈良県桜井市箸中にある全長280mの前方後円墳である。墳形は前方部がバチ形に開き、前方後円墳最古型式の特徴を備えている。

　1976年、宮内庁から墳丘採集資料が公表され、特殊器台形・特殊壺形埴輪とともに有段口縁の壺形土師器数個体分の出土が報告されている。出土位置は前方部墳頂で、主に後円部から採集された特殊器台形・特殊壺形埴輪とは地点を異にしている。壺形土師器は、葺石を覆う灰黒色土の中から出土しており、古墳の築造に伴うことは確実と思われる。その出土状況は、南北に広がる墳頂部に平行して、いくつもの密集した破片群として確認されており、壺数個体が前方部墳頂に配列されていた可能性も考えられる。

　年代的には纒向3式後半（布留0式）に位置付ける見解が大勢を占めているが、纒向4式に降るとする見方もある。

　また1994～1995年、橿原考古学研究所により前方部北西隅の陵墓指定地外にあたる墳丘裾部が発掘調査され、葺石や幅10.5m、深さ1.9m以上の溝の存在が確認された。この溝底からは、甕形土器などの日常生活用土器を主体とする土師器群が出土しており、古墳築造途中あるいは完成時頃廃棄されたものと考えられている。

　これらの土師器群も、纒向3式後半の範疇に入るものと考えられている。先の前方部墳頂出土の壺形土師器とともに箸墓古墳の築造時期を示す基準資料といえる。

　渋谷向山古墳は、奈良県天理市渋谷にある、全長300m、前方部、後円部ともに三段築成の前方

後円墳である。

　1975年、宮内庁により表面採集資料および墳丘護岸工事に伴う事前調査資料が公表され、前方部側面および前面の墳丘裾部から出土した土師器群が報告されている[67]。土師器群は、大部分が古式土師器の破片で占められている。有段ないし直口縁の壺形土器、小型丸底土器、小型器台形土器、高杯形土器、小型鉢形土器、甕形土器など多種多様な器種からなっている。ただ、これらの土器群は墳丘の二次堆積層内から出土したもので、この古墳の築造に伴うものかどうかは定かでない。報告者も、①陵外から流水とともに運ばれてきた、②封土の中または下に埋蔵されていたものが流出した、③墳丘の表面に置かれたものが流出した、などいくつかの可能性を提示している。

　年代的には、纒向4式（布留1式）を主体とする纒向3式〜5式（布留2式）の土器群と考えられている。

　行燈山古墳は、奈良県天理市柳本にある全長242mの前方後円墳である。後円部、前方部ともに三段築成と考えられ、現況では盾形に近い周濠がめぐっている。

　1977年に、宮内庁が行った外堤および後円部墳丘裾部の護岸工事に伴う事前調査の成果が公表された[68]。それによると、後円部先端側外堤の葺石を覆う緻密な有機質土のなかから、ほとんど葺石に接して底を下にした状態の小型丸底土器1個体が出土している。

　この土器は、纒向5式（布留2式）期に相当すると考えられており、土器の出土状況から察するにこの時期が古墳築造の下限を示すものと思われる。

　誉田山古墳は、大阪府羽曳野市誉田にある全長425mの前方後円墳である。墳丘は三段築成、くびれ部両側に造り出しが設けられ、現況では二重の周濠がめぐっている。

　1988・89年に大阪府教育委員会により前方部北側外堤部分の発掘調査が行われ、外堤外側法面と、さらにその外側に外堤を画する幅12mの溝が確認されている[69]。

　この調査で、前方部北側に位置する外堤外側の溝から、円筒埴輪や笠形木製品、須恵器などとともに土師器の甕形土器が出土している。この甕形土器は布留4式期に相当するものと考えられている。

3. 編年的位置付けと画期（第4表）

　前方部バチ形で最古型式の大型前方後円墳箸墓古墳の内容は、古墳時代とりわけその幕開けの歴史認識とかかわって最も重要な位置を占めている。箸墓古墳出土の土師器のなかで、確実に古墳の築造にかかわるものとして前方部墳頂出土の有段口縁の壺形土師器がある。前方部墳丘裾から出土した土器群の認識とあいまって、纒向3式後半を上限とし、降っても4式初期と一定の位置付けが与えられた意義は大きい。なお、奈良盆地南部の桜井茶臼山古墳からも同様な特徴をもつ壺形土器（壺形埴輪）が出土しているが[70]、箸墓古墳と同時期か若干後出するものと考えられる。

　渋谷向山古墳、行燈山古墳からは、おもに纒向4・5式（布留1・2式）の土師器が出土しており、後者の年代が両古墳の築造の下限を示すものと考えられる。この二古墳については、埴輪の特徴から行燈山古墳が若干先行するという意見もあるが、古墳への帰属が曖昧なこれらの土師器からは判断しがたく、先後関係については流動的と言わざるを得ない。

ともかく以上の状況から考えて、初期古墳が集中する大和東南部では、200mを越える大型前方後円墳のなかに纒向3式後半を遡るものはなさそうである。近年、出土土器の年代観からこの時期を遡るとされる墳墓の事例が西日本にとどまらず東日本を含めた広範囲に確認されている。ただこれらは、墳丘長100m以下の墳墓で占められ、纒向3式後半における巨大古墳の出現はやはり時代の大きな画期と見るべきであろう。

誉田山古墳出土の甕形土器は、陶邑における須恵器生産開始直前の型式に相当することが指摘されている。ちなみに、誉田山古墳出土の円筒埴輪は、川西編年Ⅳ期の特徴をもち、無黒斑で窖窯焼成によることは明らかである。もとより、この土器が直接古墳の築造に伴うものか否かの問題はあるが、同時に埴輪生産と須恵器生産との関係や円筒埴輪編年Ⅳ期の位置付けなど、出土埴輪の理解において微妙な問題を提起している。今後、墳丘内部において古墳築造に直接伴う土器の確認が望まれる。

4. 箸墓古墳の壺形土師器

箸墓古墳の前方部墳頂から発見された有段口縁の壺形土師器は、それ以前の墳墓から発見される壺形土器とは出土状況において多少違った趣をもっている。箸墓古墳では、後円部の墳頂付近を中心に吉備型の特殊器台形・特殊壺形埴輪が出土している。この埴輪は、前方部からはほとんど発見されていないことから、畿内系譜の有段

第4表 天皇陵古墳出土の土師器と円筒埴輪

土師器編年	天皇陵古墳	円筒埴輪
布留0式 （纒向3式後半）	箸墓	0期
布留1式 （纒向4式）	西殿塚　（桜井茶臼山） 　　　　（平尾城山）	Ⅰ期
布留2式 （纒向5式）	行燈山　渋谷向山　（メスリ山）	Ⅱ期
布留3式	（乙女山）	↑ Ⅲ期
布留4式（古）	誉田山	
布留4式（新）		Ⅳ期 ↓

※土師器は寺沢編年（奈良県立橿原考古学研究所1986）、円筒埴輪は川西編年（川西1988）に基づく。

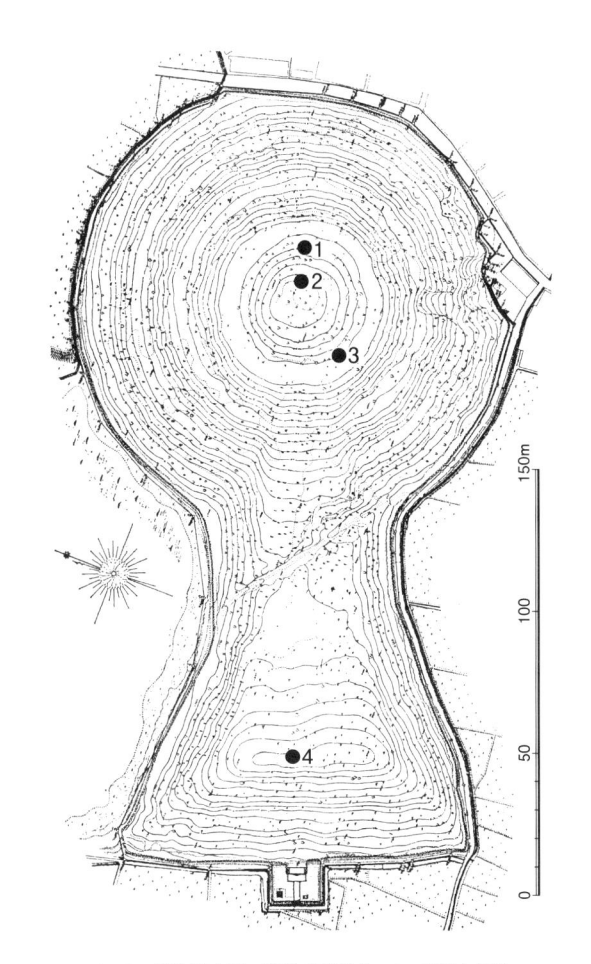

1～3：特殊器台形・特殊壺形埴輪　4：壺形土師器

第12図 箸墓古墳の出土位置

口縁壺とは墳丘内において使い分けされていた感が強い（第12図）。おそらくこれは、それぞれの系譜の違いに起因するものと思われる。

この壺形土器の出土状況は、前方部墳頂に沿って平行していくつかの密集した破片群として発見されたと報告されている。桜井茶臼山古墳ではこのような有段口縁壺が後円部墳頂に方形に配列され、壺形埴輪として完成された姿を持っている。箸墓古墳の壺形土器は、茶臼山古墳とほぼ同時期か若干先行する可能性が高い。その出土状況から推察すると箸墓古墳のあり方は壺を配列する外表施設、すなわち壺形埴輪の萌芽と見ることもできよう。

こう考えると、箸墓古墳において器台と壺、各々系譜を異にする二者が存在し、両者の配列形態が同時に成立しつつあった可能性が浮かんでくる。これは、円筒形、壺形二系統の埴輪配置の成立にとどまらず、古墳の成立においても箸墓古墳の位置付けをいっそう際立たせるものといえよう。この点からも、特殊器台形埴輪と壺形土器、この両者の墳丘内における存在状況をより具体的に把握することが重要な鍵となってくるのである。

5. 大型前方後円墳の土器祭祀

先に紹介した4基の天皇陵古墳のなかで、直接古墳築造にかかわる土師器は、箸墓古墳前方部墳頂出土の壺だけである。ほか3例はその確証に乏しい。畿内の200mを越える大型前方後円墳の大半は陵墓あるいは陵墓参考地に指定されており、土師器出土の実例からみても、大型前方後円墳の土器祭祀の実態を示す情報は限られている。

畿内地方では、箸墓古墳出現以降の20例を越える古墳から土師器の出土が知られているが、大半が中・小の前方後円（方）墳や円墳である。これらを観察すると、第一に埋葬施設内に納められた土師器、それも壺、甕、坩などを単体で副葬する事例が目立つ[71]。また一方では、京都府寺戸大塚古墳[72]や平尾城山古墳[73]（第13図）のように、後円部墳頂埋葬施設付近から器台、坩、高杯などの小型土器群を出土する事例も散見されるが、類例は少ない。後者は、箸墓古墳出現以前に、吉備・出雲地方を中心に関東に至る広範囲の墳墓で盛行した埋葬施設直上の土器祭祀の系譜上に位置付けられるものであろう。ただ、寺戸大塚古墳では埋葬施設を囲む方形埴輪列外の一画から出土するなど、埋葬施設とは一線を画するような変化が認められる[74]。

これに対し前者は、箸墓古墳出現以降新たに生成された土師器使用の埋葬儀礼と考えられる。

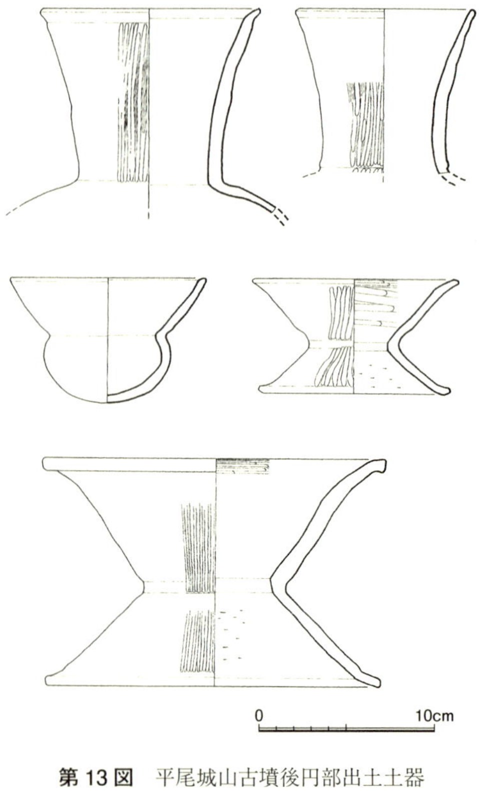

第13図 平尾城山古墳後円部出土土器

とくに畿内では後者に代わって主流となった様相が看取され、その後石製模造土器の副葬などにも影響を与えている。つまり、箸墓古墳築造頃を境に、土器祭祀のあり方にもなんらかの変革があったことが中・小古墳の様相から読みとれるのである。そういう意味では、箸墓古墳で認められた二系統の埴輪配置の萌芽は土器祭祀の変革を象徴的に物語る現象といえる。しかしその反面、後者のような従来からの土器祭祀が、天皇陵古墳が大半を占める大型前方後円墳のなかでいかなるあり方を保持していたのか否かの検討も必要である。これもまた、ある一定の歴史的意味をもち得るのであり、その解明も今後の課題として提起したい。

　以上、天皇陵古墳から出土した土師器の実例を紹介し、古墳時代前半期を中心にそこから派生するいくつかの問題点を提起してみた。これらの課題には、天皇陵古墳、しかもその墳丘内部の調査に関わる部分が実に多いことがわかる。土器祭祀の実態についてもしかり、埴輪配置の成立にかかわる問題についてもしかりである。つまり、出土土師器の問題一つをとっても、天皇陵古墳には多くの情報が潜在しているのである。

注

（1）　小林三郎「古墳出土の土師式土器Ⅰ」『土師式土器集成』本編2、東京堂出版、1972年。
（2）　岩崎卓也「古式土師器再考」『史学研究』91、1973年。
（3）　このほか、関東地方を中心としたものに、小室勉による「墳丘外表土師器群の一考察」『常陸須和間遺跡』雄山閣（1972年）、同「墳丘外表土器群の意義―常陸の古式古墳を中心として―」『常陸の古墳時代』1979年等の論考がある。
（4）　小室は、注（3）の後者の論考のなかで、墳丘外表土器群の研究方法を図式化し、「状況論」→「セット論」→「型式論」→「編年論」の過程を示している。本章も最終的には集落内出土土師器の型式的編年観との対比が必要であろう。
（5）　注（3）の後者における「墳丘外表土器群」の概念規定に同調するものである。
（6）　『日本考古学協会昭和56年度大会、シンポジウムⅡ、関東における古墳出現期の諸問題〈資料〉』1981年。
（7）　茂木雅博氏の御教示による。
（8）　金井塚良一編「諏訪山古墳群」『東洋大学考古学研究会発掘調査報告』第1集、1970年。
（9）　『上越新幹線埋蔵文化財発掘調査報告Ⅱ　東谷・前山2号墳・古川端』埼玉県教育委員会、1978年。
（10）　今井新次・松島栄治・尾崎喜左雄『石田川』1968年。『前橋市史』第1巻、1971年。
（11）　松島栄治「前橋天神山発掘調査概報」『群馬大学教育学部史学　尾崎研究室研究調査報告』第二輯、1968年。注(10)『前橋市史』文献。
（12）　田口一郎ほか『元島名将軍塚古墳』高崎市教育委員会、1981年。関亀令「彦狭島王陵と称する古墳発掘遺物」『考古学雑誌』1-8、1910年。
（13）　群馬県教育委員会『下郷』1981年。
（14）　注(10)今井ほか文献。
（15）　前沢輝政『山王寺大桝塚古墳』早大出版部、1977年。
（16）　前沢輝政『毛野国の研究　上　古墳時代の解明』現代思潮社、1982年。前沢輝政は、この壺形土器の形態を複合口縁の壺形土器と述べている。

(17) 三木文雄ほか『那須八幡塚』小川町古代文化研究会、1957年。大和久震平『栃木県の考古学』吉川弘文館、1972年。小川町教育委員会『那須八幡塚古墳』小川町埋蔵文化財調査報告第10冊、1997年。この1991～92年の調査では、おもに後方部の墳丘斜面やテラスから、同一規格の底部穿孔二重口縁壺形土器が多数出土している（第14図参照）。
(18) 岩崎卓也ほか「栃木県駒形大塚古墳出土の土師器」『大塚考古』10、1972年。このなかで、那須八幡塚古墳出土の土師器は「故意に破砕されていたと考えられている」と記されている。
(19) 注(18)文献。注(17)大和久文献。『栃木県史　資料編考古1』1976年。三木文雄編著『那須駒形大塚』吉川弘文館、1986年。

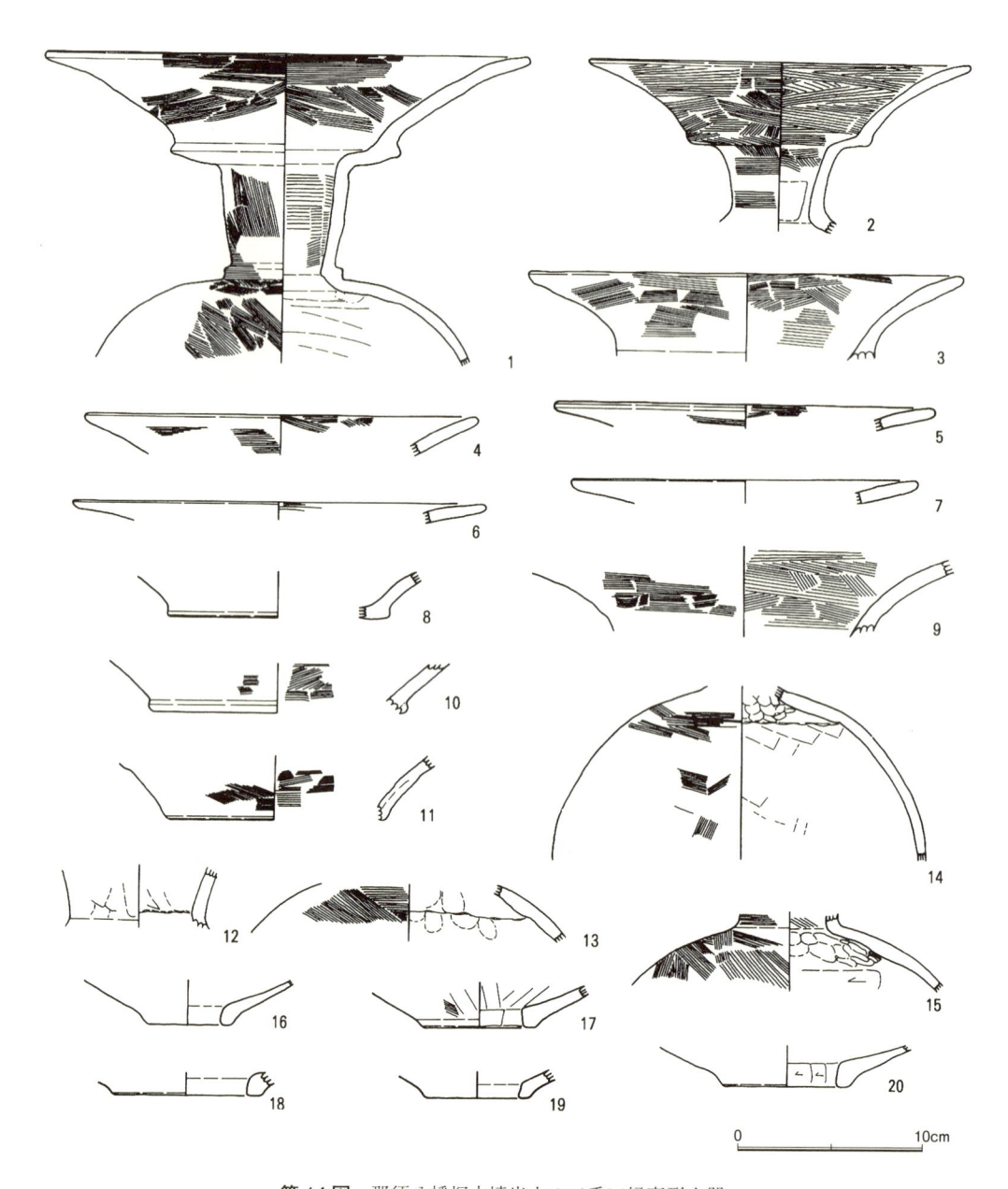

第14図　那須八幡塚古墳出土の二重口縁壺形土器

(20) 『下侍塚古墳周濠発掘調査概報』湯津上村教育委員会、1976年。注(17)大和久文献。
(21) 椙山林継「木更津市鳥越古墳の調査」『月刊考古学ジャーナル』171、1980年。
(22) 第一主体部直上の土師器に関しては、椙山林継氏の御好意により実見させていただいた。
(23) 大塚初重「上総能満寺古墳発掘調査報告」『考古学集刊』3、1949年。注(1)文献。
(24) 調査報告後、大塚初重は「前方後方墳序説」(『明治大学人文科学研究紀要』1、1962年)のなかで、本墳を前方後方墳としてとりあげた。しかし、その後『茨城県史料、考古資料編古墳時代』において再び前方後円墳と改めている。また、1995年の公園整備に伴う発掘調査で、全長73mの前方後円墳であることが確認されている。風間俊人「能満寺古墳・能満寺裏遺跡」『千葉県の歴史　資料編考古2(弥生・古墳時代)』2003年。
(25) 滝口宏ほか「東間部多古墳群」『上総国分寺台遺跡調査報告』Ⅰ、上総国分寺台遺跡調査団編、1975年。
(26) 杉山晋作「千葉県市原市小田部古墳の調査」『古墳時代研究』1、1972年。市原市教育委員会『市原市姉崎宮山遺跡・小田部向原遺跡・雲ノ境遺跡』(財)市原市文化財センター調査報告書第40集、1991年。
(27) 田中新史「市原市神門4号墳の出現とその系譜」『古代』63、1977年。
(28) 報文では、全長約48〜49mの前方後円と報告されているが、この墳形には問題があると思われる。前方部としたその前面には周溝は存在せず、前方部先端を区画するものは何ら存在しないと言ってよい。円丘に突出部の付設された形態として捉えるのが妥当のように考えられる。都出比呂志も「前方後円墳出現期の社会」(『考古学研究』26-3、1979年)のなかで同様な見解を示しており、この突出部は墳丘と外界とを結ぶ「通路」としての機能を有するものと捉えている。都出は、本墳を神門4号墓と呼称し古墳との間に一線を画しているが、本墳を古墳とするかそれとも古墳以前の弥生墓とすべきかという問題に関しては、筆者自身従来関東地方において出現期古墳として捉えられてきた他の古墳(たとえば、上総における小田部古墳や下総の北作一号墳等)との関連からも明確な解釈を得ていない。それ故、定形化した前方後円墳とは一線を画すべきという都出の見解に賛同しながらも、本章では便宜上神門4号墳と呼称することにする。第2章では、神門4号墓とする(終章・注(4)参照)。
(29) 中村恵次ほか『市原市菊間遺跡』千葉県都市公社、1974年。
(30) 前方部は現存せず、調査前は方墳状を呈していたという。しかし、墳丘および周溝の調査の結果、主軸を南北におく前方後方墳であった可能性が高いようである。
(31) 沼沢豊ほか『佐倉市飯合作遺跡』(財)千葉県文化財センター、1978年。
(32) 注(31)文献。
(33) 金子浩昌・中村恵次・市毛勲「千葉県東葛飾郡沼南村片山古墳群の調査」『古代』33、1959年。糸川道行編『沼南町北ノ作1・2号墳発掘調査報告書』千葉県教育委員会、1993年。調査の結果、全長約21.5mの突出部を付設した方形墓(報文では方墳とする)であることが明らかとなった。墳形の特徴は、突出部が前面に周溝の廻らない通路状を呈しており、赤塚次郎の分類(赤塚次郎「東海系のトレース—3・4世紀の伊勢湾沿岸地域—」『古代文化』44-6、1992年)でB2型墳丘墓に相当する。
(34) 東京大学文学部考古学研究室編『我孫子古墳群』我孫子町教育委員会、1969年。
(35) 茂木雅博編『常陸浮島古墳群』浮島研究会、1976年。
(36) 注(3)文献の後者の論考のなかで小室勉は、この土器が前方部から転落したものではなく、溝がある程度埋まってから置かれたものであろうとしている。
(37) 大塚初重・小林三郎「茨城県勅使塚古墳の研究」『考古学集刊』2-3、1964年。大塚初重「勅使塚古墳」『茨城県史料　考古資料編　古墳時代』1974年。
(38) 上川名昭編『茨城県筑波町山木古墳』茨城考古学会、1975年。
(39) 大森信英ほか『上出島古墳群』岩井市教育委員会、1975年。
(40) 斎藤忠「佐自塚古墳」、注(33)金子ほか文献。大塚初重「佐自塚古墳出土の土器」注(1)文献所収。

(41) 西宮一男『常陸狐塚』岩瀬町教育委員会、1969年。
(42) 茂木雅博ほか『常陸安戸星古墳』安戸星古墳調査団、1982年。
(43) 周溝内から検出される土師器群に関しては、従来その出土状況から、本来は墳丘内に置かれていたものが何らかの原因で周溝内に転落したと考えられているものが多い。本章においても、原1号墳前方部先端溝内出土の壺形土器を除いて、古墳の築造に伴うと考えられている土師器群については、報告者の見解に沿って本来その周辺の墳丘内に存在していたものとして捉えている。
(44) 原1号墳でもやはり直口縁壺形土器2個体のみが完形品として出土しており、常陸においてはこの種の土器が喪葬祭祀の上でとくに大きな意味を持っていたことが推察される。
(45) 飯合作2号墳、水神山古墳、佐自塚古墳、山木古墳、山王寺大桝塚古墳等多くの場合1個体あるいは2個体と少数である。しかし、飯合作2号墳を除いては全面調査されている訳ではないので断言することはできない。
(46) 栃木県真岡市に所在する山崎1号墳（前方後方墳）では、くびれ部両側のテラスから坩形土器、高杯形土器、台付甕形土器が出土しているという。B類に属するものではないかと思われる。本墳は、後方部墳頂にローム使用の粘土槨を有しており、鉄剣、鉇、滑石製管玉等が出土しているらしい。山野井清人氏の御好意により調査中見学し、御教示いただいた。山野井清人「山崎第1号墳の発掘」『真岡市史案内』第2号、1983年。
(47) 朝子塚古墳の場合は、円筒埴輪とセットとなり壺形土器が出土しており、B類としたものの他のB類とは性格を全く異にするものと思われる。埴輪配列の一部として捉えられる。
(48) 神奈川県横浜市に所在する稲荷前16号墳（前方後方墳）では、前方部東側側縁に張り出したテラス状の部分から壺形土器を始めとする土師器群が出土しているが、これも同様の性格をもつものではないだろうか。山口隆夫氏の御好意により調査中見学させていただいた。
(49) もちろん、技法的な相異やそれに伴う形態の細部における相異は存在するといえよう。
(50) A類では、神門4号墳、北作1号墳例が示すように壺形土器に底部穿孔が施されないものがあるのに対し、B類の壺形土器にはすべて焼成後あるいは焼成前の底部穿孔が施されている。
(51) A1類からA2類への変遷における壺形土器の仮器化と日常什器の加入の二つの現象は、祭祀の性格上ある面で相反する変化として写る。しかし、これは後述するようにA類からB類への変遷のなかで、壺形土器がとくに重視され、その反面A1類にみられる埋葬施設上の典型的な祭祀形態への意識が徐々に薄らいでいったことを示すものではないだろうか。
(52) 鈴木敏弘「関東地方における方形周溝墓出土の土器」『常陸須和間遺跡』雄山閣、1972年。A類は、弥生時代土器祭祀の系譜上にある。ただ、第2章第2・3節で詳述するように、畿内に起源をもつ方形周溝墓本来の祭祀形態は墳丘に壺形土器を配置する例が多く、A類の系譜はこれとは異なる。
(53) 注(1)(2)文献。
(54) 粘土槨は、Ⅱ群のなかでも前方後円墳に多く認められる。前方後方墳は埋葬施設の不明なものが多いため明確にしがたいが、ただ一例だけ埋葬施設の判明している狐塚古墳は粘土槨を有している。これは、Ⅰ群の前方後方墳が木棺直葬かあるいは木炭槨であったのに比べ大きな変化であり、このような古墳自体の内容の変化が前方後円墳にのみ伴って起こるものではなく、A類からB類への変遷のなかで前方後方墳にも同様に認められることは重要であろう。
(55) 埋葬施設内に土師器を納める行為も、畿内色のひとつとして、B類の出現段階から始まるのではないかと考えている。
(56) 狐塚古墳、佐自塚古墳のごときA、B二類を出土する古墳は、喪葬祭祀の性格からすればその主体がB類に移りつつある時期のものと思われ、前段階の古い様相を残す変遷の過渡期の所産といえよう。山王寺大桝塚古墳についても同様の見方ができるものと思われる。すなわち、A類→B類→C類の変遷は、あく

まで段階的な推移として捉えられるものであり、その変化は急激なものではなく、より漸進的だったかと思われる。

(57) 現状では、新皇塚古墳、下侍塚古墳において、壷形土器の配列形態を想定することは非常に困難であろう。しかし、両者とも、焼成前の底部穿孔、赤色塗彩が施され、同一規格の有段口縁壷形土器で構成されている点などは、他の配列形態の予想されるものと共通した性格を裏付ける重要な要素になり得ると考えている（第10図参照）。

(58) 上田宏範『桜井茶臼山古墳　附櫛山古墳』奈良県史跡名勝天然記念物調査報告第19冊、1961年。

(59) 伊達宗泰『和爾　上殿古墳』奈良県史跡名勝天然記念物調査報告第22冊、1966年。

(60) 田代克己『羽曳野市壷井御旅山前方後円墳発掘調査概報』大阪府教育委員会、1966年。

(61) 橋本博文「上野東部における首長墓の変遷」『考古学研究』26-2、1979年。橋本は、上野における朝子塚古墳と前橋天神山古墳の比較から、初期円筒埴輪と底部穿孔壷形土器の違いを時間差として捉えるのではなく、被葬者の出自、あるいは結びついた畿内本貫地の差として考えた。

(62) 群馬県下郷遺跡では、SZ42号墳（前方後方）からSZ46号墳（前方後円）への変遷において、B類から円筒埴輪配列への推移が認められる。本書第5章参照。

(63) 埋蔵文化財研究会編『古墳時代前半期の古墳出土土器の検討』1989年。

(64) 本章第2節を参照。

(65) 中村一郎・笠野毅「大市墓の出土品」『書陵部紀要』27、1976年。徳田誠志・清喜裕二「倭迹々日百襲姫命大市墓被害木処理事業（復旧）箇所の調査」『書陵部紀要』第51号、1999年。

(66) 奈良県立橿原考古学研究所『桜井市箸墓古墳（纒向遺跡第81次）発掘調査概要』1995年。寺沢薫編『箸墓古墳周辺の調査』奈良県文化財調査報告第89集、奈良県立橿原考古学研究所、2002年。

(67) 笠野毅「景行天皇山辺道上陵の出土品」『書陵部紀要』第26号、1975年。

(68) 笠野毅「崇神天皇陵外堤及び墳丘護岸区域の事前調査」『書陵部紀要』第28号、1977年。

(69) 大阪府教育委員会『大水川改修にともなう発掘調査概要』1989年。

(70) 上田宏範『桜井茶臼山古墳　附櫛山古墳』奈良県史跡名勝天然記念物調査報告第19冊、1961年。寺沢薫ほか「桜井茶臼山古墳第第7・8次調査」『日本考古学』第34号、2012年。

(71) 田上雅則「前期古墳にみられる土師器の「副葬」」『関西大学考古学研究室開設四拾周年記念考古学論叢』1993年。

(72) 京都大学文学部考古学研究室向日丘陵古墳群調査団「京都向日丘陵の前期古墳の調査」『史林』54-6、1971年。

(73) 近藤喬一ほか『京都府平尾城山古墳』山口大学人文学部考古学研究室研究報告第6集、1990年。

(74) 先行する前方後円墳出現期の事例として、後円部墳頂の石囲い木槨上縁に壷形埴輪の萌芽とみられる二重口縁壷形土器を配置している奈良県桜井市箸中ホケノ山古墳では、ほかに木槨直上から畿内特有の精製土器である小型丸底土器数個体分が出土している（1999～2000年に調査）。奈良県立橿原考古学研究所編『ホケノ山古墳の研究』橿原考古学研究所研究成果第10冊、2008年。

附節参考文献（刊行年順）

関川尚功「大和における大型古墳の変遷」『考古学論攷』11、1985年。

奈良県立橿原考古学研究所編『矢部遺跡』1986年。

川西宏幸『古墳時代政治史序説』塙書房、1988年。

米田敏幸「畿内における前半期古墳の土器年代についての予察」『考古学論集』4、1992年。

関川尚功「大和における巨大古墳の成立」『古代を考える』56、1995年。

第2章　埋葬施設上土器祭祀の系譜

はじめに

　関東地方の初期古墳には、埴輪出現以前の喪葬祭祀の一段階として土器祭祀が顕著なかたちで認められる。なかでも最古の一群に多い埋葬施設上における土器祭祀のあり方は、従来から埴輪配置と対置され、弥生時代からの伝統的な墓制に根ざす共同体的な集団祭祀の性格をもつと考えられてきた。そして、初期古墳へのその継承は、古墳被葬者の性格を考える上で重要な意義をもつものと思われる。

　関東地方におけるこのような土器祭祀の系譜については、これまでにも在来の方形周溝墓祭祀のなかにそれを求めようとする考えや、使用された土器そのものの系譜性から古墳出現時における大和政権の影響力を重視しようとする考えなどが提起されてきている。当然のこととしてこの問題は、土器祭祀がその後の埴輪配置と同様に古墳祭祀のなかでも重要な祭祀儀礼のひとつであったものと想定されることからすれば、ひとり土器祭祀の系譜にとどまらず当地における古墳出現の社会的・政治的背景とも深くかかわる問題と考えられる。関東地方における古墳出現の背景あるいはその契機については、定形化した前方後円墳ではなく、時期的にそれより一段階遡ると考えられる前方後方墳や墳丘墓的様相を持つ弥生時代終末期の墳墓が議論の俎上にあげられるべきものと思われる。そして、これらの古墳や墳墓には、一部の地域を除いて例外なく埋葬施設上の土器祭祀が認められるのである。

　本章の目的は、先に述べた土器祭祀の性格的位置付けを是としながらも、後者の系譜的位置付けに疑問を呈し、そこに当該地域における古墳出現の社会的・政治的背景の一側面を見出そうとするものである。

第1節　土器祭祀の源流

　関東地方の初期古墳に認められる土器祭祀の系譜を考える場合、当地域の弥生時代の墳墓、とくに後期の墳墓にその母胎となるような祭祀が存在するかどうかを明らかにする必要がある。そこで、まずは、当地域における初期古墳と弥生時代墳墓の土器祭祀の様相を概観し、前記の観点からその比較検討を行うこととしたい。

1. 初期古墳の土器祭祀

第5表に掲げた古墳は、その副葬品あるいは出土した土師器の年代観から各地域における最古期の古墳と考えられる。そして、それぞれの古墳には、比較的顕著なかたちで埋葬施設上における土器祭祀が認められる。以下、その出土状況および器種組成について簡単に紹介することとする。

（1）能満寺古墳（5） 千葉県長生郡長南町（第15図）

後円部木炭槨上より全域にわたって土師器群が出土した。器種は、高杯形土器1、器台形土器2、有段口縁壺形土器（焼成前底部穿孔）1がある。故意に破砕されたような状態で発見されたという。

第5表 埋葬施設上の土器群を出土する初期古墳一覧

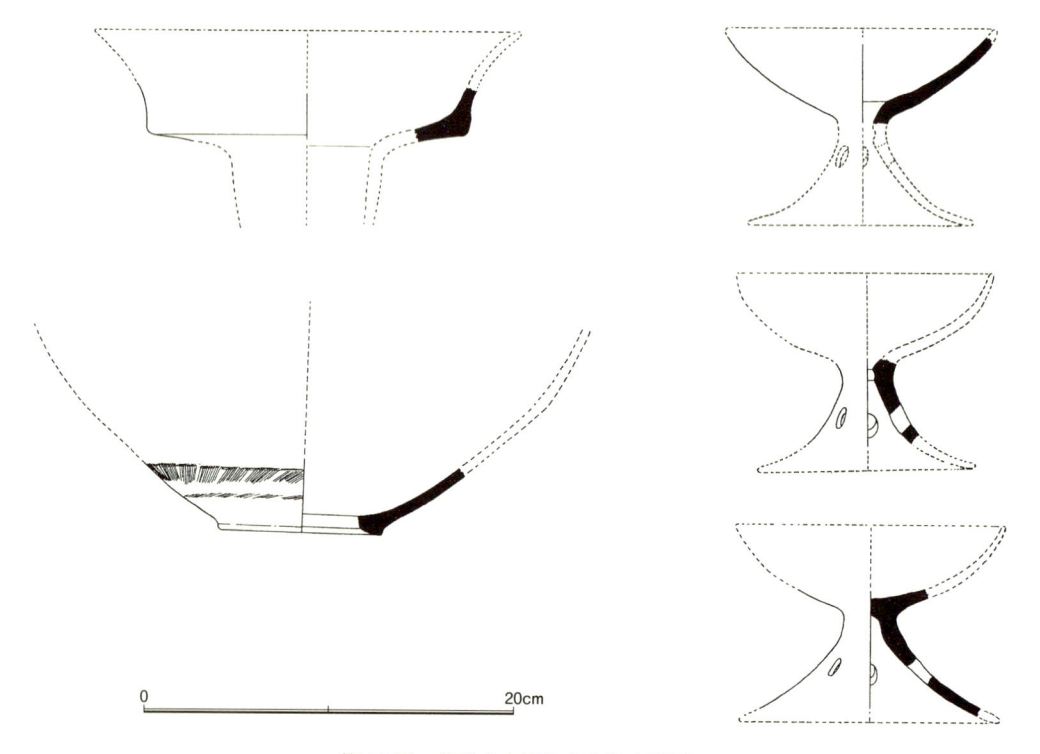

地域	古墳名	立地	墳形、規模(m)	埋葬施設(m)	副葬品	外部施設
上総	能満寺古墳	丘陵上	前方後円墳 73	木炭槨 7.5以下	獣形鏡（舶？）、刀、剣、銅鏃、鉄鏃、鉇、斧、ガラス小玉	
下総	北作1号墳	丘陵端	方墳 16×18	粘土槨 2.6	刀、剣、銅鏃、鉄鏃、斧、鉇	突出部
常陸	勅使塚古墳	丘陵端	前方後方墳 64	木棺直葬	重圏文鏡（仿）、剣先片、管玉、ガラス玉	
下野	駒形大塚古墳	丘陵端	前方後方墳 64	木棺直葬	画文帯神獣鏡（舶）、銅鏃、刀、剣、刀子、斧、鉇、ガラス小玉	葺石

第15図 能満寺古墳出土土器実測図

(2) 北作 1 号墳　千葉県柏市片山（第 16 図）

　出土した土師器の大部分は、埋葬施設内に陥没した状態で出土しており、本来はその直上にある焼土層とともに存在したものと考えられている。器種は、有段口縁壺形土器 1、複合口縁壺形土器 1、直口縁壺形土器 2、小型鉢形土器 3、小型器台形土器 2、高杯形土器 3 があり、有段口縁・複合口縁の壺を除くほとんどの土器に赤色塗彩、底部への焼成前の穿孔が認められる。

(3) 勅使塚古墳　茨城県行方市沖洲（第 17 図）

　後方部墳頂の埋葬施設上から、多数の土師器片が出土している。器種は、直口縁壺形土器、器台形土器、高杯形土器が存在する。壺形土器には、焼成前の底部穿孔が施されていたらしい。このほか、後方部東側溝内より、底部に焼成前の穿孔が施された複合口縁壺形土器 1 が出土している。

(4) 駒形大塚古墳　栃木県那須郡那珂川町（第 17 図）

　後方部墳頂の埋葬施設上から、多量の土師器片が出土している。器種は、高杯形土器 20 個体分以上、小型器台形土器 1、鉢形土器 1、直口縁壺形土器 3、複合口縁壺形土器 2、焼成前底部穿孔の壺形土器底部破片 2 等がある。

　以上のように、上総、下総、常陸、下野の四地域では、各地域の最古期の古墳に埋葬施設上における土器祭祀が盛行している状況が看取される。なかでもとくに、古墳時代前期古段階に属すると思われる北作 1 号墳、駒形大塚古墳では、壺（坩）形土器、器台形土器、高杯形土器をはじめとして多種多量の土器群が出土しており、喪葬祭祀における壺（坩）、器台、高杯のセットがその基

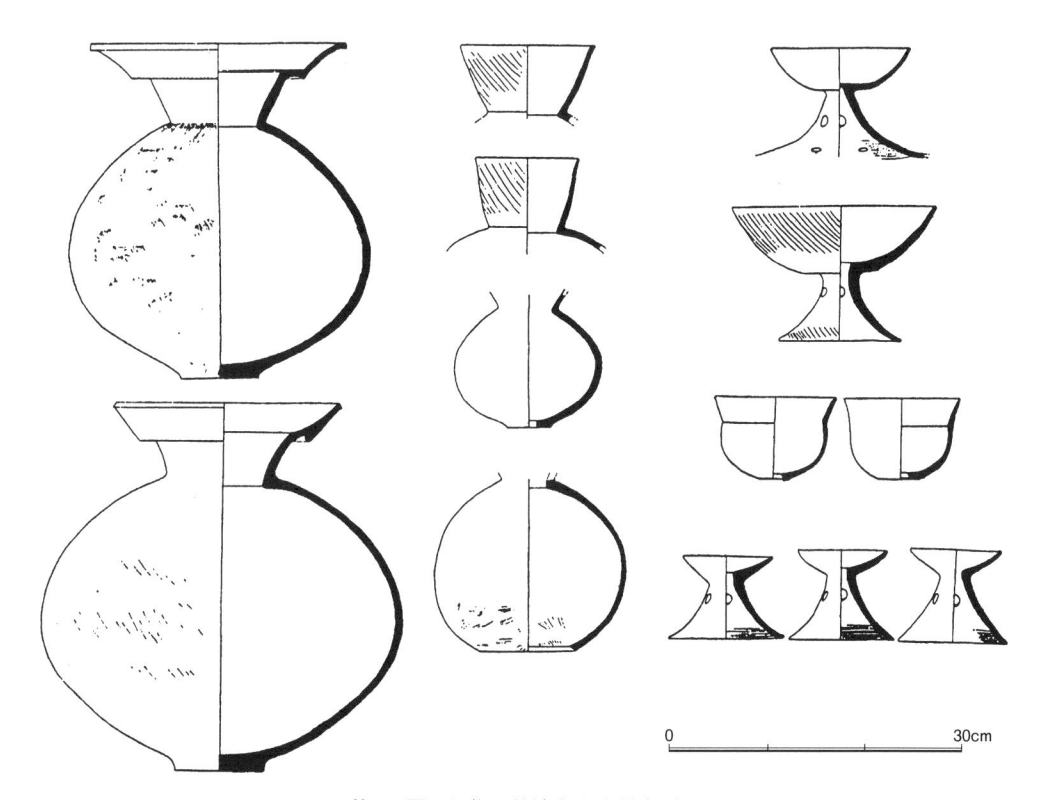

第 16 図　北作 1 号墳出土土器実測図

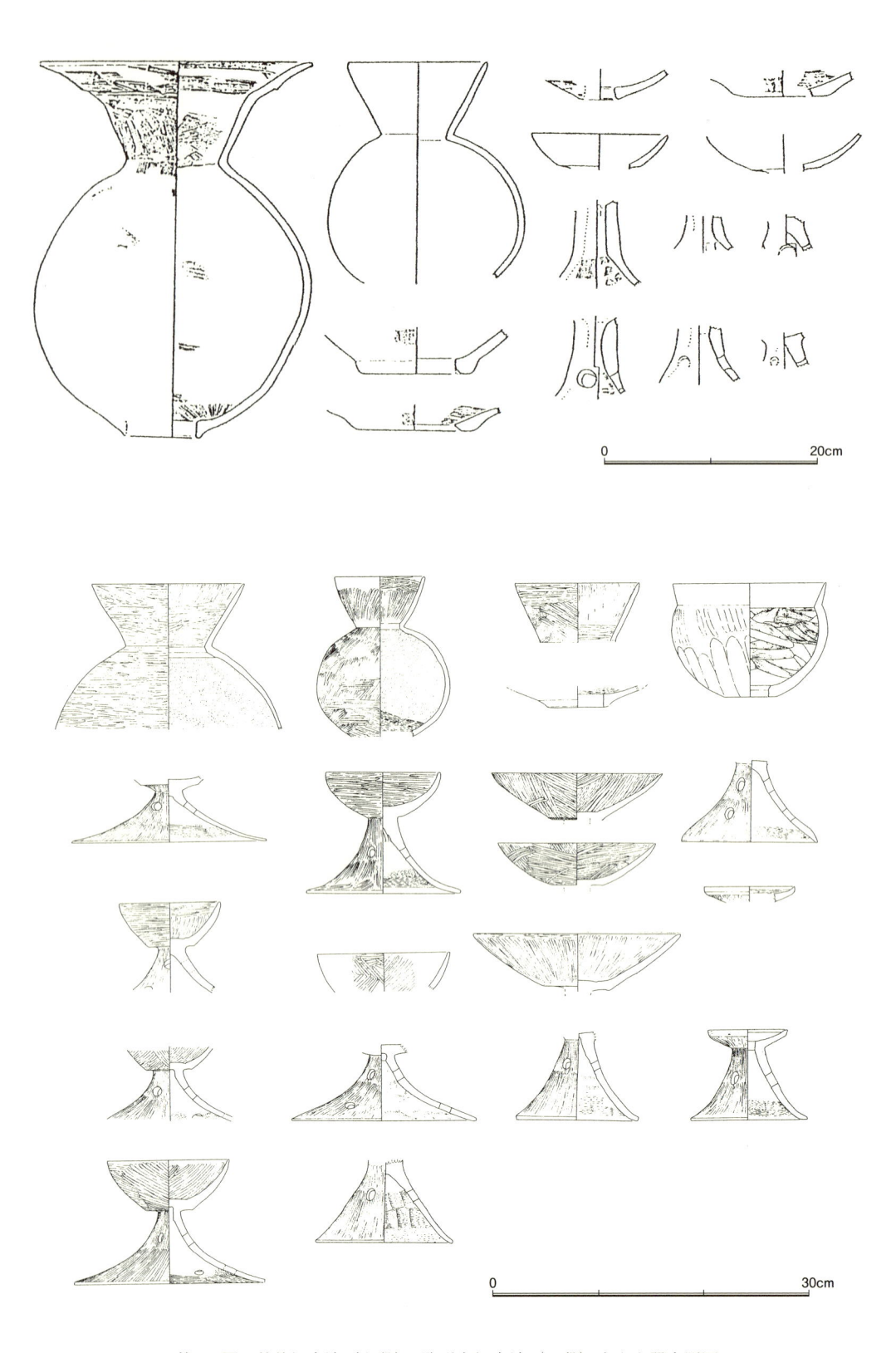

第17図　勅使塚古墳（上段）、駒形大塚古墳（下段）出土土器実測図

本的な器種組成として存在していたようである。さらにまた、時期的にやや後出し前期新段階に属すると思われる能満寺古墳、勅使塚古墳等[10]にも前者ほど顕著ではないにしてもその基本的なあり方は確実に踏襲されている。すなわち、上野、さらに現状では相模、武蔵の地域を除く関東地方の初期古墳の土器祭祀には、埋葬施設上で執り行われ、使用される土器群の構成は壺（坩）形土器、器台形土器、高杯形土器の規則的なセット関係が遵守される、大きな二つの特色が認められる。

2. 弥生墳墓の土器祭祀

それでは、弥生時代の墳墓の土器祭祀はどうであったろうか。まず、方形周溝墓の様相から考えてみたい。関東地方における方形周溝墓は弥生時代中期後半に出現し、壺形土器中心の土器祭祀が展開されてきた。そのなかで、弥生時代後期後半から古墳時代前期前半にかけて、徐々に器台形土器、高杯形土器がそれに加わり、ほぼこの時期頃に方形周溝墓祭祀における壺、器台、高杯のセット関係が出現したものと考えられている。

たしかに、第6表に掲げた後期後半を中心とした方形周溝墓の内容を見てもわかるように、壺形土器以外に器台、高杯、甕等の他器種の存在が認められる。しかし、それらは量的に見るときわめてわずかであり、基本的には壺形土器中心の様相が強いといえよう。さらに、古墳時代に目を向けると、前期前半に位置付けられる千葉県野田市堤台方形周溝墓[11]が壺形土器11、坩形土器6、甕形

第6表　弥生時代方形周溝墓一覧

遺構名	所在地	規模（m）	埋葬施設	副葬品	壺	甕	高杯	器台	ほか	出土位置
そとごう1号	（神奈川県）横浜市戸塚区				○1					周溝内配置
船田	（東京都）八王子市長房町	10.5×8.7	土壙		○2	○1				周溝内
大宮1号	杉並区大宮		土壙	勾玉、ガラス玉	○9				○1	周溝内
〃3号	〃		土壙		○1		○1			周溝内
宇津木1号	八王子市左入町	7.11×6.05			○5		○2			周溝内
〃2号	〃		土壙	ガラス玉	○2					周溝内
大宮公園内	（埼玉県）大宮市高鼻				○		○			周溝内
鍛冶谷1号	戸田市上戸田				○	○			○	周溝内
塚本山33号	児玉郡美里町	21.5×20	土壙		○		○			周溝内
西台	桶川市川田谷				○					周溝内
長平台288号	（千葉県）市原市国分寺台	16.5×16.5	木棺	剣、ガラス玉	○	○		○	○	周溝内
〃289号	〃	8×8			○			○		周溝内
加茂C号	市原市加茂	19×19	土壙	剣	○		○			周溝内
日高9号	（群馬県）高崎市日高町	7.5×7			○		○		○	周溝内
有馬5号	渋川市有馬	8×6.5	礫床	ガラス小玉、勾玉、剣	○		○		○	周溝内

土器 1、器台形土器 1、高杯形土器 1、前期後半に位置付けられる埼玉県春日部市東中野権現山方形周溝墓[12]が坩形土器 13、器台形土器 2、高杯形土器 2 とその出土土器群の構成は、前代からの壺形土器中心のあり方を呈しており、当地域の方形周溝墓における器台形土器、高杯形土器の存在はむしろ客体的と言わざるを得ない。また出土状況の点からみても、弥生時代の方形周溝墓で埋葬施設上に多量の土器群を埋置した事例は現在のところ認められない。弥生時代には多くの方形周溝墓で埋葬施設が不明確なことから、その存在を全く否定することはできないし、古墳時代のいくつかの事例では少量ながらも埋葬施設上に土器が確認されている[13]。全国的にみてもこのような事例が存在したことは首肯され、周溝内出土の土器群が本来墳丘上にあったとも考えられる。しかし、権現山方形周溝墓や神奈川県横浜市そとごう 1 号方形周溝墓[14]のごとく確実に本来周溝中に配されていたと考えられる事例も多く、その様相は複雑といえよう。元来、方形周溝墓の発生地である畿内地方では、弥生時代中期の周溝中に壺形土器を配する例が多く、中期以降後期にかけてそれに高杯形土器が加わってくるといわれる[15]。すなわち、関東地方の方形周溝墓は、それが本来的に具有する基本的性格を忠実に踏襲しているものといえよう。

　以上のように、初期古墳に認められる埋葬施設上における土器祭祀の母胎を在来の方形周溝墓の中に求めることは、時期的にも内容的にも認めがたい。このことはまた、方形周溝墓と定型化した初期古墳、両者の墳丘形態や規模の隔絶性にも如実にあらわれている。

　これに対し、弥生時代終末期の墳墓として、上総養老川河口周辺に位置する千葉県市原市総社神門 4・5 号墓[16]、同市小田部墓[17]などの円丘を主丘とする墳墓がある。

　神門 4 号墓（第 18、19 図）では、木棺直葬の埋葬施設に関連して①棺底（副葬品）、②棺の埋め戻し中間段階（鉇、破砕玉群）、③墓壙埋め戻し完了面（土器群）の三段階の祭祀行為が認められたという。最終段階の祭祀に使用された土器群として、壺形土器（有段、複合、直口縁を含む）5、器台形土器 7、高杯形土器 5 が出土しているが、墓壙中央から半分近くが削平されているため、本来はさらに多量の土器群が存在したことが予想されている。神門 5 号墓（第 18 図）は、木棺直葬の埋葬施設上から、壺形土器（複合、直口縁）2、高杯形土器 1 が出土しており、これ以外にも周溝底から壺形土器（有段、複合、直口縁）、高杯形土器、甕形土器等が発見されている。小田部墓（第 18 図）では、木棺直葬の埋葬施設西半部の直上から、高杯形土器 5 個体分が出土しており、西側および南側周溝の最下底から器台形土器、手捏ね小型甕形土器等が出土している。時期的には、神門 4 号墓、小田部墓がほぼ同時期で、5 号墓がやや先行するものと考えられている。

　以上のような弥生時代終末期の墳墓、いわゆる墳丘墓は、円丘の主丘に小規模な突出部を作り出し、多量の盛土によって墳丘を形成するあり方からみても、在来の方形周溝墓とは明らかに区別すべき性格のものと思われる。そして、これらの墳墓では、埋葬施設上における土器祭祀が明確なかたちで認められる。とくに、神門 4 号墓における壺、器台、高杯のセット関係には、その多種多量にして均等な構成に見られるように質的に充実しすでに完成された祭祀形態の様相がうかがわれる。すなわち、このような土器祭祀のあり方が、その直後に成立する定型化した古墳に認められる土器祭祀の母胎にふさわしいものであり、初期古墳はこれら弥生終末期に出現した墳丘墓の祭祀を比較的忠実に継承しているものと考えられる。

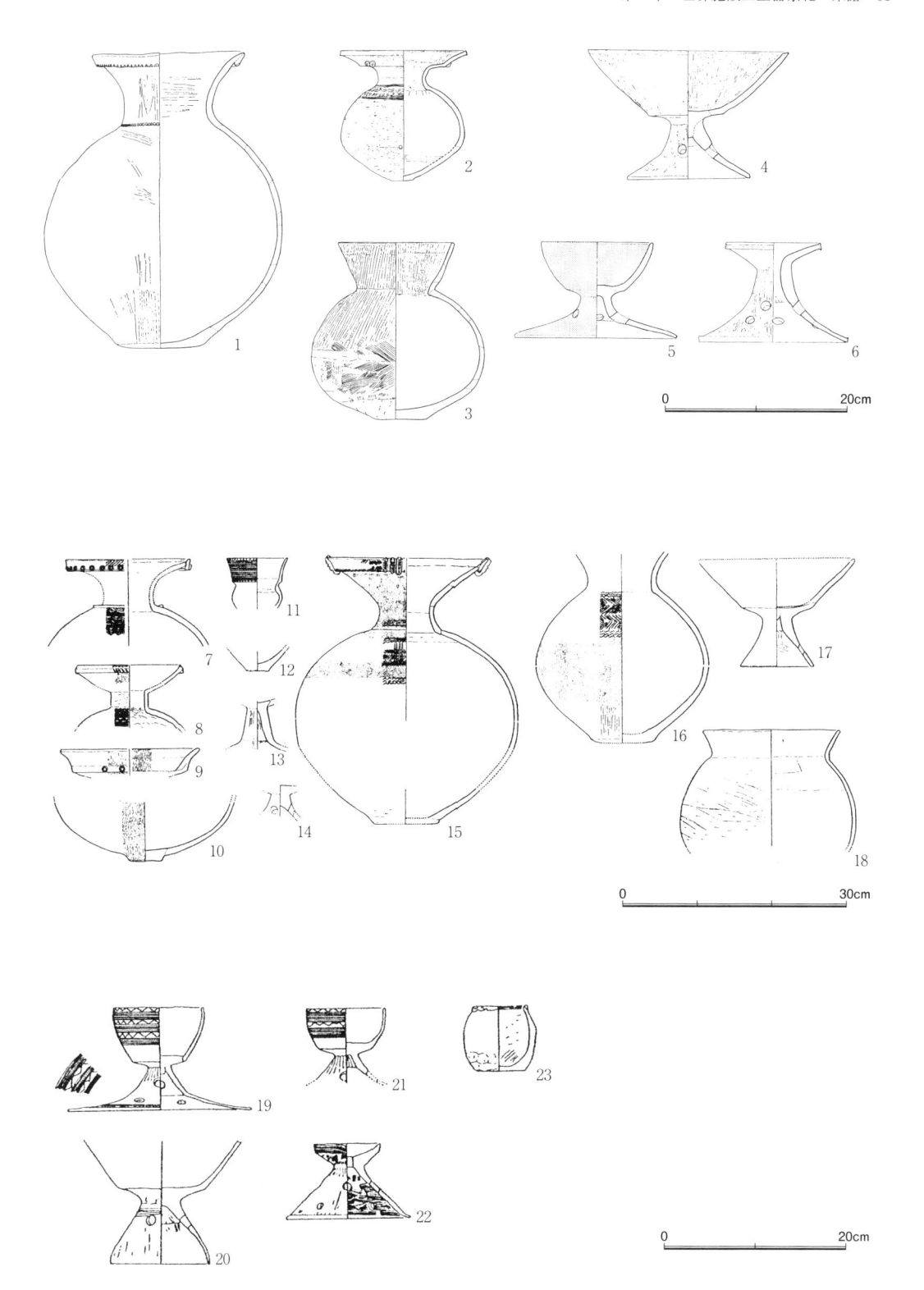

第2章 埋葬施設上土器祭祀の系譜 61

第18図 神門4号墓（上段）・5号墓（中段）、小田部墓（下段）出土土器実測図

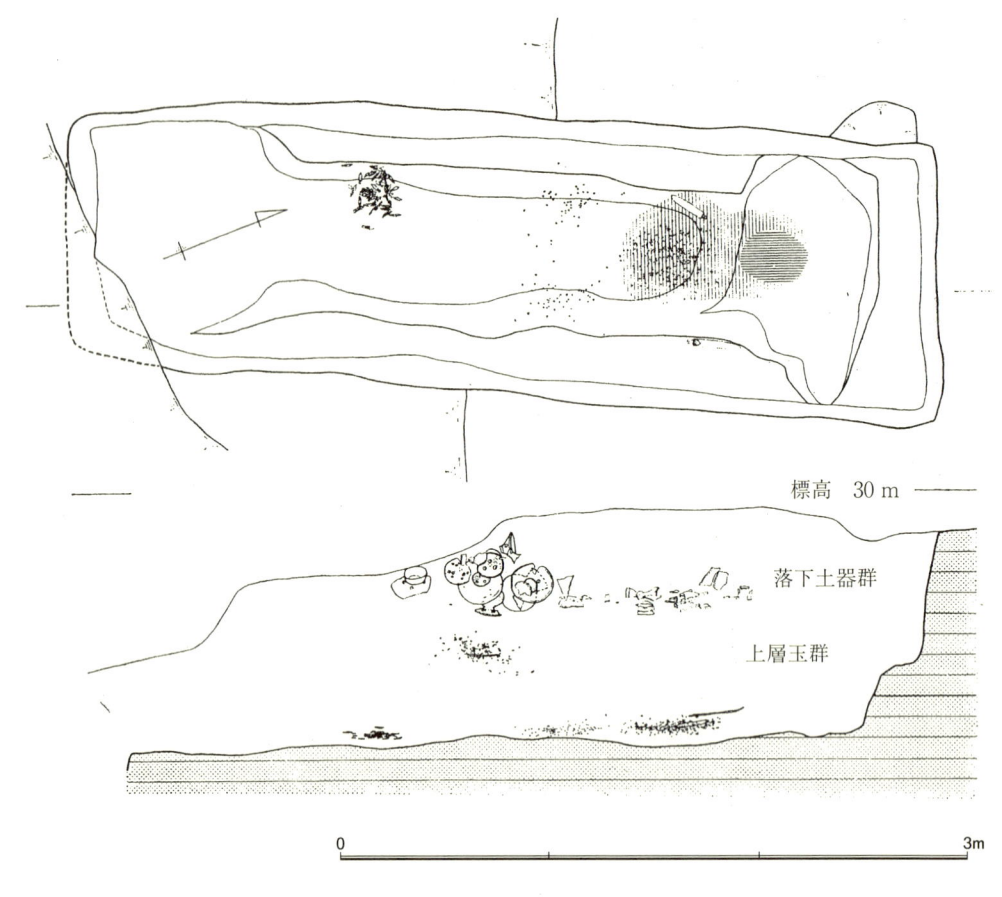

第19図　神門4号墓土器出土状況

　さて、ここで問題となることは、これら弥生時代終末期の墳墓に伴う土器祭祀の系譜である。前述した三基の墳墓には、在他の弥生土器とともに、神門4号墓では、畿内系の有段口縁壺（第18図2）、東海系の高杯（第18図4、5）が、5号墓では、東海系の高杯（第18図17）、北陸系の小型壺（第18図11）が、小田部墓では東海系の高杯（第18図19、20、21）、というように東海西部地域を主体とする外来系土器が出土している。すなわちこのような状況は、円丘に突出部を付設する墳墓形態の系譜とともに、土器祭祀の系譜が東海西部地域を中心とした、より西方の地域に求められる可能性を示唆しているといえよう。

第2節　畿内と吉備

　前節で述べたように、関東地方の弥生時代終末期の墳墓祭祀には、神門4号墓等に認められるような外来的要素が看取される。このような弥生終末期すなわち古墳出現直前の対外関係は、その直後に起こる当地域の古墳出現の契機と深いかかわりをもつものと思われる。そこで、ここでは、各地の古墳出現にとくに大きな役割を果たしたと考えられる畿内と吉備との二地域について、弥生時代後期後半を中心とした墳墓祭祀の様相を検討することにしたい。

土器祭祀に限って畿内中心地域の墳墓祭祀を概観してみると、前述したように弥生時代の方形周溝墓では溝中あるいは方台部の四隅に壺形土器を配する例が多く[18]、畿内地方のこのようなあり方が方形周溝墓本来の祭祀形態を示していると考えられる。これに対し、奈良県宇陀郡周辺では、近年弥生時代終末期の方形台状墓が相次いで発見されており、これらは集落から隔絶した山丘上に立地しており、性格上明らかに方形周溝墓とは区別されるべきものである。

　奈良県宇陀市菟田野見田大沢1号墓は[19]、20×20m、高さ1.75mの方形墓の一隅に突出部をもつ全長27.5mの台状墓で、墳頂の墓壙上より鉢形土器1が出土している。また、同4号墓は、17×17m、高さ1.3〜4.3mの方形の台状墓である。やはり墳頂部墓壙内より壺形土器1（第20図）が出土し、棺上に置かれていたものと考えられている。この他、同市榛原大王山9号方形台状墓[20]においても同様に、有段口縁壺形土器2個体が棺上に存在したらしく、同キトラ遺跡方形台状墓[21]、能峠南山7号方形台状墓[22]等においても棺上への壺形土器の供献が認められている。これらの諸例が示すように、現在判明している畿内の方形台状墓には、埋葬施設上への土器供献祭祀が存在していたことは看取されるものの、その器種組成には、やはり方形周溝墓同様の系譜上にある壺形土器中心の祭祀形態がうかがわれるのである。

　このような特徴は、古墳時代の中小の方形墳にも継承されるが、畿内地方の主要な前期前方後円墳には、現在のところ埋葬施設上での土器祭祀はほとんど確認されていない。おそらくは、通常の土器祭祀は、埋葬施設上以外の特定区域において行われる傾向にあったものと考えられる[23]。以上のように、畿内地方の方形周溝墓・台状墓・古墳のいずれにおいても、関東地方の弥生時代終末期墳墓や初期古墳における土器祭祀との間に密接な関連性を認めることはむずかしく、その系譜を畿内中心地域に求めることは困難なように思われる。

　これに対し、在地弥生墓制の諸要素に古墳との深いつながりが認められ、畿内地域とともに古墳出現に際し、主導的な役割を果たしたと考えられる地域に吉備を中心とした地域がある。そして、注目すべきことにこれらの地域では、弥生時代後期後半から終末にかけての方形台状墓、墳丘墓の埋葬施設上において、多種多量の土器群を用いた墳墓祭祀が展開し盛行するのである。

　吉備地方では、岡山市津島都月2号墓[24]、総社市清音下原鋳物師谷2号墓[25]、倉敷市真備町黒宮大塚墳丘墓[26]、倉敷市矢部楯築墳丘墓[27]等の弥生時代後期後半の墳墓の埋葬施設上に壺、器台、高杯のセットを主体とする多種多量の土器群が供献されている。

　都月2号墓は、丘陵上に立地する一辺約20m、高さ約2mの方形墓で、一両側辺に石垣状の列石がめぐっている。埋葬施設は、墳丘中央部に定形化した竪穴式石室が構築されており、このほか周囲からも土壙墓、配石土壙墓1が発見されている。さらに、これらすべての埋

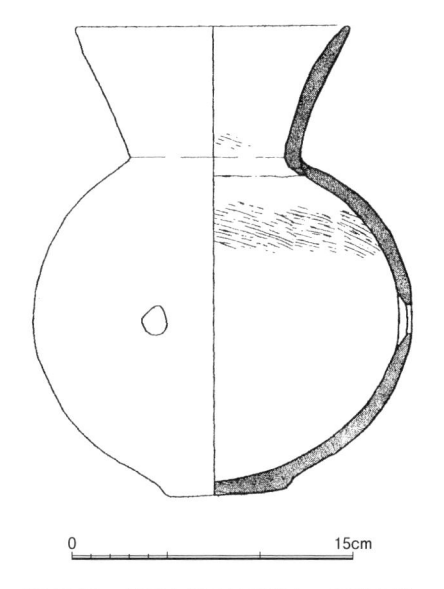

第20図　見田大沢4号墓出土の壺形土器

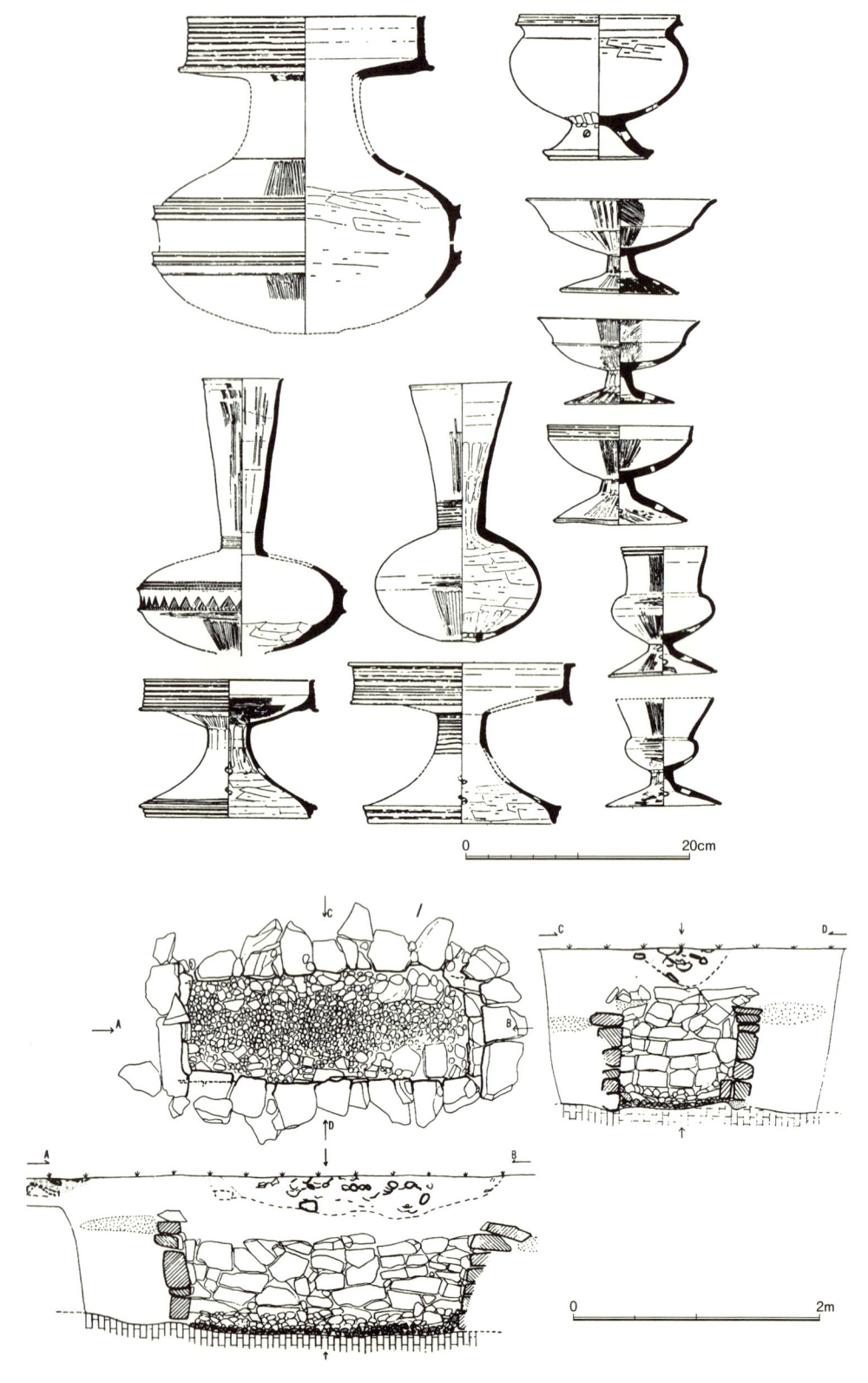

第21図　黒宮大塚墳丘墓竪穴式石室上出土の土器群と出土状況

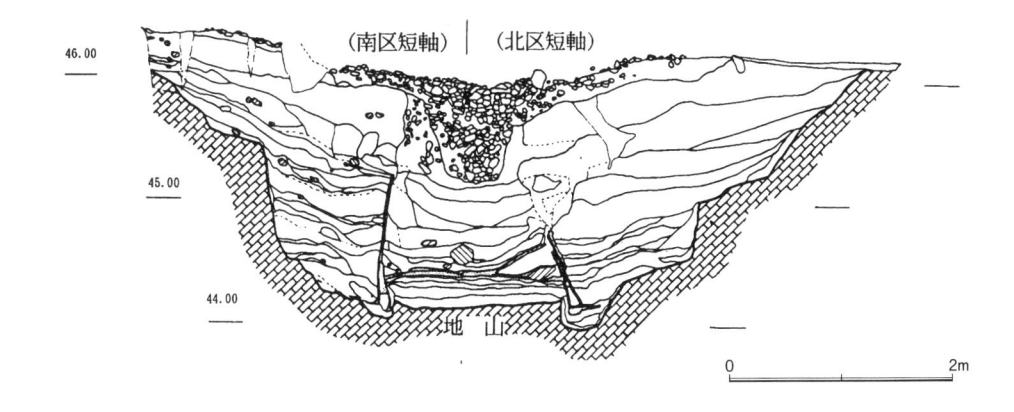

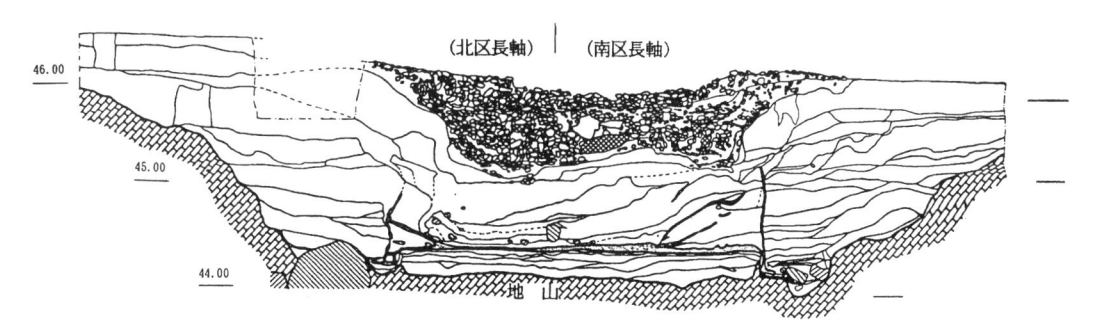

第22図　楯築墳丘墓の中心埋葬施設と円礫堆の断面図

葬施設上に土器群の供献が認められ、それらは特殊器台、特殊壺、高杯、普通形態の壺、器台などで構成され甕や鉢はほとんど存在しなかったといわれている。そしてこのような状況は、鋳物師谷2号墓においても認められる。

　黒宮大塚墳丘墓は、丘陵先端に立地し、全長60mの前方後方形、あるいは隣接した二基の方形墓ともいわれ明確な形態は明らかにされていない。墳頂部東側隅に蓋石をもたない竪穴式石室が構築され、石室上から多量の土器群が出土している。土器は、普通形態の高杯、小型器台、小型高杯、台付小壺、長頸壺を主体とし、少量の大形器台、甕、鉢等を含んでおり総数は80個体を越えるといわれている（第21図）。また、特殊器台、特殊壺は、西側墳丘裾部から出土しており、石室上にはほとんど存在しない。

　楯築墳丘墓は、山丘頂に構築された円丘に二つの突出部を付設した双方中円形の墳墓である。円丘部の直径は、40mに達し、周囲には列石がめぐらされている。埋葬施設は、円丘部中央の墓壙内に木槨が発見され、墓壙上面には円礫の堆積が認められた。土器はこの円礫堆内から出土し、総

第23図　円礫堆出土の特殊器台形土器

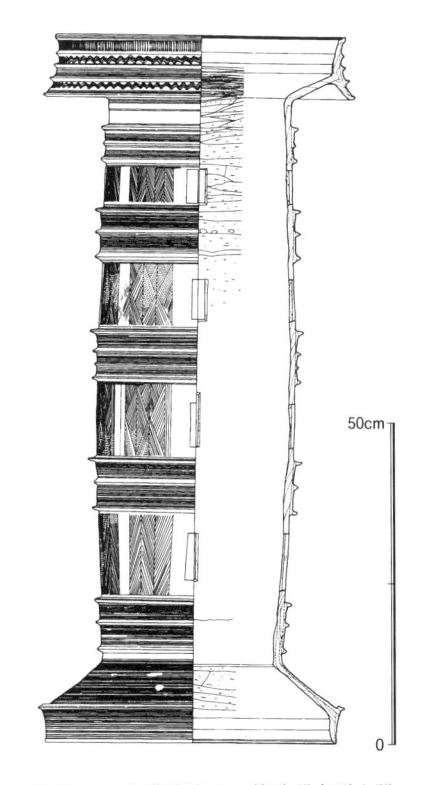

数100個体以上の高杯、台付坩が円礫堆内に、そして特殊器台、特殊壺はその上面に置かれていたようである。（第22・23図）

　以上の諸例が示すように、吉備地方においては、弥生時代後期後半から終末にかけて壺、器台、高杯を主体とした埋葬施設上の墳墓祭祀が明確化しており、その盛行は顕著にして注目すべきものである。この地域では、墳墓祭祀のなかでとくに壺、器台が装飾化、大形化し円筒埴輪の祖形たる特殊壺、特殊器台へと発展していく。これは、上記二器種が墳墓祭祀において特別に重要視されていたことをうかがわせるものであり、黒宮大塚・楯築墳丘墓における特別なあつかいもそれを裏付けるものであろう。しかし、都月2号墓や鋳物師谷2号墓では、これら特殊化された土器が埋葬施設上において普通形態の土器群とともに用いられており、特定土器の特殊化がこのような墳墓祭祀の展開のなかで進展していったと考えられることもまた重要であろう。このように盛行した土器祭祀も古墳時代に入ると急速に衰退していく傾向が認められ、初期前方後方墳の岡山市湯迫車塚古墳[28]や赤磐市河本用木3号墳[29]では、竪穴式石室あるいは粘土槨上に少量の壺、高杯、坩、鼓形器台等が

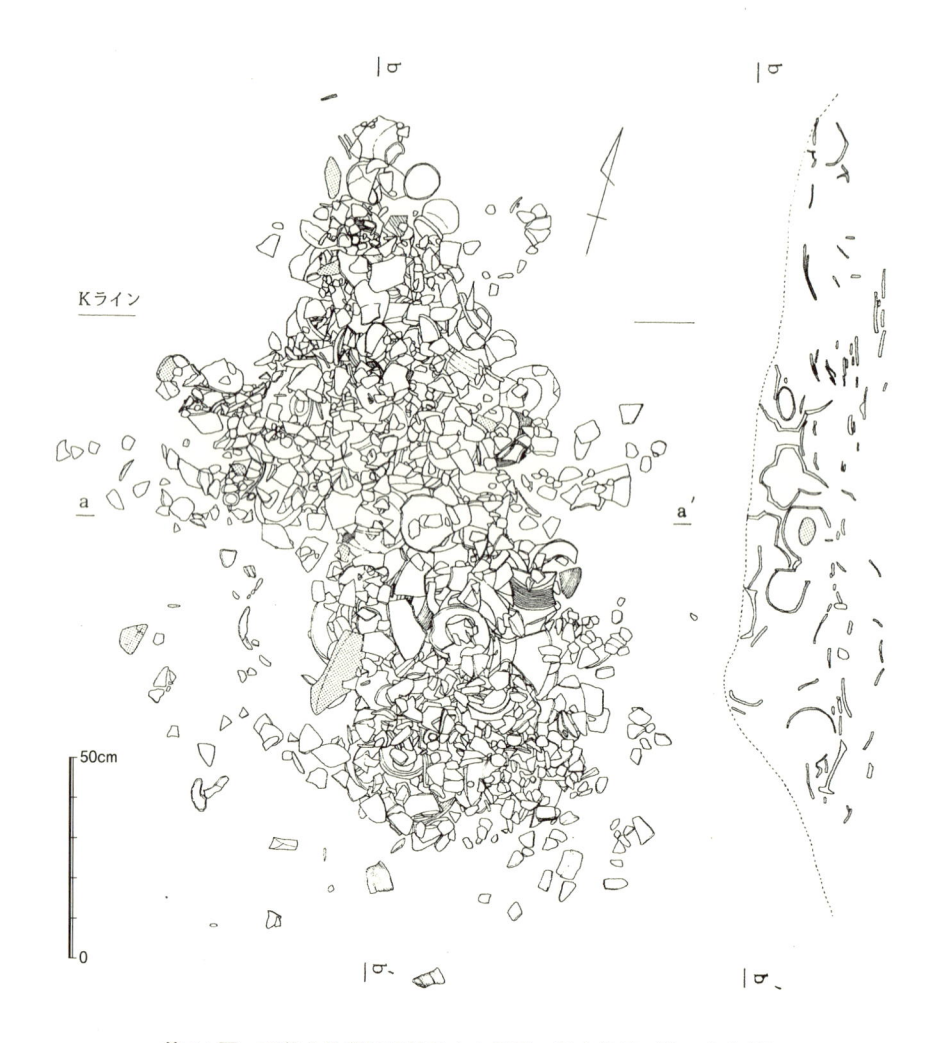

第24図　西谷3号墓埋葬施設上土器群の出土状況（第1主体部）

認められたにすぎない。とくに車塚古墳では、土器群はすべて細片となって出土しており、祭祀の様相にも前代とはやや異なる状況が看取される。

このほか、近接した出雲を中心とする山陰の地域でも、弥生時代後期後半から終末にかけての墳墓に、同じように壺、器台、高杯等を用いた埋葬施設上での土器祭祀が認められる。

島根県松江市八幡町的場遺跡[30]は、丘陵端部に構築されたおよそ8m四方の方形台状墓である。墳丘裾部には礫積みの石列がめぐり、墳頂部には土壙墓一基が確認されている。土器はこの墓壙上面から発見されたものであり、その内訳は器台7、壺6、高杯1、把手付注口土器1、把手付壺1、甕1、特殊壺1、特殊器台1と多種多量である。これらの土器は高杯を中心に配置されており、とくに壺形土器は器台形土器に載せられていた形跡があるという。

また、出雲市今市町西谷3号墓[31]は、丘陵上に立地する四隅突出型墳丘墓である。土器は墳頂平坦面の埋葬施設上から出土しており、普通形態の壺、器台、高杯以外に、吉備型の特殊壺、特殊器台が存在する（第24・25図）。この他、鳥取市西桂見遺跡[32]、安来市安養寺1号墓[33]等の四隅突出型墳

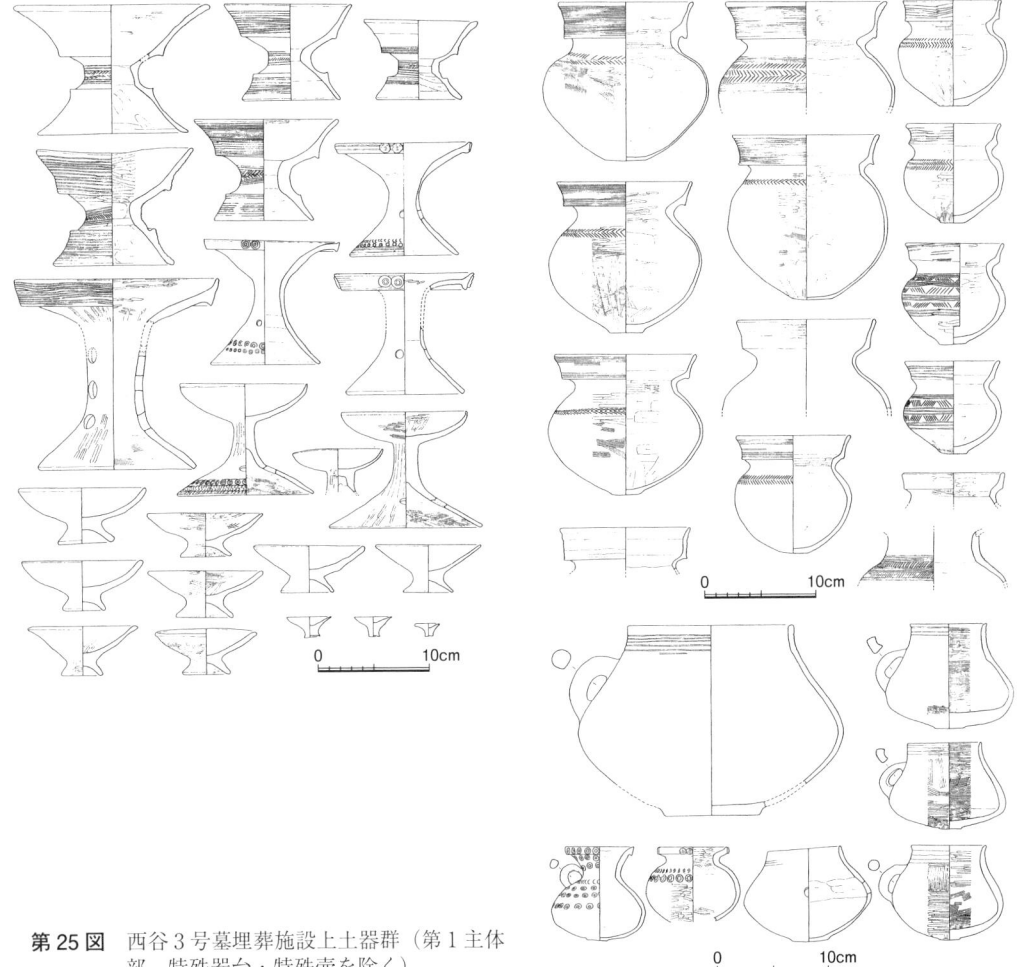

第25図 西谷3号墓埋葬施設上土器群（第1主体部、特殊器台・特殊壺を除く）

丘墓にも壺、器台、高杯を中心とした土器祭祀が認められ、出雲を中心とした山陰地方では吉備地方同様弥生時代後期後半におけるこの種墳墓祭祀の盛行が看取される。

　このような墳墓祭祀の共通性における吉備・出雲相互の関係は明確にしがたいが、西谷3号墓における吉備特有の特殊壺、特殊器台の存在から、墳墓祭祀における吉備影響下の出雲の姿を想定することは許されるだろう。さらにこの地域では、初期古墳祭祀にもこのようなあり方が継承されており、安来市荒島町造山3号墳、松江市東出雲町寺床1号墳等の方形墳には確実に認められる。

　これまで述べてきた吉備地方、そしてその影響下にあると思われる山陰地方の墳墓例は、それぞれ各小地域集団の特定首長墓に相当するものと思われる。これはまた、集落から隔絶した山丘上に立地し、自然地形の削り出しあるいは盛り土、列石によって墓域を区画する方形台状墓や墳丘墓の構造的特質の点からも、集落に近接した集団墓で、溝によって墓域を区画する畿内発生の方形周溝墓とは異なる様相、性格をもつものと思われる。それ故、ここで問題としてきた埋葬施設上での壺、器台、高杯と多様な土器群を用いた墳墓祭祀には、畿内を中心とした方形周溝墓祭祀とは系譜的に異なる台状墓、墳丘墓特有の弥生時代在地首長墓祭祀という性格が与えられるものと思われる。またこのような弥生時代後期後半における在地首長墓祭祀の発達には、日本列島のなかでもとくに吉備を中心とした地域に特徴的かつ典型的な様相がうかがわれ、現在その源流をこれらの地域に求めることが最も妥当性のあるものと考えられる。

第3節　初期古墳祭祀の系譜と意義

　前節での畿内地方・吉備地方の墳墓祭祀の検討から、埋葬施設上における壺、器台、高杯を用いた土器祭祀の源流を、吉備地方を中心とした弥生時代後期後半の在地首長墓祭祀の中に求めた。そして、結論的にいうならば、このような古墳出現前夜の吉備地方独自の墳墓祭祀の影響が、関東のやはり古墳出現前夜の墳墓祭祀に及んでいたのではないかと考えるのである。つまり、神門4号墓等の弥生時代終末期の在地首長墓に認められる墳墓祭祀の形態は、その影響下に出現してくるものと考えられる。要するにこれは、先に述べた吉備とその影響下にあった山陰との関係を不安定ながらも一定の存在地首長層間の連合関係と捉え、このような弥生時代後期後半における地域間の特定の交流をさらに広範囲のものとして考えようとするものである。しかしながら、当然のこととしてここでは、両者の直接的な関係を想定するものではない。

　関東地方の初期古墳祭祀の母胎と考えた神門4号・5号墓、小田部墓の3基の弥生終末期の墳墓には、東海系、畿内系、北陸系等の外来系土器群が認められる。とくに三者ともに存在する東海地方西部系の土器群の存在は注目すべきであり、当該期における東海西部地域の果たした役割には重視すべきものがある。また、墳墓のみでなく、弥生時代終末期の一般集落における東海系土器群の東国、大和への動きから、この時期東海西部地域の人々が東国と大和とを結ぶような行動をとったのではないかとする意見もある。

　弥生時代後期後半から終末にかけての方形台状墓、墳丘墓における同様の墳墓祭祀は、三重県津市高松C墳墓遺跡、静岡県磐田市新豊院山3号墓等、東海地方から伊勢湾沿岸にかけての地域

にも認められる。高松C墳墓遺跡は、径約5mの楕円形墓で、墳頂部からは管玉、鹿角製刀子を副葬する土壙2基が発見されている。そして、土壙上には、直口緑壺形土器2、脚台付壺形土器1、脚付埦形土器1、高杯形土器6、器台形土器2が供献されていたという（第26図）。また、新豊院山3号墓は、一辺12mの方形墓で、組み合わせ式の木棺直葬である。やはり、埋葬施設上より壺形土器2、甕形土器1、器台形土器1、高杯形土器1が出土している。さらに東日本最古の前方後方墳である長野県松本市弘法山古墳では、後方部の竪穴式石室上から、壺形土器5、器台形土器1、高杯形土器10が出土している（第27図）。とくに、弘法山古墳の器種組成が東海地方西部系土器群を主体としていることは示唆的であり、この種の土器祭祀の東進に東海西部地域の勢力が介在していたことをうかがわせる。すなわち、以上のような観点からすれば、関

第26図　高松C墳墓出土土器実測図

東地方においても、神門4号墓に代表されるような墳墓祭祀の出現に東海西部地域勢力の関与を想定することは認められるものといえよう。

　ところで、大和纒向遺跡の性格を検討した寺沢薫は、初期大和政権の成立とその実体について次のように述べている。まず、前方後円墳の構成要素からみた初期大和政権の祭祀の実体について、地域的祭祀の統合であり、とりわけ吉備的要素が濃厚であることを指摘した。さらに、これが弥生時代終末期の西日本、あるいは東日本の一部の複数国家の合意によって達成されたものであ

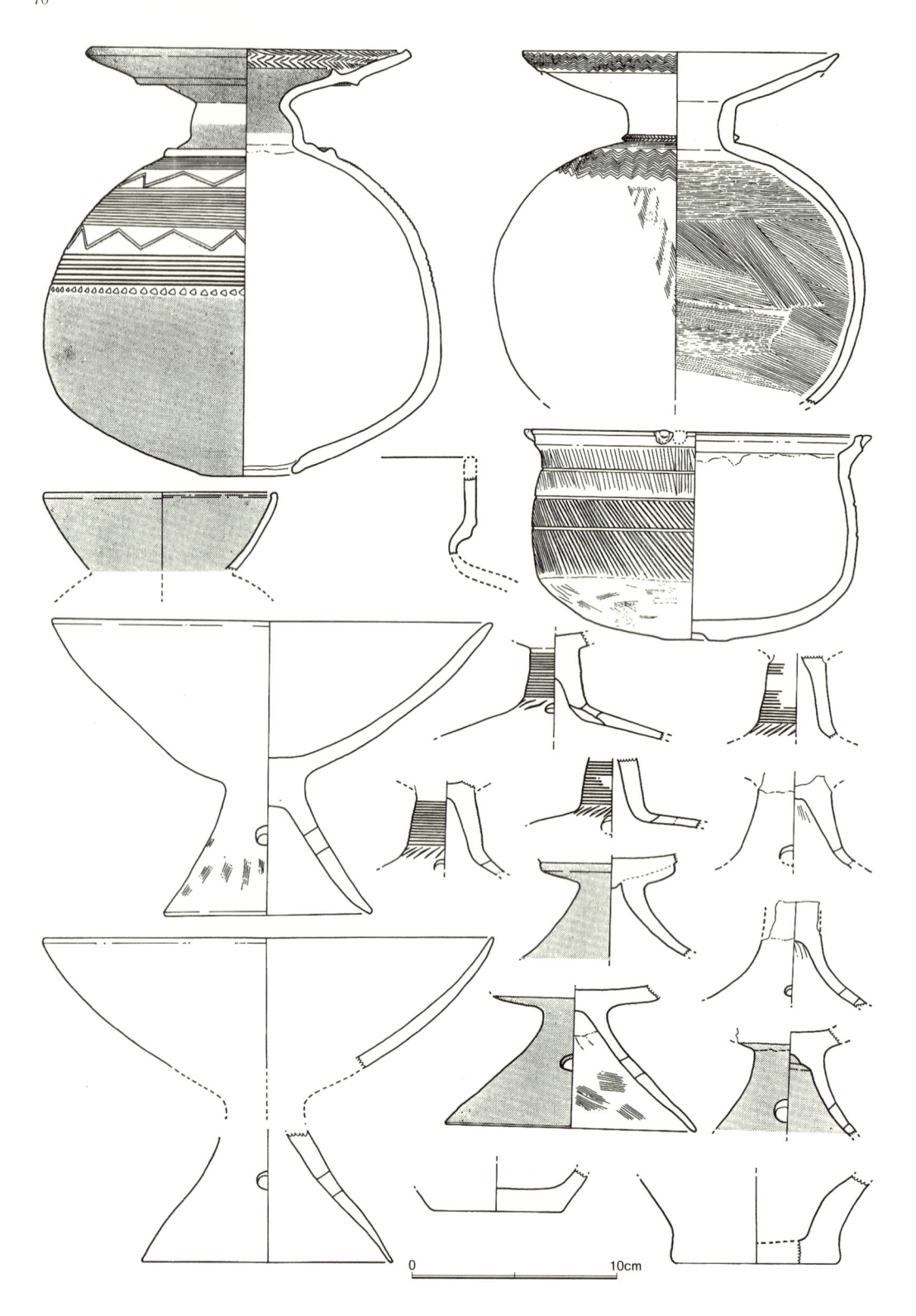

第 27 図　弘法山古墳出土土器実測図

り、その主導的勢力は瀬戸内沿岸の同盟につとめていた吉備と北九州の諸勢力であったとし、大和は、単に東西を結ぶ交通的諸条件の卓越性や軍事的拠点の意味合いから結果的に生まれた目的上の中心地であったに他ならないというのである。ここで、寺沢のこのような考えを援用するなら、先に述べた東海西部地域勢力の関与する東国へのはたらきかけにも、政治的にみれば吉備勢力の意志が大きく反映していた可能性を考慮すべきと思われる。

　すなわち、これまで述べてきたような在地首長墓としての方形台状墓や墳丘墓における祭祀の共通性には、集団墓としての方形周溝墓祭祀の共通性とはおのずとその性格を異にするところがあると思われ、前者により政治性を求めることができる。したがって、弥生時代終末期に関東の一部にあらわれ、初期古墳祭祀にも継承された喪葬祭祀には、前述のような状況下における吉備勢力の影響が大きく関与していたものと思われる。遅くとも弥生時代終末期には、吉備勢力が主導する在地首長層間の緩やかな連合関係が東海西部地域を介して、さらに東方の関東へと波及するに至っていたと考えられる。しかし、これが前方後円墳の各地への波及のように定式化、制度化されたものでないこともまた事実である。墳丘墓の形態的多様性や土器祭祀に在地土器が使用されるなどの諸特徴からみて、墳墓祭祀の意識、つまり墳丘を丘陵上に盛り土によって造るとか、喪葬祭祀に壺、器台、高杯のセットを使用するとか、そういった首長墓祭祀の意識における共通性の表現の多くが、いまだ地域社会の日常性と伝統の中にあることも重視しなければならない。

　これに対し、前方後円墳、前方後方墳にかかわらず、当地における定形化した古墳の出現が畿内大和政権との政治的連合体制の成立を契機としていたことは確かであろう。しかし、前方後方墳を中心とする関東地方の初期古墳には、これまで述べてきたように埋葬施設上における土器祭祀が踏襲されており、そこには、古墳出現前夜の在地首長層間の連合関係が根強く尾を引いていた。このため大和政権にとってはより間接的かつ稀薄な基盤の上に成立した連合体制であって、その連合は、古墳出現前夜の吉備地方を中心とした広範かつ複雑な政治的関係を取り込んで新たに締結されたものと考えられる。

まとめ

　関東地方の初期古墳には、上総、下総、常陸、下野を中心に、埋葬施設上における壺、器台、高杯を用いた喪葬祭祀が盛行する。このような祭祀形態には、その出土状況や器種組成からみて弥生時代特有の共同体的な集団祭祀の傾向が強く残されていると考えられる。しかし、関東地方におけるその成立は、在来の方形周溝墓祭祀の変容のなかからはたどり得ない。

　最後に、本章で検討した内容を列記し、簡単に私見を述べまとめとしたい。

① 関東地方の初期古墳に認められる壺、器台、高杯を用いた埋葬施設上における土器祭祀の母胎は、神門4号墓等の弥生時代終末期の在地首長墓祭祀のなかにある。

② その系譜と源流は、弥生時代後期後半から終末にかけて、吉備を中心とした地域に認められる方形台状墓や墳丘墓祭祀のなかに求めることができる。

③ この墳墓祭祀の東国への波及は、吉備勢力の主導的意志に基づき、東海地方西部から伊勢湾

沿岸の地域が関与していたものと思われる。すなわち、弥生時代終末期にはすでに、吉備地方を中核とする在地首長層間の緩やかな連合関係が、東海地方を経由し関東地方の一部にまで比較的広範囲に成立していたと推測される。

④　このような墳墓祭祀が関東の初期古墳に継承されたことは、古墳出現の契機ともいうべき初期大和政権の政治連合が、前代の吉備を中核とする首長間交流をベースに進められた結果と考えられる。つまり、ここでとりあげた埋葬施設上土器祭祀の事例から考えて、関東地方など東国における古墳出現の背景には、弥生時代終末における吉備勢力の政治的影響が引き続き温存されていたものと思われる。

　埋葬施設上における土器祭祀は、現在のところ関東地方のなかでもとくに東海道筋の上総、下総、常陸、下野の初期古墳で顕著に認められる。これに対し、東山道筋に位置し、古墳出現の間もない時期に畿内大型古墳の祭祀儀礼である埴輪配置（円筒形、壺形）を採用する上野の地域は、上記四地域とは古墳出現の背景を少なからず異にしていたといえよう。

注
（１）　第１章参照。本文中Ａ類とした土器群である。
（２）　岩崎卓也「古墳時代の信仰」『季刊考古学』第２号、1983年。
（３）　小島芳孝「埴輪以前の古墳祭祀」『北陸の考古学』1983年。
（４）　このような観点から、関東地方における古墳の出現について言及されたものに以下の論考などがある。
　　　高橋一夫「前方後方墳の性格」『土曜考古』10、1985年。田中新史「市原市神門４号墳の出現とその系譜」『古代』63、1977年。
（５）　大塚初重「上総能満寺古墳発掘調査報告」『考古学集刊』3、1949年。
（６）　金子浩昌ほか「千葉県東葛飾郡沼南村片山古墳群の調査」『古代』33、1953年。
（７）　第１章注(33)糸川文献。
（８）　大塚初重・小林三郎「茨城県勅使塚古墳の研究」『考古学集刊』2-3、1964年。
（９）　三木文雄編『那須駒形大塚』吉川弘文館、1987年。
(10)　第１章参照。
(11)　下津谷達男「野田市堤台遺跡」『上代文化』35、1965年。
(12)　横川好富「概報　北葛飾郡庄和村権現山遺跡」『台地研究』13、1963年。
(13)　塩谷修「茨城県地方における方形周溝墓の出現とその性格」『史学研究集録』10、1985年。
(14)　小出義治『そとごう』1972年。
(15)　岩崎卓也「古墳の発生」『ゼミナール日本古代史』下、光文社、1980年。
(16)　注(４)田中文献。田中新史「出現期古墳の理解と展望―東国神門５号墳の調査と関連して―」『古代』77、1984年。
(17)　杉山晋作「千葉県市原市小田部古墳の調査」『古墳時代研究』1、1972年。
(18)　岩崎卓也「埴輪起源論ノート」『日本文化史学への提言』1975年。
(19)　奈良県立橿原考古学研究所編『見田・大沢古墳群』奈良県史跡名勝天然記念物調査報告書第44冊、1982年。
(20)　伊藤勇輔『奈良県宇陀郡榛原町大王山遺跡』榛原町教育委員会、1977年。

(21) 注(20)文献、寺沢薫・千賀久『日本の古代遺跡5 奈良中部』保育社、1983年。
(22) 奈良県立橿原考古学研究所編『能峠遺跡群Ⅰ（南山編）』奈良県史跡名勝天然記念物調査報告書第48冊、1986年。
(23) 第1章附節5参照。
(24) 近藤義郎・春成秀爾「埴輪の起源」『考古学研究』13-3、1976年。
(25) 小野一臣・間壁忠彦・間壁葭子「岡山県清音村鋳物師谷2号墳出土の土器」『倉敷考古館研究集報』第13号、1977年。
(26) 間壁忠彦・間壁葭子・藤田憲司「岡山県真備町黒宮大塚古墳」『倉敷考古館研究集報』第13号、1977年。
(27) 近藤義郎『楯築遺跡』山陽カラーシリーズ、1980年。近藤義郎編著『楯築弥生墳丘墓の研究』楯築刊行会、1992年。
(28) 鎌木義昌「備前車塚古墳」『岡山市史』古代編、1962年。
(29) 神原英明「用木古墳群発掘調査概報」『岡山県営山陽新住宅市街地開発事業用地埋蔵文化財発掘調査概報』山陽町教育委員会、1971年。
(30) 近藤正・前島己基「島根県松江市的場遺跡」『考古学雑誌』57-4、1972年。
(31) 出雲考古学研究会編「西谷墳墓群」『古代出雲を考える』2、1980年。島根大学法文学部考古学研究室『山陰地方における弥生墳丘墓の研究』1992年。渡辺貞幸「弥生墳丘墓における墓上の祭祀—西谷3号墓の調査から—」『島根県考古学会誌』第10集、1993年。出雲市教育委員会『西谷墳墓群—平成14年度～16年度発掘調査報告書—』2006年。
(32) 木村有作ほか「西桂見遺跡」『鳥取市文化財調査報告書』Ⅹ、1981年。
(33) 注(31)出雲考古学研究会文献参照。
(34) 『造山3号墳調査報告』島根県教育委員会、1967年。
(35) 渡辺貞幸「寺床一号墳の諸問題」『松江考古』第5号、1983年。
(36) 岩崎卓也「古墳出現期の一考察」『中部高地の考古学』Ⅲ、1984年。
(37) 紅村弘ほか「伊勢湾沿岸・美濃」『三世紀の考古学』下巻、学生社、1983年。津市教育委員会『高松弥生墳墓発掘調査報告』津市埋蔵文化財調査報告4、1970年。
(38) 『新豊院山墳墓群』磐田市教育委員会、1982年。
(39) 斎藤忠ほか『弘法山古墳』松本市教育委員会、1978年。
(40) 岐阜県岐阜市瑞龍寺山山頂（墳）遺跡の検討を行った赤塚次郎は、東海西部濃尾平野における弥生時代後期の山中式土器の成立に中部瀬戸内系土器群の強い影響があったとし、墓制をも巻き込んだ両地域の活発な文化交流を想定している。荻野繁春「瑞龍寺山山頂遺跡」『岐阜市埋蔵文化財発掘調査報告書』岐阜市教育委員会、1985年。赤塚次郎「瑞龍寺山山頂墳と山中様式」『弥生文化博物館研究報告』第1集、1992年。
(41) 寺沢薫「纒向遺跡と初期大和政権」『橿原考古学研究所論集』第6集、1984年。
(42) 太平洋側の東海道筋相模に位置する横浜市港北区新羽南古墳では、2005年に行われた発掘調査で、木棺直葬の埋葬施設上から、古墳時代前期中頃の壺・器台・高杯形土器が破砕された状態で出土している。玉川文化財研究所『横浜市港北区新羽南遺跡・新羽南古墳発掘調査報告書』2006年。なお、東山道筋上野の群馬県域では、いまだ確かな事例は発見されていない。

第3章　壺形埴輪の性格と歴史的意義

はじめに——問題の所在——

　壺形埴輪の発見は、1949年の桜井茶臼山古墳の発掘調査に端を発している。奈良県桜井市外山に位置する全長207ｍの前方後円墳の後円部墳頂から、主体部の竪穴式石室を方形に囲む壺形土器の配列が確認され、初期埴輪の一形態として認識されるにいたった(1)。この「茶臼山式壺」は、底部に焼成前の穿孔を有し、有段口縁をもつ特徴的な形態を呈しており、その後、この壺形埴輪をめぐって円筒埴輪起源論が展開された(2)。

　しかし、1964年近藤義郎・春成秀爾らにより、吉備地方の弥生時代に特有の特殊器台形・特殊壺形土器の存在が注目され、墳墓におけるその大形化、祭祀の盛大化のなかに円筒埴輪への発展過程が示された(3)（第28図）。これにより、円筒埴輪の起源が、吉備地方の特殊器台・特殊壺にあることは多くの認めるところとなり現在にいたっている。

　近藤・春成両氏の明快な論証から円筒埴輪の起源が明らかにされたことにより、壺形埴輪の理解にまたあらたな認識が必要となってきた。1989年、都出比呂志により、前期古墳埴輪様式、三様式が提唱された(4)。このA・B・C三様式のうち最も初期に位置付けられるA様式は、さらに二つの小様式に細分されている。それは、「壺を器台の上に載せた状態を表現したもの」（A1様式）と「壺だけを表現したもの」（A2様式）の二者であり、すなわち器台形円筒・円筒埴輪と壺形埴輪を指している。都出によれば、前者は畿内・吉備・出雲など北枕優位の地域に多く、後者は東日本に多く分布する傾向にあるという(5)。

　都出による前期古墳埴輪における二つの小様式の設定は、次の三点において重要である。

　（１）壺だけを表現する埴輪、すなわち壺形埴輪の配列は、壺を器台の上に載せた

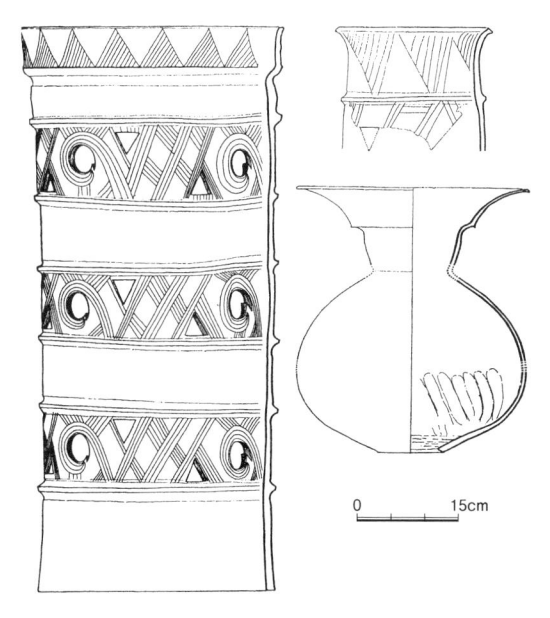

第28図　都月１号墳の特殊器台形円筒埴輪・壺形埴輪

状態を表現する埴輪、すなわち特殊器台の系譜を引く円筒埴輪の配列とほぼ同時に成立すると考えられること。
（2）円筒埴輪の配列が前方後円墳同様後期まで一貫して存在し、埴輪配置の主流を占めるのに対し、壺形埴輪の配列は前期の盛行後、衰退し消滅の途をたどると考えられること。
（3）また、円筒埴輪成立後、分離していた壺と器台を一体化させて表現した朝顔形円筒埴輪（B様式）が出現するが、これは形骸化しながらも円筒埴輪同様後期まで一貫して存続すること。

この三点から、埴輪配列の初期から、壺だけを配列する壺形埴輪（A2様式）と器台あるいは円筒と結合する壺形埴輪（A1様式）の存在したことが明らかになり、さらに両者は、埴輪配列において相対峙する関係にあることが明確化される。そこで、前者を壺形埴輪A、器台・円筒と結合する後者を壺形埴輪Bとするならば、A、B両者の埴輪配列における性格は異なり、その存在する歴史的意義も異なることになる。

ここで、壺形埴輪の定義を提示するならば次のようになる。
① 底部に焼成前の穿孔を有する。
② 頸部から屈曲して外反する有段口縁、二重口縁を有する(6)。
③ 同一古墳における同一規格をつよく意識して製作されている。
④ 墳丘上、墳丘裾部に配列される（壺形埴輪A）。
⑤ あるいは、樹立・配列された器台形円筒埴輪や円筒埴輪と結合する(7)（壺形埴輪B）。

本章は、このような壺形埴輪の定義に基づき、前期古墳における円筒埴輪と対峙する埴輪配列という認識から、とくに壺形埴輪A、都出のいうA2様式に限ってその性格と存在する歴史的意義を明らかにすることを目的としている。

ただし、壺形そのものの系譜においては、吉備型特殊壺の系譜上にある一部を除くと、壺形埴輪Bの多くは、壺形埴輪Aと同様の系譜上にあるものと予測される。よって、本章の論証過程にあっては、壺形埴輪Bをも含めて検討することとする。

第1節　各地の壺形埴輪

管見にふれた壺形埴輪を集成すると、その分布はほぼ前期古墳の存在する全国各地にわたっていると考えてよい。

ここにとりあげた資料53例には（第7表）、調査により壺形埴輪の配列や器台形円筒埴輪や円筒埴輪との結合が確認されたもの以外に、その確実性や可能性が提示されたり、可能性が高いと筆者が判断したものが少なからず含まれている。このような、資料の確からしさの不均衡を考慮した上でもなお、現在その分布状況に一つの傾向を見出すことができる。

それは、壺形埴輪Aが東日本と九州に多く分布し、とくに関東地方の分布が密であり、壺形埴輪Bの分布密度との差が歴然としている。これに対し近畿、山陽、山陰では、壺形埴輪B（器台形円筒・円筒埴輪）の存在が目立ち、壺形埴輪Aはこれに拮抗するか、若干少ない傾向が予測される。

第 3 章　壺形埴輪の性格と歴史的意義　77

第 7 表　壺形埴輪出土古墳一覧

古　墳　名	所　在　地	墳形	種類	他の埴輪	遺跡文献
〈東北〉					
青塚古墳	宮城県大崎市	後円？	A		1
雷神山古墳	宮城県名取市	後円	A		2
天神森古墳	山形県東置賜郡川西町	後方	A		3
〈関東〉					
熊野神社古墳	埼玉県桶川市	円	A		4
三変稲荷神社古墳	埼玉県川越市	方	A		4
河輪聖天塚古墳	埼玉県児玉郡美里町	円	A		5・6
山王寺大桝塚古墳	栃木県栃木市藤岡町	後方	A		7
下侍塚古墳	栃木県大田原市	後方	A		8
藤本観音山古墳	栃木県足利市	後方	A？		9
上出島 2 号墳	茨城県坂東市	後円	A		10
葦間山古墳	茨城県下館市	後円	A？		11
香取神社古墳	茨城県結城郡八千代町	後円	A		11
元島名将軍塚古墳	群馬県高崎市	後方	A		12
北山茶臼山古墳	群馬県富岡市	円？	A？		13・14
北山茶臼山西古墳	群馬県富岡市	後方	A		14・15
前橋天神山古墳	群馬県前橋市	後円	A		16・17
朝倉 2 号墳	群馬県前橋市	円	A		18・19
箱石浅間古墳	群馬県佐波郡玉村町	方？	A		20
朝子塚古墳	群馬県太田市	後円	B	朝顔、家	21・22
新皇塚古墳	千葉県市原市	後方	A		23
根田 6 号墳	千葉県市原市	円（後円？）	A？		24
〈中部・北陸〉					
長坂二子塚古墳	石川県金沢市	後円	B	朝顔	25・26
関野 1 号墳	富山県小矢部市	後円	A		27
森将軍塚古墳	長野県千曲市	後円	B	朝顔、家、盾	28・29
甲斐銚子塚古墳	山梨県甲府市	後円	B	朝顔	30・31
〈東海〉					
西野 3 号墳	三重県松阪市	円	A？		32
深長古墳	三重県松阪市	円	A		33・34
青塚茶臼山古墳	愛知県犬山市	後円	B		35
春林院古墳	静岡県掛川市	円	A		36
瓢塚古墳	静岡県掛川市	後円	A		37
〈近畿〉					
小石塚古墳	大阪府豊中市	後円	B	朝顔	38
弁天山 A1 号墳	大阪府高槻市	後円	A？		39
安威 1 号墳	大阪府茨木市	後円	A？		40
美園古墳	大阪府八尾市	方	A	家	41
御旅山古墳	大阪府羽曳野市	後円	A		42
東殿塚古墳	奈良県天理市	後円	B	朝顔	43
上殿古墳	奈良県天理市	円	A	家	44
桜井茶臼山古墳	奈良県桜井市	後円	A		45
西殿塚古墳	奈良県天理市	後円	B		46・47
箸墓古墳	奈良県桜井市	後円	B・A？		48・49
元稲荷古墳	京都府向日市	後方	B		50・51
権現山 51 号墳	兵庫県たつの市	後方	B		52
安土瓢箪山古墳	滋賀県近江八幡市	後円	B		53・54
〈山陽・山陰〉					
都月 1 号墳	岡山県岡山市	後円	B		55・56
七つ坑 1 号墳	岡山県岡山市	後方	B		57
浦間茶臼山古墳	岡山県岡山市	後円	B		58・59
神原神社古墳	島根県雲南市	方	B		60
〈九州〉					
銚子塚古墳	佐賀県佐賀市	後円	A		61・62
三国の鼻 1 号墳	福岡県小郡市	後円	A		63
津古生掛古墳	福岡県小郡市	後円	A？		64
石塚山古墳	福岡県京都郡苅田町	後円	A？		65
勘助野地 1 号墳	大分県中津市	方	A		66・67
院塚古墳	熊本県玉名市	後円	A		68

このような傾向は、すでに都出の二小様式の分布傾向にもその一面が指摘されているところであるが、壺形埴輪Aが九州にも多く分布すること、東日本のなかでもとくに関東地方に多く中部・北陸には少ないことなどがさらに指摘できるものと思われる。この分布状況は、本章の目的である壺形埴輪Aの性格を考えるうえで重要な示唆を与えるものであり、本節であらためて確認し、そのうえで細部の検討へと論をすすめていくことにする。

　なお、各地の壺形埴輪出土古墳の概要については第7表に示すとおりである。詳細については紙数の都合上割愛させていただき、論の展開上必要なものに限りそのつど説明することにしたい。

第2節　壺形埴輪の分類

　各地の古墳から数多く出土する壺形埴輪に共通する特徴については、その定義のなかで大まかに示したとおりである。ここでは、個々の壺形埴輪の細部に目をむけ、分類を試みたい。

　壺形埴輪を分類するにあたり、次の三つの視点を提示したい。それは、(1)壺の形態、(2)埴輪の組成、(3)配列状況の三点である。

　(1)は、壺形埴輪そのものの系譜や地域的特徴、そして時間的変遷を明らかにするための指標となり、(2)、(3)については、円筒埴輪と対峙させた壺形埴輪Aの性格や独自性、ひいてはそれをもつ古墳に固有の政治的性格をより明確化させて導きだすための前提的資料操作である。以下、各分類の内容を明示し、それに該当する古墳を地域ごとに一覧表(第8表)に示すことにする。

1. 壺の形態分類

口頸部、口唇部、胴部、底部に分けて行う。

〔口頸部〕

Ⅰ　筒状の頸部に有段口縁をもつもの。
Ⅱ　外傾する頸部に有段口縁をもつもの。
Ⅲ　外傾する二重口縁をもつもの。
Ⅳ　複合口縁をもつもの。
Ⅴ　単口縁をもつもの。

　※以上の五類型に分類されるが、有段口縁は、口縁部が頸部から水平にのび、明瞭な段をなして外反して広がるものであり、二重口縁は外傾する頸部から屈曲して外反する口縁部にいたるものである。また、複合口縁は、口縁部中段、あるいは上端に突帯状の貼りつけを施したもので、立面的には有段・二重口縁状を呈するものである。

〔口唇部〕

イ　尖り気味につまみ上げたもの
ロ　丸みをもつもの
ハ　平坦面をもつもの

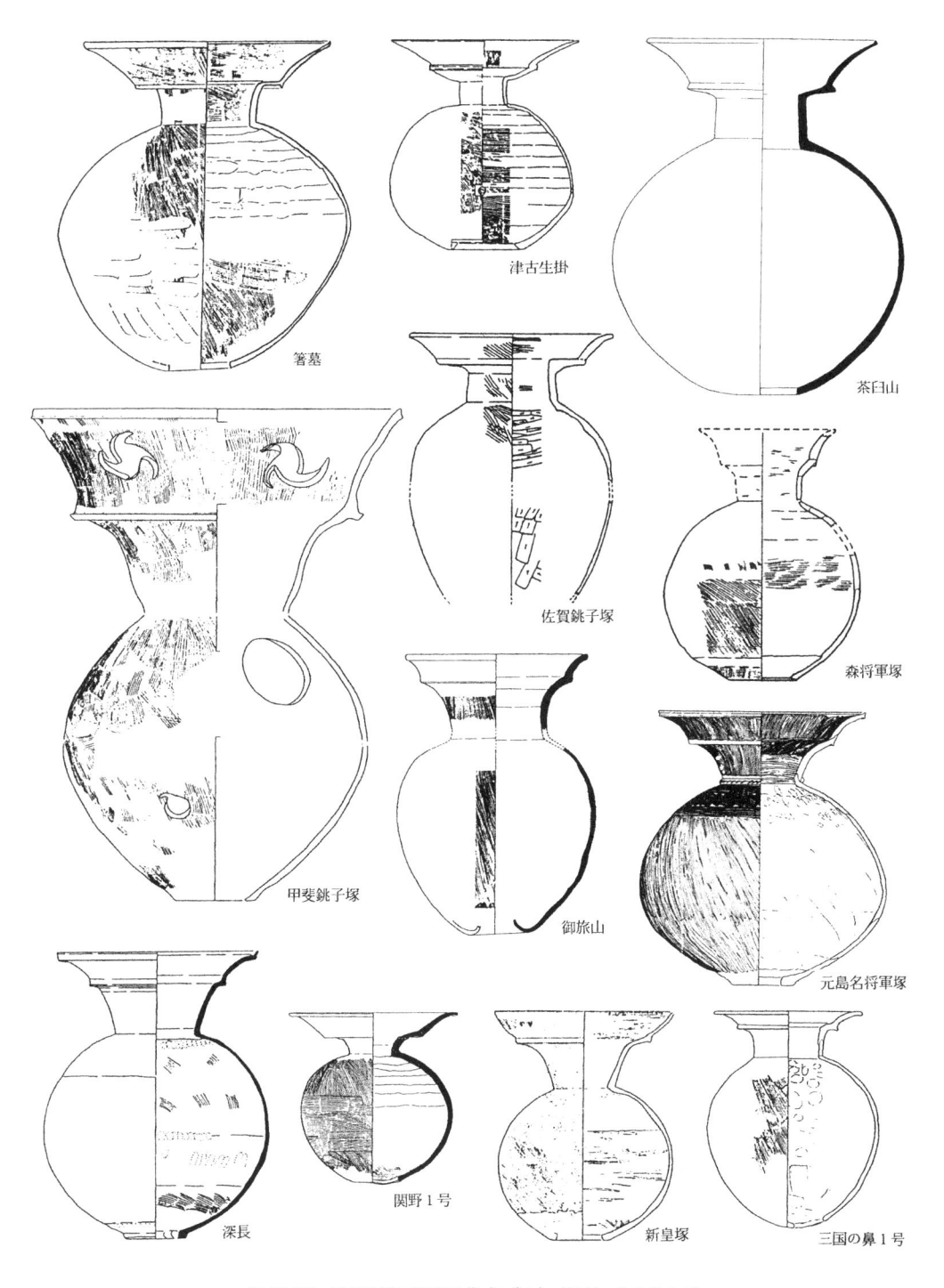

第3章 壺形埴輪の性格と歴史的意義 79

第29図 壺形埴輪実測図集成（1）（縮尺：約9分の1）

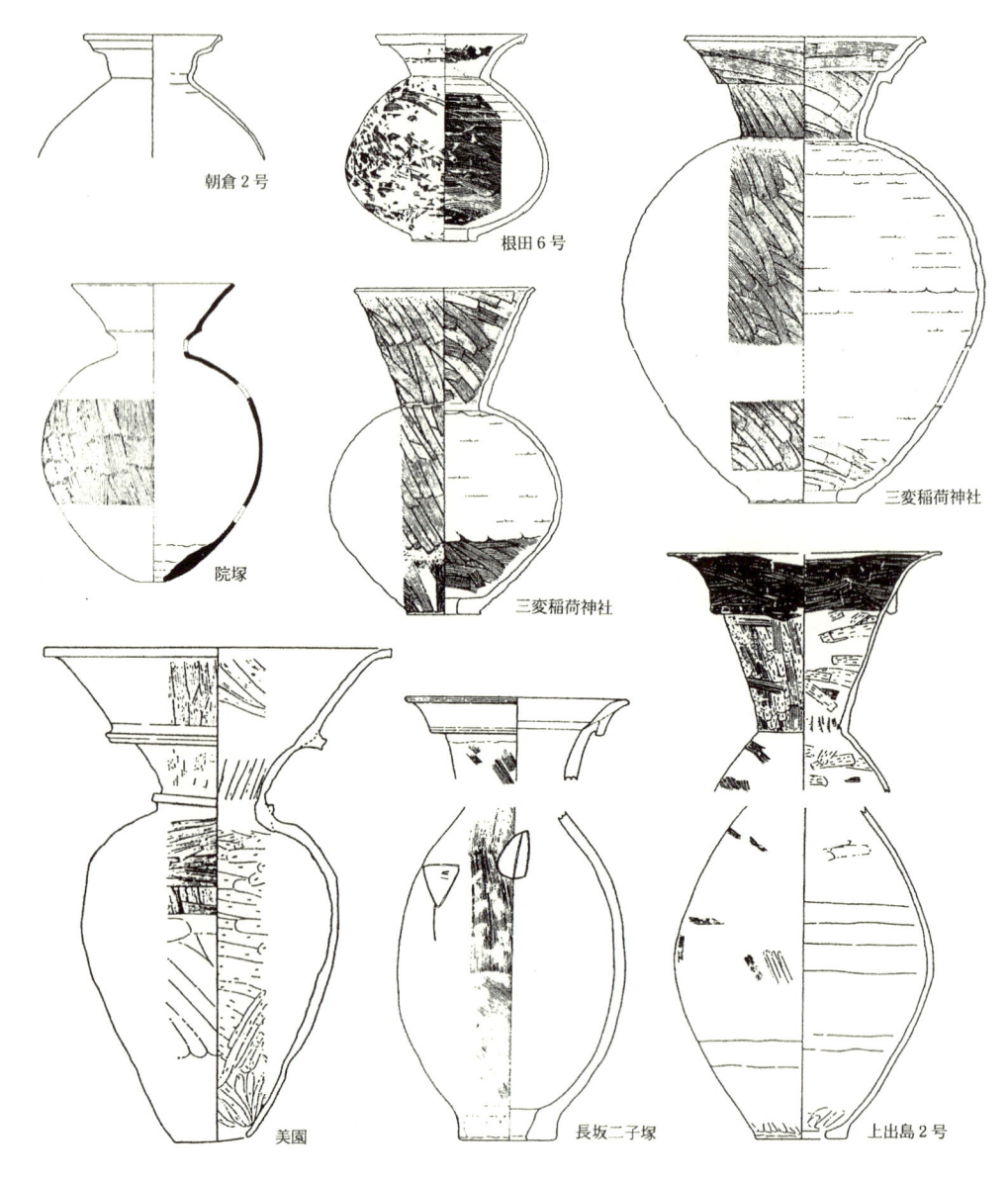

第 30 図 壺形埴輪実測図集成（2）（縮尺：約 9 分の 1）

〔胴部〕

A 下膨れ

B 球形

C 長胴

D 肩張り

〔底部〕

a 丸底かごく小さな平底

b 突出した明瞭な平底

第3章 壷形埴輪の性格と歴史的意義

第8表 壷形埴輪の分類一覧

古 墳 名	墳形（規模）m	形 態 口頸部	形 態 口唇部	形 態 胴部	形 態 底部	組成	配列状況
〈東北〉							
青塚古墳	後円？（後円径55）	V	ロ		b		
雷神山古墳	後円（168）	Ⅱ・Ⅲ	ロ・ハ	B	b	Ⅰ	
天神森古墳	後方（75.5）	Ⅳ	ハ		b		
〈関東〉							
熊野神社古墳	円（38）	Ⅲ	ハ		b	Ⅰ	
三変稲荷神社古墳	方（25）	Ⅱ・Ⅲ・Ⅴ	ハ	B・C	b	Ⅰ	
河輪聖天塚古墳	円（38）	Ⅳ・Ⅴ	ロ	C	b		
山王寺大桝塚古墳	後方（96）			A	b		
下侍塚古墳	後方（84）	Ⅱ	ロ	B	b		
藤本観音山古墳	後方（116.5）	Ⅲ	イ	B	b		
上出島2号墳	後円（56）	Ⅳ	ロ・イ	C	b	Ⅰ	Ⅲ
葦間山古墳	後円（140）	Ⅲ	イ		b		
香取神社古墳	後円（71）	Ⅲ・Ⅳ	ロ・イ	C	b	Ⅰ	
元島名将軍塚古墳	後方（91〜96）	Ⅲ	イ	A	b	Ⅰ	Ⅰ
北山茶臼山古墳	円（40）	Ⅲ	イ・ハ	C			
北山茶臼山西古墳	後方（30）	Ⅲ	ロ・ハ				
前橋天神山古墳	後円（129）	Ⅰ	イ	A		Ⅰ	Ⅱ
朝倉2号墳	円（23）	Ⅲ・Ⅴ	イ・ロ		b	Ⅰ	
箱石浅間古墳	方（30〜34）	Ⅲ	ロ		b		
朝子塚古墳	後円（123.5）			B		Ⅲ	
新皇塚古墳	後方（推定80）	Ⅲ	イ	A・B	b	Ⅰ	
根田6号墳	円（31）	Ⅴ	ハ		b		
〈中部・北陸〉							
長坂二子塚古墳	後円（50）	Ⅳ		C	b		
関野1号墳	後円（65）	Ⅲ	ロ・ハ	B	b		
森将軍塚古墳	後円（100）	Ⅱ・Ⅲ	ハ・イ	A・B		Ⅲ	
甲斐銚子塚古墳	後円（169）	Ⅲ	イ	B	b	Ⅲ	
〈東海〉							
西野3号墳	円（45）	Ⅲ	ロ		b		
深長古墳	円（45）	Ⅲ	イ・ロ	B	b		
青塚茶臼山古墳	後円（120）	Ⅲ	イ	B	b	Ⅱ	
春林院古墳	円（30）	Ⅲ・Ⅳ			b	Ⅰ	
瓢塚古墳	後円（55）	Ⅳ		C	b		
〈近畿〉							
小石塚古墳	後円（49）	Ⅲ	ハ	D	b		
弁天山A1号墳	後円（120）	Ⅰ・Ⅲ	ロ	B			
安威1号墳	後円（45）	Ⅰ・Ⅲ	ロ				
美園古墳	方（7.2）	Ⅲ・Ⅳ	ハ	C	b	Ⅰ	
御旅山古墳	後円（45）	Ⅱ・Ⅲ	ロ・イ	C	a	Ⅰ	
東殿塚古墳	後円（139）	Ⅱ	イ・ロ		a	Ⅲ	
上殿古墳	円（23）					Ⅱ	Ⅱ
桜井茶臼山古墳	後円（207）	Ⅰ	イ		a	Ⅰ	Ⅰ
西殿塚古墳	後円（207）	吉	備		型	Ⅳ	
箸墓古墳	後円（280）	Ⅰ 吉	イ 備	B	a 型	Ⅰ？ Ⅳ	
元稲荷古墳	後方（84）	Ⅰ	ロ	B	a	Ⅳ	
権現山51号墳	後円（48）	吉	備		型	Ⅳ	
安土瓢箪山古墳	後円（135）		ハ		b	Ⅲ	
〈山陽・山陰〉							
都月一号墳	後方（33）	Ⅱ	ロ	A	b	Ⅲ	
七つ坑1号墳	後方（45.1）	吉	備		型	Ⅳ	
浅間茶臼山古墳	後円（138）	吉	備		型	Ⅳ	
神原神社古墳	方（30×25）	吉 備 型	・	出 雲	型	Ⅳ	
〈九州〉							
銚子塚古墳	後円（96）	Ⅰ	ロ・ハ	B・C	a	Ⅰ	
三国の鼻1号墳	後円（67）	Ⅰ・Ⅲ	ロ	B	a	Ⅰ	Ⅱ・Ⅲ
津古生掛古墳	後円（33）	Ⅰ	ロ	B	a		
石塚山古墳	後円（H0）	Ⅰ					
勘助野地1号墳	方（15.3）	Ⅲ・Ⅴ	ロ	C	b		
院塚古墳	後円（78）	Ⅲ・Ⅴ	ロ・ハ	C			

2. 埴輪の組成
 Ⅰ　壺形埴輪の配列
 Ⅱ　壺形埴輪の配列＋円筒埴輪の配列
 Ⅲ　配列された器台形円筒埴輪や円筒埴輪の上に壺形埴輪を載せたもの
 Ⅳ　集中的に樹立された器台形円筒埴輪の上に壺形埴輪を載せたもの

3. 配列状況（壺形埴輪 A）
 Ⅰ　墳頂部への方形配列
 Ⅱ　墳頂部への円形配列
 Ⅲ　墳頂部以外の墳丘平坦面への配列
 Ⅳ　墳丘裾部への配列

　以上のような壺形埴輪の分類結果を一瞥すると、その類型ととくに分布域との間に次に示すようないくつかの特徴的な傾向が見出される。
 1. 口頸部Ⅰ類は、畿内・九州の西日本に多く東日本では前橋天神山古墳の一例のみである。
 2. 口頸部Ⅲ類を出土する古墳は最も数が多く、地域的にも全国的に分布する傾向にある。
 3. 口頸部Ⅳ・Ⅴ類の壺形埴輪には、河輪聖天塚古墳、三変稲荷神社古墳、上出島2号墳、長坂二子塚古墳、瓢塚古墳、美園古墳、勘助野地1号墳、院塚古墳など胴部形態C類に属するものが多く、両者間には、なんらかの相関関係が存在することが予測される。
 4. 口唇部イ類を出土する古墳は、畿内および関東を中心とする東日本のみで、畿内より西には認められない。また、イ類には、箸墓・桜井茶臼山古墳のように上のみにつまみ上げたもの以外に、元島名将軍塚古墳例に見られるようなつまみ上げが上下に及ぶものがある。
 5. 4と対称的に、九州の壺形埴輪の口唇部形態は、ロ・ハ類で、それもロ類が主流のようである。イ類は、現在一例も認められない。
 6. 底部a類の壺形埴輪を出土する古墳は、畿内以西がほとんどで、底部b類は東日本に多い。
 7. 埴輪の組成Ⅰ類は、東日本および九州に多い。
 8. これに対し、埴輪の組成Ⅲ・Ⅳ類は、畿内、山陽、山陰を中心に分布する。とくに、Ⅳ類の分布は、近畿・吉備・出雲の範囲を超えない。Ⅲ類に関しては、静岡、山梨、長野、群馬など東日本の一部の地域への点的な派生が確認されているが、多くはその地域の初期の大形前方後円墳に限られるという特徴が認められる。[8]

　このような傾向は、何に起因し、またいかなる歴史的意味を内包しているのだろうか。他の分類結果もあわせて、次章において壺形埴輪の系譜や時期的変遷を検討した上で考えてみたい。

第3節　壺形埴輪の系譜と変遷

　本節では、壺形埴輪の変遷について、前節で試みた分類結果を念頭におき、おもに副葬品の検

討をとおして行うことにする。また、その結果から壺形埴輪の系譜や、先の分類において確認された、いくつかの特徴的傾向についても若干の言及を行いたい。

第9表は、壺形埴輪を出土する古墳のうち、その副葬品の内容がある程度明らかにされているものの一覧である。35例ある古墳のうち、23例から各種の鏡が出土しており、その内17例の古墳については出土鏡の鏡種が明らかにされている。

これらの鏡について、その副葬時期の違いをある面で反映すると考えられる五つの種類、すなわちⅠ舶載三角縁神獣鏡、Ⅱその他の舶載鏡、Ⅲ仿製三角縁神獣鏡、Ⅳ中型仿製鏡、Ⅴ小型仿製鏡の五類に区分し、古墳ごとの組成を示したのが第10、11表である。なお、第10表の右側には、鏡以外でその古墳の時期を反映していると思われる副葬品等を示してある。これをみると、まずこれらの古墳は、小型仿製鏡をもつものともたないものに大別され、前者が最も新しい一群に属する可能性が高く、他の副葬品をみてもそれを否定するものはないと考えられる。

後者の小型仿製鏡をもたない一群のなかに、舶載三角縁神獣鏡などの舶載鏡だけで構成される一群が認められる。そのうち、副葬品にメノウ勾玉・新式石釧や滑石臼玉をもつ北山茶臼山古墳、森将軍塚古墳、埋葬施設に舟形石棺を採用する院塚古墳などは、前期古墳のなかでもやや新しく位置付けられる可能性が高く、これらがより前者の一群（小型仿製鏡をもつ）に近い時期にあることが想定される。院塚古墳から出土する画文帯神獣鏡の鏡種は、主として前期後半の古墳に属することが多いという指摘もあり、この想定を支援するものといえる。

これに対し、舶載三角縁神獣鏡7面のみで構成され、最古型式前方後円墳に比定される椿井大塚山古墳と同型式の小札革綴冑・前方部撥形の墳形をもつ石塚山古墳や、舶載三角縁神獣鏡7面以上と仿製鏡のなかでも大型の面径30cmを超える内行花文鏡で構成され、古式な腕輪形石製品をもつ桜井茶臼山古墳などは、後者の一群のなかでも古相を示しているといえよう。さらに、舶載方格規矩鳥文鏡1面と類銅鏃型定角式鉄鏃を副葬し、やはり前期古段階の様相を呈する津古生掛古墳は、出土土器のなかに庄内式土器の影響を残すものを多く含んでおり、桜井茶臼山古墳などよりさらに遡ると考えてよさそうである。

次に、舶載三角縁神獣鏡とともに、他の舶載鏡、仿製三角縁神獣鏡、中型仿製鏡などの多様な鏡種のなかに小型仿製鏡を一面も含まない前橋天神山古墳、甲斐銚子塚古墳は、桜井茶臼山古墳などと小型仿製鏡の一群との間に位置付けられる。

以上、おもに鏡を中心に据えた副葬品の検討から、上記古墳の相対的時期区分を提示するならば、次の4期に区分される。

0期　津古生掛古墳

1期　桜井茶臼山古墳、石塚山古墳

2期　前橋天神山古墳、甲斐銚子塚古墳

3期　北山茶臼山古墳、院塚古墳、三変稲荷神社古墳、森将軍塚古墳、御旅山古墳、北山茶臼山西古墳、山王寺大桝塚古墳、元島名将軍塚古墳、新皇塚古墳、根田6号墳、三国の鼻1号墳、瓢塚古墳

これらの古墳の埋葬施設の形態をみると、0期が木棺直葬、1・2期は竪穴式石室が主流で、2期

第9表 壺形埴輪出土古墳の副葬品一覧

古墳名	墳形	埋葬施設	鏡	玉類	石製品	銅鏃	武器・武具	甲冑	農工具	石製模造品	その他
〈東北〉											
青塚古墳	後円?	木炭槨									
〈関東〉											
熊野神社	円	粘土槨?	○	ヒスイ、メノウ、碧玉	釧、巴形、玉杖、紡錘車					紡錘車	朱、筒形銅器、土器
三次稲荷神社	方	?	○		釧						
山王寺大桝塚	後方	粘土槨	○	ガラス小玉			剣、太刀、鏃、靭		鎌(直刃)、鍬、斧		土器
下侍塚	後方	?	○					○			
上出島2号	後円	粘土槨	○	碧玉管玉			剣、矛		斧、針		
元島名将軍塚	後円	粘土槨	○	メノウ勾玉	釧		刀、鏃		刀子、鉋	勾玉	土器
北山茶臼山	円?	木棺直葬	○	ガラス小玉	釧		鉾		斧、刀子、鏃状品		土器
北山茶臼山西	後方	木棺直葬	○				素環頭太刀、剣、刀、鏃		斧、ガリ、鉋、針、錐		土器
前橋天神山	円	粘土槨	○	碧玉、コハク、水晶	紡錘車		剣、刀、鏃		斧、鎌、鉋、鎌、斧、鋤、鏃		
朝倉2号	後方	粘土槨	○	碧玉管玉	釧		素環頭太刀、刀、剣、槍		鉋		
新皇塚	円										
根目6号	(後円?)	木棺直葬									土器
〈中部、北陸〉											
長坂二子塚	後円	粘土槨		管玉、勾玉			剣、刀、鏃		カリ		土器
森将軍塚	後方	竪穴式石室	○	ヒスイ勾玉、碧玉管玉	車輪石、釧、杵	○?	剣、刀、槍、鏃		カリ、鎌		貝輪、土器
〈東海〉											
西野3号	円	?	○	ヒスイ、碧玉、水晶	釧	○	剣、刀、鏃		斧、鎌		
春林院	円	粘土槨					剣		鉋、針		
瓢塚	後円	粘土槨	○							勾玉	
〈近畿〉											
安威1号	後円	竪穴式石室	○	碧玉管玉	釧、車輪石、鍬形石	○	剣		斧		
御旅山	円	粘土槨	○	ガラス小玉	釧、車輪石、鍬形石	○	剣		斧、鉋、鎌		土器
上殿	円	粘土槨	○	勾玉	釧、車輪石、鍬形石	○	剣、鏃		カリ、斧、鉋		
桜井茶臼山	後円	竪穴式石室	○	碧玉管玉			剣、刀、槍、矛、石突	方形板革綴甲	斧、鉋、鎌(直刃)		
元稲荷	後方	竪穴式石室	○	ガラス小玉		○	鏃、剣、刀、槍、禾、石突		カリ、錐、斧		玉杖、玉葉
権現山51号	後方	竪穴式石室	○	碧玉管玉		○	鏃、剣、槍、剣		斧、鉋、鎌、鋸、砥石		土器
安土瓢箪山	後円	竪穴式石室	○		釧、車輪石、鍬形石	○	鏃、剣、刀	短甲	鏃、鎌、斧、鉋、刀子		紡錘車形貝製品、木製枕、筒形銅器
〈山陰、山陽〉											
都月1号	後円	竪穴式石室	○	碧玉管玉			剣		斧		
セつ坊1号	後円	竪穴式石室	○	碧玉管玉			剣、刀、鏃		鎌、鏃、鉋、針、のみ		
浦間茶臼山	後円	竪穴式石室	○	勾玉		○	剣、刀、鏃		鎌、鏃、鉋、斧、刀子、鉋		
神原神社	方	竪穴式石室	○				素環頭太刀、刀、剣、鏃	小札革綴冑	鎌、鏃、斧、のみ、錐、針		
〈九州〉											
三国の鼻1号	後円	粘土槨	○	碧玉管玉			剣、刀、鏃		斧		土器
津古生樹	後円	木棺直葬	○	ガラス小玉			剣、鏃		斧		鶏形二重口縁壺
石塚山	後円	竪穴式石室	○	コハク勾玉、碧玉管玉			素環頭太刀、鏃		鎌、鋤、刀子		土器
勘助野地1号	方	石棺、木棺、石蓋土壙	○	水晶勾玉・丸玉、ガラス管玉			剣、鏃		斧		堅櫛
院塚	後円	舟形石棺	○	碧玉管玉・勾玉			剣、直刀		斧		

第 10 表　出土鏡の組成（1）（（　）内の数字は面数）

分　類	伴出鏡種	他の副葬品
Ⅰ 舶載三角縁神獣鏡 　北山茶臼山（1） 　前橋天神山（2） 　森将軍塚（1） 　桜井茶臼山（7） 　石塚山（7） 　甲斐銚子塚（1）	舶載鏡、中型仿製鏡 大型仿製鏡 舶載鏡 仿製三角縁、舶載鏡、中型仿製鏡	新式石釧、メノウ勾玉 柳葉銅鏃、碧玉紡錘車 滑石白玉 柳葉銅鏃、古式腕輪形石製品 柳葉銅鏃、小札革綴冑、コハク勾玉 中段階石釧、水晶勾玉
Ⅱ 三角縁以外の舶載鏡 　津古生掛（方格規矩鳥文鏡1） 　院塚（画文帯神獣鏡1）		定角式鉄鏃 （舟形石棺）
Ⅲ 仿製三角縁神獣鏡 　御旅山（4）	中型仿製鏡、小型仿製鏡	柳葉銅鏃
Ⅳ 中型仿製鏡 　北山茶臼山西（方格規矩鳥文鏡1） 　三変稲荷神社（鼉竜鏡1）	小型仿製鏡	 新式石釧
Ⅴ 小型仿製鏡 　山王寺大桝塚（四神鏡） 　元島名将軍塚（四獣鏡） 　新皇塚（内行花鏡） 　　　　（珠文鏡） 　根田6号（素文鏡） 　三国の鼻1号（珠文鏡） 　瓢塚（四獣鏡）		柳葉銅鏃 新式石釧、コハク・水晶勾玉 柳葉鉄鏃 滑石勾玉

第 11 表　出土鏡の組成（2）（〈　〉内は面数、（　）内は面径 cm）

古墳名	舶三角	舶　載	仿三角縁	大・中型仿製	小型仿製
北山茶臼山	○〈1〉				
前橋天神山	○〈2〉	二禽二獣鏡 半円方格帯画像鏡		変形獣形鏡（13.2）	
森将軍塚	○〈1〉				
桜井茶臼山	○〈7〉			内行花文鏡（30） 細線式獣帯鏡（15～18）	
石塚山	○〈7〉				
甲斐銚子塚	○〈1〉	内行花文鏡	○〈1〉	鼉竜鏡 半円方格帯環状乳神獣鏡	
津古生掛		方格規矩鳥文鏡			
院塚		画文帯神獣鏡			
御旅山			○〈4〉	竜雲文変形四獣鏡（18.7）	内行花文鏡（6～8） 珠文鏡（6.7） 変形獣文鏡（9.3） 重圏文鏡（6.8）
北山茶臼山西				方格規矩鳥文鏡（15.9）	四獣鏡（9.7）
三変稲荷神社				鼉竜鏡（13.4）	
山王寺大桝塚					四神鏡（12.3）
元島名将軍塚					四獣鏡（7.2）
新皇塚					内行花文鏡（10.1） 珠文鏡（7.2）
根田6号					素文鏡（2.9）
三国の鼻1号					珠文鏡（6.35）
瓢塚					四獣鏡

の一部に粘土槨が出現し、3期には粘土槨が主流となる。このように、上記の時期区分は前期古墳
埋葬施設の形態変遷にもある程度符合し、その確からしさが首肯できる。なお、この4期区分は、
前期古墳を4期に細分した都出比呂志(15)や和田晴吾(16)の編年観に照らしてみるならば、0期が前1期、
1期が前2期、2期が前3期、3期が前4期にほぼ対応するものと考えられる。

　壺形埴輪に用いられる底部穿孔の有段口縁、二重口縁の壺形土器の祖形が、畿内地方の弥生時
代後期後半の土器に求められることはすでに多くの先行研究(17)により指摘されているところである。
0期の津古生掛古墳出土例などもこの系譜上に位置付けられるものであろう。

　しかし、すでに壺形埴輪の定義でも述べたように、定式化された壺形埴輪にはその形態的特徴
以外に、墳丘上へ配列、あるいは配列された器台形円筒埴輪や円筒埴輪と結合するという前提があ
る。津古生掛古墳の場合、壺形埴輪は、後円部・くびれ部の付設遺構付近から多く出土しており、
特定の場所に集中的に樹立された可能性が高く、その点壺形埴輪の定式化以前の様相といえる。こ
のように考えると、現在定式化された壺形埴輪Aとして確実視され、かつ最古のものは桜井茶臼
山古墳であり、その成立地は大和の地に求められるといえよう。

　しかしながら、初源的な壺形埴輪Aの出現が、壺形埴輪0期、古墳時代前1期に遡る可能性が
ないわけではない。最古型式前方後円墳に比定される大和箸墓古墳からは、特殊器台形円筒・特殊
壺形埴輪以外に畿内型有設口縁壺の系譜上にある壺形埴輪が出土している。この壺形埴輪は、後円
部墳頂に樹立された特殊器台形円筒・特殊壺形埴輪とは別に前方部墳頂から多く出土しており、複
数の壺形埴輪が単独で明瞭な配列形態をもたずに樹立されていたようである(18)。のちに円筒埴輪とし
て定式化する吉備型特殊器台形円筒・特殊壺形埴輪とは性格的にも、使われ方の上でも分離されて
いたのである。このような違いは、その系譜の違いを前提として生まれたものと思われ、円筒埴輪
とは性格を異にする壺形埴輪Aの初源的形態として、すでにこの時期大和の地でその萌芽をみて
いた可能性が高い。あえて0期としたのもこの辺を念頭においたからであり、0期を壺形埴輪A
初源期、1期を壺形埴輪A成立期として捉えたい。

　初源期の箸墓古墳、成立期の茶臼山古墳から出土する壺形埴輪をみると、筒上の頸部に有段口
縁を付し、口唇部は尖り気味につまみ上げ、胴部は球形、底部は丸底かごく小さな平底を呈する
という共通した特徴を備えており、先の形態分類からいえば、口頸部Ⅰ類、口唇部イ類、胴部B類、
底部a類という形態が壺形埴輪の祖形ということができる。この内、口頸部Ⅰ類は、前節でも指摘
したようにそのほとんどが畿内・北部九州に分布している。すなわち、大和で成立した初期の壺形
埴輪は、まず西日本それも畿内と北部九州を中心に波及したと考えられる。なお、北部九州に波及
したものは、今のところ壺形埴輪Aに限られる。

　2期には、口頸部に大きな変化がみられ、頸部が外傾する二重口縁Ⅲ類が出現する。口頸部Ⅲ類
を出土する古墳は、最も数が多く、全国的に分布する傾向が認められる。これは、2期以降、古墳
時代前期後半には壺形埴輪が東日本を含めた全国に広く波及したことを示している。なお、2期に
は、前橋天神山古墳のように口頸部Ⅰ類に属し、いまだ古い形態を残すものも認められる。

　3期になると、北山茶臼山古墳、院塚古墳、三変稲荷神社古墳、瓢塚古墳、御旅山古墳などにみ
られるように、長胴化した胴部C類が出現し、それに伴い口頸部も変化し、Ⅳ類、Ⅴ類が多くな

る。すなわち、口頸部Ⅳ・Ⅴ類、胴部C類が壺形埴輪の最も新しい形態的特徴であり、壺形埴輪が最終的に大形化を指向し、それに伴い口頸部表現の簡略化が進んだものと理解できる。しかし、Ⅲ期には、球形あるいは下膨れ状の胴部形態を呈するものも存在しており、球形から長胴への形態変化がⅢ期のなかで起こったことがうかがわれ、長胴化した壺形埴輪は3期のなかでも新しい一群として捉えられる。さらに、そのなかでも長胴化が極端に進行し壺形本来の形態から大きく逸脱したとも思える河輪聖天塚古墳、上出島2号墳、長坂二子塚古墳、瓢塚古墳、美園古墳などの一群は、壺形埴輪の終末期に位置付けられ、多くは中期（5世紀第1四半期）まで下降する可能性が高い。

以上は、壺形埴輪の全期間をとおして、全国的にほぼ共通して認められる変化要素である。これに対し、前節で述べた口唇部・底部形態に認められる地域的傾向は、壺形埴輪のまた別な一面をのぞかせている。

初期の壺形埴輪の口唇部は、尖り気味につまみ上げた口唇部イ類を特徴としている。畿内では、2期の東殿塚古墳にイ類とともにロ類が認められ、3期にはロ、ハ類のみとなることから、イ類は2期まで継承され、2期以降ロ、ハ類に変化するものと考えられる。ところが、前節で確認されたように、壺形埴輪が最初に波及した北部九州では、その初期からロ・ハ類のみで特にロ類が多く、イ類はまったく認められない。これは、壺形埴輪成立以前、すでに北部九州には畿内系有段口縁壺が波及しており、その口唇部の特徴がロ類であることから、その特徴を継承した結果と考えられる。また、口唇部イ類が多く、祖形の特徴が忠実に踏襲されていると思われる東日本でも、元島名将軍塚古墳など群馬の一部の古墳にはつまみ上げが上下に及ぶような地域的変容が認められ、波及過程における他地域の影響を想定せざるを得ない、さらに底部でも、a類のほとんどが西日本に分布し、b類は東日本に多いという地域的特徴があり、これもやはり、地域の伝統と独自性に基づくものと思われる。つまり、このような地域差は、壺形埴輪の波及が、「請来」、「工人の派遣」、「首長の派遣」など、成立地・大和からの直接的なはたらきかけにより生起したものではなかったことを物語っている。このような地域の独自性や地域的な変容の存在を確認したうえで、ここで、壺形埴輪の形態変遷の大筋をまとめると以下のようになる。

　0期　祖形
　1期　埴輪化、〈壺形埴輪Aの配列形態確立、北部九州への波及〉
　2期　口頸部の外傾〈東日本への波及〉
　3期　球形から長胴へ、口頸部の簡略化
　終末期（〜5世紀第1四半期）長胴化が進行し大形化

最後に、埴輪の組成と配列状況についてである。

埴輪の組成Ⅰ類、すなわち壺形埴輪Aは東日本および九州に多く分布する。1期における壺形埴輪の北部九州への波及は、この壺形埴輪Aを中心としたものである。そして、これは、2期以降東日本を中心に波及したと考えられる。これに対し、Ⅲ・Ⅳ類、すなわち壺形埴輪Bは、畿内から山陽・山陰にかけてを中心に分布し、とくにⅣ類は近畿・吉備・出雲の範囲を超えず、その多

くは前1期の古墳である。壺形埴輪Bが、Aと同じように器台形円筒・円筒埴輪の配列をその定式化（Ⅲ類）——すなわち、これは器台形円筒埴輪および円筒埴輪の定式化を意味する——の指標と考えるならばⅣ類はその初源的なものといえる。Ⅲ類は、前1期の都月1号墳にすでに認められ、器台形円筒埴輪および円筒埴輪の定式化が、この時期吉備あるいはⅣ類の分布域のなかで成立したことが予測される。なお、Ⅲ類は、前3期から4期にかけて東日本に点的に波及し、しかもこれは、その地域では最も大型の前方後円墳に限られるようである。

壺形埴輪Aの配列状況については、明確な事例が少なく多くを語ることはできない。現時点での見とおしを述べるなら、1期には墳頂部の埋葬施設を囲んで方形に配列され、2期に円形配列が出現する。3期には、墳頂部以外の墳丘平坦面や墳丘裾部へとその範囲が拡大されたものと考えられる。

第4節　出土古墳からみた性格

本節では、ここまでの分類や系譜・変遷の検討結果をふまえて、とくに壺形埴輪Aの性格について考えてみたい。

前節でも述べたように、壺形埴輪Aは、その系譜の違いに基づき壺形埴輪Bを伴う器台形円筒埴輪および円筒埴輪と対峙する埴輪として、両者ほぼ同時に成立した可能性が高い。そして、土器の系譜から前者は畿内系譜、後者は吉備系譜と考えられる。壺形埴輪Bを伴う、初期の器台形円筒埴輪は、近畿から吉備にかけての地域に多く分布する。これに対し、壺形埴輪Aは、畿内以外では北部九州と東日本に多く分布し、東日本へは若干遅れて波及したようである。つまり、前者は、前期古墳の中枢部に多く分布し、後者は、おもに中枢部の外に対して徐々に波及し分布の中心を形成したことになり、この分布域の特徴は壺形埴輪Aの性格の一端を暗示するものと思われる。

このように考えると、壺形埴輪Aを最も多く出土する東日本の古墳を検討することにより、その性格のなにがしかが見えてくるものと考えられる。

東日本で壺形埴輪Aを出土すると考えた古墳26例中、前方後円墳は8例のみで、前方後円墳以外の墳形が多いことが目につく（第8表参照）。前方後円墳以外の古墳には、前方後方墳8例、円墳8例、方墳2例があり、前方後方墳と円墳が多い。この内、8例ある円墳には、20～30ｍの小型のものと、40ｍを超える中型のものがあり、小型のものは、口頸部Ⅳ・Ⅴ類や胴部C類など時期的に新しい特徴をもつものが多く、壺形埴輪Ⅲ期でも後半あるいは終末のものと思われる。すなわち、壺形埴輪の終末には、小型の円墳にもそれが採用されたと言い換えられよう。

これに対し、前方後方墳は、藤本観音山古墳の全長116.5ｍを最大に、8例中6例が70ｍを超えるものである。全長70ｍを超える規模は、東日本の前方後方墳のなかでは大型に属し、数も少ない。関東地方の出現期古墳には、30～50ｍほどの小・中規模の前方後方墳が多い。そして、これらの古墳では、墳頂部で壺・器台・高杯など多様な器種を用いた古墳祭祀が盛んに行われ、同一規格の壺形埴輪をもつ大型前方後方墳とは規模・祭祀形態ともに異なり、両者は対照的である。すなわち、大型の前方後方墳に限って、あるいは東日本の前方後方墳が大型化するなかで、配列する

第12表　器台形円筒埴輪・円筒埴輪をもつ前方後方墳一覧

古墳名	所在地	規模	備考・その他の埴輪
粉糠山古墳	岐阜県大垣市青墓町	100 m	朝顔形
向山古墳	三重県松阪市嬉野	71.4 m	円筒方形区画、壺形
南原古墳	京都府長岡京市長法寺	60 m	朝顔形
元稲荷古墳	京都府向日市向日	84 m	特殊器台形、壺形
茶臼山古墳	京都府八幡市八幡	50 m	円筒方形区画
新山西古墳	奈良県北葛城郡広陵町大塚	85 m	
新山古墳	奈良県北葛城郡広陵町大塚	137 m	朝顔形
下池山古墳	奈良県天理市成願寺町	115 m	
波多子塚古墳	奈良県天理市萱生町	145 m	
西山古墳	奈良県天理市杣之内町	180 m	朝顔形、家形？
赤土山古墳	奈良県天理市櫟本町	105〜110 m	円筒方形区画
弁天山 D2 号墳	大阪府高槻市服部	40 m	朝顔形、家、鳥、蓋
綾部山 26 号墳	兵庫県たつの市御津町	?	
権現山 51 号墳	兵庫県たつの市御津町	48 m	特殊器台形、壺形
都月 1 号墳	岡山県岡山市津島	33 m	特殊器台形、壺形
七つ坑 1 号墳	岡山県岡山市伊島町	45.1 m	特殊器台形、特殊壺形

埴輪として壺形埴輪Aを採用することが認められたものと考えられる。

　古墳時代前期における、円筒埴輪の東日本への波及は一部の地域への点的なもので、多くはその地域での初期の大形前方後円墳に限られることはさきに述べた。遠江の松林山古墳、甲斐の銚子塚古墳、信濃の森将軍塚古墳、上野の朝子塚古墳などで、すべて100mを超える大形の前方後円墳である。

　第12表は、全国の前方後方墳のうち、器台形円筒・円筒埴輪をもつ事例について抽出したものであり、抽出にあたっては、出雲などにある中期以降の事例は意識的に除外してある。これによると、抽出された前方後方墳は、畿内を中心に西は吉備まで、東は伊勢（向山古墳）まで認められるが、九州や伊勢を超えた東日本にはまったく認められないことがわかる。このような結果は、先の東日本の壺形埴輪A出土古墳の検討結果と合わせ考えると重要な意味をもってくる。つまり、伊勢を超えた東日本では、大型化した前方後円・後方墳が埴輪を採用するようになるが、この内前方後方墳が大型化する際に採用する埴輪は、壺形埴輪Aに限られていた、もっと端的に表現すればこれらの古墳には器台形円筒埴輪や円筒埴輪の使用が許されなかったと理解できよう。全国各地にある同時期の前方後円墳・前方後方墳について、両者の墳丘規模だけを比較してみても、前者が後者より優位に立つという明確な階層差が存在したことは明らかである。そして、東日本の古墳時代前期に対峙する二つの埴輪配列には、大型前方後円墳が使用を許された器台形円筒・円筒埴輪と、それを許されなかった大型前方後方墳が採用する壺形埴輪Aという相関関係が認められる。つまり、二つの埴輪配列の間には両者が帰属する墳形と同じように前者が後者より優位に立つ、何らかの階層差が存在したことが想定されるのである。

　ところで、この階層差は、両者が成立する経緯、すなわち両者の系譜の違いに基づき設定され

たものと思われる。この点から考えれば、二つの埴輪配列には、階層差だけでなく首長の系譜や出自の違いを表示する意味も加味されていた可能性は高い。

　北條芳隆は、大和箸墓古墳を中心に前方部撥形などの特徴をもち整数比相似形をなす前期古墳を抽出し、これらがある一定の地割りの枠組みを共有するものと考え、箸墓古墳から各古墳に墳丘各部の規定が配布された関係、箸墓類型を想定した。さらに、奈良県中山大塚古墳や福岡県石塚山古墳、奈良県桜井茶臼山古墳や静岡県銚子塚古墳などの関係を例に、箸墓類型以外の異なる地割りの枠組みを共有する関係の存在も示唆している。

　この、北條が箸墓類型とした古墳のなかに、岡山県岡山市浦間茶臼山古墳、同片山古墳、同七つ坑1号墳、岡山県倉敷市矢部大坑古墳、兵庫県権現山51号墳、京都府元稲荷古墳など特殊器台形埴輪をもつ古墳が多く認められることは注目に値する。すなわち、特殊器台形埴輪を持つ古墳が、墳形においても相似形という型を共有し、一定の政治的系列関係のなかにあった可能性が考えられるのである。そこで、このような関係が相対時する壺形埴輪Aを共有する古墳間にも存在するのかどうか、北條の方法を援用し、壺形埴輪A出土古墳の墳形を比較してみた。その結果、以下のようなほぼ整数比相似形をなすと考えられる2、3のグループが認められたのである。

　　佐賀銚子塚古墳　　：1　　　　雷神山古墳　　　：1　　　　元島名将軍塚古墳：5/6
　　三国の鼻1号墳　　：4/6　　　前橋天神山古墳　：3/4　　　下侍塚古墳　　　：4/6
　　御旅山古墳　　　　：3/6　　　　　　　　　　　　　　　　　藤本観音山古墳　：1

　これらのグループは、第31～33図に示すように、その各々がほぼ相似形をなす墳形を共有しているのがわかる。ただ、ここに記した比率は、各グループのなかで最大規模の古墳を便宜上1としたものである。本来は、畿内中枢部あるいはそれに近い地域に位置し、基準となる古墳が別に存在する可能性は高い。しかし、現在、これらのグループすべてが畿内中枢部を本貫とする一系列上にあるとはいいがたく、いまのところは、壺形埴輪Aをもつ古墳のなかに、地域を超えて墳形に一定の地割りの枠組みを共有する系列関係が存在する可能性だけを指摘しておきたい。

　壺形埴輪Aをもつ古墳のいくつかに、このような一定の型を共有する系列関係が存在するとするならば、それは他とは異なる、壺形埴輪A固有の型であったと考えられる。前橋天神山古墳の墳形は、上田宏範の型式分類によれば、6：2.5：2の型式に属し、相似形をなす雷神山古墳も同じ型式を共有している。これに対し、同じ上野東部に位置し、時期的にも大きく隔たることのないと考えられる朝子塚古墳の墳形は、6：3：2の比率を示している。朝子塚古墳は、壺形埴輪Aに対峙する特殊器台系譜の円筒埴輪を有する古墳で、前橋天神山古墳とは墳形においても明らかに異なる型をもっていることがわかる。そして、朝子塚古墳とほぼ同時期で、同様の特殊器台系譜の円筒埴輪を有する甲斐銚子塚古墳も、同じく6：3：2の型式に属している。この二つの古墳は、朝子塚古墳の前方部がやや撥形を呈し銚子塚古墳が直線的である違いを除けばほぼ相似形をなし（第34図参照）、前方部幅の比率（4）や後円部墳頂平坦面の位置や規模においてもきわめて共通した規格性をもっている。規模においても、4（銚子塚）：3（朝子塚）で、整数比相似形となる。このように、対照としてあげた朝子塚古墳・銚子塚古墳の関係をみれば、前橋天神山古墳が埴輪配列のみ

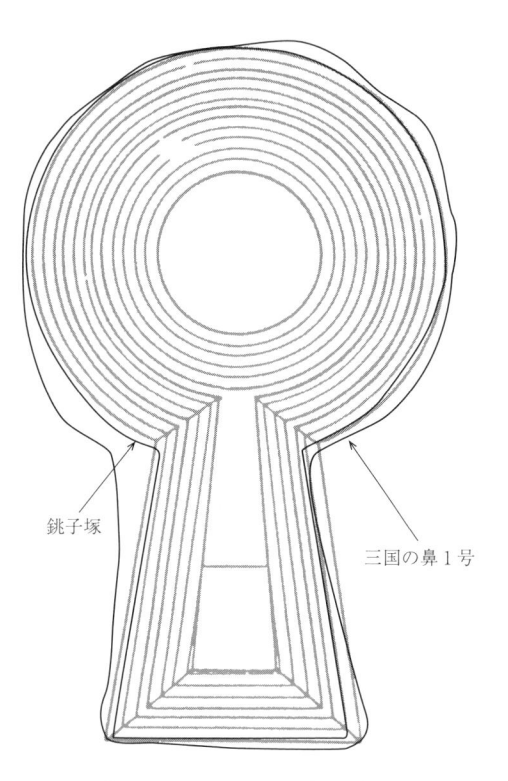

第3章 壺形埴輪の性格と歴史的意義 91

第31図　相似形の古墳（1）
（御旅山（薄い線）を1とし、三国の鼻1号の約3/4と
佐賀銚子塚の約1/2を重ねたもの）

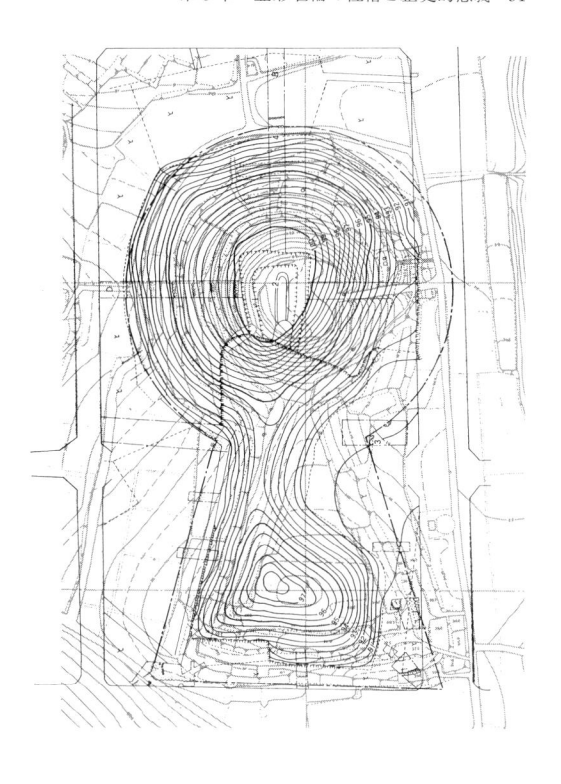

第32図　相似形の古墳（2）
（雷神山（薄い線）を1とし、前橋天神山（濃い線）の
約4/3をかさねたもの）

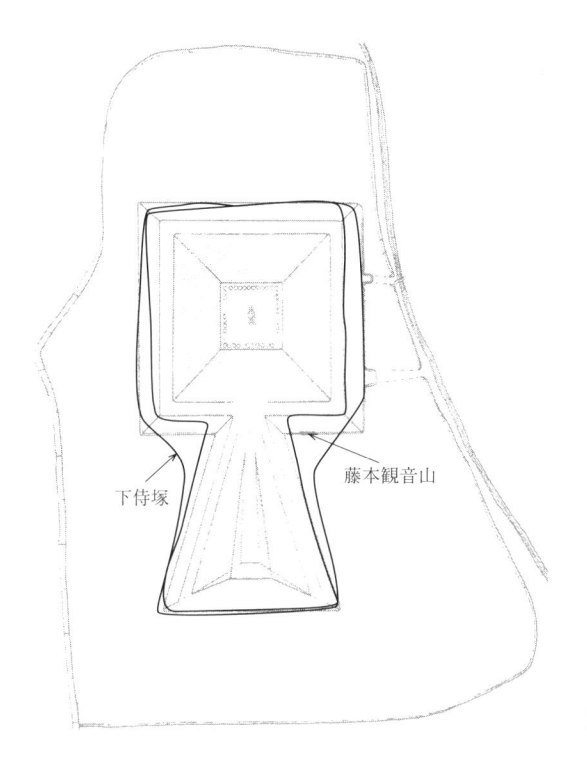

第33図　相似形の古墳（3）
（元島名将軍塚（薄い線）を1とし、下侍塚の約5/4と
藤本観音山の約5/6を重ねたもの）

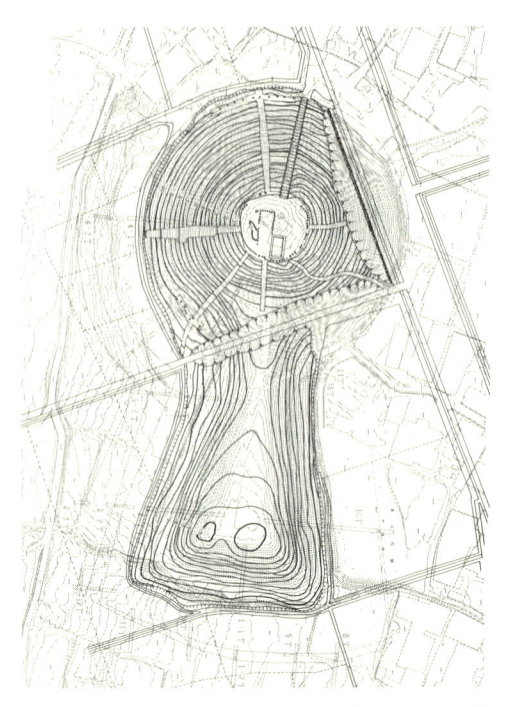

第34図 甲斐銚子塚古墳（薄い線）と朝子塚古墳（濃い線）の墳形比較（銚子塚を1とし、朝子塚の4/3を重ねたもの）

ならず墳形においても円筒埴輪を有する古墳とは異なる固有の型を有し、しかも互いに異なる系列上にあることが首肯されるであろう。

そして、以上埴輪とのかかわりのなかで述べてきた墳形の型、北條のいうところの地割りの枠組みにおける系列関係が、前期古墳における各首長の系譜や出自関係に直接的につながる可能性は大きいものと考えられる。ただ、複雑と思われる系譜や出自関係の具体相については明らかにしがたく、いまは、系譜の違いに基づき成立した前期古墳埴輪配列における二つの階層表示が首長の系譜や出自の違いを表示する性格をも合わせてもっていたことだけを述べておきたい。

まとめ

以上、壺形埴輪の出現の経緯やその後の変遷についての検討をもとに、とくに壺形埴輪Aに限って、その保持する階層性などの属性について述べてきた。以下、若干の私見を述べてまとめにかえたい。

壺形埴輪Aは、中期初頭、5世紀第1四半期にはその姿を消すものと思われる。これは、前方後方墳が出雲などの一部の地域を除いて全国的に築造されなくなる時期と重なっている。前方後方墳も、埴輪配列同様、弥生時代からの系譜の違いをもとに前方後円墳に対峙する墳形として成立したものと考えられ、やはり墳形に表示された階層性を内包している。

要するに、古墳時代中期初頭は、弥生時代からの系譜に基づき古墳出現期に設定された身分秩序、すなわち前方後円墳・前方後方墳、円筒埴輪・壺形埴輪などに表示された首長層の身分秩序がいったん崩壊し、前者に統合するようなかたちをとりながら再編成された時期と考えられる。中期初頭は、大和に展開した大王墳が、河内・和泉へと移動した時期と重なる。そして、この畿内大王墳の移動に見られる政治的変動が、たんに畿内中枢部のみの変動にとどまるものではなく、地方首長の盛衰と深くかかわる全土的な変動であったとの指摘がある。いま、このような指摘を考慮するならば、ここで述べた前期古墳の保持する身分秩序の崩壊と再編成という事態も、畿内中枢部を根源とする広範な政治的変動とまったく無関係なものとはいえないように思われるのである。

追記

以下に、本章の初出以後に公表され、管見に触れ重要と思われる壺形埴輪および有段口縁・二重口縁壺形土器に関する研究論文や調査報告のうち、本書の序章でとりあげていない論考を発表年次順に提示する。

・利根川章彦「二重口縁壺小考（上）・（下）」『調査研究報告』第6・7号、埼玉県立さきたま資料館、1993・94年。
・比田井克仁「二重口縁壺の東国波及」『古代』第100号、1995年。
・野々口陽子「いわゆる畿内系二重口縁壺の展開」『京都府埋蔵文化財論集』第3集、1996年。
・田中佑介「九州における壺形埴輪の展開と二・三の問題」『古墳発生期前後の社会像―北部九州及びその周辺地域の地域相と諸問題―』九州古文化研究会、2000年。
・犬山市教育委員会『史跡青塚古墳調査報告書』犬山市埋蔵文化財調査報告書第1集、2001年。
・赤塚次郎「壺形埴輪の復権」『史跡青塚古墳調査報告書』犬山市埋蔵文化財調査報告書第1集、2001年。
・田中新史「有段口縁壺の成立と展開―特化への道程・類別と2地域の分析―」『土筆』第6号、2002年。
・君嶋俊行「関東地方における壺形埴輪の成立過程―「囲繞配列」の受容と歴史的意義―」『土曜考古』第26号、2002年。
・竹中克繁「九州壺形埴輪研究序論―壺形埴輪の変遷とその意義―」『熊本古墳研究』第2号、2004年。
・愛媛大学考古学研究室編『愛媛県今治市大西町　妙見山1号墳―西部瀬戸内における初期前方後円墳の研究―』今治市教育委員会、2008年
・川部浩司「四国北東部地域の壺形埴輪」『橿原考古学研究所論集』第15、2008年。
・奈良県立橿原考古学研究所編『ホケノ山古墳の研究』橿原考古学研究所研究成果第10冊、2008年。

注

（1）　奈良県教育委員会「桜井茶臼山古墳　附櫛山古墳」『奈良県史蹟名勝天然記念物調査報告書』第19冊、1961年。寺沢薫ほか「桜井茶臼山古墳第7・8次調査」『日本考古学』第34号、2012年。
（2）　注（1）奈良県教育委員会文献所収の上田宏範「壺型土器」、上田宏範「埴輪」『日本考古学講座』1955年、上田宏範「埴輪の諸問題」『世界考古学大系3』平凡社、1959年。
（3）　近藤義郎・春成秀爾「埴輪の起源」『考古学研究』13-3、1967年。
（4）　都出比呂志「前方後円墳出現期の社会」『考古学研究』26-3、1979年。
（5）　都出比呂志「古墳時代の中央と地方」『古代史復元6』講談社、1989年。
（6）　有段口縁、二重口縁の違いについては、第3節壺形埴輪の分類で説明する。
（7）　吉備型と畿内型の壺があり、ここでは後者のみをあつかう。
（8）　静岡の松林山古墳、山梨の甲斐銚子塚古墳、長野の森将軍塚古墳、群馬の朝子塚古墳など。
（9）　注（4）文献などによる。
（10）　注（4）文献。
（11）　矢島宏雄氏に御教示いただいた。
（12）　川西宏幸「古墳時代前史考」『古文化談叢』第21集、1989年。
（13）　北條芳隆「腕輪形石製品の成立」『侍兼山論叢史学篇』24号、1990年。
（14）　出土した有段口縁壺形土器の型式から再検討し、本書第4章ではこれより古く位置付けている。
（15）　注（4）文献。
（16）　和田晴吾「古墳時代の時期区分をめぐって」『考古学研究』34-2、1987年。
（17）　小島芳孝「埴輪以前の古墳祭祀」『北陸の考古学』1983年、蒲原宏行「北部九州出土の畿内系二重口縁壺」『古文化談叢』第21集（中）1989年など。
（18）　中村一郎・笠野毅「大市墓の出土品」『書陵部紀要』27、1976年。
（19）　新皇塚古墳など。
（20）　注(17)蒲原文献。
（21）　田口一郎「二重口縁壺の系譜の検討」『元島名将軍塚古墳』高崎市教育委員会、1981年。

(22) Ⅳ類の特殊器台形埴輪に伴う壷には、吉備型特殊壷と畿内型有段口縁壷の両者がある。おそらく、この時期（前1期）、吉備型、畿内型融合のなかで吉備型が姿を消し、畿内型有段口縁壷に統一されていくものと思われる。この点で、橋本博文「埴輪の出現—関東地方の墳合—」『季刊考古学』第20号（1987年）の20頁右列5～8行の指摘は興味深い。

(23) 白石太一郎・春成秀爾・杉山晋作・奥田尚「箸墓古墳の再検討」『国立歴史民俗博物館研究報告』第3集、1984年。春成は、「現在知られている諸資料から判断するかぎり、円筒埴輪、そしてそれを大量に配列する方式の成立地は、吉備地方に求めざるをえない」としている。

(24) 片岡宏治編『三国の鼻遺跡Ⅰ』小郡市教育委員会（1985年）にほぼ同様の指摘がある。

(25) 今のところ明確な配列形態をもつ定式化したものの成立は、前者が前Ⅱ期（桜井茶臼山古墳）、後者が前Ⅰ期（都月1号墳）と考えられる。しかし、前1期の箸墓古墳の段階に、壷形埴輪Aが何らかの配列形態をもっていた可能性は高い。注（18）文献、64頁上段9～12行参照。

(26) 本書第1章参照。

(27) 東日本の前方後方墳には、小・中型のものと大型のものの、時期を反映する二段階があるものと思われる。本書第1章40頁8～11行参照。

(28) 橋本博文「甲斐の円筒埴輪」『丘陵』第8号、1980年。

(29) 注(28)文献。

(30) 更埴市教育委員会『森将軍塚古墳』第1年～9年次、1981～89年。

(31) 橋本博文「東国への初期円筒埴輪の波及の一例とその位置づけ」『古代』59・60合併号、1976年。

(32) 茂木雅博『改訂増補前方後方墳』雄山閣、1984年。早稲田大学考古学会『古代』第86号、1988年。出雲の資料について松本岩雄氏の御教示を得た。

(33) 注(5)に同じ。

(34) 橋本博文「上野東部における首長墓の変遷」『考古学研究』26-2（1979年）の45頁下段20～22行に同様の指摘がある。

(35) 北條芳隆「墳丘に表示された前方後円頂の定式とその評価」『考古学研究』32-4、1986年。

(36) 近藤義郎編『岡山県の考古学』吉川弘文館、1977年。

(37) 宇垣匡雅「特殊器台形埴輪に関する若干の考察」『考古学研究』31-3、1984年。

(38) 上田宏範『前方後円墳』学生社、1979年。

(39) 都出比呂志「日本古代の国家形成論序説—前方後円墳体制の提唱」『日本史研究』343、1991年。

(40) 注(39)文献。

遺跡文献（第7表参照）

1．「青塚古墳」『宮城県古川市文化財調査報告書』第5集、古川市教育委員会、1981年。
2．「史跡雷神山古墳」『名取市文化財調査報告』3・5、名取市教育委員会、1977、78年。
3．『山形県川西町天神森古墳発掘調査報告書』川西町教育委員会、1984年。
4．埼玉県史編さん室編『埼玉県古式古墳調査報告書』1986年。
5．金谷克巳「武蔵児玉郡美里村沢輪発見の埴輪壷」『上代文化』27、1957年。
6．菅谷浩之『北武蔵における古式古墳の成立』1984年。
7．前沢輝政『山王寺大枡塚古墳』早大出版部、1977年。
8．『下侍塚古墳周濠発掘調査概報』湯津上村教育委員会、1976年。
9．前沢輝政ほか『藤本観音山第1次・2次発掘調査』1985・86年。
10．大森信英ほか『上出島古墳群』岩井市教育委員会、1975年。
11．西野元ほか『古墳測量調査報告書Ⅰ』筑波大学歴史・人類学系、1991年。

12. 田口一郎ほか『元島名将軍塚古墳』1981年。
13. 『群馬県史』資料編3、1981年。
14. 『富岡市史』原始・古代・中世編、1987年。
15. 『大島上越遺跡・北山茶臼山西古墳』群馬県埋蔵文化財事業団、1988年。
16. 松島栄治ほか『前橋天神山古墳図録』1970年。
17. 松島栄治ほか『前橋天神山古墳発掘調査概報』1968年。
18. 『朝倉Ⅱ号古墳発掘調査概報』前橋市教育委員会1963年。
19. 『前橋市史』第1巻、1971年。
20. 「古墳出現期の地域性」『第5回三県シンポジウム資料』1984年。
21. 橋本博文「東国への初期円筒埴輪波及の一例とその史的位置づけ」『古代』59・60、1976年。
22. 石塚久則「朝子塚古墳の測量調査」『太田市史編集だより』15、1977年。
23. 『市原市菊間遺跡』(財)千葉県都市公社、1974年。
24. 『(財)市原市文化財センター年報　昭和60年度』(財)市原市文化財センター、1985年。
25. 河村義一「金沢市長坂二子塚古墳について」『石川考古学研究会会誌』12、1969年。
26. 小島芳孝「金沢市長坂二子塚古墳の研究」石川県立郷土資料館紀要』9、1978年。
27. 『関野古墳群』富山大学人文学部考古学研究室、1987年。
28. 『森将軍塚古墳』更埴市教育委員会、1973年。
29. 『森将軍塚古墳　第1年〜9年次』更埴市教育委員会、1981〜89年。
30. 『銚子塚古墳附丸山塚古墳—保存整備事業報告書—』山梨県教育委員会、1988年。
31. 橋本博文「甲斐の円筒埴輪」『丘陵』第8号、1980年。
32. 「古墳時代前半期の古墳出土土器の検討」『第25回埋葬文化財研究集会資料』1989年。
33. 『堂ノ後遺跡発掘調査ニュース』三重県教育委員会。
34. 増田安生「三重県松阪市深長古墳出土の二重口縁」『マージナル』9、1988年。
35. 『愛知県重要遺跡促進調査報告Ⅳ』愛知県教育委員会、1981年。
36. 内藤晃編『春林院古墳』春林院古墳調査委員、1966年。
37. 内藤晃「瓢塚古墳出土の土器」『土師式土器集成2』1972年。
38. 『史跡大石塚・小石塚古墳—保存事業に伴う調査報告—』豊中市教育委員会、1980年。
39. 『高槻市史』第6巻、考古編、1973年。
40. 奥井哲秀「茨木市安威0号墳、1号墳の調査」『大阪文化誌』15、1982年。
41. 『美園』大阪府教育委員会・大阪文化財センター、1985年。
42. 『大阪府文化財調査報告』22、大阪府教育委員会、1971年。
43. 東潮・関川尚功「東殿塚古墳」『磯城・磐余地方の前方後円墳』1981年。
44. 伊達宗康「和爾上殿古墳」『奈良県史蹟名勝天然記念物調査報告』第23冊、1966年。
45. 上田宏範「桜井茶臼山古墳附櫛山古墳」『奈良県史蹟名勝天然記念物調査報告』第19冊、1961年。
46. 福尾正彦「衾田陵の墳丘調査」『書陵部紀要』42、1991年。
47. 東潮「西殿塚古墳」『磯城・磐余地方の前方後円墳』1981年。
48. 中村一郎・笠野毅「大市墓の出土品」『書陵部紀要』27、1976年。
49. 白石太一郎・春成秀爾・杉山晋作・奥田尚「箸塚古墳の再検討」『国立歴史民俗博物館研究報告』3、1984年。
50. 西谷眞治『元稲荷古墳』1985年。
51. 近藤喬一・都出比呂志「京都向日丘陵の前期古墳群の調査」『史林』54-6、1971年。
52. 権現山51号墳発掘調査団『権現山51号墳』1991年。

53. 梅原末治「近江安土瓢箪山古墳」『日本文化研究所報告』4、1937年。
55. 梅原末治『滋賀県史跡調査報告』7、1938年。
55. 近藤義郎・春成秀爾「埴輪の起源」『考古学研究』13-3、1967年。
56. 近藤義郎「都月坂1号墳」『岡山県史（考古資料）』岡山県史編さん委員会、1986年。
57. 七つ坑古墳群発掘調査団『七つ坑古墳群』1987年。
58. 宇垣匡雅「特殊器台形埴輪に関する若干の考察」『考古学研究』31-3、1984年。
59. 近藤義郎編『岡山県の考古学』古川弘文館1977年。
60. 前島己基・松本岩雄「島根県神原神社古墳出土の土器」『考古学雑誌』62-3、1976年。
61. 『銚子塚』佐賀市教育委員会、1976年。
62. 木下之治「銚子塚古墳出土の土器」『土師式土器集成2』1972年。
63. 『三国の鼻遺跡1』小郡市教育委員会、1985年。
64. 『津古生掛遺跡1』小郡市教育委員会、1987年。
65. 『石塚山古墳発掘調査既報』苅田町教育委員会、1988年。
66. 『上ノ原遺跡群Ⅰ』大分県教育委員会、1982年。
67. 『中津バイパス埋蔵文化財調査報告書』Ⅰ、大分県教育委員会、1988年。
68. 乙益重隆ほか「院塚古墳調査報告」『熊本県文化財調査報告』第6集、1965年。

第4章　前方後方墳の築造と儀礼の波及
――東山道・東海道東縁からみた前方後方墳の特質――

はじめに

　前方後方墳の発生・発信源については、過去、西日本を中心に出雲、吉備、大和、東海西部等の諸説があった(1)。近年では、精緻な土器編年と広範な比較・系譜研究に支えられ、東海西部、なかでも濃尾平野をその発信源とする論調を評価する傾向にある(2)。さらに、古墳出現期における「前方後方形墳墓」の東日本への波及と定着を積極的に評価するなかで、「前方後円墳体制」の成立・浸透に先行する東海西部を核とする「前方後方形墳墓体制」論が提起されるまでにいたっている(3)。つまり、前方後円形と前方後方形の墳墓を対峙させる構図のなかで、その本貫の地をかたや大和、かたや東海とし、同様に相対峙する西日本と東日本の二つの政治的領域を想定する考え方が定着しつつあるようにも見受けられる。

　東日本のなかでも、東海地方と並び関東地方は前期の前方後方墳がとくに濃密に分布する地域として注目される。ただ、相模や武蔵南部のように分布の稀薄な地域もあり、一方濃密な分布は会津地方を中心とする東北地方南部にまで及んでいる。弥生時代後期から終末期の関東地方に目を向けると、集落遺跡の濃密な展開が達成された古利根川・鬼怒川ライン以西の地域（相模、総、武蔵、上野）と、弥生文化を特徴付ける方形周溝墓や環濠集落の波及を見ず集落遺跡の閑散・稀薄な以東の地域（下野、常陸）という対比が可能である。そして前者は、古墳出現期に前方後方形、前方後円形の墳墓がいち早く出現、展開する地域でもある(4)（第35図）。

　本章では、東日本を中心に濃密に分布する前方後方墳について、東海西部とともに巨大前方後円墳本貫の地・大和を念頭におきつつ考えてみる。前方後円墳の築造・波及との比較のなかで、あらためて前方後方墳築造・波及の背景、ひいてはその歴史的特質について論じてみたい。立論にあたっては、先の関東地方の状況を鑑みて、東日本、なかでも上野・下野・常陸の北関東三国の資

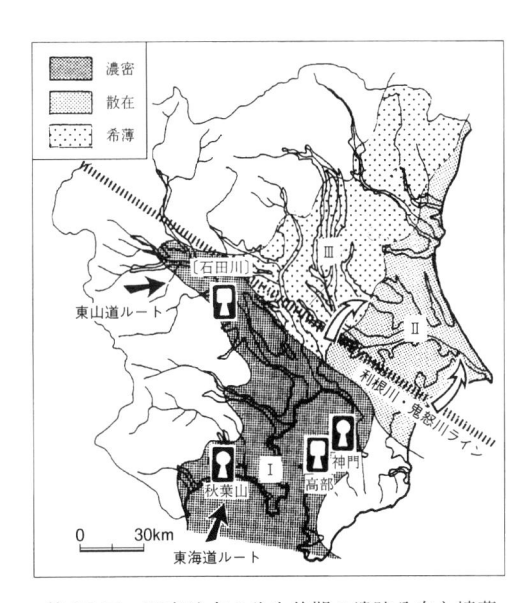

第35図　関東地方の弥生後期の遺跡分布と墳墓

第13表　前方後方墳一覧（便宜上県別に表記）

※方形の項目　正：正方形、横：横長、縦：縦長

No.	古墳名	所在地	全長(m)	後方長幅	前方長後方形	括れ幅先端幅	後方高前方高	墳形	外表施設	出土位置・状況	立地	群構成	時期	文献
	（群馬県）													
1	下佐野寺前6号墳	高崎市下佐野町	37	21	18	8.5	3〜	C	二重口縁壺（前底穿）、S字甕、甑	周溝内	河岸段丘	Ib：前方後方3、方25と群集		1
2	下佐野寺前9号墳	高崎市下佐野町	42	22.5 24	18	24	—	C	二重口縁壺	周溝内	河岸段丘	前方後方3、方25と群集 ※6、9号は隣接、群の北端		1
3	下佐野ⅠA-4号墓	高崎市下佐野町	25.9	17.5 17.8	8.4 正	5 7.1	—	B3	B：単（主体）・二重口縁壺、S字甕、高杯	後方部周辺、くびれ部周溝底	微高地	Ib：前方後方3、方25と群集 ※群の中央	1	1
4	熊野堂1号墳	高崎市大八木町	21.7	14.4 14	7.3 正	5.1 8.7	—	B2·3	甕、小型手捏ね鉢	周溝底	高地	Ⅲ：前方後方1基のみ	1	2
5	矢中村東3号墓	高崎市矢中町	24	14	10	—	—	B3	B：S字甕、単口縁壺、小型高杯	くびれ部周辺周溝底、後方部周辺周溝底	微高地	Ⅱa：後方部先端に隣接方形1、他2〜3基の周溝墓	2	3
6	鈴ノ宮7号墓	高崎市矢島町	21	12.3 13.2	9 正	3.6 6.9	—	B3	器台	後方部周辺周溝底	微高地	Ia：B2前方後方8と群集	1	4
7	元島名3号墳	高崎市元島名町	45.6	23.5	21.6	—	—	C	二重口縁壺（前底穿）	周溝内	微高地	方形と群集		5
8	元島名将軍塚古墳	高崎市元島名町	91〜96	51	40〜45 横?	12.6? 40?	9 4.5	C	二重口縁壺（後底穿）、小型器台、小型甕、S字甕	後方部東裾周溝内	微高地	Ⅲ：単独	2	6
9	新保田中村前8号墓	高崎市新保田中町	8.8	4.9 5.2	3.9 正	2.7 4	—	B3	高杯、小型甕、小型器台、小型甕、小型鉢	後方部東裾周辺	微高地	Ia：前方後方7と群集	2	7
10	下郷10号墳	佐波郡玉村町	42	22.6 24.5	19.4 正	8 19.3	—	B3	B：二重口縁壺（前底穿）、単口縁壺	前方部先端周溝底	微高地	Ia：方形20基以上と群集	3	8
11	伊勢崎・東流通団地1-19-8号墓	伊勢崎市小茂方町	26.5	14 12.5	12.5 横	10 8	4 3	C	複合口縁壺	くびれ部、後方部周溝底	台地縁	Ia：前方後方1、方10基と群集	2	9
12	朝倉瀧古墳	前橋市朝倉町	55	30	25 縦	20	—	B3	二重口縁壺（後底穿）	くびれ部先端周溝底	台地	"		10
13	堤東2号墓	前橋市荒子町	25	15	9.6 正	4.5 6.5	—	B3	二重口縁壺（前底穿）、高杯	周溝	丘陵	"	1	11
14	東歓B-1号墓	前橋市下大屋町	15.5	14.3 10	5.5	3	—	B3	小型器台		台地	Ⅱa：前方後方4、方9基と群集		12
15	東歓B-2号墓	前橋市下大屋町	15.5	9 9	6.5 横	4.4 4.5	—	B3	B：単・二重口縁壺、小型甕、小型器台、高杯	くびれ部コーナー一周溝、後方部コーナー・後方部周辺	台地	調査区内に、他方1基	2	12
16	東歓B-14号墓	前橋市下大屋町	12.5	10 8.5	4	2.4 2.7	—	B3	小型甕、鉢、器台、高杯	くびれ部、後方部周辺周溝	台地	Ⅲ：単独		12
17	東歓B-16号墓	前橋市下大屋町	11.5	7 7.5	4	1.5 3.4	—	B3		くびれ部先端周辺周溝底	台地	"		12
18	阿久山1号墳	前橋市下大屋町	17.6	8.5 11.6	6	3 2.7	—	B3	二重口縁壺	周溝	丘陵	Ⅱa：前方後方1、方5基と群集		13
19	中山A-1号墓	前橋市朝倉町	15	9.4 9.3	5.7	4.4 1.9	—	C	二重口縁壺（前底穿）		台地	Ⅲ：単独		14
20	前橋八幡山古墳	前橋市朝倉町	130	66 72	64 横	4	12 8	B2·3	C：台形壺、高杯		台地		2	15
21	上縄引C-14号墳	前橋市西大室町	15?	10?	5?	2.28	—	C		後方部墳頂	台地	Ia：前方後方1、方13基と群集	1	16
22	堀ノ内CK-2号墳	藤岡市堀ノ内	30.4	16.1 22.6	14.3 横	4? 6	—	B3		くびれ部周溝	河岸段丘	Ib：前方後方1-3、方2-3基と群集	3	17
23	北山茶臼山西古墳	富岡市南後箇	28	17.7	10.3	4.1 8	1.1	B3	B：単・二重口縁壺、小型器台、甑	くびれ部、後方部・後方部周辺周溝	丘陵頂	Ⅲ：単独	4	18
24	阿曽岡権現堂1号墳	富岡市字田	39.6	23.6 22	16 正	16.2 9.6	2.2 0.6	C	二重口縁壺（前底穿）	くびれ、前方部先端周溝内	台地	Ⅱb：前方後方2基隣接	2	19
25	阿曽岡権現堂2号墳	富岡市字田	56	36.4 27.2	19.6 正	23 9.6	4.4	C		後方部墳頂	台地	Ⅱb：前方後方2基隣接		20
26	舞台1号墳	伊勢崎市三和町	20.6	15 13.5	5.6 縦	22.4 1.9 5.3	2	B3	A or C：二重口縁壺		台地	周溝墓と群集	2	21

第4章 前方後方墳の築造と儀礼の波及 99

27	舞台9号墳	伊勢崎市三和町	25.9	14.5 15.1	11.4	4.9 9.2	—	B3	二重口縁壺（前底穿）		台地頂		3	22
28	華蔵寺裏山古墳	伊勢崎市華蔵寺町	40	—	—	—	—	—			丘陵頂	Ia：前方後方1、方18基と群集		23,24
29	中野面A-14号墓	伊勢崎市波志江町	23.2	15.4 15.2	7.8 正	3.6 7.6	3 2	B3	単：二重口縁壺、台付壺	後方部、前方部側溝	微高地	Ⅱa：方形3基と群集	2	21
30	古海松塚古墳	邑楽郡大泉町	65.5	31.5	34	?	—	C			台地			25
31	下庄司原1号墳	前橋市富士見町	20	13 11	7	13 5	3 2	B3	壺（底穿）	周溝	丘陵頂			20
32	赤城寺裏山古墳	桐生市新里町	35	14.5 23	20.5	5.5 8	3 1.5	C			微高地	Ⅲ：単独		20
33	矢場鶴巻山古墳	太田市大字矢場	42.8	25 22.4	17.5 縦 9.5	18 7 22	3.6 — —	C	二重口縁壺（前底穿）、甕、高坏		微高地	Ⅲ：単独	2	26
34	矢場二子塚B-1号墓	太田市浜町	25	15.5	—	—	—	B3		周溝内	丘陵頂	単独か？	2	27
35	寺山古墳	太田市強戸村	60	28	32 横	22 23	6 4	C			丘陵頂縁	Ⅲ：単独	2	28
36	富沢7号墳	太田市大字富沢	28	33 19.4	8.6	5	—	B3			台地頂	Ⅰa：前期方形群（13）と群集	2	29
37	前六供1号墳	太田市新田大根町	42推定	14.5	縦	10.5	—	C	二重口縁壺、S字甕、小型器台	周溝内			3	30
	（栃木県）													
38	藤本観音山古墳	足利市藤本町	117.8	62.5 56	55.3 縦	22 50	11.8 5.3	C	二重口縁壺（前底穿）、単口壺	後方部、くびれ部裾、周溝	台地縁	Ⅲ	3	31
39	松山古墳	佐野市越名町	44.4	26.4 22.8	18 縦	9.6 18	— 2.2	C	B or C：二重口縁壺（主体、高坏、小型甕、鉢）or A：単口縁壺、二重口縁鉢	両側、くびれ部底、周溝	台地端	Ⅰa：27基の方形と群集	2	32
40	山崎1号墳	真岡市根木	33.4	18.4 18.2	15 正	5.5 9.48	0.8 4	C	B：二重弥生系壺、高坏、複合口縁甕、鉢、坏	くびれ部側溝	丘陵	Ⅲa：隣接して方形1基	3	33
41	星の宮浅間塚子塚古墳	芳賀郡益子町	52	28	24	16 20	3.5 —	C	A：二重口縁壺（後底穿）	くびれ部周辺周溝、粘土槨脇	丘陵縁	Ⅲ：単独		34
42	上根一子塚1号墳	芳賀郡市貝町	33.2	19.6 22.2	13.6 横	8 15	2.2 1	C	B：壺（前底穿）S字甕、高坏	後方部墳丘、後方部埋葬施設上	丘陵縁	Ⅱb：前方後方2基、隣接して方形？1基	2	35
43	上根二子塚3号墳	芳賀郡市貝町	41.7	25.6 25.6	16.1	8 17.8	4 1.8	C	B：甕（ベンガラ入り）	くびれ部周溝底	丘陵縁		2	35
44	ハツ木観音山古墳	芳賀郡市貝町	57	31 30.5	正 26	17.7	5.1 1.5	C		くびれ部周溝底	河岸段丘	Ⅲ：単独		36
45	西高階亀の子古墳	芳賀郡芳賀町	56.3	33 31.5	23.3	23 16	4.6 2.3	C	B：二重口縁壺（前底穿）、単口壺（前底穿）	両側周、くびれ部周溝底、前方部	台地	Ⅱa2：近隣に方形2基	3	36
46	三王山南塚1号墳	下野市薬部	52.5	29.5 30.2	23 正	17.3 24.3	6 3.2	C	B：二重弥生系甕	くびれ部周溝底	台地端	Ⅱb：前方後方2基、近隣に方形1基、円墳数基	2	37
47	三王山南塚2号墳	下野市薬部	48.5	31 32.5	17.5 正	25.2 10	— 2	C	高坏、単口縁甕（後底穿）、壺	くびれ部周辺周溝底	台地端	Ⅰa：隣接して方行する方形1基	1	37
48	山王寺大枡塚古墳	栃木市藤岡町	96	48	48	20.5	6 7.4	C	A：二重口縁壺（後底穿）	後方部墳頂	沖積地	Ⅱa：近隣に方形墳3基	4	38
49	茂原愛宕塚古墳	宇都宮市茂原町	50	38 29	縦 21	38 8.9 19.8	3 5 2.2	C	C：二重口縁壺、S字甕、高坏	後方部埋葬施設上、くびれ部コーナー一周溝	台地	Ⅱb：前方後方3基が近接	2	39
50	茂原大日塚古墳	宇都宮市茂原町	35.8	20.3 19	15.5 正	13 16.6	4.2 2.1	C	B：壺、甕	後方部埋葬施設上	台地	Ⅱb：前方後方3基が近接	2	39
51	茂原権現山古墳	宇都宮市茂原町	63	34 35	29 横	18.6 20	5.6 3	C	A：壺	くびれ部埋葬施設上	台地	Ⅱb：前方後方3基が近接	3	39
52	那須八幡塚古墳	那須郡那珂川町	60.5	31.5 36	22.2	16 —	6.5 —	C	A or C：単口縁壺、高坏、器台、鉢	後方部墳正、テラス、周溝内	河岸段丘	Ⅱa：北800mに温泉神社古墳	3	40
53	駒形大塚古墳	那須郡那珂川町	60.5	38.3 38.3	正	— —	— —	C		後方部埋葬施設上	河岸段丘	Ⅰa：後方1基が隣接する方形1基、方2基以上を含む古墳群	1	41
54	吉田温泉神社古墳	那須郡那珂川町	47	25 25	22 正	20 —	3 —	C	B：甕（後底穿）、壺、S字甕、二重口縁壺、複合口縁壺、高坏	くびれ部周溝、前方部周溝	河岸段丘	Ⅱa：南800mに八幡塚古墳	2	42

	古墳名	所在地								出土土器		備考	立地		
55	上侍塚古墳	大田原市湯津上	114	60.5	53.5	34	11.5						河岸段丘	Ⅱb：前方後方2基のみ近接	4	36
56	上侍塚北古墳	大田原市湯津上	48.5	58	24.5	52	6.5						河岸段丘			36
57	下侍塚古墳	大田原市湯津上	84	24	36	10	5					後方部周辺周溝底	河岸段丘	Ⅲ：単独？	3	43
	（茨城県）			48	正	13.5	3							〃		
58	富士山4号墳	常陸大宮市下村田	37.8	48	15	36	9.4	C	C：二重口縁壺（前底穿）				台地端			44
59	安戸星1号墳	水戸市飯富町	28.3	22.8	縦	10.8	3.1	C	B：壺（前底穿）			後方部先端周溝底	丘陵	Ⅱa：隣接して方形墳3基	2	45
60	真崎5号墳	那珂郡東海村	40	20.8	9.6	20	1	B3	B：壺、甘、鉢、甕、単口縁壺			くびれ部器台、溝底	丘陵	Ⅱa：隣接して方形墳1基	2	46
61	宝塚古墳	東茨城郡茨城町	39.3	18.7	縦	4.5	2.3	C	底穿			後方部溝底	台地縁	Ⅳ：円墳を主に、前〜後・終末期の古墳群		47
62	大峰山1号墳	鉾田市中居	31	16.5	17	8.1	0.7	B3	B：壺				台地縁	Ⅲ：単独		48
63	大上4号墳	鉾田市青柳	37	20.5	18.8	13	2.1	C					台地縁	Ⅳ：中・後期の前方後円2、円墳6基と群集		49
64	勅使塚古墳	行方市沖州	64	17.5	10	16.5	1.2	C	A：単口縁壺、高杯、小型器台、二重口縁壺（前底穿）			後方部埋葬施設上、後方部周溝	丘陵	Ⅳ：B2前方後方？1、方形、円形1と尾根上に隣接		50
65	長堀2号墳	石岡市長堀	46	21	14	6	4.2	C?	A：壺（前底穿）			後方部墳頂	丘陵端	Ⅲ：単独	3	51
66	丸山1号墳	石岡市柿岡	55	19	34	8	1.5	C	A：小型器台、高杯			後方部埋葬施設上	丘陵頂	Ⅳ：中後期？と円墳5基と群集	4	52
67	狐塚古墳	桜川市岩瀬	44	23	縦?	7.5	3.89	C	A：二重口縁壺（後底穿）			くびれ部他墳丘裾	台地端	Ⅲ：単独	3	53
68	后塚古墳	土浦市手野町	65	20	25	11	2.38	C	A：小型甘			後方部埋葬施設上	台地端	Ⅲ：単独	3	54
69	桜塚古墳	つくば市水守	50〜	30	14	18	3.5	—					丘陵端	Ⅲ：前期大型前方後円墳が近接		55
70	原1号墳	稲敷市浮島	29.5	32	25	16	2	C	A：単口縁壺（前底穿）、二重口縁壺			後方部埋葬施設上、前方部先端溝内	丘陵端	Ⅲ：単独か発見	3	56
71	東大沼4号墳	稲敷市東大沼	25.6	29	横	17	6	C	B：単口縁壺（前底穿）			後方部埋葬施設上	丘陵縁	Ⅱa：隣接して方形1基、他	2	57
72	赤塚古墳	かすみがうら市加茂	30	30	19	15	1.7	—					台地縁	Ⅳ：方形上に方2、円6群集		58
73	西山1号墳	筑西市関本	20	34	正	18	0.8	—				低丘上	Ⅲ：尾根上に方形1基		59
74	二の沢B-1号墳	水戸市飯富町	35.1	25	25	7.5	5.5	C	B：高杯、複合口縁壺、甕、在地弥生系壺			くびれ部周溝底	河岸段丘	隣接して円墳1基	2	60
75	二の沢B-2号墳	水戸市飯富町	27.5	25	30	16	2	B3	B：複合口縁壺、甕			くびれ部周溝底	河岸段丘	Ⅱb：前方後方3、方1、円1基が群集	2	60
76	二の沢B-6号墳	水戸市飯富町	31	35	—	20	?	C	B：S字甕、甕			前方部先端周溝底	河岸段丘	※前方部先端に方形隣接	2	60

※前底穿：焼成前底部穿孔、後底穿：焼成後底部穿孔。

料を中心に分析を行い、古代東国における東海道・東山道東縁の地域からの視点で考えてみようとするねらいがある。末端境界域からの視座は、前方後方墳波及の背景や歴史的意味付け、さらにはその本質を探る上で有用と考えている。分析にあたり、上野、下野、常陸の領域から前方後方墳76例（後述するB3型、いわゆる前方後方形周溝墓を含む）を集成した。第13表には、規模や墳丘形態の特徴を示すデータ、儀礼用の土器とその出土状況、立地や群構成、築造時期（前方後円墳集成1〜4期：以下集成〇期と表記）などを明示しており、以下の検討の材料としたい。なお、ここで提示する前方後方墳のおもな属性は、本書で提起する前方後円墳築造儀礼とそれが包含する内容を念頭においたものと考えている。ただ、埋葬施設と副葬品については、表が示すように内容の明らかな前方後方墳はきわめて限られており、本章では積極的な検討材料にはできなかった。

第1節　分布特徴と各地の動向

　第36図は、今回集成した前方後方墳76例の分布を示し、合わせておもな前期前方後円墳の分布を加えたもので、第14・15表は地域ごとの編年試案である。また、第37〜40図には、時期ごとの分布も提示した。これらをもとに、前方後方墳の分布状況とその動向を確認してみる。

　分布図によると、上野、下野両地域の分布特徴は状況的に類似しており、前方後方墳が主要水系に寄り添うように「集中分布」し、古東山道沿いに展開している。上野から下野への広がりは、あたかも前方後方墳の一連の波及ルートを跡付けるかのようにも見受けられるが、果たしてそうなのだろうか。前期前方後円墳の広がりは、上野の範囲にとどまり、下野の領域には及んでいない。一方、常陸の前方後方墳は、主要水系単位に分かれる「分散分布」を特徴とし、上野、下野の状況とはその様相を異にしている。

　集成1期の前方後方墳（第37図）は、上野、下野に見られるが常陸には皆無である。常陸ではこの時期あるいはその直前に、下総地域を介して南部地域にはじめて方形周溝墓が波及するのみである。上野では、西部の烏川・井野川流域と中央以東、荒砥川・粕川流域にそれぞれ複数の前方後方墳の出現をみるが、すべて全長30m以下の低墳丘の小規模墳で、当初より水系単位に集中する傾向にある。これに対し、下野では、中央部田川流域に三王山南塚2号墳、北東部那須地域に駒形大塚古墳と、それぞれ1基ずつ単独で前方後方墳が出現している。前者は全長48.5m、後者は全長60.5mを測る中規模墳で、双方とも後方部は高さ6mを超える墳丘を築いており、小規模かつ低墳丘が想定される上野の事例とは明らかに様相が異なる。

　集成2期（第38図）になると、上野では、西部、東部にさらに分布が拡大する。中規模墳とともに、西部には早くも90〜100mを超える大規模前方後方墳が出現し、水系単位に小・中・大規模の前方後方墳による階層構造を内包する集中した分布傾向を示す。下野は、1期より分布は拡大するが、規模は全長40〜50m台の中規模墳が中心で、大型の前方後方墳はまだない。田川流域や小貝川流域など、水系によっては2〜3基程度の複数の前方後方墳が分布する状況が生まれるが、上野のような集中分布とは異なる。いわゆる「継続型」の前方後方墳で、累代の中規模首長墳が水系単位に分散して造営された状況を示すものと判断される。これは集成3・4期まで継続され、結

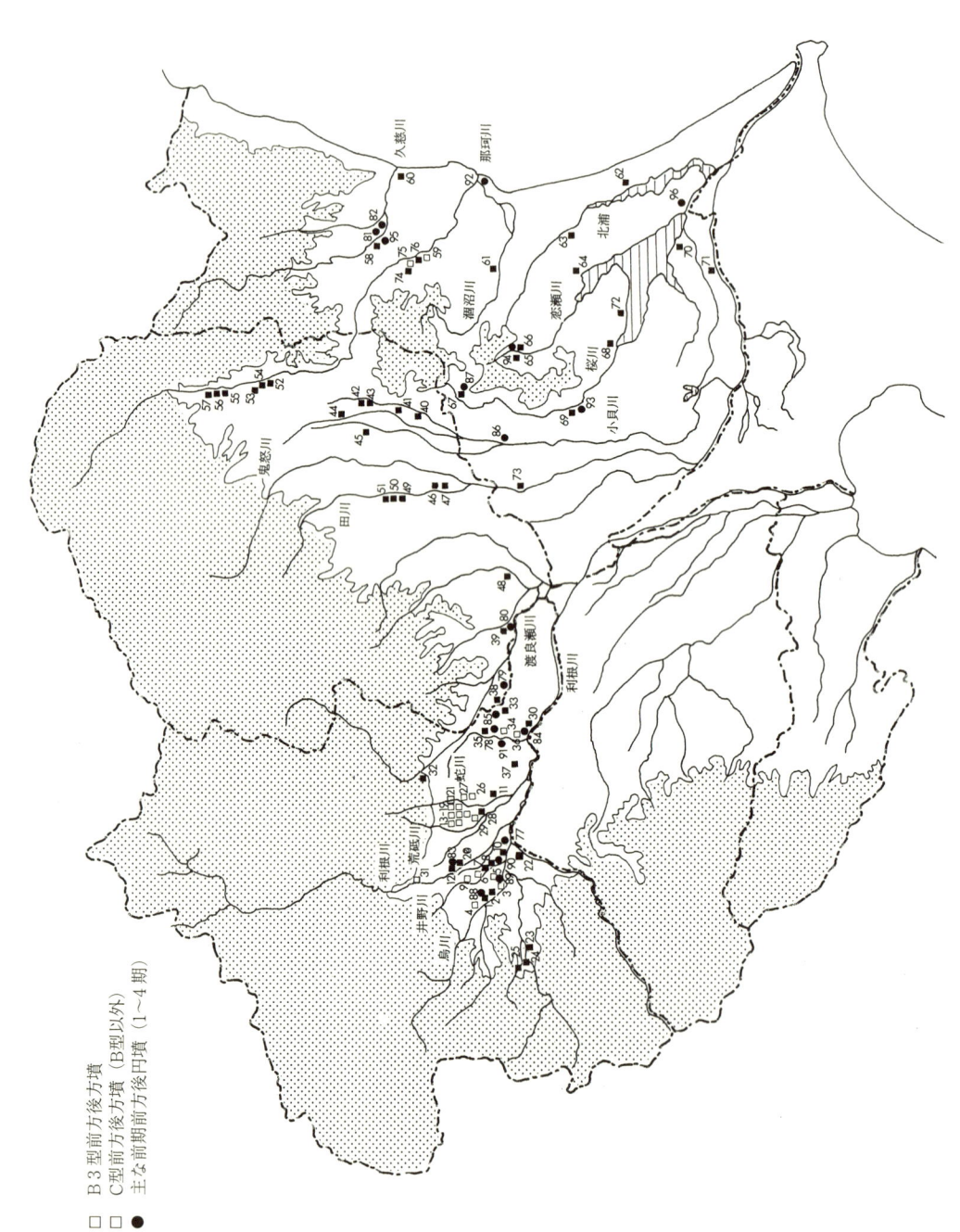

□ B3型前方後方墳
□ C型前方後方墳（B型以外）
● 主な前期前方後円墳（1〜4期）

第36図　北関東の前方後方墳分布図（集成1〜4期）（縮尺：約128万分の1）

第4章 前方後方墳の築造と儀礼の波及　103

□ B3型前方後方墳
■ C型前方後方墳（B型以外）

第37図　1期の分布図

□ B3型前方後方墳
■ C型前方後方墳（B型以外）
■ C型前方後方墳（B型以外）80m以上
● 前方後円墳
● 前方後円墳100m以上

第38図　2期の分布図

■ C型前方後方墳（B型以外）
■ C型前方後方墳（B型以外）80 m 以上
● 前方後円墳
● 前方後円墳 100 m 以上

第 39 図　3 期の分布図

■ C型前方後方墳（B型以外）
■ C型前方後方墳（B型以外）80 m 以上
● 前方後円墳
● 前方後円墳 100 m 以上

第 40 図　4 期の分布図

第4章　前方後方墳の築造と儀礼の波及

第14表　上野の前方後方墳編年表

凡例：
□ 前方後方墳（全長30 m未満）
■ 前方後方墳（全長30 m以上）
■ 前方後方墳（全長70 m以上）
■ 前方後方墳（全長80 m以上）
○ 前方後円墳
● 前方後円墳（全長80 m以上）
● 前方後円墳（全長100 m以上）
※前方後円墳の先端の数字は、第36図分布図のNo.を示す。

集成編年	上野東部				上野西部		
	鏑川・神流川流域	烏川・井野川流域	利根川流域	荒砥川・粕川流域	蛇川・矢場川流域		
1		□熊野堂1号(21.7)					
2	■権現堂1号(39.6) ■権現堂2号(56)	□鈴ノ宮7号(21) □下佐野ⅠA-4号(25.9) ■矢中村東3号(24) 77○川井井稲荷山(43) □田中村東8号 ■元島名将軍塚(96)	■朝倉瀧55 ■前橋八幡山(130)	□堤東2号(25) □上縄引C-14号(15) □屋敷内B-1(25) □富沢引7号(28) ■寺山(60) 流通団地 1-19-8(26.5)	■矢場鶴巻山(42.8) 79○小曽根浅間山(58)		
3		■堀ノ内CK-2号(30.4) ■下郷10号(42)	83●前橋天神山(129) ■華蔵寺裏山(40)	■大田八幡山(84) 84●朝子塚(124)	78●大田八幡山 85●矢場薬師塚(80)		
4	■北山茶白山西(28)	90●下郷天神山(102) 88●倉賀野浅間山(171.5) 89●大鶴巻(123)		91●別所茶白山(164.5)	■藤本観音山(117.8)		

第15表　下野・常陸の前方後方墳編年表

集成編年	下野東部	下野中央部		下野・那須	常陸北部		常陸南部		
	渡良瀬川流域	田川流域	小貝川流域	那珂川流域	久慈川流域	那珂川・涸沼川流域	恋瀬川・霞ヶ浦北岸	桜川流域	霞ヶ浦東岸・北浦	小貝川流域
1	■松山(44.4) 80●馬門愛宕塚(54)	■三王山南塚2号(48.5) ■三王山南塚1号(52.5) ■茂原大日塚(35.8)		■駒形大塚(60.5) → ■温泉神社(47)						
2		■茂原愛宕塚(50)	■上根一子塚3号(41.7) → ■上根一子塚1号(33.2)		■富士山4号37.8 → 81■星神社(100) 82●梵天山(160)	□安戸星1号(28.3) □二の沢B-2号(27.5) ■二の沢B-6号(31) ■二の沢B-1号(35.1)	□安戸星1号(28.3)			
3		■茂原権現山(63)	■山崎1号(33.4)	■那須八幡塚(60.5) ■下侍塚(84)			■勅使塚(64) ■丸山1号(55) → ■長辺寺山(120)	■孤塚(44) 桜塚(50~) ↓ 87●長辺寺山(120)	■原1号(29.5)	86●晋間山(141)
4	■山王寺大桝塚(96)			■上侍塚(114)			(95○富士山5号60) 94●佐自塚(58)	93○山木(48)	96●浅間塚(84)	大上4号(37)

果的に前方後方墳の集中した分布状況が生まれることになる。常陸は、2期になってはじめて、全長20〜30m台の小規模前方後方墳が、南部、北部の主要水系に出現する。前述したように、2期以降も含め大勢は単独、分散のあり方が特徴といえるが、那珂川中流域では、この時期のみ複数の低墳丘、小規模前方後方墳が集中的に造営される[9]。

　集成3期（第39図）になると、上野は、東部を中心に全長30〜40mの小・中規模前方後方墳の分布が継続するが、数は少なくなり散在的である。大型前方後方墳は、上野東縁の矢場川流域に位置する全長約117.8mの藤本観音山古墳など3期まで継続するが、中心部では姿を消す。下野は、中央部や北東部の主要水系に全長60m前後の中規模前方後方墳の分布が継続する。一方、那須・那珂川上流域には全長84mの下侍塚古墳が造営され、大規模前方後方墳の出現をみる。常陸は、南部地域を中心に、水系に沿って全長40〜60mの中規模前方後方墳の分散的な分布が継続するが、上野・下野とは異なり大規模墳は造営されない。

　集成4期（第40図）になると、上野では時期の明らかな前方後方墳は、鏑川流域奥部にある全長28mの小規模墳北山茶臼山西古墳のみで、この時期極端に減少する状況が予測される。とくに、中心部における前方後方墳の分布は稀薄である。同様に、常陸でも極端に減少し、北浦沿岸の大上4号墳など小規模前方後方墳がわずかに継続するのみである。これに対し、下野は、南西部、渡良瀬川以東にある全長96mの山王寺大桝塚古墳、那珂川上流域にある全長114mの上侍塚古墳など南縁、北縁で大規模前方後方墳の造営が継続し、この時期に至り前方後方墳が最大規模に達する。また、田川流域や小貝川流域など中央部の状況が今のところ不確かだが、中規模以上の前方後方墳が継続し点在する可能性は高く、上野、常陸で極端に減少するなか、下野における前方後方墳の特質と考えられる。

　上野、下野、常陸の前方後方墳の波及状況とその推移をみると、上野と常陸との対比に端的にあらわれた「集中分布」と「分散分布」の特徴が目に付く。下野は、状況的には「集中分布」の様相を呈するが、小地域単位の動向を勘案してみると、単独分散型の前方後方墳が継続して築造され、その累積の結果として理解できる。ただ、上野地域に隣接する松山古墳や、那須地域の吉田温泉神社古墳・那須八幡塚古墳では、中規模前方後方墳に隣接して群集する方形墳が発見されており、その構造と歴史的位置付けが注目される。いずれにしても、ここでは上野に顕著な集中する前方後方墳には小規模かつ低墳丘のものが多く、下野、常陸の単独で分散する前方後方墳は中規模以上の前方後方墳で占められるなど、東山道・東海道東縁に拡散する前方後方墳の二面性に注目しておきたい。

第2節　規模と墳丘形態

　赤塚次郎は、東海地方の前方後方墳墓を検討し、墳丘の平面形態や規模からその類型を整理し前方後方墳の成立過程を跡付けた[10]（第41図）。前方後方墳の成立は、B3型からC型への転換にあり、その震源は東海西部濃尾平野で、東日本を中心に波及する。本章の集成には、前方後方墳とともにこのB3型墓も含まれている。ここでは、76例の前方後方墳の規模や平面形態に関するデータ

を提示し、各地の特徴や変遷について概観したい。なお、規模については、B3型、C型を基準に次のように考えている。つまり、B3型の前方後方形周溝墓を含む全長30ｍ未満を小規模墳、C型を中心にそれ以上、70ｍ未満を中規模墳、全長70ｍ以上を大規模墳とする。

　上野では、集成1期より全長30ｍ未満のB3型が多出する一方、後続して中規模、大規模のC型前方後方墳も少なからず造営されていく。この多彩な前方後方墳の様相は、前期前半にはとくに顕著で、2期には最大規模に達し前方後方墳によるピラミッド型の階層構造が形成されていた。これに対し、下野、常陸ではB3型は数少ない。下野では、全長30ｍ未満や、前方部の短い前方後方墳は皆無で、中規模、大規模の前方後方墳が造営される。大半が中規模墳で、すでに1期の出現期段階からいち早く中規模墳が造営される。とくに全長60.5ｍの那須駒形大塚古墳の築造は突発的、飛躍的であり、上野とは異なりこの時点での下野の優位性とともに出現の背景が重視される。また、集成4期には最大規模に達し、東日本の前方後方墳のなかでは突出した存在となる。常陸の特徴は、上野、下野に比べ相対的に規模が小さいことである。30ｍ未満はわずかだが、大半が全長30～50ｍ台の中規模にとどまり、70ｍを超える大規模墳はない。[11]

　第42図は、集成各期の前方部長指数（前方部長／後方部長×100）をグラフ化したもので、前方部発達の一つの指標であり、その推移をあらわしている。明らかに、より大型墳の前方部長指数は高く、前方後方墳も規模の増大と前方部の発達には相関があることがわかる。また、1期には指数60以下が多いが、3期には大半が指数80以上となっており、規模の大小を問わず1～3期にかけて前方部長が拡大する傾向が強い。全長30ｍ未満のB3型墓も集成1期以降、後方部1/2以上に発達するのが特徴で、集成1期以前（0期）から1期への画期には何がしかの意味がある。なお、前方部の形態は、大半が大きく開く形態で、くびれ部幅の広い矩形の前方部がわずかに認められる程度である。

　後方部の形態については、すでに赤塚次郎がその視点と分類を提示している。[12] 正方形を「東海型」とし畿内や東海地方に多く、「東海型」は東日本に波及するなかで縦長へと変化し、関東地方には縦長が目立つとする。また、横長を「北陸型」とするなど、後方部形態の特徴からいくつかの地域型や推移を想定しているが、本章の集成資料からはそれぞれが混在した状況が読み取れる。[13] 上野、下野、常陸三国に限ってみても、地域型の評価も含めその解釈は難しく単純ではなさそうである。ただ、上野では、小規模なB3型墓の後方部は大半が正方形で、C型の中規模以上は縦長か横長で正方形はない。下野は3者が混在した様相が強いが、1、2期の古手の一群は正方形を呈しており、時期的に新しい特徴をもつ常陸の前方後方墳はほぼ縦長に統一されているなど、後方部形態のある種の傾向は指摘できる。とくに、上野を例にとってみれば1、2期に残存する小規模なB3型墓と新たに出現する中規模以上のC型墳との後方部形態の相違は興味深く、総じて考えてみれ

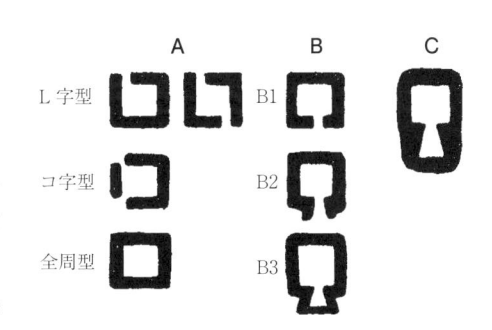

第41図　前方後方形墳墓の類型

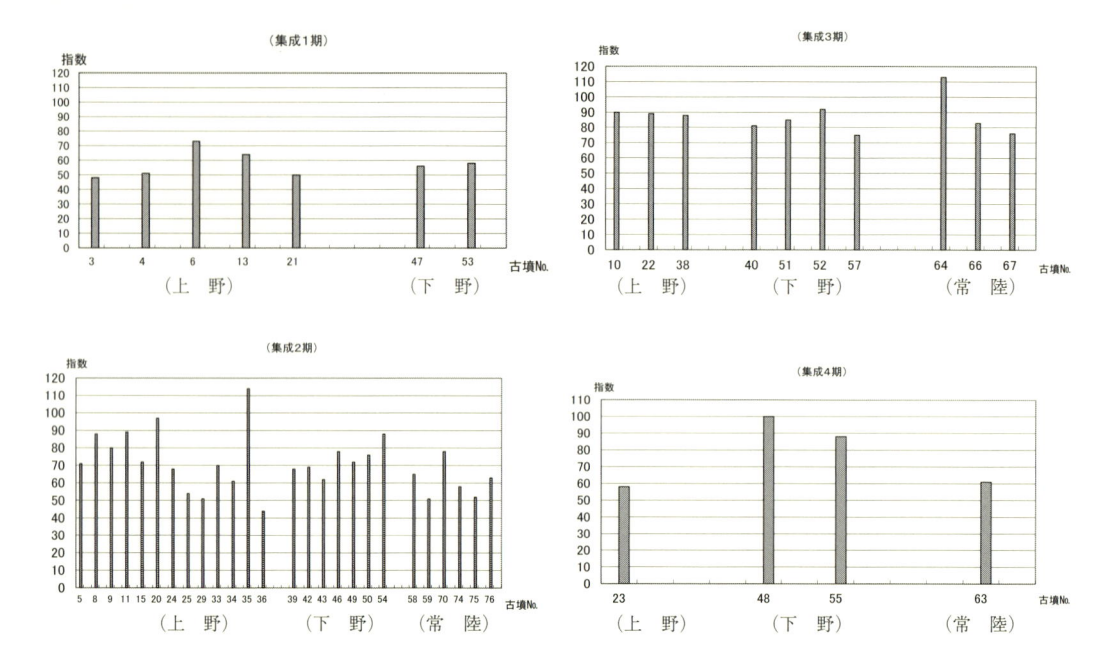

第42図　前方後方墳の前方部長指数（前方部長／後方部長）

ば初期の「東海型」の影響を継承するB3型墓に対し、集成1期以降のC型前方後方墳の出現は異なる原理、新たな背景に基づくとの解釈も一考に値する。

第3節　立地と群構成

ここでは、第13表の集成一覧にある立地と群構成をもとに、その特徴について触れてみたい。上野の前方後方墳については、平野志向との指摘があるように(14)、集中、群在する小・中規模墳を中心に河川流域の微高地や低台地（低位段丘）など低地や水田面との比高差の少ない所に立地するものが目立つ。これに対し、下野や常陸では、丘陵上やその頂部あるいは台地縁辺部など、低地を望み水田面から比高差のある高所に立地する事例がほとんどである。確かに、上野は狭い平野部を貫流する河川流域に微高地や低位段丘が発達し、下野や常陸は平野を望む台地や丘陵が発達するといった地理的、地勢的な与条件の相違は存在する。ただ、それぞれの前方後方墳のあり方を見ると、前者は集落内や集落に隣接して営まれるものが多く、後者は集落からやや離れた場所、隔絶された高所に立地するなどの特徴があり、古墳そのものの選地・立地のねらいとともに、集団内における古墳の位置付けや性格の相違は無視できない。前者のあり方は、その主体をなす群集する小・中規模前方後方墳という側面からすれば、弥生時代後期から続く集団墓的な性格の立地形態を継承したものと言える。一方、下野や常陸に顕著な後者のあり方は、全国的に見ても前期古墳に特徴的な立地形態であり、集落からより離れた位置に古墳を築く当時の他界思想を比較的忠実に反映したものと考えられる(15)。

立地の特徴もさることながら、東日本の前方後方墳のあり方を考える上で、隣接して営まれる

ことが多い小規模墳の有無やその内容は看過できない問題である。ここでは、前方後方墳をとりまく群構成として、ひとまず以下の大別案を提示し検討の手がかりとしたい。

　Ⅰ類：前期を主体に複数以上の方形墳と群集する。
　　　→a：前方後方墳1基。
　　　→b：前方後方墳2基以上。
　Ⅱ類：前期を主体に方形墳が2、3基程度隣接する。
　　　→a：前方後方墳1基。
　　　→b：前方後方墳2基以上。
　Ⅲ類：前方後方墳が単独で存在する（発見される）。
　Ⅳ類：中・後期以降の古墳と古墳群を形成する。[16]

　上野では、Ⅰ類とした10〜20基と多数の方形墳を伴い群集する前方後方墳が多く、この状況は集成2〜3期まで継続する。この時期、前方後方墳が集中して分布する当地域の特徴とも無関係ではなく、多数の小規模前方後方墳は弥生時代の方形周溝墓群の延長線上に造営され、集団や集落と密接な関係にある墓域だったことを物語っている。また、Ⅱ、Ⅲ類とした、より孤立的なあり方の前方後方墳も、集成1期から存在する。Ⅰ類が小規模方形墳で占められるのに比べ、Ⅱ類には30ｍを超える規模の方形墳もあり、その性格の違いがうかがわれる。集成2期には、Ⅲ類の大型前方後方墳が出現し、Ⅰ・Ⅱ-b類とした複数の前方後方墳を核とする群集形態なども加味して考えると、前方後方墳を主体とした複雑な階層構造が成立していたものと思われる。

　これに対し下野、常陸は、Ⅱ、Ⅲ類が主体で、孤立的な性格が強いのが特徴である。常陸では数多い小規模前方後方墳もⅡ類のあり方を示し、中規模墳にもⅢ類の単独墳が目立つ。ただ、下野の吉田温泉神社古墳例が示すように[17]、群集する小規模方形墳がないわけではなく、常陸でも近年、前期大型前方後円墳に近接して同時期の小・中規模方形墳が群集する事例が発見されており[18]、問題は、前方後方墳や前方後円墳など首長墳との距離、かかわり方にある。

　次に、隣接する方形墳の規模にも触れておきたい。上野では、小規模前方後方墳とともに群集する方形墳は、多くが一辺約5〜10ｍ前後に集中する。これは、弥生時代方形周溝墓に一般的な大きさである。ただ、集成1期以降の方形墳のなかには、一辺15ｍを超え20ｍ前後に達するやや大型のものも散見されるようになる。この規模は、群内にある全長20〜30ｍの小規模前方後方墳の後方部の規模に近似しており興味深い。このような視点でみると、下野、常陸のⅡ類の事例には、隣接する方形墳に一辺20ｍを超えて30ｍに達する大型墳が見出される。全長30〜40ｍ台の中規模前方後方墳に付随する方形墳で、やはりその後方部の規模と近似するものがある。どちらも、前方後方墳を核とする階層構造のなかに、新たに方形墳が組み込まれた状況が想定される。当然ながら下野、常陸のⅡ類にある大型の事例は、上野Ⅰ類の方形墳に比して、より特定の人物の性格が強く、前方後方墳の立地や群構成の特徴にあらわれた相違もこれと深く関連する現象であろう。

第4節　儀礼とその系譜

　前方後方墳の特徴のひとつに、土器を用いた儀礼があり、墳丘内や周溝内を中心に祭祀儀礼に使われた土器が多出する。前方後円（方）墳など前期古墳の事例は顕著で、土器祭祀から発展成立する円筒（器台形）埴輪の配列とともに、古墳の儀礼に重要な役割を果たしていた。第1章では、これらを大別し、A類：墳頂部、とくに埋葬施設上での土器祭祀、B類：くびれ部や前方部先端など、埋葬施設上以外での土器祭祀、C類：同一規格の有段口縁壺・二重口縁壺の墳頂部などへの配列、の三つに分類し、器種組成や古墳の特徴について検討した。今、この分類を概念的に整理し、その意義を付加すると以下のように考えられる。

　A類は、主に埋葬施設上での土器祭祀で、小型土器群を主体とする埋葬儀礼に伴うものである。系譜的には、台状墓のような弥生時代の墳丘墓に特徴付けられる儀礼で、弥生墳墓のなかでは集団からの隔絶性がより高い性格を持つ。なお、A類はその後、前方後円墳を中心に埋葬施設上から方形区画外などの墳頂部周縁へと移行し、くびれ部造り出し成立後は、B類の祭祀儀礼に融合するものと考えられる。

　B類は、くびれ部や前方部先端などでの土器祭祀で、二重口縁や単口縁壺、甕などを用いた儀礼である。系譜的には方形周溝墓の出入り口を意識した儀礼に由来し、どちらかというと集団的性格の強い祭祀儀礼といえる。中期初頭に、くびれ部造り出しにおける儀礼として定形化する。

　C類は、同一規格の壺形土器を墳頂部に配列するもので、焼成前に底部が穿孔された有段口縁あるいは二重口縁の壺が用いられる。これは、埋葬施設を区画する意味合いが強いもので、系譜的には方形周溝墓の方台部への壺供献儀礼に由来するものと考えられる。墳頂部の方形区画や方形壇などと一体に、主体埋葬の隔絶性や神聖性を象徴化するものと思われる。

　以上の考え方からすると、A・B類は弥生時代墳墓の祭祀儀礼を継承・継続するものであり、C類は古墳出現時に、その一部を発展象徴化（埴輪化）させ成立したものと理解できる。つまり、各類型は、古墳時代前期から中期へと次のような推移と展開を示す。

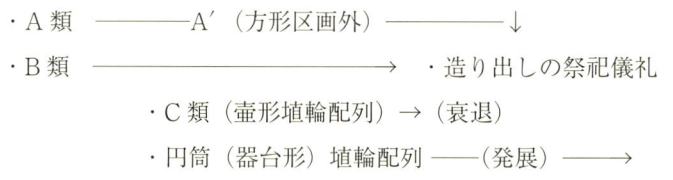

　　　・A類　――――A′（方形区画外）――――↓
　　　・B類　―――――――――――――→　・造り出しの祭祀儀礼
　　　　　　・C類（壺形埴輪配列）→（衰退）
　　　　　　・円筒（器台形）埴輪配列――（発展）―――→

　A類は下野、常陸を中心に孤立的な群構成Ⅱ、Ⅲ類の中規模前方後方墳に多い。また、B類は、小規模前方後方墳を中心に中規模墳にも散見されるが、とくに上野、常陸に見られる低墳丘の小規模前方後方墳には顕著である。さらに、C類の確実な事例は集成2～4期の大型前方後方墳に限られるなど、全般的に上記の概念的な整理を裏付ける特徴が認められる。

第16表 前方後方墳出土の土器（前底穿：焼成前底部穿孔、後底穿：焼成後底部穿孔）

(1) 前方後方墳出土の土器・A類

No.	古墳名	全長(m)	墳形	埋葬施設	外表施設	出土位置・状況	時期
25	（群馬県）阿曽岡・権現堂2号墳	56	C	—	A or C：二重口縁壺（前底穿）	後方部墳頂	2
48	（栃木県）山王寺大枡塚古墳	96	C	粘土槨（箱形）	A′：坩（後底穿）	粘土槨脇	4
49	茂原愛宕塚古墳	50	C	木棺直葬（舟形）	A：二重口縁壺、S字甕、高杯	後方部埋葬施設上	2
50	茂原大日塚古墳	35.8	C	木棺直葬（箱形）	A：壺、高杯	後方部埋葬施設上	2
52	那須八幡塚古墳	60.5	C	木棺直葬	A or C：二重口縁壺（前底穿）	後方部墳丘上、テラス、周溝内	3
53	駒形大塚古墳	60.5	C	木炭槨	A：単口縁壺、高杯、器台、鉢	後方部墳頂、埋葬施設上	1
64	（茨城県）勅使塚古墳	64	C	木棺直葬	A：単口縁壺、高杯、小型器台	後方部埋葬施設上	3
66	丸山1号墳	55	C	木棺直葬	A：壺（前底穿）	後方部墳頂	3
67	狐塚古墳	44	C	粘土槨	A：小型器台、高杯	後方部埋葬施設上	3
69	桜塚古墳	50〜	C	粘土槨（割竹形）	A：小型坩	後方部墳頂埋葬施設覆土	3
70	原1号墳	29.5	C	木棺直葬	A：単口縁壺（前底穿）、二重口縁壺、高杯	後方部埋葬施設上	2

(2) 前方後方墳出土の土器・B類

No.	古墳名	全長(m)	墳形	埋葬施設	外表施設	出土位置・状況	時期
3	（群馬県）下佐野ⅠA-4号墓	25.9	B3	—	B：単（主体）・二重口縁壺、S字甕、高杯	後方部周辺、くびれ部周溝底	1
5	矢中村東3号墓	24	B3	—	B：S字甕、単口縁壺、小型高杯・器台　S字甕、単口縁壺	くびれ部周溝底　後方部周辺周溝底	2
9	新保田中村前8号墓	8.8	B3	—	B：高杯、小型器台、小型坩、小型鉢	前方部先端周溝底	2
10	下郷10号墳	42	C	—	B：二重口縁壺（前底穿）、単口縁壺	くびれ部、後方部側辺周溝底	3
11	伊勢崎・東流通団地1-19-8号墓	26.5	C	—	複合口縁壺（後底穿）　B：二重口縁壺（後底穿）	後方部先端周溝底　くびれ部周溝底	2
15	東原B-2号墓	15.5	B3	—	B：単・二重口縁壺（前底穿）　小型甕、鉢、器台、高杯	くびれ部、後方部側辺周溝　後方部側辺周溝	2
21	上縄引C-14号墓	15?	B2・3	—	B：台付甕　小型甕、高杯	くびれ部周溝　後方部コーナー周溝	1
22	堀ノ内CK-2号墓	30.4	C	—	B：単・二重口縁壺、小型器台・坩	くびれ部・後方部周辺周溝	3
23	北山茶臼山西古墳	28	C	木棺直葬（割竹形）	B：二重口縁壺（前底穿）	くびれ、前方部先端溝内	4
29	波志江中野面A-14号墓	23.2	B3	—	B：単・二重口縁壺、台付甕	後方部、前方部周溝	2
39	（栃木県）松山古墳	44.4	C	—	B or C：二重口縁壺（主体、前底穿）、単口縁壺、甕、高杯、小型坩・鉢	両くびれ、後方部側辺周溝底	2
40	山崎1号墳	33.4	C	粘土槨（割竹形）	B：二重口縁壺、甕、小型坩・器台・高杯	くびれ部周溝	3
42	上根二子塚1号墳	33.2	C	—	B：壺（前底穿含む）	くびれ部周溝底	2
43	上根二子塚3号墳	41.7	C	—	B：甕（ベンガラ入り）	くびれ部周溝底	2
46	三王山南塚1号墳	52.5	C	—	B：二重口縁壺（前底穿）、単口縁壺（前底穿）	両側くびれ部周溝底	2

No.	古墳名	全長(m)	墳形	埋葬施設	外表施設	出土位置・状況	時期
47	三王山南塚2号墳	48.5	C	石槨系?	B：在地弥生系壺 高杯、複合口縁壺（後底穿）	くびれ部周溝底 後方部周辺周溝底	1
48	山王寺大桝塚古墳	96	C	粘土槨 （箱形）	B：坩（後底穿）	粘土槨脇	4
49	茂原愛宕塚古墳	50	C	木棺直葬 （舟形）	B：二重口縁壺（後底穿）、単口縁壺、小型坩 複合口縁壺	くびれ部周溝 前方部コーナー周溝	2
50	茂原大日塚古墳	35.8	C	木棺直葬 （箱形）	B：壺	くびれ部周溝底	2
54	吉田温泉神社古墳	47	C	―	B：坩（後底穿）、壺、S字甕 二重口縁壺、甕、小型器台・高杯	くびれ部周溝 前方部周溝	2
	（茨城県）						
58	富士山4号墳	37.8	C	粘土槨?	B：坩、壺（前底穿）	後方部先端周溝底	2
59	安戸星1号墳	28.3	B3	―	B：壺、坩、鉢、甕 単口縁壺（前底穿）	くびれ部裾、溝底 後方部溝底	2
61	宝塚古墳	39.3	C		B：壺	くびれ部周溝底	
67	狐塚古墳	44	C	粘土槨	B：二重口縁壺	くびれ部他墳丘裾	
70	原1号墳	29.5	C	木棺直葬	B：単口縁壺（前底穿）	前方部先端溝内	2
74	二の沢B-1号墳	35.1	C	―	B：高杯、複合口縁壺、甕、在地弥生系壺	くびれ部周溝底	2
75	二の沢B-2号墳	27.5	B3	―	B：複合口縁壺、甕	くびれ部周溝底	2
76	二の沢B-6号墳	31	C	―	B：S字甕、甕	前方部先端周溝底	2

（3）前方後方墳出土の土器・C類

No.	古墳名	全長(m)	墳形	埋葬施設	外表施設	出土位置・状況	時期
	（群馬県）						
8	元島名将軍塚古墳	91～96	C	粘土槨 （割竹形）	C：二重口縁壺（後底穿）	後方部東裾周溝内	2
20	前橋八幡山古墳	130	C	粘土槨?	C：二重口縁壺（前底穿）	後方部墳頂	2
25	阿曽岡・権現堂2号墳	56	C	―	A or C：二重口縁壺（前底穿）	後方部墳頂	2
	（栃木県）						
38	藤本観音山古墳	117.8	C	―	C：二重口縁壺（前底穿）、単口壺	後方部、くびれ部裾、周溝	3
39	松山古墳	44.4	C	―	B or C：二重口縁壺（主体、前底穿）、 単口壺、甕、高杯、小型坩・鉢	両くびれ、後方部側辺周溝底	2
48	山王寺大桝塚古墳	96	C	粘土槨 （箱形）	C：二重口縁壺（前底穿）	後方部墳丘	4
52	那須八幡塚古墳	60.5	C	木棺直葬	A or C：二重口縁壺（前底穿）	後方部墳丘上、テラス、周溝内	3
57	下侍塚古墳	84	C	―	C：二重口縁壺（前底穿）	後方部周辺周溝底	3

第5節　前方後方墳と前方後円墳

　上野、下野、常陸の地域には、上総・神門墳丘墓例のような集成1期以前に遡る前方後円形墳[20]の確実な事例は未確認で、1期は前方後方形や方形の墳墓で占められている。ここでは、先の分布図および編年試案に基づき集成2期以降の各地の前方後円墳の様相を概観し、前方後方墳との関係を探りたい。
　まず2期は、上野では西部、東部ともにこの時期に前方後円墳が出現する。出現期前方後円

は、全長40～80ｍ台の小・中規模墳で、東部地域がやや大きいが100ｍを超えるものはない。規模的には、大規模前方後方墳がこれを凌駕する状態にある。下野では前方後円墳は皆無といってよく、この状況は3、4期まで変わらない。ただし、上野との境界に近い渡良瀬川流域では、2期の中規模前方後方墳松山古墳とともに、やや規模の大きな前方後円墳佐野市馬門愛宕塚古墳[21]が造営される。常陸では、前方後方墳が小・中規模レベルにとどまるなか、特筆すべきは、常陸北部の久慈川中流域にある全長約100ｍの常陸太田市小島星神社古墳と、全長約160ｍの同市島梵天山古墳（2期？、3期か）の2基の大規模前方後円墳の出現にある。[22]東日本では、この時期他に例を見ない突出した存在である。

次に3期になると、上野では、中心部では姿を消す大規模前方後方墳に代わって、利根川本流域にある全長129ｍの前橋市後閑天神山古墳[23]、蛇川下流域にある全長124ｍの太田市牛沢朝子塚古墳[24]という100ｍを超える2基の前方後円墳の出現をみる。ただ、常陸2～3期の梵天山古墳の規模には及ばない。一方、3期の前方後方墳・藤本観音山古墳は全長117.8ｍと、大規模前方後円墳をやや下回る大きさで拮抗している。常陸では、3期にも大規模な前方後方墳の造営は認められない。その一方で、前方後円墳は小貝川中流域にある全長約140ｍの下館市徳持葦間山古墳[25]、桜川上流域にある全長約120ｍの桜川市岩瀬長辺寺山古墳[26]など、100ｍを超える規模の造営が継続する。規模的には、上野3期の大規模前方後円墳とほぼ同レベルかやや大きく、同期と考えられる上総・市原市の今富塚山古墳（全長110ｍ）[27]、姉崎天神山古墳（全長130ｍ）[28]などの前方後円墳とも似かよっている。

次に4期になると、上野の中心部では、最大で全長160～170ｍクラスの前方後円墳（高崎市倉賀野浅間山古墳[29]・太田市別所茶臼山古墳[30]など）が点在するようになる。常陸では、首長墳の動向は、各主要水系単位に前方後方墳から前方後円墳に交替する。那珂川河口に位置する全長105.5ｍの那珂郡大洗町鏡塚古墳[31]や霞ヶ浦南東岸に位置する全長84ｍの潮来市上戸浅間塚古墳[32]など、交通の要所には比較的大規模な前方後円墳が継続するが、内陸の中流域には全長50～60ｍ程度の中規模前方後円墳が多い。3期とは異なり、上野に比べ劣勢の感が強くなり、下野3～4期の大規模前方後方墳の動向も、規模の面からみれば常陸の前方後円墳に拮抗、凌駕する様相を呈している。

ところで、集成2期における佐波郡玉村町川井稲荷山古墳[33]、太田市大島町八幡山古墳、足利市小曽根浅間山古墳[34]、馬門愛宕塚古墳、星神社古墳のように、東山道沿いの上野側を中心に出現時首長墳に前方後方墳とともに前方後円墳が採用される地域があり、その多くが初期の円筒（器台形）埴輪を伴う共通した特徴をもつ。いずれも主要水系や交通路に面した要所にあるが、東山道沿いの上野側の事例が比較的小・中規模の前方後円墳にとどまるのに対し、東海道沿いの常陸北部久慈川中流域に出現する星神社古墳は唯一全長約100ｍと突出した大規模前方後円墳である。あまり時期を隔てず後続する、梵天山古墳（全長約160ｍ）とともにその評価が注視される。また、上野では、群集する小規模前方後方墳を主体とした在地的な造墓集団を基盤に、中規模、大規模な前方後方墳の成長・発達をみるが、広域的には集成3期まではこれらが大規模前方後円墳の出現と並存する状況にある。これに対し常陸では、前方後方墳は分散、単独型の小・中規模墳として出現するが大型化しない。大規模墳は前方後円形を採用し、集成2～3期に出現、あるいは前方後方墳と交替

して築造される様相を呈している。
　第14・15表の編年試案からも判るように北関東各地の前方後方墳と前方後円墳との関係をみると、大勢は上野・常陸が前方後方墳から前方後円墳への「交代型」で、下野は前方後方墳が累代の首長墳として造営される「継続型」という状況が読み取れる。ただ、上でも述べたように、前期前方後円墳の空白地帯である下野をはざまに、東山道沿いの上野、東海道沿いの常陸それぞれの「交替型」もその様相は一様ではない。これら三者三様の動態は、出現期前方後方墳に内包される波及拡散の背景やその本質とも深くかかわる問題である。前節まで検討した前方後方墳の諸特徴とともに、最後にその点を主眼に考察しまとめとしたい。

　まとめ

　上野の前方後方墳は、集成1期以降、複雑な階層構造を形成する社会集団に支えられ、生成・発展する様相を呈している。特徴のひとつは、集中して分布する低墳丘の小規模前方後方墳にあり、小規模方形墳と群集する傾向が強い。2期以降の中規模以上の前方後方墳もこのような社会集団を基盤に成立し、展開することが重要である。下野、常陸の前方後方墳は、より孤立的、隔絶的な様相を呈する。1期に遡る下野の前方後方墳は、一定規模の中規模墳として出現する。上野1期に集中する小規模墳とは対照的であり、全長60.5mの那須駒形大塚古墳などは、東日本のなかでもきわめて優位な存在である。常陸では1期に遡る前方後方墳はなく、その出現は一段階遅れる。常陸の前方後方墳は小・中規模墳で占められており、上野、下野とは異なり大規模前方後方墳の出現をみないのが特徴である。
　上野、下野、常陸の前方後方墳の分析から判る重要な点は、第1節で述べた上野と下野・常陸との間に認められる前方後方墳の二面性にある。[35]「集中分布」と単独の「分散分布」とにあらわれたこの二面性は、前期前半に顕著に認められた。前者は低墳丘・小規模前方後方墳、後者は中規模以上の前方後方墳とそれぞれに特徴があり、本質的な性格の差が想定される。ほかにも、本章での検討からすでに指摘したように、前方後方墳の立地や群構成、土器を用いた儀礼などの諸特徴においても、双方には明らかな異相が認められた。地域的にみると、前方後方墳の二面性があらわれた上野と下野・常陸の両地域は、本章冒頭でも述べたように弥生時代後期・終末期に古利根川、鬼怒川ラインを境にその社会状況を大きく異にしていた地域でもあり、これは前方後方墳の二面性が表出するひとつの要因ともなったはずである。
　これまでに述べた集成1期における上野、下野の前方後方墳の状況や、集成2期における上野、常陸の出現期前方後円墳の状況などを鑑みると、前期前半の三国の形勢は、古墳そのものの優劣からすればどちらかというと下野・常陸、つまり東方優位の状況にある。東山道沿いの上野側の前方後方墳のあり方は、東海地方を中心に西からの大量の人や物資の流入を背景とした造墓活動がその底流としてあり、その社会や集団を基盤に成立、展開している。上野2期にいち早く出現する大規模前方後方墳の大きさは、上野における同期の出現期前方後円墳の規模を凌駕しており、これも集成1期以前から醸成された当地域の伝統と主体性を示唆するものといえよう。これに対し、下野1

期の前方後方墳駒形大塚古墳や常陸北部久慈川流域における出現期大規模前方後円墳の築造にみる飛躍的、孤立的な状況は、どちらかと言うと中央からの政治・戦略的な動きと読み取れる。星神社古墳、梵天山古墳の二基の前方後円墳のある久慈川の支流山田川が北上する谷筋は、律令期には東北地方へ向かう東海道東縁の主要な交通路だったとの指摘もある。下野の前方後方墳も、その分布や属性の特徴からみて、東山道沿い上野側からの波及とするよりも、状況的には鬼怒川、小貝川の北上する流路に沿って、東海道上総・下総側からの動線を考えたほうが理解しやすい。このように、下野、常陸では、集成１期以降前方後方墳と前方後円墳が比較的広範な領域のなかで階層性を内包しつつ同じベクトル（東海道）で連動して出現する動態が想定されるが、大規模な前方後円墳はもとより、立地に表れた他界思想などその源流は畿内大和に求められる。つまり、中央大和政権からの目線でみると、古墳出現期（前期前半）における東方への力の指向性は、東海道重視のねらいがあったものと思われる。

　東日本の前方後方墳の系譜については、東海系の墳墓、あるいは東海西部勢力を本貫とする出現期古墳とする考え方が有力である。ただ、これに対しては、上総地域に出現する神門・高部墳墓群など関東の事例をとりあげ、東海色以外にも畿内色や北陸色など出土土器や副葬品の系譜に錯綜した多様性が認められることから、単純に一系統では理解できないとの指摘もある。このように、弥生終末〜古墳出現期の広範かつ複雑な地域間交流を評価しつつ、あらためて東日本の前方後方墳の系譜や発信源を問い直すとすれば、本章で重視した前方後方墳の二面性はその構造の一端を示唆するものであり、認識しておかなければならない事柄と思われる。

　上野の初期の前方後方墳は東海地方を中心とする人や物の動きとのかかわりが強く、東海系はその象徴として認識できる。一方、下野・常陸における前方後方墳の出現は、大規模前方後円墳の出現と連動した大和政権による政治・戦略的な動きをうかがわせる。この前方後方墳の二面性は、集成１期から認められ、とくに前期前半に顕著で、集成２〜４期にかけて次第に解消され後者に統一されていく。つまり、弥生終末期に東海西部地域をその震源の一端に生まれた前方後方形墳墓（周溝墓・赤塚Ｂ類）は東日本一帯に広く波及し、古利根川・鬼怒川水系境界域の上野にも及んでいた。一方、大和東南部に巨大前方後円墳が出現する集成１期には、前方後方墳はその体制と枠組みのなかに組み込まれ、墳形や規模など比較的明確な階層構造のなかで前方後円墳の下位に位置付けられて波及した。西方弥生社会の文化やそれを携えた人・物の影響に疎遠だった下野・常陸のなかには、大和政権の東海道重視の指向性のなかで、その体制と枠組みがいち早く顕著に及んだ地域が認められる。先の上野でも集成２期以降はその体制と枠組みが次第に浸透し、伝統的な地域の主体性との融合のなかで、集成４期までには大規模前方後円墳を頂点とする新たな政治的秩序が顕現したものと考えられる。上野、下野、常陸の前方後方墳の分析から、前方部の長さや後方部の形態変化、付随する方形墳の大型化や階層化など、偏差を内包しつつ地域を越えたいくつかの共通した変化が認められた。２期以降の大規模前方後方墳やそれに伴う壺形埴輪（Ｃ類土器）の出現等も一連の動きであり、集成１期以降の前方後方墳に認められるこのような諸要素の変化も、大和政権を頂点とする新たな体制と枠組みによるところ大と理解できるのである。

注
（1） 茂木雅博「大和の前方後方墳」『初期古墳と大和の考古学』学生社、2003年。
（2） 赤塚次郎「前方後方墳の定着」『考古学研究』43-2、1996年。白石太一郎『倭国誕生』吉川弘文館、2002年。
（3） 宇野隆夫「前方後方形墳墓体制から前方後円墳体制へ―東日本からみた日本国家の形成過程―」『古墳文化とその伝統』勉誠社、1995年。宇野隆夫ほか『象鼻山1号古墳―第3次発掘調査の成果―』1999年。
（4） 西川修一「南関東における古墳出現過程の評価」『月刊文化財』470、2002年。
（5） 近藤義郎編『前方後円墳集成　東北・関東編』山川出版社、1994年。
（6） 田口一郎「北関東の前方後方墳の動向」『前方後方墳を考える』東海考古学フォーラム、1995年。塩谷修「茨城県の方形周溝墓」『関東の方形周溝墓』同成社、1996年。
（7） 注（6）塩谷文献。
（8） 茂木雅博「信濃の前方後方墳」『信濃』28-4、1976年。
（9） 水戸市飯富町では、この時期安戸星1号墳他三基の前方後方墳が発見され、分布の集中する一画を形成している。とくに、二の沢B古墳群は三基の前方後方墳が隣接して営まれ、さらに方形周溝墓も発見されるなど常陸では他に例がない。小規模、低墳丘の前方後方墳が短期間に造営された様相を呈しており、どちらかというと上野や下総・上総にみられる群集する小規模前方後方墳墓との類似性が濃厚である。
（10） 赤塚次郎「東海系のトレース―3・4世紀の伊勢湾沿岸地域―」『古代文化』44-6、1992年。
（11） 茨城県常陸太田市久米町所在（旧久慈郡金砂郷町久米）の常光院古墳は、常陸では唯一全長約90mの前方後方墳の可能性が指摘されている（鈴木素行「弥生・古墳時代の金砂郷」『金砂郷町史』1989年、注（5）文献）。ただ、踏査による現況把握からは前方後方墳とする確証に乏しく、墳形、規模ともにその認定は疑問、保留とせざるを得ない。
（12） 注（10）文献。
（13） 後方部の形態については、後方部長と幅の比および視覚的な観点から、きわめて恣意的、便宜的ではあるが、主軸に沿って正方形：正、縦長：縦、横長：横の区別を第13表に表記した。
（14） 深澤敦仁「関東平野北西部」『シンポジウム　東日本における古墳出現について　発表要旨資料』東北・関東前方後円墳研究会、2004年。
（15） 宇垣匡雅「古墳の立地とは何か」『古墳時代の政治構造』青木書店、2004年。
（16） 常陸地域の東海村真崎5号、鉾田市大峰山1号墳、石岡市長堀2号墳例などが該当するが、現状では時期や内容など古墳群の全貌は明確にできない。
（17） 小川町教育委員会『那須吉田新宿古墳群発掘調査概要報告書』小川町埋蔵文化財調査報告第12冊、1999年。
（18） 土浦市教育委員会『山川古墳群（1次・2次調査）・（3次調査）』2004・07年。
（19） 第1章参照。
（20） 田中新史「市原市神門4号墳の出現とその系譜」『古代』63、1977年。田中新史「出現期古墳の理解と展望―東国神門5号墳の調査と関連して―」『古代』77、1984年。
（21） 佐野市教育委員会『馬門南遺跡・馬門愛宕塚古墳―発掘調査概要報告書―』1992年。
（22） 茂木雅博・井之口茂・田中裕貴「常陸星神社古墳（町指定名称諏訪山古墳）の測量調査」『博古研究』第26号、2003年。茂木雅博・田中裕貴・高橋和成「常陸梵天山古墳の測量調査」『博古研究』第27号、2004年。
（23） 松島栄治「前橋天神山古墳」『群馬県史　資料編3（原始古代3）』群馬県、1981年。松島栄治・加部二生「前橋天神山古墳出土の土器」『東日本における古墳出現過程の再検討』日本考古学協会、1993年。
（24） 橋本博文「東国への初期円筒埴輪波及の一例とその史的位置づけ」『古代』59・60、1976年。
（25） 西野元ほか『古墳測量調査報告書Ⅰ』筑波大学歴史・人類学系、1991年。

(26) 大橋泰夫・荻悦久・水沼良浩「常陸長辺寺山古墳の円筒埴輪」『古代』77、1984 年。
(27) 長沼律朗『市原市今富塚山古墳確認調査報告書』千葉県教育委員会、1987 年。
(28) 長沼律朗「姉崎天神山古墳」『千葉県重要古墳群測量調査報告―市原市姉崎古墳群―』千葉県教育委員会、1994 年。
(29) 田島佳男「浅間山古墳」『群馬県史　資料編 3（原始古代 3）』群馬県、1981 年。
(30) 橋本博文「別所茶臼山古墳」『太田市史　通史編　自然・原始古代』1996 年。
(31) 大場磐雄・佐野大和『常陸鏡塚』國學院大學考古学研究室、1956 年。稲村繁「茨城県における埴輪の出現」『古墳文化の新視角』雄山閣、1983 年。田中新史「点景をつなぐ―古墳踏査学による常総古式古墳の理解―」『土筆』第 10 号、2008 年。
(32) 茂木雅博「浅間塚古墳」『常陸観音寺山古墳群の研究』1980 年。塩谷修「潮来市浅間塚古墳」『常陸の円筒埴輪』茨城大学人文学部考古学研究室、2002 年。
(33) 橋本博文「埴輪の出現―関東地方の場合―」『季刊考古学』第 20 号、1987 年。
(34) 前澤輝政「栃木県の古墳」『概説東国の古墳』三一書房、1999 年。
(35) 前期前方後方墳のなかに、性格を異にする二つの様相が認められることは、中井正幸や藤沢敦らによっても指摘されている。中井正幸「二つの前方後方墳―群構成からみた東海の前方後方墳」、藤沢敦「前方後方墳の変質」、いずれも『古墳時代の政治構造』青木書店、2004 年。
(36) 木下良「東海道―海・川を渡って―」『古代を考える　古代道路』吉川弘文館、1996 年。
(37) 田中裕「副葬品―剣・鏃・鏡などを中心に―」『シンポジウム　東日本における古墳出現について　発表要旨資料』東北・関東前方後円墳研究会、2004 年。注（4）文献。

遺跡文献（第 13 表参照）

1．『下佐野遺跡　Ⅰ地区・寺前地区』群馬県埋蔵文化財調査事業団、1989 年。
2．『熊野堂遺跡（2）』群馬県埋蔵文化財調査事業団、1990 年。
3．『矢中村東 B 遺跡』高崎市教育委員会、1985 年。
4．『鈴ノ宮遺跡』高崎市教育委員会、1978 年。
5．『元島名遺跡』高崎市教育委員会、1979 年。
6．『元島名将軍塚古墳』高崎市教育委員会、1981 年。
7．『新保田中村前遺跡Ⅲ』群馬県埋蔵文化財調査事業団、1993 年。
8．『下郷』群馬県教育委員会、1980 年。
9．『伊勢崎東流通団地遺跡』群馬県企業局、1982 年。
10．尾崎喜佐雄『古墳のはなし』1952 年。
11．『堤東遺跡』群馬県教育委員会、1985 年。
12．『昭和 62 年度　荒砥北部遺跡群発掘調査概報』山武考古学研究所、1988 年。
13．『下境 1・天神』群馬県教育委員会、1990 年。
14．『昭和 62 年度　荒砥北部遺跡群発掘調査概報』山武考古学研究所、1988 年。
15．尾崎喜佐雄「八幡山古墳」『前橋市史』第 1 巻、1971 年。
16．『内堀遺跡群Ⅴ』前橋市教育委員会、1993 年
17．『堀ノ内遺跡群』藤岡市教育委員会、1982 年。
18．『大島上城遺跡　北山茶臼山西古墳』群馬県埋蔵文化財調査事業団、1988 年。
19．『東八木、阿曽岡・権現堂遺跡』富岡市教育委員会、1997 年。
20．『前方後円墳集成』関東・東北編、山川出版社、1994 年。
21．『波志江中野面遺跡（1）』群馬県埋蔵文化財調査事業団、2001 年。

22. 『波志江中野面遺跡（1）』群馬県埋蔵文化財調査事業団、2001年。
23. 『伊勢崎市史』通史編第1巻、1987年。
24. 『前方後円墳集成』関東・東北編、山川出版社、1994年。
25. 『大泉町誌』下巻、1983年。
26. 『昭和63年度・平成元年度埋蔵文化財発掘調査年報1』太田市教育委員会、1991年。
27. 宮田毅ほか『古墳出現期の地域性』第5回三県シンポジウム、1984年。
28. 『群馬県史』資料編3、1981年。
29. 『昭和63年度・平成元年度埋蔵文化財発掘調査年報1』太田市教育委員会、1991年。
30. 『前六供・後谷遺跡・西田遺跡』新田町教育委員会、2000年。
31. 『藤本観音山古墳発掘調査報告書Ⅰ』足利市教育委員会、2005年。
32. 『松山遺跡』栃木県教育委員会、2001年。
33. 『真岡市史』第1巻 考古資料編、1984年。
34. 『益子町史』第1巻 考古資料編、1987年。
35. 『栃木県市貝町 上根二子塚古墳測量・発掘調査報告書』市貝町、1993年。
36. 『栃木県史』資料編考古1、栃木県、1976年。
37. 『南河内町史』史料編1、南河内町、1992年。
38. 『山王寺大桝塚古墳』藤岡町教育委員会、1977年。
39. 『下野茂原古墳群』宇都宮市教育委員会、1990年。
40. 『那須八幡塚古墳』小川町古代文化研究会、1957年。
41. 『那須駒形大塚』吉川弘文館、1986年。
42. 『栃木県小川町吉田温泉神社古墳墳形確認調査報告』小川町教育委員会、1991年。『那須吉田新宿古墳群発掘調査概要報告書』栃木県小川町教育委員会、1999年。
43. 『下侍塚古墳周濠発掘調査概報』湯津上村教育委員会、1976年。
44. 『富士山遺跡調査報告書Ⅰ』大宮町教育委員会、1979年。『大宮の考古遺物』大宮町教育委員会、1995年。
45. 『常陸安戸星古墳』常陸安戸星古墳調査団、1982年
46. 茂木雅博・永井三郎『常陸真崎古墳群―測量調査報告書―』東海村教育委員会、2002年。
47. 『茨城町宝塚古墳』茨城町史編纂委員会、1985年。
48. 『大峰山古墳群調査報告書』大洋村教育委員会、1983年。
49. 『大上古墳群第4号墳発掘調査報告』茨城大学考古学研究室編 鉾田町史編さん委員会、1994年。
50. 大塚初重・小林三郎「茨城県勅使塚古墳の研究」『考古学集刊』2-3、1964年。
51. 早稲田大学考古学研究質「福田古墳群第9号墳・長堀古墳群第2号墳・柏崎古墳群富士見塚古墳の測量調査」『茨城考古学』5、1973年。
52. 後藤守一・大塚初重『常陸丸山古墳』1957年。
53. 『常陸狐塚』岩瀬町教育委員会、1969年。
54. 茂木雅博・水野佳代子・長洲順子「土浦市における古墳の測量」『博古研究』創刊号、1991年。
55. 蒲原宏行・松尾昌彦「桜塚古墳」『筑波古代地域史の研究』筑波大学、1981年。
56. 茂木雅博『常陸浮島古墳群』浮島研究会、1976年。
57. 茂木雅博『改訂増補前方後方墳』雄山閣、1984年。
58. 茂木雅博「常陸の前方後方墳」『國學院大學考古学資料館紀要』2、1985年。
59. 茂木雅博編『関城町史』別冊史料編・関城町の遺跡、1988年。
60. 『二の沢A遺跡・二の沢B遺跡（古墳群）・ニガサワ古墳群』茨城県教育財団、2003年。

第5章　前方後円墳の築造と儀礼の波及
―器台形円筒埴輪と壺形埴輪の検討―

はじめに

　古墳に樹立された埴輪による儀礼の始まりは、特殊器台形埴輪と壺形埴輪との二者にあり、それぞれ弥生時代後期の墳墓で使われた特殊器台形土器（特殊壺形土器を伴う）と有段口縁壺形土器に起源する。特殊器台形・特殊壺形土器は、吉備地方の弥生時代墳墓で生成、発展した伝統的な祭祀・儀礼の道具であり、有段口縁壺形土器は大和など近畿地方を本源とする弥生時代墳墓で使われた伝統的な祭祀・儀礼の道具と考えられる。この二種の埴輪が畿内大和から地方へと波及するその歴史的意義を考える際、まずは、列島最古の巨大前方後円墳と考えられる奈良県桜井市箸墓古墳におけるこの種の埴輪の共存（第43図）が注目される。

　本章では、常陸北部久慈川中流域に位置する梵天山古墳群、とくに主墳である梵天山古墳と隣接する星神社古墳の2基の前方後円墳に注目し考察を試みたい。梵天山古墳と星神社古墳は東日本では数少ない古墳時代前期の大型前方後円墳で、壺形埴輪と、特殊器台形埴輪の系譜を引く器台形円筒埴輪とを出土する。初期埴輪二種を伴い、隣接して継起的に築造された大型前方後円墳の典型

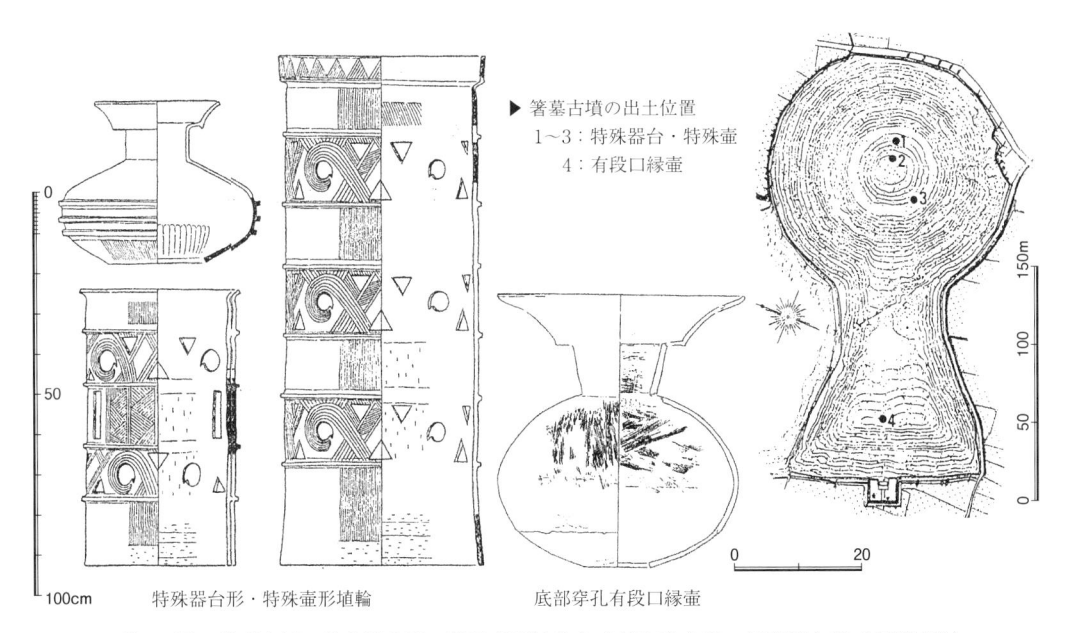

第43図　箸墓古墳　特殊器台形・特殊壺形埴輪と底部穿孔有段口縁壺形土器（壺形埴輪）

的かつ稀有な事例として評価したい。以下、梵天山古墳群の成立と展開に触れつつ、東日本における前方後円墳や器台形円筒埴輪、壺形埴輪の波及について、当地域の位置付けとともにその歴史的背景を探ってみたい。

第1節　常陸北部久慈川中流域の事例と問題提起──星神社古墳・梵天山古墳資料の分析──

　常陸北部の久慈川中流域に位置する梵天山古墳群の成立と展開について考えてみたい（第44図）。とくに、成立期と考えられる二基の前方後円墳、群中最大規模の梵天山古墳と古墳群北西側低地に隣接する星神社古墳の築造時期やその先後関係は興味深い。ここでは、星神社古墳を含む広義の梵天山古墳群の成立を主題に考え、地方への前方後円墳とそれに付随する器台形円筒埴輪、壺形埴輪の波及について考える前提として、上記二古墳に関する具体的資料を提示し本章の問題提起としたい。

1. 星神社古墳について

　星神社古墳は、茨城県常陸太田市小島字本郷に所在し、久慈川左岸の支流、山田川と浅川の二つの小河川に挟まれた海抜13m前後の沖積地上に立地する（第45、46図参照）。本古墳の南東約750mの丘陵上には、後述する前方後円墳梵天山古墳を主墳とする梵天山古墳群が占地している。

　2003年に実施された茨城大学人文学部考古学研究室の測量調査の結果、本古墳の墳丘は、全長100m、主軸方位N80°Eの前方後円墳で、後円部直径54m、後円部高8.6m、前方部先端幅39m、前方部高2.6mの規模を有することが明らかとなった。ちなみに、後円部墳頂標高は21.38m、前方部墳頂標高は15.73mを測る。

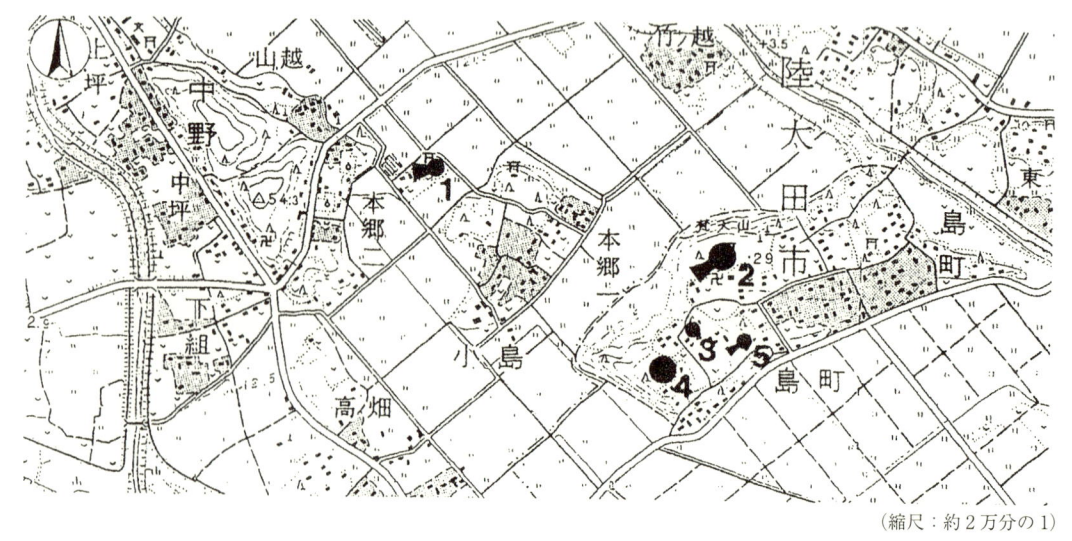

（縮尺：約2万分の1）

1：星神社古墳　2：梵天山古墳　3：阿弥陀塚古墳　4：高山塚古墳　5：瓢塚古墳

第44図　星神社古墳と梵天山古墳群

現状の墳丘に葺石および段築は認められないが、後円部墳頂を主体に後述する埴輪が採集される。墳丘は基本的にすべて盛土と考えられるが、前方部は当初よりきわめて盛土の少ない低墳丘であった可能性が高い。後円部墳頂平坦面は、直径8〜10m程度。くびれ部上は墓地で改変されているが、後円部は前方部に向けて12mほどスロープ状に張り出し、前方部墳頂は比較的旧状をとどめ、三角形あるいは台形状を呈する低い高まりとなっている。墳丘外縁は前方部先端から前方部南側にかけて削平、改変が著しいが、後円部および前方部北側のラインは旧状をよくとどめており、前方部は直線的でやや開き気味の平面形が想定される。

遺存状況の良好な墳丘北側には、後円部から前方部にかけて、墳丘裾部に幅の狭い隍、その外側に幅約10mのテラス状平坦面、さらにその外郭に幅十数mを超える周隍（現状は湿地帯）の痕跡が確認される。これらは、本来後円部東側にまで延びていたものと考えられ、測量調査では、奈良県箸墓古墳の築造プランに類似する墳丘外付属施設として注目されている。

古墳に伴う資料に、墳丘外表から採集された埴輪がある。これらは、主に後円部墳頂および裾部から採集された器台形円筒埴輪とそれに載る底部穿孔有段口縁壺（壺形埴輪）の破片資料で、とくに胴部に線刻紋様のある器台形円筒埴輪は関東地方に波及した事例は数少なく貴重な資料である。円筒、壺いずれの埴輪も、後円部墳頂平坦面外周に樹立配置されていたものと考えられる。

器台形円筒埴輪には、口縁部、胴部、基部の破片がある。口縁部は、「く」の字状に大きく外反し、口縁直下に断面台形の比較的突出度の高い突帯がめぐるのが特徴である。突帯はやや下向きに復原でき、突帯以下の胴部は若干外側に開き気味とも思われるが、基部などから胴部全体はほぼ直

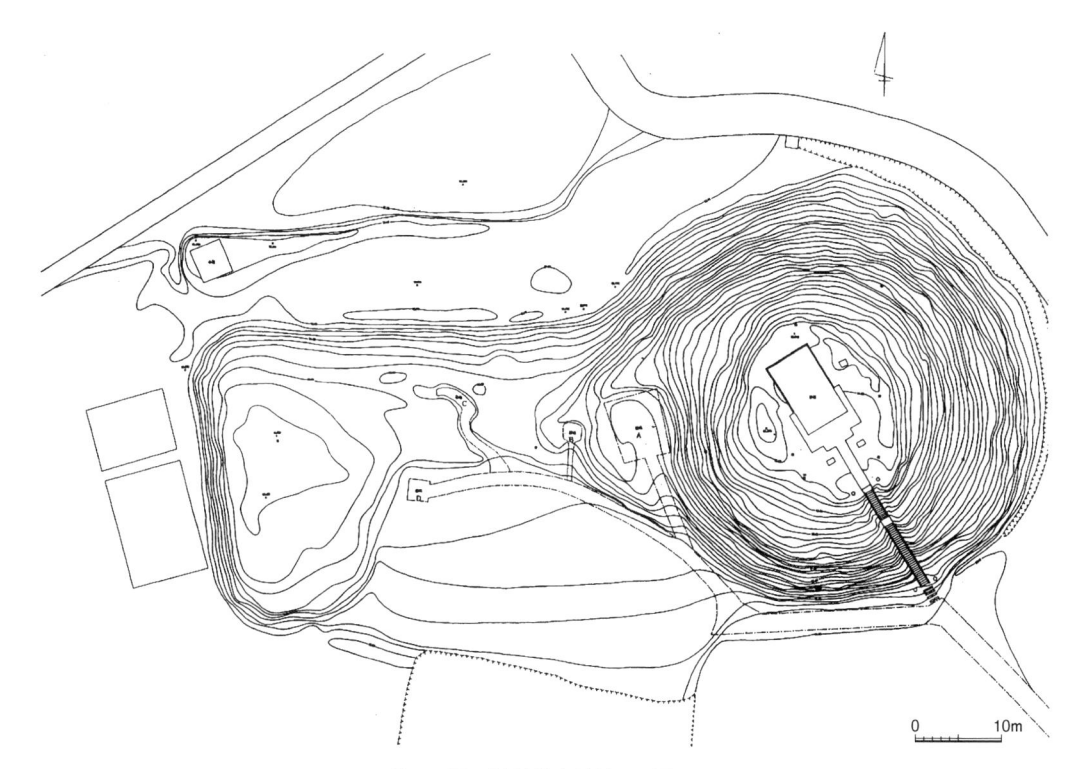

第45図　星神社古墳墳丘測量図

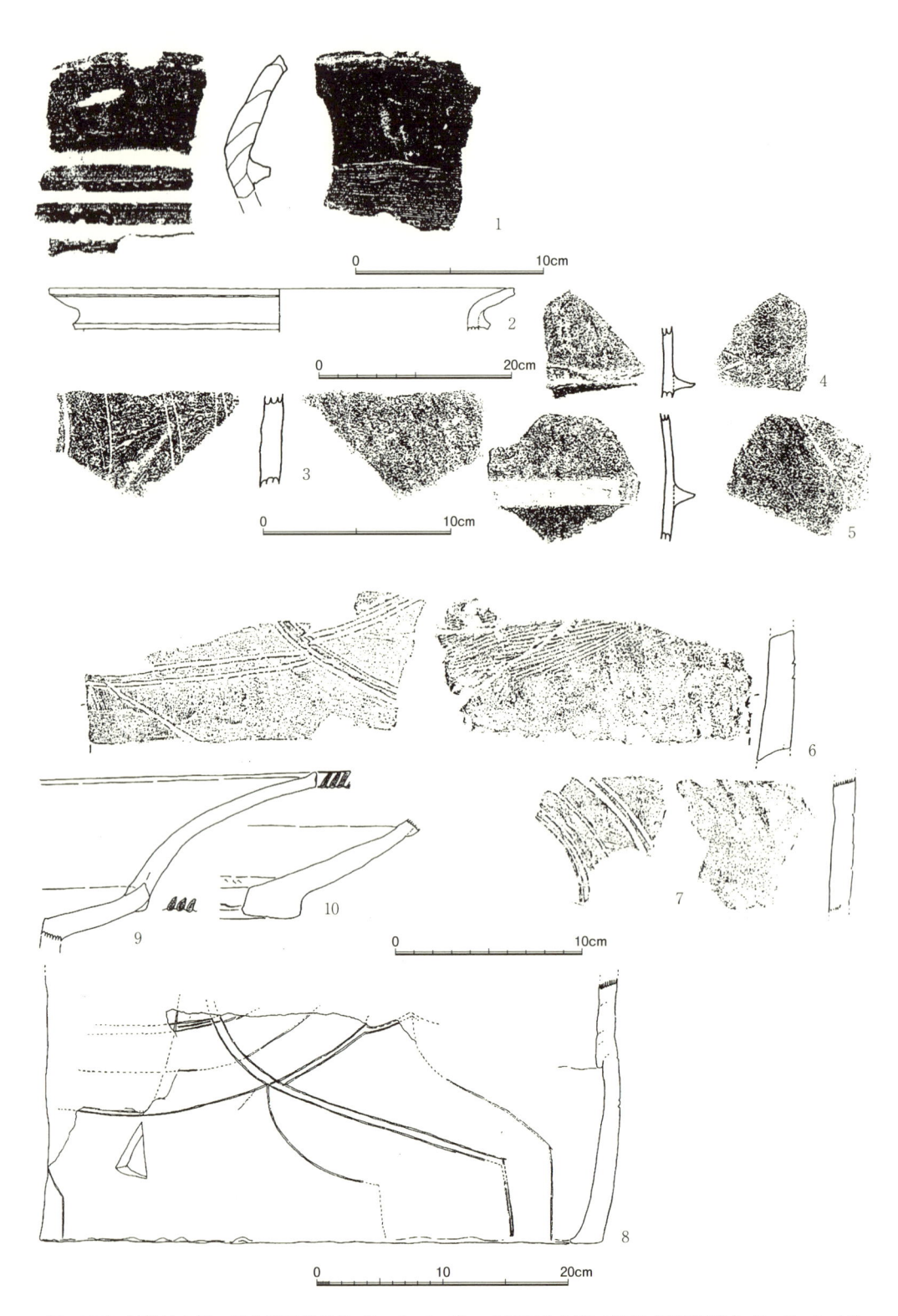

第46図　星神社古墳　器台形円筒埴輪（1～3、6～8）・底部穿孔有段口縁壺（壺形埴輪）（4、5、9、10）

立する形態が想定される。小破片2点のため、復原された大きさは口径約 33〜49.2 cm と幅がある。内・外面とも丁寧にナデ調整されている。

円筒胴部の破片は比較的多数採集されているが、突帯部分は確認されていない。器面には、ハケ調整後、箆状工具による直線および緩やかな曲線の線刻が描かれている。線刻には単線と二本の複線とがあり、曲線を主体に不規則に描かれている感が強い。透孔は線刻に沿って穿孔されるものが多く、三角形、円形、方形、半月形などが想定されているが、特殊器台形埴輪に多い巴形の確実なものは認められない。器面の調整は、外面が断続的な横ハケおよび斜めハケを主体に基部付近は板ナデ調整、内面はナデ調整、多くが器表面に赤色塗彩を施している。

基部は、基底面が内側に広がる幅広のものと、直線的で寸胴なものとの二種がある。いずれも直立して立ち上がる形態が想定され、成形は多くが基底面からの粘土紐積み上げによると思われる。また、最下段の基部付近へも、線刻文様や透孔を施す個体も確認されている。

胎土は部位により少しずつ差があるが、白色砂粒・砂礫を含み、少量の赤色・黒色粒子、雲母粒子などが混じる全体に比較的精選された胎土である。

底部穿孔有段口縁壺には、口頸部、胴部、底部の破片がある。有段の口縁部は細部では多彩な面をもつが、口唇端部のつまみ上げと、口唇端部平坦面および上段屈曲部平坦面に施された刻み目装飾が特徴的である。また、段部平坦面は明瞭に作り出されており、その下部に直立する頸部が復原される。

胴部は球形が想定され、外面に横位・縦位に貼りめぐらされた断面三角形の鍔状突帯が注目される。おそらく、近隣では水戸市安戸星1号墳(7)(古墳時代前期前半の前方後方墳)くびれ部出土の壺形土器(本書第9図6参照)などと同様に、外面肩部から胴下半にかけて横位の突帯間を縦位の突帯で結びくるむ表現が想定される。

底部は、突出する平底の底部で、その内側を焼成前に穿孔している。底径は約 10〜14 cm と大きく、口縁部径も 40〜50 cm に復原されており、大型の壺が推定される。穿孔部の径は最大で約 8〜9 cm、残存底部の周縁幅が広く横長の断面が特徴的である。

胴部の器厚は約 5〜8 mm と薄手のつくりが多く、外面は刷毛調整後、ナデ調整、内面はナデ調整を基本に一部にハケ調整を施すものもある。また、器表面に赤色塗彩を施すものが多い。胎土は器台形円筒埴輪に比べ砂粒が多くやや粗い感があるが、白色粒子、赤色粒子、黒色粒子、雲母粒子等を含む組成は両者近似した特徴を有している。

2. 梵天山古墳について

梵天山古墳は、茨城県常陸太田市島町に所在し、久慈川中流域左岸に位置している(第47、48図)。本古墳は、久慈川の支流山田川右岸に接する標高 20〜25 m の独立丘陵上に占地する梵天山古墳群中最大規模の古墳で、南側の久慈川流域ではなく、星神社古墳のある北側沖積低地を望む丘陵西北端の縁辺部を選んで築造されている。

2003〜2004 年に実施された茨城大学人文学部考古学研究室の測量調査の結果、本古墳の墳丘は全長 160 m、主軸方位 N58°E の前方後円墳で、後円部直径 100 m、後円部高さ 14.33 m、前方部先

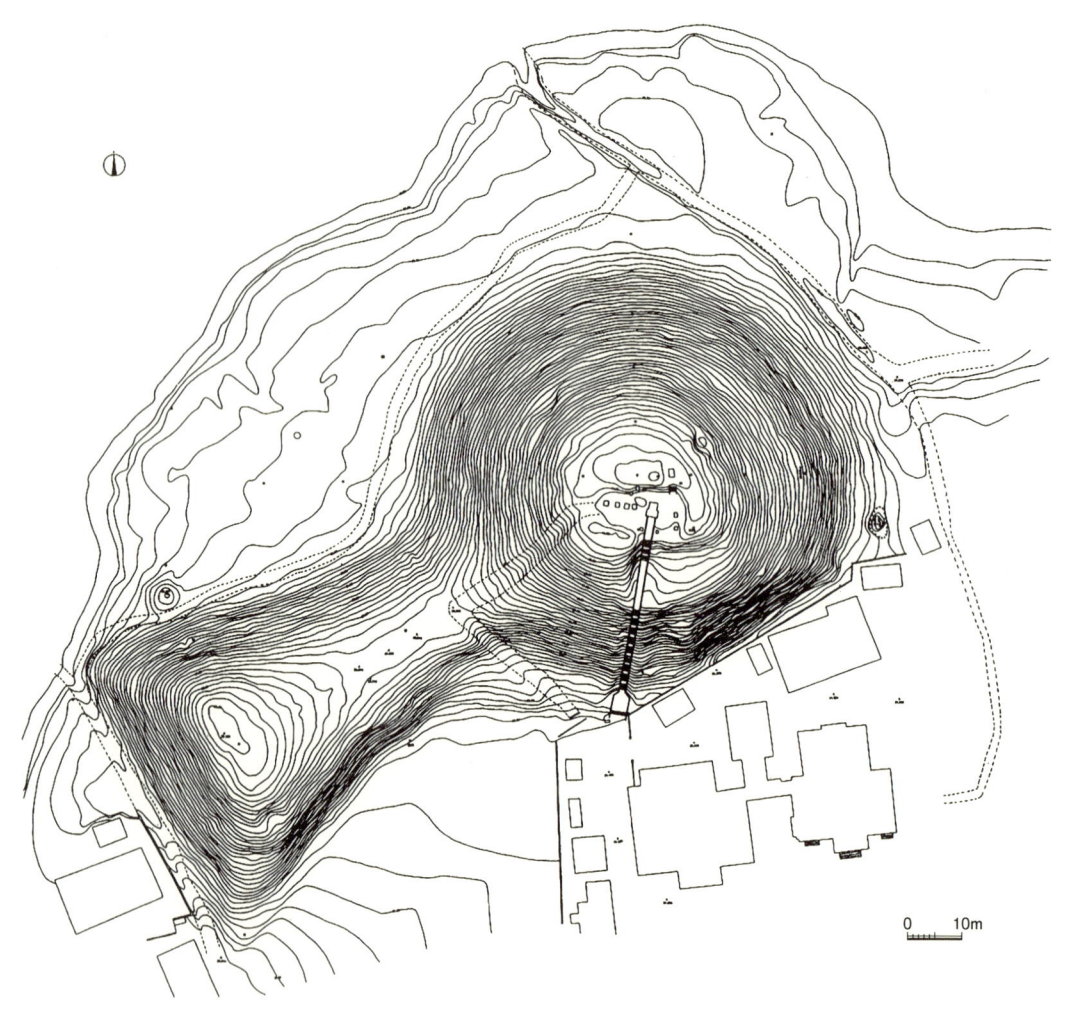

第 47 図　梵天山古墳墳丘測量図

端幅 60 m、前方部高さ 9.64 m の規模を有することが明らかとなった[(8)]。ちなみに、後円部墳頂標高は 44.89 m、前方部墳頂標高は 39.18 m を測る。墳丘平面プランの大きな特徴は、前方部両側縁がくびれ部から 30 m 付近で緩やかに広がり、先端に向かって平面形が撥形を呈することにある。

墳丘外表には、比較的大振りの川原石の葺石が確認できる。測量報告では、後円部中段に残るテラス状平坦面の痕跡から、二段築成の前方後円墳とし、後円部墳頂には直径 24～28 m 程度の平坦面を想定している。また、墳丘外側に付随する施設として、後円部東裾部および前方部南側の二箇所で周隍の痕跡が、前方部先端では幅 42 m、長さ 24 m のテラス状張り出しの付設が想定されている。また、前方部北西裾部に直径 7 m、高さ 1 m の盛り土遺構があり、これも古墳築造時の構築物と想定されている。

古墳に伴う資料として、墳丘外表から焼成前に底部を穿孔した有段口縁壺（壺形埴輪）の破片が採集されている[(9)]。これらは、ほとんどが後円部墳頂およびその周辺の後円部墳丘内から採集されており、星神社古墳同様に後円部墳頂外周への樹立配置が想定されるが、採集資料に円筒形はな

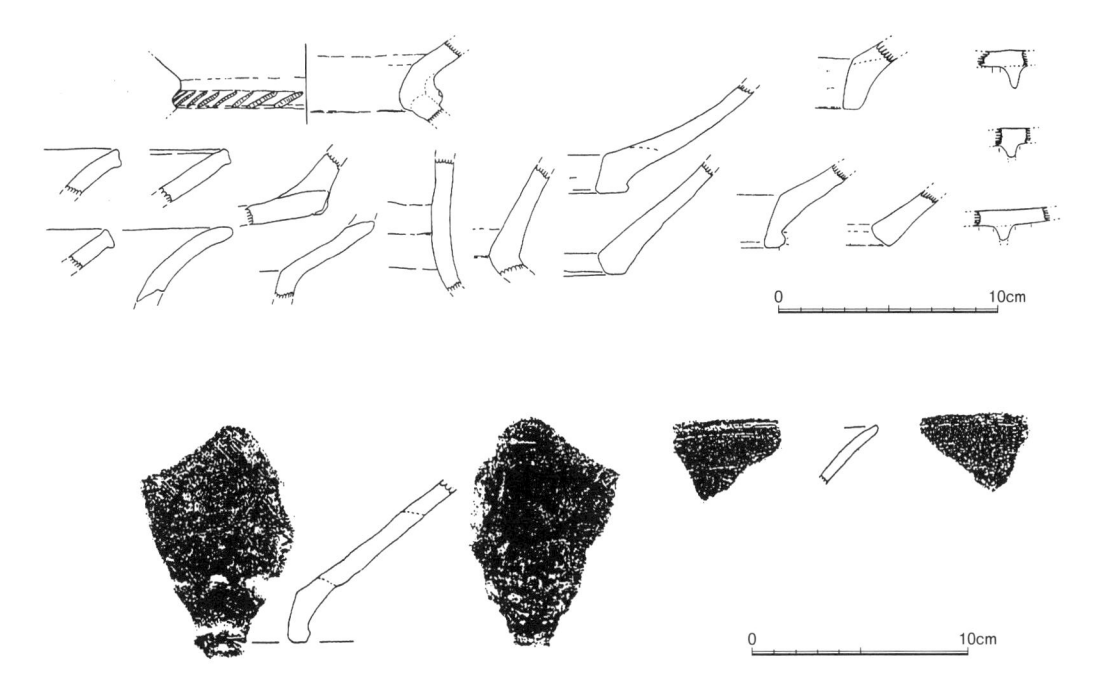

第 48 図　梵天山古墳　底部穿孔有段口縁壺（壺形埴輪）

く、壺形のみが配置されたものと考えられる。

　底部穿孔有段口縁壺には、口頸部、胴部、底部の各破片がある。採集された壺の口唇部には丸みをもつものと平坦なものとの大別二種がありその様相は多彩だが、頸部を含む口縁部は段部平坦面が比較的明瞭な有段口縁で、壺形の多くはこの形態と思われる。なお頸部は、直立する星神社古墳とは異なり、外側に開く形態が多数を占め、特徴的である。

　底部は、星神社古墳例に比して突出度の弱い平底が多く、内側を焼成前に大きく穿孔している。ただ、大きく突出した平底や直線的に立ち上がる丸底風もあり、底部形態も多彩な側面を有している。底部から胴部への立ち上がりは、星神社古墳同様に緩やかで球形の胴部を想定させるものもあるが、比較的急な立ち上がりが多く、より縦長な胴部が多いと考えられる。なお、胴部に断面三角形の鍔状突帯を貼付する破片があり、星神社古墳と共通する形態の壺が想定されている。[10]

　器面の調整は、外面はハケ、内面はナデ主体の調整が施され、赤色塗彩された口縁部や胴部片も認められる。胎土には、砂粒や雲母片の含有が微量で粒子の細かい精選されたもの以外に、白色砂粒や雲母片、赤色粒子や黒色粒子など粗い砂粒を多量に含むものもあり、星神社古墳から出土する二種の埴輪の比較的均質な胎土に比べ、精粗混在する様相が特徴的である。

第2節　梵天山古墳群の成立と展開

　梵天山古墳群を構成するそれぞれの古墳の年代はいつ頃なのか、とくに、最も古く遡る梵天山古墳と星神社古墳の築造年代、つまり広義の梵天山古墳群の成立年代は重要である。先の茨城大学

による測量調査や公表された採集資料群など近年の考古学の成果を踏まえて考えると、古墳群成立の年代は、従来一般に公表されてきた年代よりずいぶんと遡る蓋然性が高くなってきた。これまで公にされた『茨城県史料　考古資料編　古墳時代』[11]、『常陸太田市史』[12]、『金砂郷村史』[13]などをみると、長い間梵天山古墳は古墳時代中期に位置付けられ、星神社古墳についてもほぼ同じような評価がなされてきた。

　古墳群中残存する古墳が9基、このなかで年代の推定できる古墳は、梵天山古墳、阿弥陀塚古墳、高山塚古墳、瓢塚古墳、天神塚古墳、それと北西低地にある星神社古墳を加え計6基の古墳である（第44図）。このなかで、最古の一群が梵天山古墳と星神社古墳の2基の前方後円墳であり、後続する古墳としては、高山塚古墳と阿弥陀塚古墳の2基の円墳と前方後円墳の瓢塚古墳がある。

　直径約100m、高さ約10.5mに達する巨大な円墳・高山塚古墳（第49図）は、幅広で断面M字形の突帯や黒斑を有する円筒埴輪、および長胴化の進行が想定される壺形埴輪片の特徴などから、中期前半のなかでも初頭に近い年代が想定される[14]。高山塚古墳は北西側に接する楕円墳状の墳丘を加えると全長約130mに達するが、直径100mを測る円丘は星神社古墳の全長および梵天山古墳の後円部とその規模をほぼ同じくし、本古墳群における首長墳の推移と高山塚古墳築造の背景を暗示している。

　阿弥陀塚古墳は梵天山古墳と高山塚古墳の間に位置し、現況は直径約40m、高さ約7mの円墳とされる[15]。出土した円筒埴輪は朝顔形を含み、外面の二次調整に横方向の板ナデやハケ調整が用いられ、口縁端部外面に貼付した細身で突帯状の粘土紐が特徴的である[16]。瓢塚古墳は古墳群の南方に位置している。推定で直径約30m、高さ約3mの後円部を残す中規模程度の前方後円墳と想定され、やはり朝顔形を含む円筒埴輪とともに、刀子や鎌、有孔円板などの滑石製模造品の出土が伝えられている[17]。上記二古墳は出土資料の特徴からどちらも中期前半の築造と考えられるが、円筒埴輪の比較から阿弥陀塚古墳がより古く、瓢塚古墳は中期前半でも中葉に近い古墳と想定される。なお天神塚古墳は、砂岩切石の横穴式石室形態から、古墳時代後期以降おそらく終末期に降る古墳の可能性が高い[18]。

　梵天山古墳群は、巨大な円墳高山塚古墳の築造を最後に、中期前半以降中規模な円墳や前方後円墳に移行する。その後、大規模古墳の造営は見られず、後期・終末期にかけては小規模円墳が築造されるような古墳群の推移が想定される。このような古墳群の年代と変遷を踏まえ、あらためて星神社古墳を含む広義の梵天山古墳群成立の様相、つまり梵天山古墳と星神社古墳の築造年代等に注目したい。

　梵天山古墳と星神社古墳はどちらも未発掘だが、梵天山古墳は全長約160mと東日本の前期古墳では破格の大きさの前方後円墳で、前方部先端の平面形が三味線の撥のような曲線を描いているのが特徴である。星神社古墳は全長約100mのやはり大形の前方後円墳で、前方部は直線的だが、墳丘のまわりの施設に特徴があり、狭い隍がめぐり、周庭帯と呼ばれるような平坦な面を挟んで、その外側にまた少し広い隍があるような施設が想定されている。先にも詳述した両古墳の平面形や外周施設の特徴は、列島最古の巨大前方後円墳と考えられる奈良県箸墓古墳の墳丘の特徴と類似していることが指摘されている[19]。つまり、墳丘からみると、梵天山古墳と星神社古墳は、最古型式の

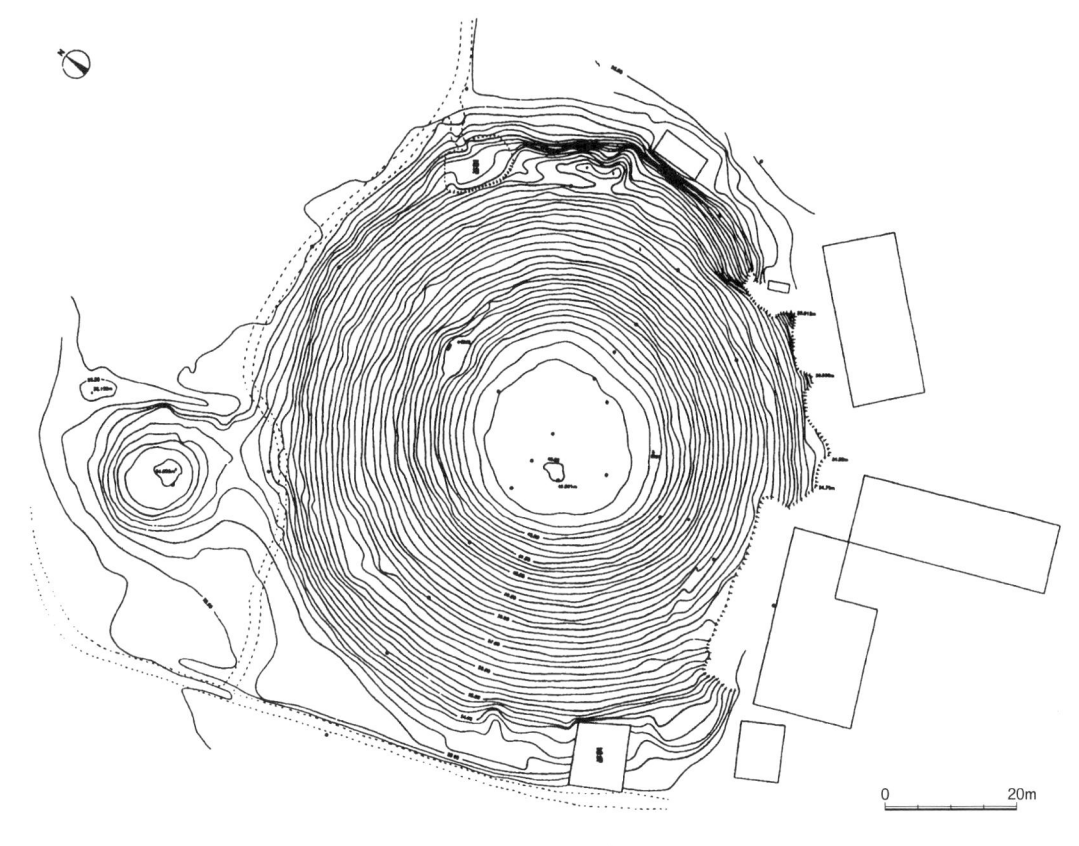

第 49 図　高山塚古墳墳丘測量図

前方後円墳の特徴をともに備える東日本の前期古墳では稀少な事例であり、測量調査の大きな成果として注目される。

　星神社古墳では、後円部墳頂から底部穿孔の有段口縁壺とそれを載せる器台形円筒埴輪が採集されている。この器台形円筒埴輪の表面には細い曲線や直線の紋様が刻まれ、多くが紋様に沿って三角形、方形、円形等々多様な形態の透孔が開けられ、紋様は不規則ながらいまだ特殊器台形埴輪の特徴を引き継いでいる。上に載る壺形埴輪もまた、断面三角形の突帯が胴体を縦横にめぐる特殊な形態で、前述のように近隣では水戸市飯富町の安戸星1号墳から出土した壺の特徴に酷似している。これに対し、梵天山古墳では、やはり後円部墳頂周辺から埴輪が採集されているが、形の確認できるものはすべて底に大きな孔を開けた有段口縁の壺形埴輪だけである。

　相対的には、星神社古墳のほうが梵天山古墳より古く位置付けられる可能性が高いと考えている。

　理由のひとつは、器台形円筒埴輪の表面に描かれた線刻紋様と紋様に沿って開けられた透孔で、特殊器台形埴輪の特徴を継承するものである。東日本の器台形円筒埴輪のほとんどがこの紋様が消失した新しい段階のもので、古墳時代前期中頃から後半の年代が想定されている。円筒埴輪の全国的な変遷を明らかにした川西宏幸は、線刻紋様と透孔からなる特殊器台形埴輪の一群を円筒埴輪成

立以前として編年の対象から除外している。最も古い円筒埴輪Ⅰ期が古墳時代前期中頃と考えれ
ば、線刻紋様をもつ特殊器台形の一群は前期初めから前半に遡る。

　もうひとつは、壺の胴部に断面三角形の突帯がめぐる星神社古墳の壺形埴輪の特徴である。こ
の特徴は東日本を中心に弥生時代後期から古墳出現期にかけて見られる壺形土器に多く、古墳時代
前期後半に降る可能性は少ない。この特殊な突帯をもつ壺形埴輪が、わずかながら梵天山古墳にお
いても採集されており、築造時期の下限は前期中葉を降らない可能性が高く、撥形前方部の年代観
とも符合する特徴と考えられる。ただ、すでに指摘されるように、星神社古墳と梵天山古墳の双方
の底部穿孔有段口縁壺を比較すると、外開きする口頸部の形態や、胴部長胴化の様相から梵天山古
墳が後出的なことは否定しがたい。現時点では、星神社古墳が古墳時代前期前半、梵天山古墳は前
期中葉の築造年代を想定したい。

第3節　器台形円筒埴輪と壺形埴輪の検討——祭祀儀礼の特色と波及——

　器台形に壺形を載せた埴輪を立て並べるやり方と、壺形の埴輪だけを立て並べるやり方、これ
らはどちらも壺に入れた酒食を供え捧げる行為、その「かたち」を古墳の上に盛大に演出したもの
であり、また垣根のように並べて邪悪なものが墓に進入するのを防ぐ結界の役割も果たしていた
のではないかと考えられる。実は、はじめに述べたようにこの二種の埴輪は、全長280ｍの巨大前
方後円墳・箸墓古墳ですでにその両方の存在を確認することができる（第1章附節参照）。興味深
いことに、箸墓古墳では、壺形を載せた特殊器台形の埴輪は後円部の頂上に、壺形単体の埴輪は前
方部の頂上にと、場所を違えて配置され使い分けられていた可能性が高い。これは、それぞれの埴
輪の源流、吉備と畿内との系譜の違いが意識されてのことではないかと推察され、前方後円墳の中
心が後円部であり、前方部はその付属施設であることなども、二つの埴輪の位置付けや性格を示唆
するものと考えられる。
　第17・18表は、広義の器台形円筒埴輪（特殊器台形埴輪を含む）と壺形埴輪を出土する古墳時
代前期の主な前方後円墳と前方後方墳を提示したものである。円筒埴輪と壺形埴輪とについては、
本書第3章ですでに全国的な事例から両者を対比して次のような傾向を指摘している。後者の壺形
埴輪は、東日本とくに関東・東北地方、それと九州地方など近畿中枢部からみて遠隔な地域の前期
古墳に多くみられ、とくに東日本では、全長70ｍを超えるような大型の前方後方墳に特徴的かつ
顕著に認められる。これに対し、前者の器台形および前期の普通円筒埴輪を出土する古墳の大半は
前方後円墳であることがその特徴としてあげられ、とりわけ東日本では、前方後方墳からの出土が
皆無に近いことが重視される。また、初期埴輪である特殊器台形を含む広義の器台形円筒埴輪は、
西日本の前期前半の古墳から多く出土する。東日本での事例は稀少であり、派生する複数の形態の
器台形円筒埴輪が前期前半の前方後円墳から、またわずかに前期後半の大型前方後円墳に残存して
確認されるのみである。ただ、星神社古墳例の如く直線と曲線からなる線刻紋様を残す事例は、東
日本では他に群馬県佐波郡玉村町川井稲荷山古墳例（第50図）以外ない。また、形態的に近似す
る好例は東日本では見当たらず、あえてあげれば奈良県天理市中山町東殿塚古墳前方部出土例（第

第5章 前方後円墳の築造と儀礼の波及　129

第17表 器台形円筒埴輪を出土する主な前期前方後円（方）墳

地域	No.	古墳名	墳形（規模m）	備考
関東	1	◎朝子塚古墳（群馬）	前方後円（123.5）	壺共伴、巴・三角・長方形透孔
	2	○下郷天神塚古墳（群馬）	前方後円（102）	壺共伴、三角・半円形透孔、線刻紋様
	3	○川井稲荷山古墳（群馬）	前方後円（43）	壺共伴、三角形透孔、▲線刻紋様
	4	○小曽根浅間山古墳（栃木）	前方後円（58）	巴形透孔
	5	○星神社古墳（茨城）	前方後円（100）	壺共伴、巴・三角形透孔、▲線刻紋様
中部	6	◎◎森将軍塚古墳（長野）	前方後円（100）	壺共伴、三角形透孔
	7	◎甲斐銚子塚古墳（山梨）	前方後円（169）	壺（透孔有）共伴、巴形透孔
東海	8	◎松林山古墳（静岡）	前方後円（116）	壺共伴、巴形透孔、線刻紋様
	9	○於新造古墳（愛知）	前方後円（42）	巴形透孔
近畿	10	●箸墓古墳（奈良）	前方後円（280）	特殊壺共伴、巴・三角・長方形透孔、▲線刻紋様
	11	●◎◎西殿塚古墳（奈良）	前方後円（230）	特殊壺共伴、巴・三角・半円形透孔、▲線刻紋様
	12	●弁天塚古墳（奈良）	前方後円（70）	特殊壺共伴、巴・三角形透孔、▲線刻紋様
	13	●◎◎中山大塚古墳（奈良）	前方後円（120）	巴・三角形透孔、▲線刻紋様
	14	◎◎東殿塚古墳（奈良）	前方後円（139）	壺共伴、巴・三角・長方・円形透孔、▲線刻紋様
	15	○小半坊塚古墳（奈良）	前方後円（100？）	三角形透孔
	16	◎メスリ山古墳（奈良）	前方後円（250）	三角形透孔
	17	◎◎新山古墳（奈良）	■前方後方（137）	長方形透孔
	18	●元稲荷古墳（京都）	■前方後方（84）	壺共伴、巴・三角形透孔、▲線刻紋様
	19	○寺戸大塚古墳（京都）	前方後円（94）	三角・長方形透孔
	20	●権現山51号墳（兵庫）	前方後円（48）	特殊壺共伴、巴・三角形透孔、▲線刻紋様
山陽	21	●都月1号墳（岡山）	■前方後方（33）	壺共伴、巴・三角形透孔、▲線刻紋様
	22	●七つ坑1号墳（岡山）	■前方後方（45）	特殊壺共伴、巴・三角形透孔、▲線刻紋様
	23	●浦間茶臼山古墳（岡山）	前方後円（138）	特殊壺共伴、巴・三角・方形透孔、▲線刻紋様
	24	○辰ノ口古墳（広島）	前方後円（77）	巴・三角・方形透孔、▲線刻紋様
九州	25	○谷口（佐賀）	前方後円（77）	三角形透孔
	26	○鋤崎古墳（福岡）	前方後円（62）	壺共伴、三角・半円形透孔
	27	●小熊山古墳（大分）	前方後円（113）	壺共伴、巴形透孔、▲？線刻紋様

　■印は前方後方墳　　●特殊器台形埴輪を含む
　▲印は透孔に沿った線刻　◎有段口縁器台形埴輪を含む
　　　　　　　　　　　　○器台形埴輪（山陰型を含む）を含む

51図）は類似する特徴として認知され、古墳時代前期前半に位置付けられる。

　前方後方墳については、相対的にみて前方後円墳より規模が小さいということ、東日本では古墳が出現する際、前方後方墳が先行して築造される例が多く(27)、前方後円墳より前方後方墳の年代が遡る傾向にあるということが指摘されてきた。このようにみると東日本では、前方後方墳に多い壺形埴輪の方が、前方後円墳からの出土にほぼ限定される（器台形）円筒埴輪より古くに使われ始めたということになるが、前方後方墳も壺形埴輪も古墳時代中期の初め頃までは継続する。以上のような特徴をもつ器台形円筒と壺形の二種の埴輪をとおして、古墳時代前期における前方後円墳の築造と儀礼の地方への波及とそのあり様を考察する。ここで、先に詳述した星神社古墳、梵天山古墳の具体的資料からそれぞれの儀礼の要素と組み合わせを俎上にあげ、その系譜を視点に整理してみよう。

【星神社古墳】
　①墳形（直線的な前方部プラン）
　　：奈良県桜井市外山桜井茶臼山古墳、同天理市中山大塚古墳
　②付属施設（周隍、周庭帯）

第18表 底部穿孔有段口縁壺（壺形埴輪）を出土する前期前方後円（方）墳

地域	No.	古墳名	墳形（規模m）
東北	1	青塚古墳（宮城）	前方後円（100？）
	2	雷神山古墳（宮城）	前方後円（168）
	3	天神森古墳（山形）	■前方後方（75.5）
	4	大安場古墳（福島）	■前方後方（84）
関東	5	元島名将軍塚古墳（群馬）	■前方後方（91〜96）
	6	前橋天神山古墳（群馬）	前方後円（129）
	7	藤本観音山古墳（栃木）	■前方後方（116.5）
	8	山王寺大桝塚古墳（栃木）	■前方後方（96）
	9	下侍塚古墳（栃木）	■前方後方（84）
	10	上出島2号墳（茨城）	前方後円（56）
	11	香取神社古墳（茨城）	前方後円（70）
	12	梵天山古墳（茨城）	前方後円（160）
	13	新皇塚古墳（千葉）	■前方後方（60？）
	14	今富塚山古墳（千葉）	前方後円（110）
中部・北陸	15	関野1号墳（富山）	前方後円（65）
	16	甲斐天神山古墳（山梨）	前方後円（132）
東海	17	瓢塚古墳（静岡）	前方後円（55）
	18	権現山古墳（愛知）	前方後円（39）
	19	青塚茶臼山古墳（愛知）	前方後円（123）
	20	西寺山古墳（岐阜）	■前方後方（60）
近畿	21	箸墓古墳（奈良）	前方後円（280）
	22	桜井茶臼山古墳（奈良）	前方後円（207）
	23	椿井大塚山古墳（京都）	前方後円（185）
	24	御旅山古墳（大阪）	前方後円（45）
	25	弁天山A1古墳（大阪）	前方後円（120）
山陽・山陰	26	川東車塚古墳（岡山）	前方後円（59）
	27	田邑丸山2号墳（岡山）	■前方後方（40）
	28	鶴尾神社4号墳（香川）	前方後円（40）
九州	29	銚子塚古墳（佐賀）	前方後円（96）
	30	久里双水古墳（佐賀）	前方後円（108.5）
	31	老司古墳（福岡）	前方後円（76）
	32	豊前坊1号墳（福岡）	前方後円（74）
	33	三国の鼻1号墳（福岡）	前方後円（66）
	34	野間1号墳（大分）	前方後円（48）
	35	小牧山6号墳（大分）	前方後円（45）

■印は前方後方墳

　：奈良県桜井市箸中箸墓古墳

③埴輪（器台形円筒・壺形埴輪）

　：箸墓古墳・後円部、奈良県天理市中山町西殿塚古墳、中山大塚古墳、奈良県天理市東殿塚古墳、奈良県桜井市高田メスリ山古墳

　※茨城県水戸市飯富町安戸星1号墳（縦横突帯付壺）

【梵天山古墳】

①墳形（撥形の前方部プラン）

　：箸墓古墳、西殿塚古墳、京都府木津川市山城町椿井大塚山古墳

②付属施設（前方部突出部）

　：中山大塚古墳（後円部、くびれ部突出部）

③埴輪（壺形埴輪）
：箸墓古墳・前方部、桜井茶臼山古墳 ★奈良県桜井市箸中ホケノ山古墳（有段口縁壺の配置）
※安戸星1号墳（縦横突帯付壺）

　以上は、星神社古墳と梵天山古墳の儀礼的側面を反映する墳丘およびその付属施設と埴輪について、その特質の本源と思われる前期前半の古墳について畿内大和を中心に抽出してみた。星神社古墳と梵天山古墳は、前章で述べたように古墳時代前期前半から中葉の短期間に継起的に築造された大型前方後円墳である。しかし、近接した時期に築造された同じ前方後円墳ながら、意外にも儀礼を反映する古墳の諸相にはそれぞれに異なる様相が看取される。

　前方部の平面プランにあらわれた墳丘形態については、梵天山古墳は箸墓古墳の系譜上にある撥形の特徴が明らかである。星神社古墳は、やや開き気味の前方部形態からは中山大塚古墳など箸墓古墳に後続する古墳の系譜上にあるとも考えられるが、現状の直線的な前方部側縁の様相には柄鏡形の桜井茶臼山古墳からの系譜も想定されてよい。星神社古墳の墳丘付属施設の周隍、周庭帯については、箸墓古墳で想定される外周施設（第52図）との類似性が指摘されており、梵天山古墳前方部先端で想定されている突出部なども中山大塚古墳の後円部やくびれ部の突出部との機能的共通性を認めれば、双方が箸墓古墳からの系譜上での理解が可能かもしれない。埴輪については、星神社古墳が器台形円筒、梵天山古墳が壺形と異相を示している。前述のように、箸墓古墳にはその両者があり、吉備に淵源を持つ前者の系譜は西殿塚古墳へ、ホケノ山古墳（第53図）など畿内に淵源を持つ後者の系譜は桜井茶臼山古墳へとつながっていくと考えられる。

　大和東南部に展開する前期大王墳の系列については、箸墓古墳に始まり、その立地の違いを大前提に西殿塚古墳、天理市行燈山古墳へと続く山辺・磯

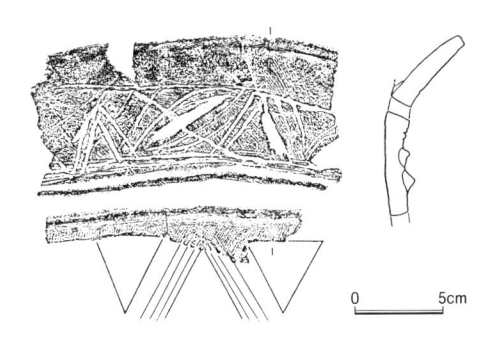

第50図　川井稲荷山古墳の器台形円筒埴輪

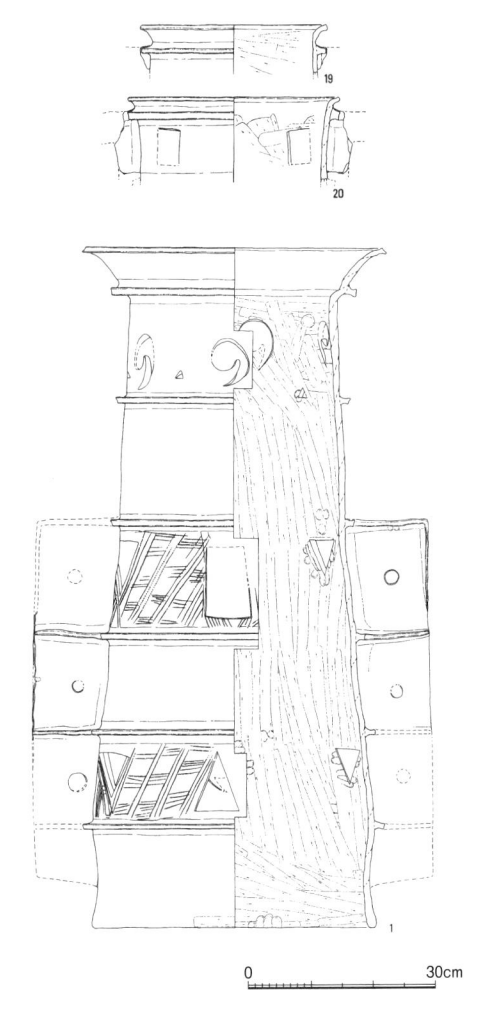

第51図　東殿塚古墳の器台形円筒埴輪

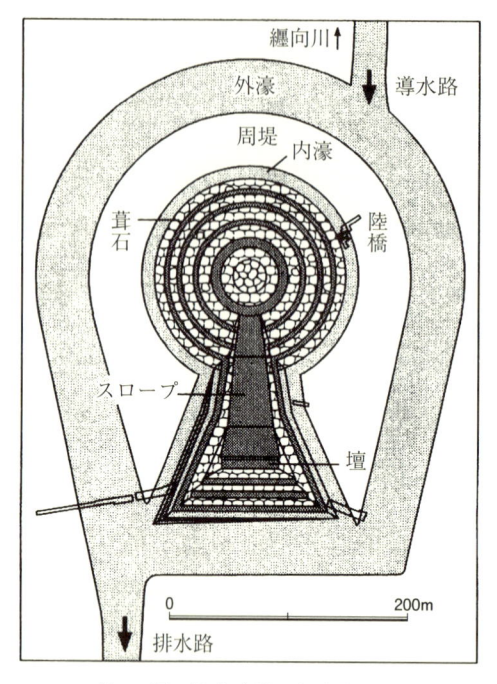

第52図 箸墓古墳の想定復原図

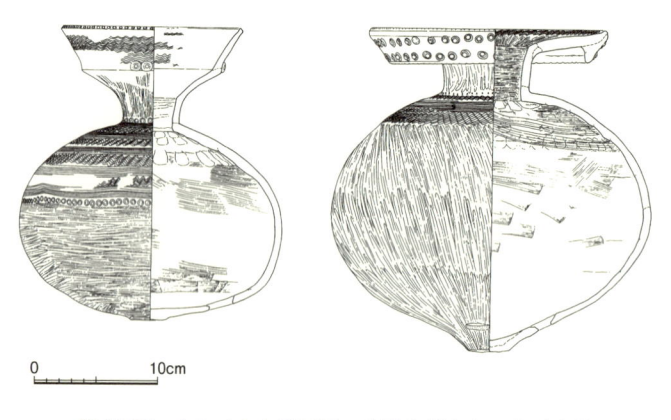

第53図 ホケノ山古墳石囲い木槨上端出土の壺形土器

城地域の系列と、桜井茶臼山古墳、メスリ山古墳へと続く磐余地域との主副二系列があったとの意見がある。この考えの背後には、後者の系列が東方を意識した立地であり、武器・武具を中心とする副葬品の内容から軍事的性格が読み取れるなどの歴史性への解釈があり、古墳時代前期の大王墳に、祭祀と軍事指揮官との二つの機能を分担した主副二系列が存在したことが想定されている。

このような提言にも考慮して、星神社・梵天山両古墳の様相を見てみると、双方に両系列の特徴が混在する状況が読み取れ、その系譜が一系列に収斂するとも考えられない。壺形埴輪の東方指向などとも関連付け、磐余地域の系列が東方への軍事的牽制を意識したものとの見方も提起され興味深いが、東海道東縁にあたる久慈川中流域の2基の大形前方後円墳の様相は単にそれだけでは解釈できない複雑な様相を見せている。

初期埴輪の祭祀儀礼にみられる器台と壺、二種の埴輪の評価には、系譜の相違とともにその優劣関係は認めてよいと思われ、第17・18表からそれぞれを出土する古墳の墳形や規模の全体的傾向をみると器台形円筒埴輪を優位とする関係がうかがわれる。ただ、星神社古墳と梵天山古墳の関係をみると、墳丘規模と埴輪の優劣は逆転しており、階層性は規模を優先して明示し、埴輪は系譜を重んじて明示されていたとも考えられる。いずれにしても、梵天山古墳群成立期の二古墳間に認められる本貫地大和の系譜の錯綜した様相は、各々の系譜関係や階層性の点で大和政権とのかかわり方の複雑さを物語っているものと思われる。想定した二古墳の築造時期が正しければ、両古墳は、古墳時代前期前半から中葉のきわめて短期間に築造されている。築造時期が接近すること、前方後円墳にあらわれた儀礼の系譜の錯綜した状況などから、星神社古墳と梵天山古墳は継続する二代の首長墳と考えるより、同世代に造営された性格の異なる首長級の二者を葬る大小2基の前方後円墳と考えたほうが理解しやすいように思われる。実は、後続する高山塚古墳と阿弥陀塚古墳の2基の大型円墳も、中期初頭から前半とやはり短期間のうちに築造されてい

る。前述したように高山塚古墳の円丘は梵天山古墳の後円部直径100mと同規模であるが、阿弥陀塚古墳の円丘規模も現況（直径40m）を相当上回ることが想定され、同様に星神社古墳の後円部直径58mと同規模に設計されていた可能性が考えられる。つまり、二世代にわたって規模を違えた2基の大型古墳がほぼ並立して築造され、前期前半に活躍した初代が大小二基の前方後円墳に葬られ、前期後半に活躍した二代目は先代の前方後円墳双方の主丘部規模を継承して大小二基の円墳に葬られたものと想定したい。

まとめ

　星神社古墳と梵天山古墳の年代から、梵天山古墳群の成立は古墳時代前期前半から中葉頃と考えられ、三世紀末葉、遅くとも四世紀の前半古相に遡る年代が想定される。しかも、成立期の二古墳が全長100mと160mに達し、この時期の東日本では破格の規模の大形前方後円墳であることが大きな歴史的意義をもっている。というのも、関東地方において古墳時代前期前半に遡る前方後円墳は数少なく、東山道沿いの毛野地域にある川井稲荷山古墳や栃木県足利市小曽根浅間山古墳、栃木県佐野市馬門愛宕塚古墳などが注目されるが、いずれも全長40～60mの中規模墳にとどまっている。しかも、成立期の梵天山古墳群では、二基の大形前方後円墳が規模の格差をもって、並立して築造される特殊な政治構造が想定された。そして、この構造はその後の大型円墳の並立へと継続するのである。梵天山古墳群がある久慈川中流域、その支流山田川が北上する谷筋は、平安時代初期には陸奥国白河へ向かう東海道東縁の主要な交通路だったと考えられている。およそ500年を遡る古墳時代前期前半においても、初期大和政権にとってこの地は政治的にも、軍事的にもきわめて重視されていたのであろう。

　一方、東山道東縁の上野・下野（毛野）地域と東海道東縁の常陸地域には、上総・神門墳墓群のような中規模ながら前期初頭（出現期）に遡る定型化以前の前方後円形墳墓の事例は未確認で、前方後方墳か方墳で占められている。これら上野、下野、常陸における前方後方墳の特徴については、すでに前章で検討しているが、上野や下野と異なり、大規模前方後方墳の出現を見ない常陸の特徴は、ここで検証した久慈川中流域における大規模前方後円墳の早期出現と相関する現象と考えられる。

　また、前章で指摘したように、北関東三国（上野・下野・常陸）の前方後円墳や前方後方墳の状況をみると、古墳時代前期前半の形勢は、どちらかというと常陸と下野、つまり東方優位の状況が想定される。星神社古墳と梵天山古墳の築造は、その動向を最も端的に示すものと思われ、本章で推論した大型古墳の大小2基並立の特性も、東海道の東縁にあたる当地域の位置付けと、その歴史的意味をさらに大きなものとしていると考えられる。

　本章では、梵天山古墳群の分析をとおして、初期埴輪やそれを包含する前方後円墳築造儀礼の地方への波及について、その歴史的背景の一端を考察した。その結果、東日本における梵天山古墳群の位置付けとともに、古墳群のある常陸北部久慈川中流域の政治的、軍事的重要性も浮かび上

がってきた。さらに、梵天山古墳群の評価、とりわけ古墳時代前期から中期前半に築造された星神社古墳、梵天山古墳、高山塚古墳、阿弥陀塚古墳の4基の大型古墳については、古墳時代史における大和政権の対地方政策や当地の歴史的意味付けを明らかにする、数少ない貴重な資料であることが再確認できたと考える。

注

（1）　第3章参照。奈良県桜井市ホケノ山古墳の後円部石囲い木槨周辺から、等間隔に配置されたと想定される二重口縁壺形土器が出土している。畿内の弥生時代墳墓の伝統的な儀礼の一端を示しており、同市桜井茶臼山古墳の壺形埴輪はこの系譜を引くものと思われる。奈良県立橿原考古学研究所編『ホケノ山古墳の研究』橿原考古学研究所研究成果第10冊、2008年。

（2）　中村一郎・笠野毅「大市墓の出土品」『書陵部紀要』第27号、1976年。徳田誠志・清喜裕二「倭迹々日百襲姫命大市墓被害木処理事業（復旧）箇所の調査」『書陵部紀要』第51号、1999年。

（3）　坂靖「大和の円筒埴輪」『古代学研究』第178号、2007年。本章の器台形円筒埴輪は、坂の円筒埴輪分類の①器台形埴輪と②器台系埴輪に相当するものと考えている。

（4）　茂木雅博・井之口茂・田中裕貴「常陸星神社古墳（町指定名称諏訪山古墳）の測量調査」『博古研究』第26号、2003年。

（5）　寺沢薫「箸墓古墳築造プランの復元」『箸墓古墳周辺の調査』奈良県文化財調査報告書第89集、2002年、図48。

（6）　注（4）文献。鈴木裕芳「茨城県久慈川流域における前期・中期古墳の動向」『列島の考古学』渡辺誠先生還暦記念論集刊行会、1998年。田中新史「有段口縁壺の成立と展開」『土筆』第6号、2002年。斎藤新「二星神社古墳（諏訪山古墳）」『採集資料集　久慈川流域の前期・中期古墳』2004年。田中新史「点景をつなぐ―古墳踏査学による常陸古式古墳の理解―」『土筆』第10号、2008年。

（7）　茂木雅博ほか『常陸安戸星古墳』常陸安戸星古墳調査団、1982年。

（8）　茂木雅博・田中裕貴・高橋和成「常陸梵天山古墳の測量調査」『博古研究』第27号、2004年。

（9）　注（8）文献。注（6）田中2002・2008年文献。佐藤政則「梵天山古墳」『東日本における古墳出現期過程の再検討』1993年。塩谷修「常陸太田市梵天山古墳」『常陸の円筒埴輪』茨城大学人文学部考古学研究室、2002年。稲田健一「（1）梵天山古墳（梵天山古墳群1号墳）」『採集資料集　久慈川流域の前期・中期古墳』2004年。

（10）　注（6）田中2008年文献。

（11）　茨城県史編さん原始古代史部会編『茨城県史　考古資料編　古墳時代』1974年。

（12）　常陸太田市史編さん委員会編『常陸太田市史　通史編　上巻』1984年。

（13）　金砂郷村史編さん委員会編『金砂郷村史』1989年。

（14）　茂木雅博・川上みね子・柴田ユリコ・山本吉一「常陸高山塚古墳の測量調査」『博古研究』第21号、2000年。塩谷修「常陸太田市高山塚古墳」『常陸の円筒埴輪』茨城大学人文学部考古学研究室、2002年。生田目和利「（3）高山塚古墳（梵天山古墳群3号墳）」『採集資料集　久慈川流域の前期・中期古墳』2004年。田中新史「水戸市愛宕山古墳・高山塚古墳」『土筆』第10号、2008年。

（15）　高根信和「常陸における古墳群について―特に久慈川流域における古墳を中心として」『茨城県歴史館報』第16号、1989年。

（16）　浅井哲也「（2）阿弥陀塚古墳（梵天山古墳群2号墳）」『採集資料集　久慈川流域の前期・中期古墳』2004年。なお、常陸太田市教育委員会の御好意により、発掘調査で出土した埴輪を拝見させていただいた。

（17）　浅井哲也・片平雅俊・白石真理・斎藤新「（4）瓢塚古墳（梵天山古墳群7号墳）」『採集資料集　久慈川

流域の前期・中期古墳』2004年。
(18) 大場磐雄「茨城県天神森古墳の発掘」『常陸国風土記と考古学』大森信英先生還暦記念論文集刊行会、1985年。
(19) 注(4)文献。田中新史「奈良盆地東縁の大型前方後円墳出現に関する新知見」『古代』第88号、1989年。
(20) 川西宏幸「円筒埴輪総論」『考古学雑誌』第64巻第2・4号、1978・1979年。
(21) 注(6)田中2008年文献。村田文夫「歴史素描・久地伊屋之免古墳」『川崎市高津区　久地伊屋之免遺跡』1987年。
(22) 注(6)田中2008年文献。
(23) 第3章第1・4節参照。
(24) 清水久男「東国の初期埴輪」『大塚初重先生頌寿記念考古学論集』2000年。
(25) 橋本博文「埴輪の出現—関東地方の場合—」『季刊考古学』第20号、1987年。
(26) 松本洋明編『西殿塚古墳・東塚古墳』天理市埋蔵文化財調査報告書第7集、2000年。
(27) 茂木雅博「信濃の前方後方墳」『信濃』28-4、1976年。
(28) 岸本直文「第四章　メスリ山古墳と政祭分権王政」『メスリ山古墳の研究』大阪市立大学考古学研究報告第三冊、2008年。
(29) 本書終章、注(5)参照。
(30) 寺沢薫「箸墓古墳築造の暦年代と歴史的意義」『箸墓古墳周辺の調査』奈良県文化財調査報告書第89集、2002年。古墳時代前期初頭を最古の巨大前方後円墳箸墓古墳の築造と考え、箸墓古墳墳丘外周調査や周辺纒向遺跡群の調査に基づき、寺沢薫が提起する箸墓古墳の実年代観（260～280年）に依拠する。
(31) 前沢輝政「栃木県の古墳」『概説東国の古墳』三一書房、1999年。
(32) 茂木克美『馬門南遺跡・馬門愛宕塚古墳発掘調査概要報告書』佐野市教育委員会、1992年。
(33) 木下良「東海道—海・川を渡って—」『古代を考える　古代道路』吉川弘文館、1996年。
(34) 田中新史「市原市神門4号墳の出現とその系譜」『古代』第63号、1977年。田中新史「出現期古墳の理解と展望」『古代』第77号、1984年。
(35) 第4章まとめ参照。

第6章　土器祭祀の展開と「造り出し」の成立

はじめに

　第1章では、関東地方の前期古墳から出土する土器を、その出土状況からA類：埋葬施設上に埋置されたもの、B類：くびれ部や前方部先端を中心とした埋葬施設上以外の特定の場所に置かれたもの、C類：墳頂部周縁あるいは墳丘周縁に配置、配列されたものに分類し、A～Cへの段階的な変遷を想定した。また、A類は壺（坩）、器台、高杯を主体とする小型土器群、B類は壺を中心に鉢、甕類等、C類は同一規格の底部穿孔壺と、類型ごとに器種組成にも特色が認められた。この内、A類とした埋葬施設上の土器祭祀については、吉備・出雲を中核とする西日本の弥生時代後期後半から終末の墳墓祭祀にその源流が求められ、東海西部地域等の勢力を媒介とし古墳時代開始以降も前方後方墳など東日本の小規模古墳に残存するものと考えた[1]。

　また、C類については墳丘に配列することを目的とする壺形埴輪と認識し、列島全域の事例からその変遷を4期に分類し、古墳時代中期前半（5世紀第一四半期）をその終末の時期と考えた。この壺形埴輪は、畿内大和を発祥の地とし、とくに東日本に多く分布する傾向が認められる[2]。

　上記の認識を前提に、まずは次節で古墳時代前期から中期への時代の画期について、関東地方における前方後円墳集成3～5期[3]の古墳から出土する土器[4]の側面から探ってみることにしたい。

第1節　土器祭祀の展開と画期

1. 前期古墳出土の土器様相

（1）3期の古墳と土器（第54・55図）

　3期（一部に、2期の古墳も含まれる）の古墳と出土土器の概要を地域別に列記すると次のようである。

　○常陸

　　勅使塚古墳（前方後方、64m）　　　　　有段壺、単口壺、小型器台、高杯
　　原1号墳（前方後方、29m）　　　　　　有段壺、単口壺、小型器台
　　葦間山古墳（前方後円、140m）　　　　有段壺
　　狐塚古墳（前方後方、36m）　　　　　　有段壺、小型器台、高杯
　　梵天山古墳（前方後円、160m）　　　　有段壺、小型器台

○下野
　茂原愛宕塚古墳（前方後方、48 m）　　　　有段壺、単口壺、小型器台・坩、S字甕
　山崎1号墳（前方後方、48 m）　　　　　　小型坩、高杯、小型器台、甕
　上根二子塚3号墳（前方後方、41 m）　　　甕
　上根二子塚1号墳（前方後方、33 m）　　　単口壺
　那須八幡塚古墳（前方後方、48 m）　　　　有段壺、小型坩
　下侍塚古墳（前方後方、84 m）　　　　　　有段壺
　馬門愛宕塚古墳（前方後円、52 m）　　　　有段壺、単口壺、高杯、甕
○上野
　元島名将軍塚古墳（前方後方、96 m）　　　有段壺、小型器台・坩、高杯、S字甕
　前橋天神山古墳（前方後円、126 m）　　　　有段壺、小型甕（棺内）
　下郷10号墳（前方後方、42 m）　　　　　　有段壺、単口壺、小型器台・坩
　堀ノ内CK2号墳（前方後方、30 m）　　　　有段壺、単口壺、小型高杯・器台・坩
　朝子塚古墳（前方後円、123.5 m）　　　　　有段壺
　藤本観音山古墳（前方後方、116.5 m）　　　有段壺、小型器台、S字甕
○武蔵
　諏訪山29号墳（前方後方、53 m）　　　　　有段壺、単口壺、高杯、小型器台、甕
　山の根古墳（前方後方、55 m）　　　　　　単口壺、高杯、鉢、甕
　塩1号墳（前方後方、35 m）　　　　　　　有段壺
　塩2号墳（前方後方、30 m）　　　　　　　有段壺、鉢
○総
　手古塚古墳（前方後円、60 m）　　　　　　甕（粘土槨内）
　道祖神裏古墳（前方後方、56 m）　　　　　甕

〔出土状況〕

①埋葬施設内から出土するもの（前橋天神山、手古塚）、②埋葬施設上などの墳頂部から出土するもの（勅使塚、原1号、狐塚、那須八幡塚）、③墳丘裾部や周溝内から出土するもの（勅使塚、狐塚、茂原愛宕塚、山崎1号、上根二子塚3号、上根二子塚1号、那須八幡塚、元島名将軍塚、下郷10号、堀ノ内CK2号、藤本観音山、諏訪山29号、山の根、塩1・2号、道祖神裏）、④墳頂周縁や墳丘上の各所から出土するもの（葦間山、梵天山、下侍塚、前橋天神山、朝子塚）がある。

③のなかには、くびれ部や前方部先端付近に集中して出土するものが認められる（B類）。また、埋葬施設内へ土器を副葬する事例は、2期以前の古墳には認められない。上記2例は、関東地方では最も古く、どちらも前方後円墳であることが重視される。

〔器種組成〕

①小型器台、小型丸底坩、高杯などの小型土器類を出土するもの（勅使塚、原1号、狐塚、梵天山、山崎1号、茂原愛宕塚、馬門愛宕塚、元島名将軍塚、前橋天神山、下郷10号、藤本観音山、諏訪山29号、山の根、塩2号）、②甕形土器を出土するもの（藤本観音山、山崎1号、上根二

子塚3号、馬門愛宕塚、元島名将軍塚、堀ノ内CK2号、諏訪山29号、山の根、手古塚、道祖神裏）、③単口縁壺や大型坩を出土するもの（勅使塚、原1号、茂原愛宕塚、上根二子塚1号、馬門愛宕塚、下郷10号、堀ノ内CK2号、諏訪山29号、山の根）、④有段口縁（二重口縁を含む、以下同じ）壺形土器を出土するもの（葦間山、梵天山、勅使塚、原1号、狐塚、茂原愛宕塚、那須八幡塚、馬門愛宕塚、元島名将軍塚、前橋天神山、下郷10号、堀ノ内CK2号、朝子塚、藤本観音山、諏訪山29号、塩1・2号）がある。

　①の高杯は、この時期まで小型高杯や東海西部系の大型高杯に限定されている。③には、底部が穿孔されているものとされていないものがあるのに対し、④はすべて、焼成前に底部が穿孔されている。

〔壺形埴輪〕

　下侍塚古墳、元島名将軍塚古墳、前橋天神山古墳では、同一規格の有段口縁壺（焼成前底部穿孔）が墳頂部周縁に配列されたような状態、あるいはそれを想起させるような状態で出土している。このような壺形埴輪は、関東地方では2期後半から3期の初めに大型の前方後円墳や前方後方墳に出現する。梵天山古墳や葦間山古墳、藤本観音山古墳なども、同じく初期の壺形埴輪をもつ可能性が高い。

　この時期の壺形埴輪は、球形の胴部に有段口縁をもつ典型的なもので、大きく3形式に分類できる（比田井：B・C・D類、塩谷：口頸部Ⅰ・Ⅱ・Ⅲ類）。[5]

（2）4期の古墳と土器（第56・57図）

4期の古墳と出土土器の概要を地域別に列記すると次のようである。

　〇常陸

　　山木古墳（前方後円、48m）　　　　　　単口壺

　　佐自塚古墳（前方後円、58m）　　　　　有段壺、高杯、小型坩（棺内）、大型器台

　　田宿天神塚古墳（前方後円、63m）　　　単口壺

　〇下野

　　山王寺大桝塚古墳（前方後方、96m）　　有段壺、単口壺（墓坑内）、S字甕

　〇上野

　　北山茶臼山古墳（円?、40m）　　　　　有段壺

　　北山茶臼山西古墳（前方後方、30m）　　有段壺、小型鉢

　　堀ノ内DK4号墳（方?）　　　　　　　　有段壺、単口壺、鉢

　　下郷天神塚古墳（前方後円、102m）　　有段壺、単口壺、大型器台、S字甕

　　朝倉2号墳（円、23m）　　　　　　　　有段壺、単口壺

　　箱石浅間古墳（方、30m）　　　　　　　有段壺

　　蟹沢古墳（方、12m?）　　　　　　　　有段壺、高杯、S字甕

　〇武蔵

　　三変稲荷神社古墳（方、25m）　　　　　有段壺、単口壺

　　熊野神社古墳（円、38m）　　　　　　　有段壺、小型坩・器台

○総
　新皇塚古墳（前方後方？、60＋m）　　　　有段壺
　香取神社古墳（前方後円、70m）　　　　　有段壺
　しゃくし塚古墳（前方後円、82m）　　　　有段壺
○相模
　秋葉山3号墳（円、45m）　　　　　　　　有段壺、単口壺

〔出土状況〕

①埋葬施設内から出土するもの（佐自塚、山王寺大桝塚）、②埋葬施設上などの墳頂部から出土するもの（佐自塚、山王寺大桝塚）、③墳丘裾部や周溝内から出土するもの（山木、北山茶臼山西、下郷天神塚、堀ノ内DK4号、箱石浅間、蟹沢、三変稲荷神社、熊野神社、新皇塚、秋葉山3号）、④墳頂周縁や墳丘上の各所から出土するもの（田宿天神塚、山王寺大桝塚、北山茶臼山、北山茶臼山西、朝倉2号、しゃくし塚、香取神社）がある。

②の埋葬施設上の土器（A類）は、3期と同様常陸、下野の関東北東部地域にのみ認められる。

〔器種組成〕

①小型器台、小型丸底坩、小型鉢、高杯などの小型土器類を出土するもの（佐自塚、北山茶臼山西、堀ノ内DK4号、蟹沢、熊野神社）、②甕形土器を出土するもの（山王寺大桝塚、下郷天神塚、蟹沢、）、③単口縁壺や大型坩を出土するもの（山木、田宿天神塚、山王寺大桝塚、朝倉2号、下郷天神塚、堀ノ内DK4号、三変稲荷神社、秋葉山3号）、④有段口縁壺形土器を出土するもの（佐自塚、山王寺大桝塚、北山茶臼山、北山茶臼山西、朝倉2号、下郷天神塚、堀ノ内DK4号、箱石浅間、蟹沢、三変稲荷神社、熊野神社、香取神社、しゃくし塚、新皇塚、秋葉山3号）がある。

ごくわずかな事例を除き、①の小型土器類から小型器台と東海西部系の高杯が姿を消し、代わって柱状脚部の畿内系大型高杯が出現し、小型坩や小型鉢とともに用いられる。

〔壺形埴輪〕

球形の胴部に有段口縁をもつ典型的な壺形埴輪とともに、簡略化した単純口縁壺形埴輪があらわれる。口頸部が長くなりわずかに長胴化する傾向も認められる。

2. 中期古墳出土の土器様相

（1）5期の古墳と土器（第57図）

5期の古墳と出土土器の概要を、地域別に列記すると次のようである。

○上野
　十二天塚古墳（方、37×27m）　　　　　　小型坩
　峰岸1号墳（円、14.5m）　　　　　　　　高杯、単口壺、小型坩、鉢
　※白石稲荷山古墳（前方後円、170m）　　　石製坩
　※上細井稲荷山古墳（？）　　　　　　　　石製坩
　※剣崎天神山古墳（円、30m）　　　　　　石製坩
○武蔵

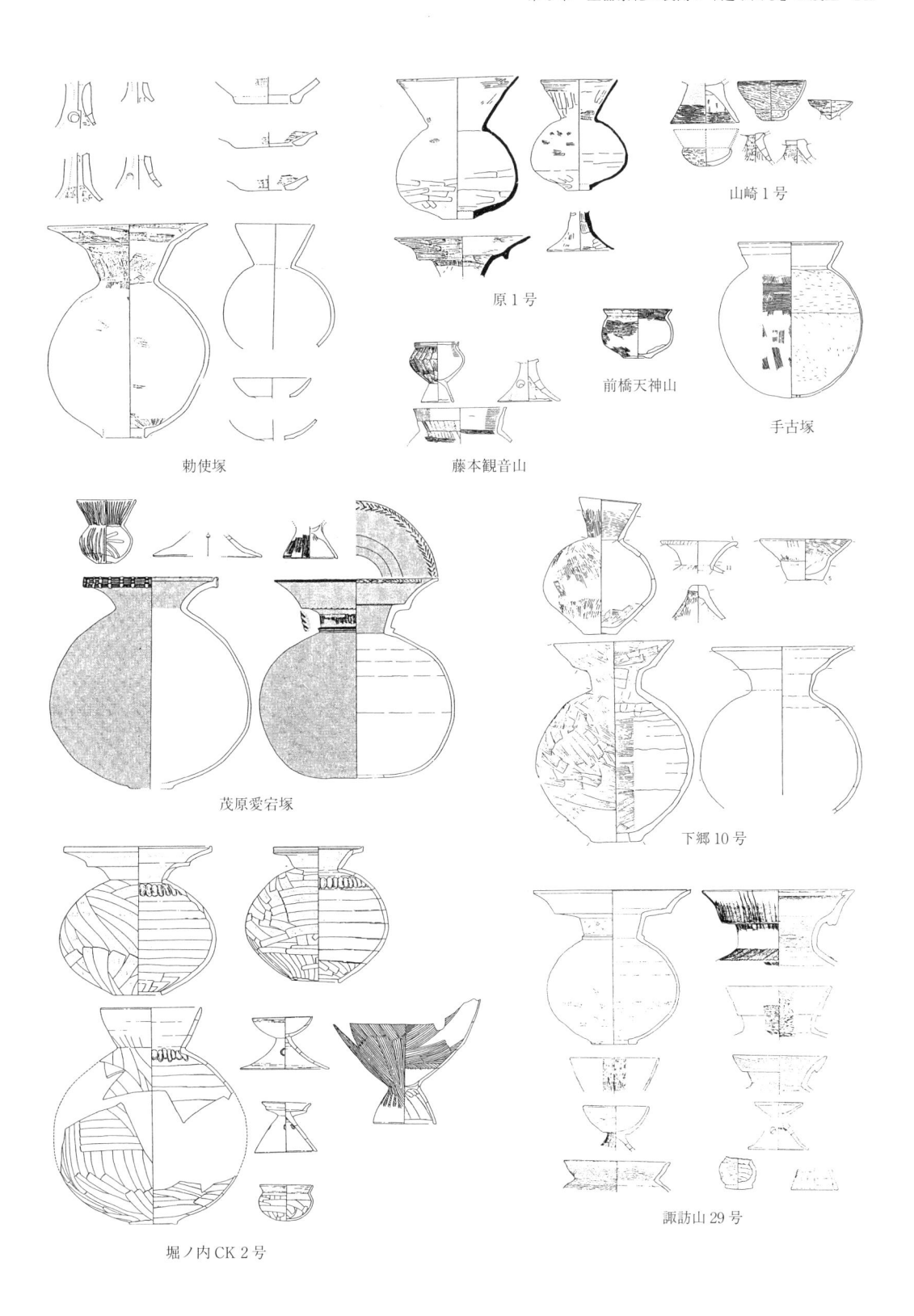

第 6 章 土器祭祀の展開と「造り出し」の成立 141

山崎 1 号

原 1 号

前橋天神山

手古塚

勅使塚

藤本観音山

茂原愛宕塚

下郷 10 号

堀ノ内 CK 2 号

諏訪山 29 号

第 54 図 2〜3 期の土器（1）（縮尺：約 10 分の 1）

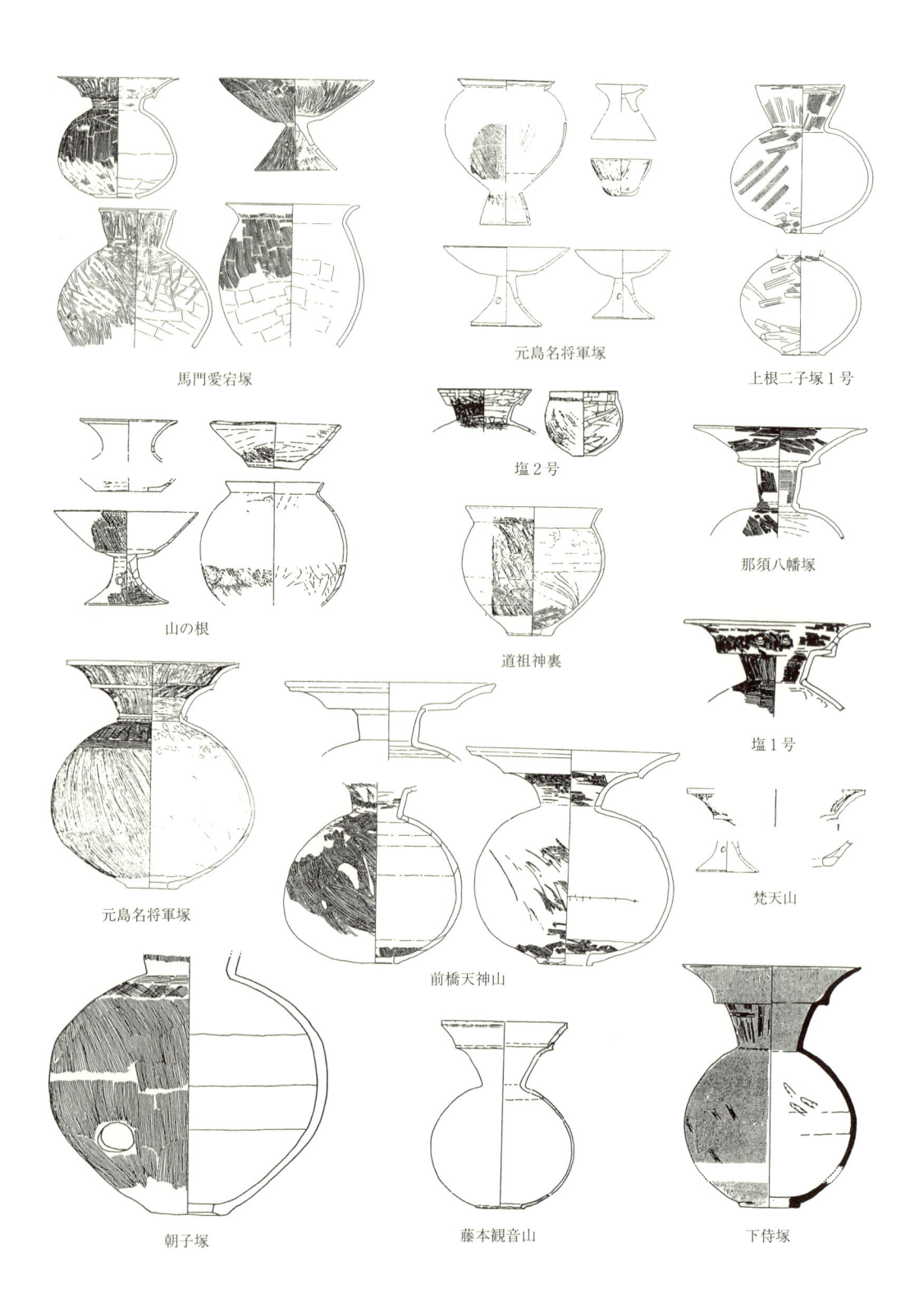

馬門愛宕塚

元島名将軍塚

上根二子塚1号

山の根

塩2号

道祖神裏

那須八幡塚

塩1号

元島名将軍塚

前橋天神山

梵天山

朝子塚

藤本観音山

下侍塚

第55図 2〜3期の土器（2）（縮尺：約10分の1）

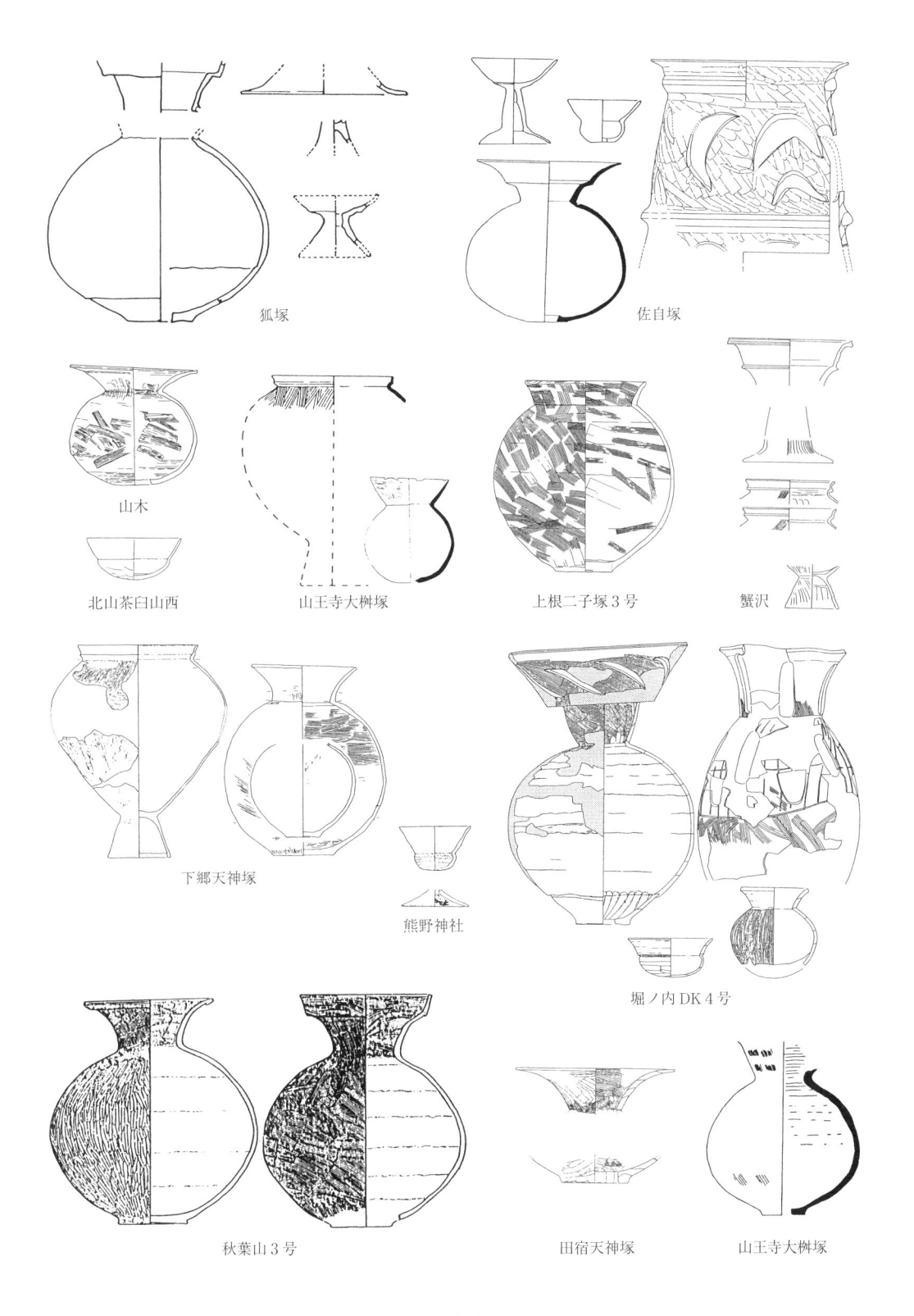

第 6 章 土器祭祀の展開と「造り出し」の成立 143

狐塚　　佐自塚

山木　　山王寺大桝塚　　上根二子塚 3 号　　蟹沢

北山茶臼山西

下郷天神塚　　熊野神社　　堀ノ内 DK 4 号

秋葉山 3 号　　田宿天神塚　　山王寺大桝塚

第 56 図　4 期の土器（1）（縮尺：約 10 分の 1）

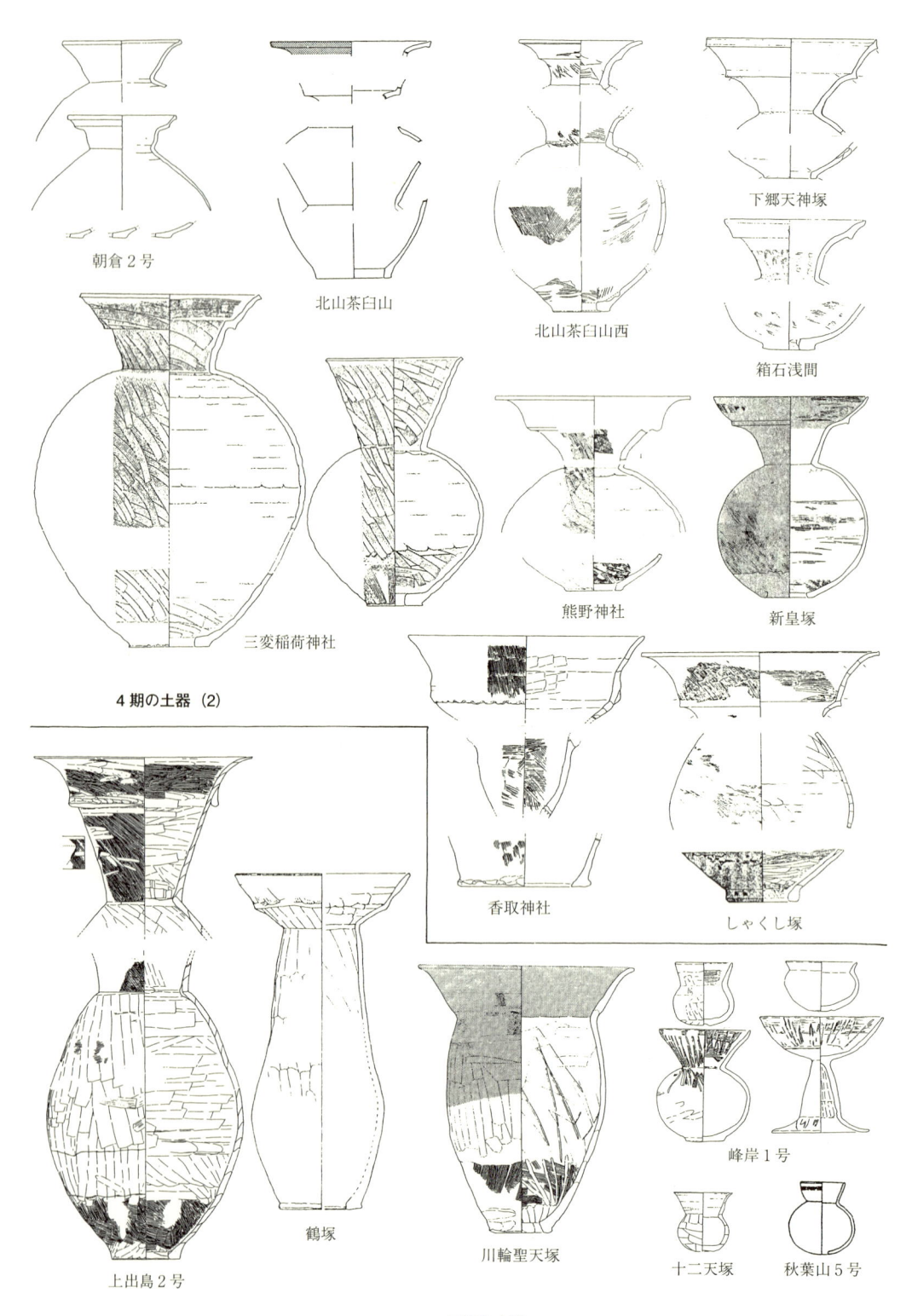

朝倉2号

北山茶臼山

北山茶臼山西

下郷天神塚

箱石浅間

三変稲荷神社

熊野神社

新皇塚

4期の土器（2）

香取神社

しゃくし塚

上出島2号

鶴塚

川輪聖天塚

峰岸1号

十二天塚

秋葉山5号

5期の土器

第57図 4期の土器（2）・5期の土器（縮尺：約10分の1）

川輪聖天塚古墳（円、38 m）　　　　　単口壺
　　野毛大塚古墳（前方後円、82 m）　　　高杯
○総
　　鶴塚古墳（円、44 m）　　　　　　　　有段壺、壺、大型器台、甕
　　上出島2号墳（前方後円、56 m）　　　有段壺
○相模
　　秋葉山5号墳（方、26 m）　　　　　　単口壺、坩、高杯
〔出土状況〕
　①埋葬施設内から出土するもの（白石稲荷山、上細井稲荷山、剣崎天神山）、②墳頂周縁や墳丘上各所から出土するもの（十二天塚、鶴塚、上出島2号）、③墳丘裾部や周溝内から出土するもの（峰岸1号、川輪聖天塚、野毛大塚、秋葉山5号）がある。
　この時期、埋葬施設上の小型土器類（A類）がほとんど姿を消す。
〔器種組成〕
　①高杯、小型坩、小型鉢などの小型土器類を出土するもの（十二天塚、峰岸1号、野毛大塚）、②単口縁壺や大型坩を出土するもの（川輪聖天塚、秋葉山5号）、③有段口縁壺形土器を出土するもの（鶴塚、上出島2号）、④小型土器の石製模造品を出土するもの（白石稲荷山、上細井稲荷山、剣崎天神山）がある。
　小型土器類は、柱状脚部の大型高杯や坩、小型坩が主流となり、墳丘裾部や造り出しがこれらの土器祭祀の場として定着化する。
〔壺形埴輪〕
　極端に長胴化し、壺形をわずかにとどめる終末形態のみが認められる。典型的な壺形埴輪は4期をもって終焉し、5期には残らない。

3. 土器祭祀の変遷と画期（第19表参照）

　3～5期の古墳から出土する土器の推移をまとめると、以下のようになる。
　3期：壺形埴輪の出現（2期～）
　　　　　前方後円墳に畿内系土器の副葬が始まる
　　　　　埋葬施設上土器群・A類の残存（関東北東部）
　4期：小型器台、東海西部系高杯の消滅
　　　　　柱状脚部の畿内系大型高杯の出現
　5期：埋葬施設上土器群・A類の終焉
　　　　　畿内系大型高杯・坩形土器祭祀の普及、定着　　※石製小型坩の副葬
　　　　　典型的な壺形埴輪の終焉

　すでに、比田井克仁が5世紀前半の大きな変化として同様に指摘している[6]壺形埴輪の終焉、畿内系大型高杯・坩形土器祭祀の普及、定着は、今回の検討から4～5期の変革のなかに位置付けら

第19表　関東地方の古墳出土土器編年表　（※印は関東の円筒埴輪出土古墳）

期	常 陸	下 野	上 野	武 蔵	下 総	上 総	相 模	備 考
2〜3期	梵天山 勅使塚 原1号	藤本観音山 茂原愛宕塚 山崎1号 上根二子塚1号 那須八幡塚 下侍塚 馬門愛宕塚	元島名将軍塚 前橋天神山 下郷10号 堀ノ内CK2号 朝子塚※	諏訪山29号 山の根 塩1・2号 稲荷前16号		手古塚 道祖神裏	真土大塚山 小金塚※	渋谷向山
4期	狐塚 鏡塚※ 田宿天神塚 山木 長辺寺山※ 葦間山 桜塚 佐自塚 丸山1号	山王寺大桝塚 上侍塚 上根二子塚3号	北山茶臼山 北山茶臼山西 浅間山※ 堀ノ内DK4号 箱石浅間 下郷天神塚 朝倉2号 蟹沢 別所茶臼山※	三変稲荷神社 熊野神社	水神山 香取神社 しゃくし塚	新皇塚	秋葉山3号	櫛山 御旅山 金蔵山
5期	舟塚山※	佐野八幡山 上神主浅間神社※	白石稲荷山※ 剣崎天神山 上細井稲荷山 御富士山※ 太田天神山※ 十二天塚 峰岸1号	川輪聖天塚 雷電山※ 金鑚神社 野毛大塚※	三之分目大塚山※ 鶴塚 上出島2号	内裏塚※ 銚子塚※	秋葉山5号	乙女山 行者塚

れた。しかも、壺形埴輪の終焉は、古墳祭祀の上で密接なかかわりをもつ前方後方墳の収束とも時期を同じくする列島規模の大きな変化といえる。

　おそらく、関東地方における土器祭祀A類の終焉や、これに代わる畿内系大型高杯・坩形土器祭祀の定着もこの一連の変化のなかに位置付けられるものと考えられる。

　以上のように、古墳時代前・中期の画期は、関東地方の土器祭祀の側面からみる限り集成編年4・5期の間に置くのが妥当と考えられる。これは、弥生時代以来の地域集団間の系譜関係に依拠する前期大和政権の政治体制を払拭し、新たな体制を再編成しつつあった中期政権の列島規模での動きに連動するものと考えられる。

第2節　「造り出し」の系譜

1. 森将軍塚古墳台形状施設の検討

　長野県千曲市森将軍塚古墳には、すでに1960年代の東京教育大学調査時から注目されていた後円部後方に付設された台形状施設がある[7]。このような施設については、上田宏範が奈良県天理市柳本町櫛山古墳の後方部調査時に、前方後円墳くびれ部両側にある造り出しの起源ではないかとする可能性を指摘したのが、研究の嚆矢といえる[8]。その後、田中清美が同様の観点に立ち、その変遷・発展過程を提示し、古墳祭祀の場としての性格付けを行い、後に単なる祭壇へと変化し、造り出しとして定式化することを示唆している[9]。

　ここでは、これらの先行研究に導かれ、森将軍塚古墳後円部後方にある台形状施設の理解のた

め、前期大型古墳におけるこの種の施設の性格と出現の契機について若干の考察を試みたい。

はじめに、森将軍塚古墳の台形状施設について、その位置・規模・形態・構造・遺物との関係についてまとめ、推測されるその性格について提示しておきたい（第58図参照）。

森将軍塚古墳の台形状施設は、後円部上段にある墓壙を囲む石垣の後方にあり、北東方向を指して後円部に付設された状態で認められる。1960年代調査時の所見によると、その上面は、約8m四方の台形状の平坦面を形成しており、平坦面の中央を境に20〜30cm程の段差が付けられていたらしい。また、その築成は墳丘と同様に盛土によるもので、裾部には、後円部から続く一連の石垣がめぐっている。以上のことから、この施設が墳丘築造時に、墳丘の一部として計画的に設置されたことは明白のようである。

後円部上段石垣外縁をめぐる埴輪列は、この部分のみ2列にそれも千鳥状に配されていた。また、この部分に限り壺形埴輪の数が多いことも注目されている。埴輪以外では、壺かあるいは甕形土器と思われる小破片も検出されているが、東京教育大学の調査およびその後の調査においても、この平坦面上でのまとまった土器の出土は認められない（第58・59図）。台形状施設に関連すると思われる遺物に、後円部背面すなわち施設の北東面墳麓から出土した土器群がある。これらの土器のうち図示できるものは、19点に及ぶ。その内訳は、鉢形土器1点（第60図1）、壺形土器10点（第60図2〜10）、高杯形土器5点（第60図11〜15）、小型器台形土器2点（第60図16・17）、椀

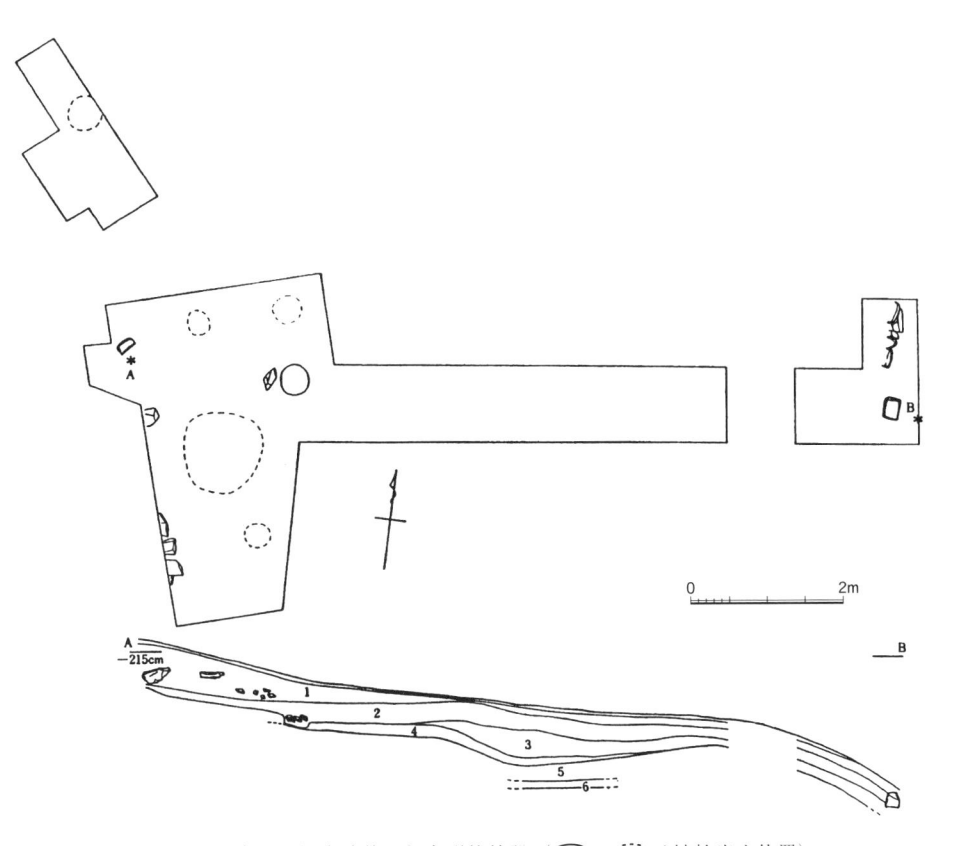

第58図　森将軍塚古墳後円部台形状施設　（◯・⬚は埴輪出土位置）

第59図　森将軍塚古墳台形状施設出土埴輪・土器 (1・2は1/12、3・4は1/4)

形土器1点（第60図18）などの土師器と、須恵器蓋1点（第60図19）などである。

　高杯形土器は、すべて脚部が柱状化した和泉期の特徴をもつものである。須恵器蓋は、6世紀後半頃と考えられるが、これら若干時期の下る須恵器をのぞいた土師器の一群は、五領期末から和泉期初頭の特徴をもつものと思われる。前回調査時の報告でも指摘されるように、これらの土器群がそのまま森将軍塚古墳の築造年代を示すものとは考えにくい。かといって、さほど時期の隔たるものともいえず、とくに土師器群に関しては築造直後と考えても大きな間違いはないように思われるのである。また、青木一男が指摘するように、これらの土器群が後円部背面墳麓から尾根方向に続く橋状遺構付近に集中していることや、高杯形土器の個体数が多いことは、注目すべき事実といえよう。

　台形状施設における埴輪配列や器種組成の特殊性とも合わせ、すでに指摘のあるようにこの部分が森将軍塚古墳にかかわる喪葬祭祀の場であったと考えることは妥当なものである。ここではとくに、土器を用いた喪葬祭祀のために特別に付設された祭壇状施設と考え、その存在意義を重視したい。尾根方向につづく橋状遺構もこの施設と無関係に存在するものではなく、土器の出土状況からみても後円部後方に付設された祭壇状施設と一連の施設と捉えてよいように思われる。

2. 前期大型前方後円墳の事例

　次に古墳時代前期の大型古墳のなかで、森将軍塚古墳と類似した台形状施設をもつ古墳を概観してみたい（第61図）。ここでの比較資料の選定にあたっては、森将軍塚古墳と同様な前期大型前方後円墳を中心に据えている。これは、このような施設を同一階層、あるいは同格といえる古墳間

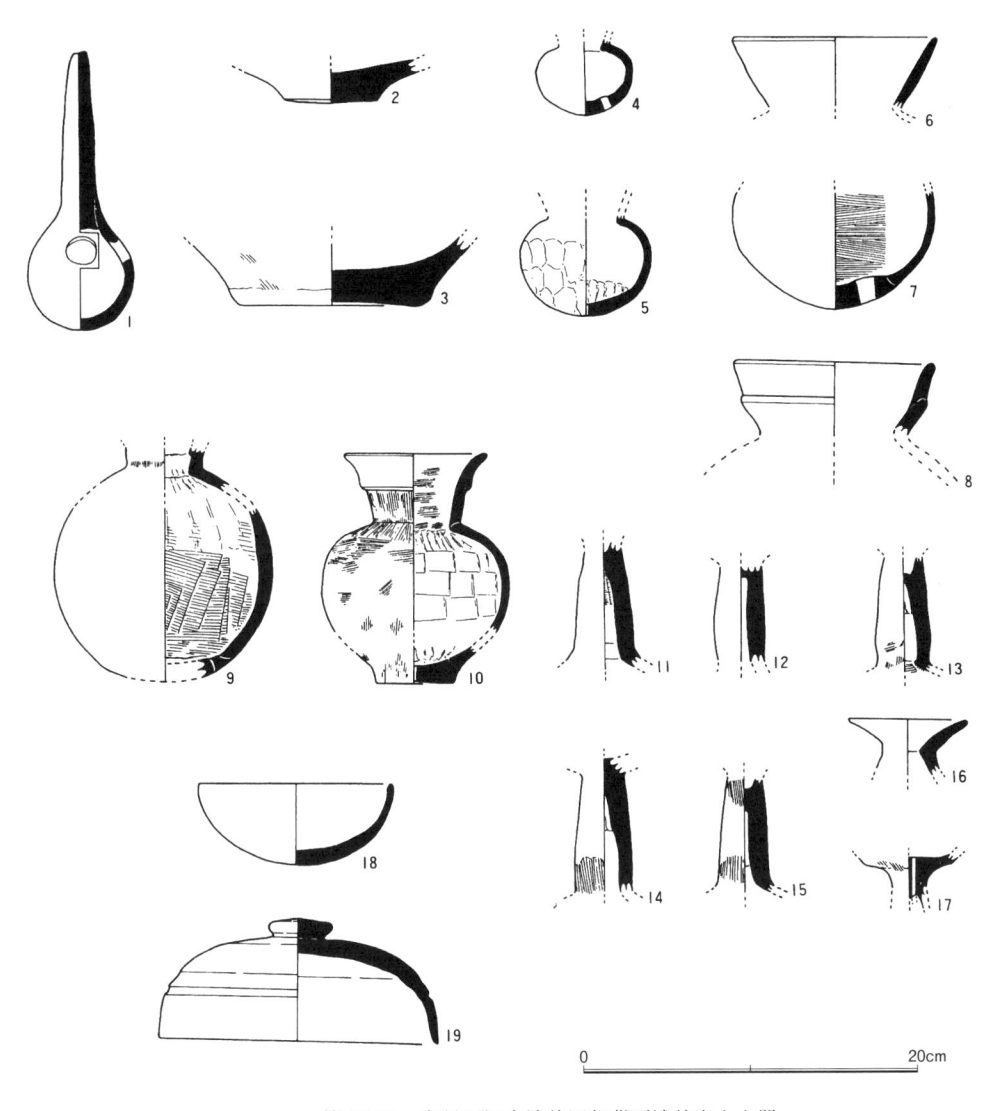

第60図　森将軍塚古墳後円部背面墳麓出土土器

で考えることに意義を認めるからであり、おそらくその発展・定式化の主体もこのような前期大型前方後円墳のなかにあるものと思われる。個々の古墳の検討によって、この種の施設の形態・時期的特徴、性格の一端が明らかにされるものと思われる。

（1）中山大塚古墳[12]

　中山大塚古墳は、奈良県天理市中山町大塚にあり、標高90mの尾根の先端に立地している。大和古墳群の北部にあり、全長120mの前方部を南に向けた前方後円墳で、後円部径64m、前方部幅56mを測り、後円部は楕円形状を呈し、前方部は撥形に開いている。また、後円部東側くびれ部から宮山型の特殊器台系譜の円筒埴輪が採集されており、先の撥形前方部の特徴などとともに最古型式前方後円墳の可能性が考えられる。

　本古墳では、後円部北側後方に、地山を加工して外開きに湾曲した台形状の施設を造り出して

中山大塚古墳 灯籠山古墳

赤土山古墳 櫛山古墳

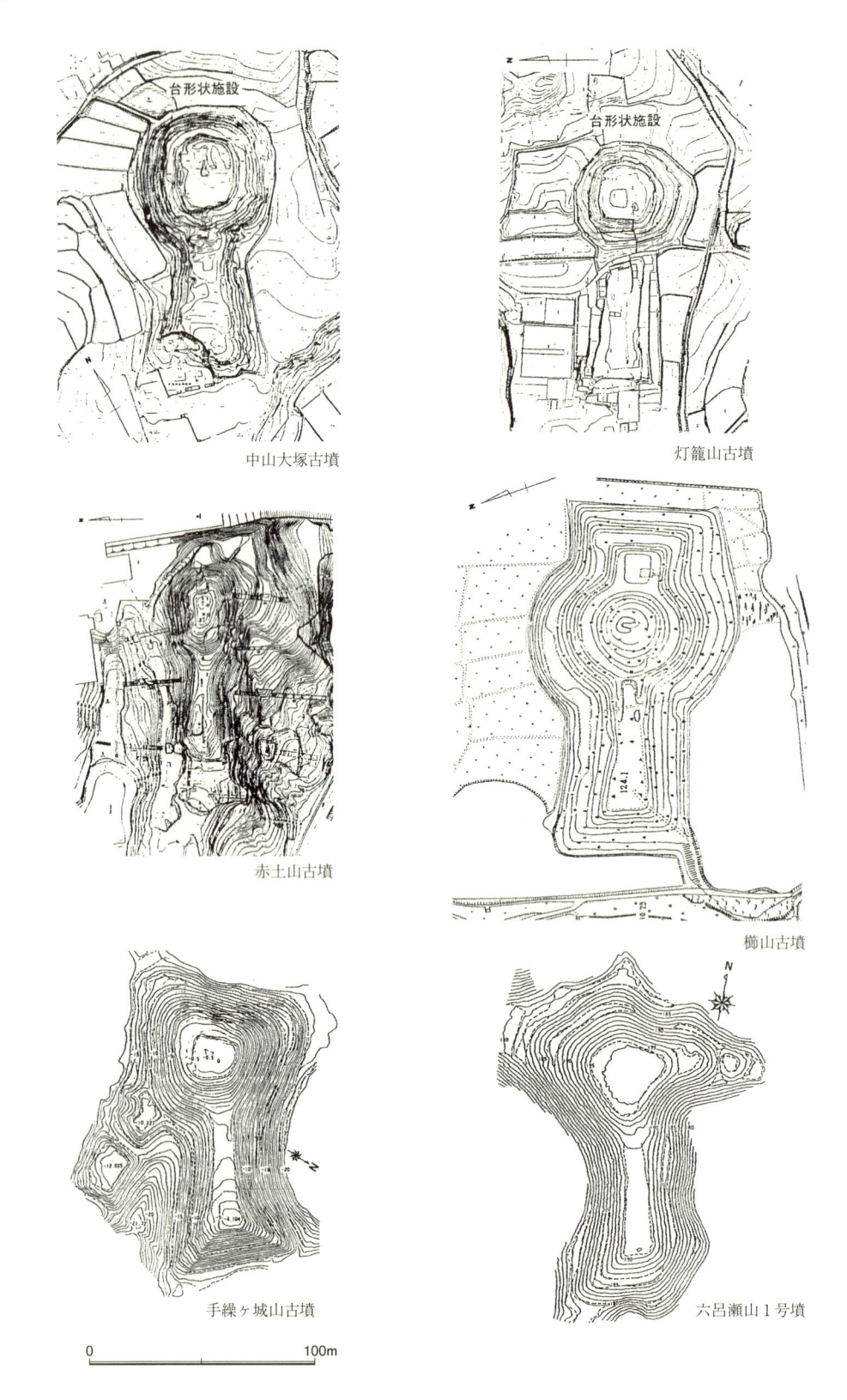

手繰ヶ城山古墳 六呂瀬山1号墳

0　　　　　100m

第61図 台形状施設をもつ古墳実測図

いる。台形状施設の上面は、後世に削平されており、築造当初の構造は判然としないが、元来低平なものであったことが予測される。また、関連する遺物も検出されていない。その規模は、後円部側が幅約29m、先端部幅は約40.4mを測る。

（2）灯籠山古墳[13]

灯籠山古墳は、奈良県天理市中山町灯籠山にあり、中山大塚古墳の北東側に隣接して構築されている。全長110mの前方部を西に向けた前方後円墳で、後円部径55m、前方部幅41mを測る。後円部で4～5m、前方部で1～2mの盛土が想定され、地山を最大限に利用して築造されたものと考えられている。埋葬施設は、後円部に竪穴式石室の存在が想定され、埴製枕、石釧、勾玉、管玉などの副葬品が知られている。墳丘からは、円筒・朝顔形円筒埴輪が採集されている[14]。

台形状施設は、後円部後方東側の墳丘裾部に張り出す低平な方形区画である。外方に開く台形状を呈し、後円部側幅約20m、先端部幅約25m、長さ約17mを測る。細部にわたる発掘調査は行われていないため、その性格を反映するような資料はない。

（3）赤土山古墳[15]

赤土山古墳は、奈良県天理市櫟本町にあり、全長約110mの前方部を西に向けた前方後方墳である[16]。後方部幅約32～33m、長さ44m、前方部幅約32～33mを測る。墳丘や周溝内からは、円筒埴輪、朝顔形円筒埴輪、蓋形埴輪、草摺形埴輪、短甲形埴輪、家形埴輪などが検出されている[17]。

本古墳には、後方部東側後方と南側側面に付設された方壇状の施設がある。とくに東側後方の施設は、推定幅20～22m、残存長11mの台形状を呈し、段築構造で埴輪をめぐらし、後方部と一体化した構造をもっている。なお、裾部には家形埴輪を多数設置して区画している（第64図）。

（4）櫛山古墳[18]

櫛山古墳は、奈良県天理市柳本町にあり、大和古墳群のほぼ中央の尾根のひとつを利用して構築されている。全長150mの前方部を西に向けた前方後円墳で、後円部径90m、前方部幅64mを測る。埋葬施設は、後円部にある竪穴式石室で、副葬品には合子・盤・環などの滑石製模造品、石釧、車輪石、鉄鏃、管玉などがあり、初期の長持形石棺を納めたものである。墳丘には、埴輪列が巡り、主体部のまわりを円形にめぐるものと墳丘周囲をめぐるものとがある[19]。

台形状施設は、後円部東側後方に付設された方壇状の施設で、幅64m、墳丘と同様に三段築成で構築されている。施設上面には、12.5×10.5mの平坦面があり、その南隅に5×3.4mの白礫を敷きつめた特別な施設がある。この施設は、非常に入念な造りで、南方に延びる排水施設を伴っている。そして、この施設の上面から、碧玉製管玉・車輪石・石釧・鍬形石、土製車輪石・石釧・鍬形石・高杯・小型坩、鉄剣、鉄斧などの多量の遺物が人為的に破砕された状態で出土している[20]（第62図）。

（5）手繰ヶ城山古墳[21]

手繰ヶ城山古墳は、福井県吉田郡永平寺町にあり、標高150mの山頂に立地している。全長140mの前方部を北東に向けた前方後円墳で、推定で後円部径90.4m、前方部幅66.4mを測る。墳丘は二段築成で葺石をもち、墳丘内からは、円筒埴輪、朝顔形円筒埴輪、家形・壺形・蓋形など

の形象埴輪片が検出されている。内部施設は、割竹形石棺ないしは、舟形石棺と考えられている。

　台形状施設は、17×23 m の方形で、後円部東側側面に墳丘一段目から張り出すように付設されている。施設斜面には葺石が施され、上面周囲には埴輪列がめぐっている。なお、施設と後円部の間には浅い堀割が認められるという。

（6）六呂瀬山1号墳

　六呂瀬山1号墳は、福井県坂井市丸岡町にあり、標高 198 m の山頂に立地している。全長 140 m の前方部を南に向けた前方後円墳で、推定復原で後円部径 78 m、前方部幅 58 m を測る。墳丘は、二段築成で、円礫の葺石をもっている。埴輪は、円筒埴輪、朝顔形円筒埴輪、家形・囲形・鳥形・短甲形などの形象埴輪が検出されている。内部主体は、舟形石棺の直葬と考えられている。

　台形状施設は、15×27 m の隅丸の台形状で、後円部東側側面に墳丘二段目から張り出すように付設されている。なお、施設の墳丘斜面にも葺石が認められる。

　以上とりあげた古墳について、とくに出土埴輪の特徴から、築造年代を考えてみる。中山大塚古墳は、宮山型の特殊器台系譜の円筒埴輪の存在から3世紀末～4世紀初頭に、灯籠山古墳は、4世紀中葉に位置づけられる。また、A種ヨコハケの埴輪や楕円筒形埴輪をもつ手繰ヶ城山古墳・赤土山古墳・櫛山古墳は4世紀後半、六呂瀬山1号墳は4世紀末から5世紀初頭の年代が考えられる。

　台形状施設の特徴は、中山大塚古墳、灯籠山古墳は低平なもので、墳丘外との区画が明瞭でない。これに対し、赤土山古墳、櫛山古墳は、墳丘と同様な段築構造をもつ方壇状の施設となっている。段築構造をもたない森将軍塚古墳や六呂瀬山1号墳も、葺石を施し後円部と一体となったやはり方壇状の施設である。そして、墳丘一段目から張り出す手繰ヶ城山古墳は、これらの中間に位置するものと思われる。すなわち、大和の地で低平な台形状施設として4世紀前半に出現したものが、4世紀後半には、墳丘と一体化した立体的な

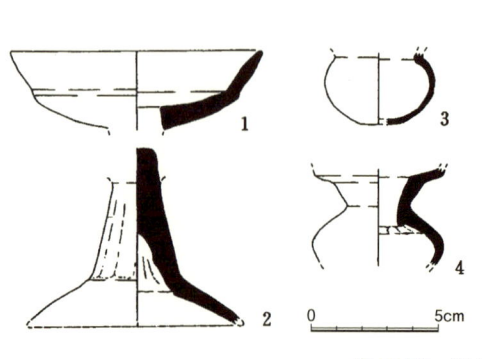

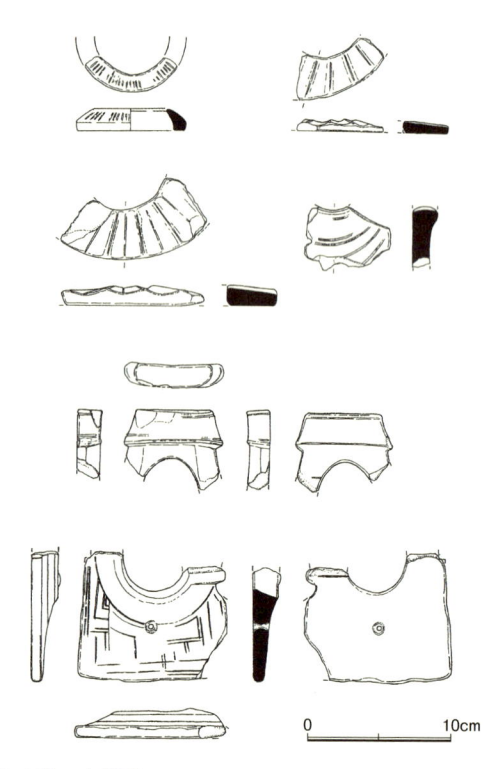

第62図　櫛山古墳出土土器・土製品

方壇状の施設になり、定形化したものと考えられる。

　このように4世紀後半に確立した大型前方後円墳の台形状施設は、櫛山古墳、森将軍塚古墳にみられるように土器や土製品を用いた喪葬祭祀を行う祭壇施設としての性格が強い。原則として後円部後方に付設されたものと思われるが、手繰ヶ城山古墳や六呂瀬山1号墳のように後円部側面に付設されたものもあり、そこには、地域的な変容や地形的な制約があったものと考えられる。なお、初源的な台形状施設は、中山大塚古墳や灯籠山古墳にみるように低平なもので、この起こりが墳丘への通路的な施設に端を発していることが予測される。すなわち、森将軍塚古墳の台形状施設とそれに続く橋状施設との関係が暗示するように、この通路自身が、墳丘内で執り行われる喪葬祭祀と機能的に深くかかわる可能性が高いのである。

3．出現の契機と「造り出し」への系譜

　台形状施設出現の契機を明らかにするには、墳丘内で執り行われる土器を用いた喪葬祭祀の性格について考えてみる必要がある。ここでは、新沢千塚古墳群の土器祭祀を俎上にあげ、その検討をとおして考えてみたい。

　新沢千塚古墳群[26]は、奈良県橿原市と高市郡高取町にかけて所在する。古墳群は、大和三山のひとつ畝傍山の南方一帯にひろがる、標高150m程の越智岡丘陵上にあり、東西、南北約2kmの範囲に約593基の古墳が密集する群集墳を形成している。前方後円墳・前方後方墳・方墳・長方形墳・円墳の各墳形が存在するが、主体となる墳形は円墳である。1962～66年の発掘調査によると、横穴式石室を埋葬施設に採用する古墳はわずかで、少数の粘土槨などを除いて、その大半は木棺直葬である。近年の調査で、横穴式石室をもつ古墳1基が調査されたが[27]、木棺直葬を主体とする群集墳であることに変わりはないといえよう。最古の古墳は前方後円墳で、4世紀後半頃に築造されているが、単独墳で群構成は始まっていない。5世紀中葉頃に円墳を主体に群構成をとりはじめ、6世紀前半に最盛期を迎え、6世紀後半に入ると減少し衰退するという。

　この古墳群の特徴は、古墳時代前期から始まり築造期間が長期にわたること、円墳を主体としながらも前方後円墳を頂点に各種墳形がそろっていることがあげられる。そして、各古墳では、墳丘内において土師器・須恵器を用いた喪葬祭祀が盛んに行われている。すなわち、古墳時代のほぼ全期間をとおして、墳丘内部での土器祭祀の実態とその推移を把握するには絶好の資料といえる。

　第20表は、新沢千塚古墳群中、発掘された古墳をとりあげ、その出土土器と出土位置、築造時期などを墳形ごとにまとめたものである。特に埋葬施設にかかわる土器群を中心にみている。これによると、4世紀後半に前方後円墳2基、5世紀前半から中葉にかけて前方後円墳1基・方墳2基・円墳1基があるが、埴輪の出土はみるものの埋葬施設にかかわる土器祭祀、またそれ以外の土器祭祀もまったく認められない。これに対して、5世紀後半以降6世紀にかけて、墳丘内で棺上など埋葬施設に関わる土器祭祀が盛んに行われるようになるのがわかる。とくに、それは円墳において顕著に認められる。

　このように、棺上など埋葬施設に対し直に行われる土器祭祀は、小円墳を主体とする群集墳には認められるが、所属集団から隔絶した感の強い群構成開始以前の単独の前方後円墳には認められ

第 20 表　新沢千塚古墳群　土器出土古墳一覧

〈前方後円墳〉

古墳 No.	土器出土地点	出 土 土 器	外 表 施 設	時 期
500	後円部粘土槨	×	埴輪片	4C後半
	前方部粘土槨	×		
	くびれ部粘土槨	×		
213	後円部粘土槨	×	埴輪片	4C末～5C初
274	後円部粘土槨	×	埴輪（円筒・蓋）	5C前～中
310	後円部1号棺上	坩、杯、蓋		5C後半～末
	後円部2号棺上	杯、蓋		
452	後円部主体部上	杯、蓋		6C中～後半
212	後円部1号棺横	杯、蓋		6C後半
	後円部2号棺墓壙内	提瓶、高杯、甑		
	後円部3号棺上	器台、杯、蓋、（長頸壺）		
	くびれ部	杯、器台、壺		
	前方部4号棺	×		
	前方部5号棺上	杯、蓋		
160	後円部1号棺横	器台、甕	埴輪片（前方部頂）	6C後半
	くびれ部	杯、蓋		
272	後円部1号棺	×		6C後半
	後円部2号棺	杯、提瓶、高杯、（把手付椀）		
	前方部3・4号棺	×		

〈前方後方墳〉

古墳 No.	土器出土地点	出 土 土 器	外 表 施 設	時 期
81	後方部墳頂	杯、蓋、器台		5C後半
109	後方部埋葬施設	×	埴輪（円筒）	5C後半
	前方部埋葬施設	×		

〈方墳〉

古墳 No.	土器出土地点	出 土 土 器	外 表 施 設	時 期
48	粘土槨2基	×		5C前半
139	埋葬施設上	×	家形埴輪	5C前半～中
133	埋葬施設上	×	埴輪	6C初
328	墳頂部	杯、蓋、器台、高杯、壺		6C初
327	木棺上	器台、高杯、杯、蓋、壺（高杯）		6C前半
318	木棺上	杯、蓋、高杯、甑		6C後半
50	埋葬施設上	甕、提瓶、器台、（甕）		6C後半～末
231	埋葬施設上	×		6C

〈円墳〉

古墳 No.	土器出土地点	出 土 土 器	外 表 施 設	時 期
508	粘土槨			5C前半
230	棺上	高杯、（壺、杯）	円筒埴輪	5C後半
255	棺上	器台	円筒・家形埴輪	5C後半
281	墳頂部（棺横）	杯、蓋、器台、高杯、台付壺、鉢、壺、甑、（壺）	円筒・家形埴輪	5C後半
129	棺横	杯、蓋、甑		5C後半
262	棺上	杯、蓋、高杯・壺	埴輪片	5C末～6C初
206	棺上	杯、蓋、高杯、壺、甑、（壺）	埴輪片	6C初
277	棺上	杯、蓋		6C前
284	棺上	長頸壺、短頸壺		6C前半
311	棺上	杯		6C前半
312	棺上	壺、高杯、甑	円筒・家形埴輪	6C前半
333	墓壙上部	杯、蓋、壺、高杯、提瓶、器台、甑		6C後半

※出土土器の（　）内は土師器、それ以外は須恵器。

ないことになる。埋葬施設上の土器祭祀は、弥生時代の墳丘墓では盛んに行われていたが、古墳時代になると中・小の初期古墳の一部には継承されるものの、前期大型古墳ではほとんど行われなくなる状態が看取される(28)。要するに、古墳被葬者が共同体から隔絶化し、喪葬の儀式が神聖化するなかで、土器を用いた集団祭祀的な喪葬祭祀が首長埋葬の場から遠ざけられはじめたものと考えられる。このような状況を端的に示すものとして、京都府向日市にある寺戸大塚古墳の事例がある(29)。寺戸大塚古墳は4世紀中葉頃に位置付けられる全長98 mの前方後円墳で、後円部墳頂に竪穴式石室の主体部をもち、この竪穴式石室を囲むように円筒埴輪、朝顔形円筒埴輪を用いた一辺8 mの方形埴輪列がめぐらされている。そして、この方形埴輪列の西辺外側に接して、東西2 mの範囲にわたり土器祭祀の跡が発見されている。使用された土器は、埋葬施設上の土器祭祀と大差ない複合口縁壺や小型丸底坩・高杯などの土師器で、土器祭祀が聖域化された埋葬施設を囲む方形埴輪列の外に排除され、別区を設けて行われているのがわかる（第63図）。このように考えると、4世紀後半に定式化する大型前方後円墳の台形状施設は、亡き首長の埋葬の場の神聖化と聖域化により、新たに創設された共同体的な集団祭祀の場といえるのではないだろうか。

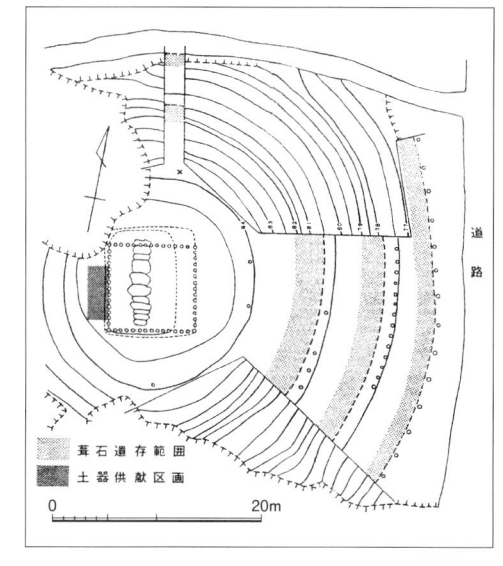

第63図 寺戸大塚古墳後円部の土器供献

まとめ──「造り出し」の成立──

以上、森将軍塚古墳後円部後方に付設された台形状施設の検討から、その性格と出現の契機について考えてみた。ここで、その要点を列記する。

① 初期の台形状施設は、低平な通路的な機能をもつ施設として、4世紀前半代に出現する。
② 立体的な方壇状の施設は、4世紀後半頃の前方後円墳で成立する。段築構造や葺石をもち、墳丘と一体化し、原則として後円部後方に付設される。
③ 100 mを超える大型の前方後円墳に多く認められる。
④ 土器を用いた共同体的な喪葬祭祀の場として、埋葬施設上に代わり、新たに創設されたものと考えられる。
⑤ ④は、古墳被葬者、すなわち首長階級の共同体からの隔絶化に伴い、埋葬の場が聖域化されたことによるものと考えられる。この聖域化の現象は、前期古墳墳頂部にみられる円筒埴輪列、とくに方形埴輪列に象徴化されるものである。

上記のように考えられ、これらは、その後の前方後円墳くびれ部に定式化する「造り出し」への系譜を暗示するものといえよう。

5世紀初頭頃成立し、くびれ部両側に付設される造り出しの構造や機能と台形状施設との詳細な関係については、さらなる検討を要するが（追記参照）、すでに指摘もあるように、系譜的には連なるものと考えられる。さらに、台形状施設の成立から造り出しの定式化に至る時期が、本章第1節で検証した埋葬施設上土器祭祀の終焉やこれに代わる畿内系大型高杯・坩形土器祭祀の普及・定着など、一連の儀礼の変化とも符合することは重要と思われる。

　造り出しは、土器祭祀を伴いながら次第に埴輪の樹立を中核に据えるようになることから、より儀礼化した祭壇施設として登場したものと考えられる。また、初期の台形状施設にもうかがわれたように、墳丘内への通路、出入口施設の機能にも注目すべきものがある。いずれにしても、ここでいう台形状施設の定式化は、造り出し出現に至る中間段階に位置し、所属集団からの隔絶化を進めつつある前期大型古墳の被葬者像の一面を示すものであり、さらには古墳時代中期の専制化へと始動する大和政権の政治的変革をも示唆するものと言えよう。

追記

　造り出し施設の詳細な検討については、本章初出後に公表され、管見に触れた研究として以下のような論考がある。
・一瀬和夫「造出しと周濠内の島」『季刊考古学』第90号、雄山閣、2005年。
・小浜成「埴輪による儀礼の場の変遷過程と王権」『大阪府立近つ飛鳥博物館平成17年度秋季特別展図録』2005年。
・渕ノ上隆介「古墳における造り出し周辺遺物群の様相―配置と組成を中心に―」『考古学研究』52-3、2005年。
・河内一浩「造出しにおける祭祀」『季刊考古学』第96号、雄山閣、2006年。
・中井正幸「墳丘に付随する施設」『墳墓構造と葬送祭祀』古墳時代の考古学3、同成社、2011年。

注

（1）　本書第2章参照。
（2）　本書第3章参照。
（3）　近藤義郎編『前方後円墳集成　東北・関東編』山川出版社、1994年。
（4）　資料の抽出には、埋蔵文化財研究会『第25回埋蔵文化財研究集会　古墳時代前半期の古墳出土土器の検討』1989年、第3回考古学フォーラム『前方後方墳を考える』1995年、の成果を参照した。
（5）　比田井克仁「二重口縁壺の東国波及」『古代』第100号、1995年。
（6）　注（5）文献。
（7）　岩崎卓也ほか『長野県森将軍塚古墳』東京教育大学文学部、1973年。この種の施設には「張り出し部」「突出部」「方壇部」「造り出し状施設」などの呼称が与えられてきたが、本章では左記報告書により、「台形状施設」の呼称を踏襲した。
（8）　上田宏範「櫛山古墳」『桜井茶臼山古墳』奈良県史跡名勝天然記念物調査報告書第19冊、1961年。
（9）　田中清美「造出しに関する覚え書き」『考古学論集』第3集、1990年。
（10）　青木一男「土器」『森将軍塚古墳―第4年次概報―』更埴市教育委員会、1984年。
（11）　中・小規模の前期古墳にも、墳丘裾部に地山を削り残した施設が存在するが、その多くは位置・形態・規模などの面において一貫性のないものである。
（12）　東潮「中山大塚古墳」『磯城・磐余地域の前方後円墳』奈良県史跡名勝天然記念物調査報告、第42冊、

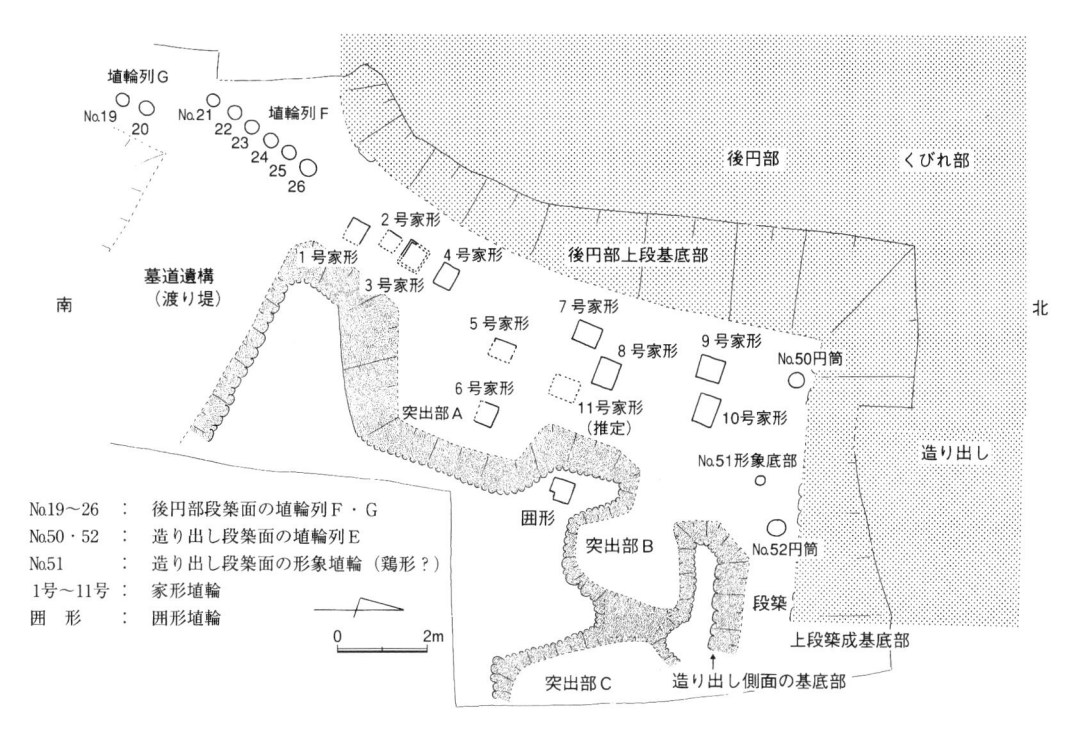

第64図 赤土山古墳後円部東側後方台形状施設（造り出し）と家形埴輪出土状況

1981年。田中英夫・奥田尚「奈良県中山大塚古墳の特殊器台形土器」『古代学研究』第109号、1985年。注（9）文献。
(13) 東潮「灯籠山古墳」『磯城・磐余地域の前方後円墳』奈良県史跡名勝記念物調査報告第42冊、1981年。
(14) 円筒埴輪の特徴は、外面調整が1次・2次タテハケ。透し孔には、円形・半円形・長方形・三角形・巴形などがあり、黒斑をもつ。
(15) 松本洋明『赤土山古墳第1・2次範囲確認調査概報』天理市教育委員会、1989・1990年。
(16) 松本洋明『史跡赤土山古墳—第4次〜第8次発掘調査概要報告書』天理市教育委員会、2003年。ここで、残存全長106.5m、後円部直径66mの前方後円墳に改めている。
(17) 円筒埴輪の特徴は、外面の2次調整にA種ヨコハケが認められる。透し孔には、円形、長方形、三角形などがあり、黒斑をもつ。
(18) 注（8）文献。
(19) いわゆる楕円筒形埴輪をもち、その他に家形・盾形・蓋形などの形象埴輪も出土している。
(20) 関川尚功「天理市櫛山古墳出土の滑石製品」『橿原考古学研究所紀要 考古學論攷』第34冊、2011年。
関川尚功・奥田尚「天理市櫛山古墳出土の土器・土製品」『橿原考古学研究所紀要 考古學論攷』第35冊、2012年。
(21) 青木豊昭「越前における大首長墓について」『福井県立博物館紀要』第1号、1975年。
(22) 円筒埴輪の特徴は、外面の2次調整にA種ヨコハケが認められる。透し孔には、円形・半円形・三角形などがあり、黒斑をもつ。
(23) 注(21)文献および、青木豊昭編『六呂瀬山古墳群』福井県埋蔵文化財調査報告第4集、1980年。
(24) 円筒埴輪の特徴は、外面の2次調整が、A種ヨコハケおよびB種ヨコハケ。透し孔には、円形・木葉形などがあり、黒斑をもつ。

(25)　円筒埴輪の年代観は、川西宏幸「円筒埴輪総論」『考古学雑誌』64-2・4、1978・79年による。
(26)　伊達宗泰ほか『新沢千塚古墳群』奈良県史跡名勝天然記念物調査報告第39冊、奈良県教育委員会、1981年。
(27)　宮原晋一「新沢干塚古墳群」『大和を掘る1989年度発掘調査速報展10』奈良県立橿原考古学研究所附属博物館、1990年。
(28)　本書第1・2章参照。
(29)　向日丘陵古墳群調査団「京都向日丘陵の前期古墳群の調査」『史林』54-6、1971年。都出比呂志「前期古墳の築造工程と儀礼」『向日市史　上巻』京都府向日市、1980年。梅本康広編『寺戸大塚古墳の研究Ⅰ』向日丘陵古墳群調査研究報告第1冊、2001年。
(30)　注(9)文献。
(31)　京都府長岡京市にあるカラネガ岳2号墳は、古墳時代中期初頭に築造された全長36ｍの帆立貝形古墳で、造り出し上から高杯形土器9個体と小型丸底壺6個体がまとまった状態で出土している。畿内において、高杯・坩形土器祭祀の定着と造り出し祭祀の成立を結び付ける好例と考えられる。岡内三真・和田晴吾・宇野隆夫「京都府長岡京市カラネガ岳一・二号古墳の発掘調査」『史林』64-3、1981年。
(32)　和田晴吾「墓壙と墳丘の出入口―古墳祭祀の復元と発掘調査―」『立命館大学考古学論集』Ⅰ、1997年。
(33)　川西宏幸「中期畿内政権論」『考古学雑誌』69-2、1983年。

遺跡文献（第1節でとりあげた古墳）
○常陸
勅使塚古墳：大塚初重ほか「茨城県勅使塚古墳の研究」『考古学集刊』2-3、1964年。
原1号墳：茂木雅博編『常陸浮島古墳群』浮島研究会、1976年。
葦間山古墳：西野元ほか『古墳測量調査報告書Ⅰ』筑波大学歴史・人類学系、1991年。
狐塚古墳：西宮一男『常陸狐塚』岩瀬町教育委員会、1969年。
梵天山古墳：佐藤政則「梵天山古墳」『東日本における古墳出現期過程の再検討』1993年。
山木古墳：上川名昭編『茨城県筑波町山木古墳』茨城考古学会、1975年。
佐自塚古墳：斎藤忠「佐自塚古墳」『茨城県史料　考古資料編　古墳時代』1974年。
田宿天神塚古墳：田中裕・日高慎「茨城県出島村田宿天神塚古墳の測量調査」『筑波大学先史学・考古学研究』7、1996年。
○下野
茂原愛宕塚古墳：久保哲三『下野茂原古墳群』宇都宮市教育委員会、1990年。
山崎1号墳：真岡市史編さん委員会『真岡市史第1巻　考古資料編』1984年。
上根二子塚3号墳：『栃木県市貝町　上根二子塚古墳測量・発掘調査報告書』市貝町、1993年。
上根二子塚1号墳：『栃木県市貝町　上根二子塚古墳測量・発掘調査報告書』市貝町、1993年。
那須八幡塚古墳：三木文雄ほか『那須八幡塚古墳』小川町古代文化研究会、1957年。
下侍塚古墳：『下侍塚古墳周濠発掘調査概報』湯津上村教育委員会、1976年。
馬門愛宕塚古墳：茂木克美『馬門南遺跡・馬門愛宕塚古墳発掘調査概要報告書』佐野市教育委員会、1992年。
山王寺大桝塚古墳：前沢輝政『山王寺大桝塚古墳』早大出版部、1977年。
○上野
元島名将軍塚古墳：田口一郎ほか『元島名将軍塚古墳』1981年。
前橋天神山古墳：松島栄治ほか『前橋天神山古墳発掘調査概報』1968年、松島栄治ほか『前橋天神山古墳図録』1970年。松島栄治・加部二生「前橋天神山古墳出土の土器」『シンポジウム2　東日本における古墳出現過程の再検討』日本考古学協会新潟大会実行委員会、1993年。

下郷10号墳：群馬県教育委員会『下郷』1981年。
堀ノ内CK2号墳：志村哲ほか『堀ノ内遺跡群』藤岡市教育委員会、1982年。
朝子塚古墳：今井新次・松島栄治・尾崎喜左雄『石田川』1968年。橋本博文「東国への初期円筒埴輪波及の一例とその史的位置づけ」『古代』59・60、1976年。石塚久則「朝子塚古墳の測量調査」『太田市史編集だより』15、1977年。
藤本観音山古墳：前沢輝政ほか『藤本観音山第1次・2次発掘調査』1985・86年。
北山茶臼山古墳：『富岡市史　原始・古代・中世編』富岡市、1987年。田口正美ほか『大島上越遺跡・北山茶臼山西古墳』群馬県埋蔵文化財事業団、1988年。
北山茶臼山西古墳：田口正美ほか『大島上越遺跡・北山茶臼山西古墳』群馬県埋蔵文化財事業団、1988年。
堀ノ内DK4号墳：志村哲ほか『堀ノ内遺跡群』藤岡市教育委員会、1982年。
下郷天神塚古墳：群馬県教育委員会『下郷』1981年。
朝倉2号墳：前橋市教育委員会『朝倉Ⅱ号古墳発掘調査概報』1963年。『前橋市史』第1巻、前橋市、1971年。
箱石浅間古墳：平野進一「古墳出現期の地域性」『第5回三県シンポジウム資料』1984年。
蟹沢古墳：埋蔵文化財研究会『第25回埋蔵文化財研究集会　古墳時代前半期の古墳出土土器の検討』1989年。
十二天塚古墳：志村哲『伊勢塚古墳・十二天塚古墳範囲確認調査報告Ⅲ』藤岡市教育委員会、1988年。
峰岸1号古墳：内田憲治ほか『峰岸遺跡』新里村教育委員会、1985年。
白石稲荷山古墳：後藤守一ほか『多野郡平井村白石稲荷山古墳』群馬県史跡名勝天然記念物調査報告第3輯、1936年。
上細井稲荷山古墳：東京国立博物館『東京国立博物館図版目録　古墳遺物編（関東Ⅱ）』1983年。
剣崎天神山古墳：外山和夫「石製模造品を出土した高崎市剣崎天神山をめぐって」『考古学雑誌』62-21、1976年。

○武蔵

諏訪山29号墳：埼玉県史編さん室編『埼玉県古式古墳調査報告書』1986年。
山の根古墳：埼玉県教育委員会『埼玉県古墳群詳細分布調査報告書』1994年。
塩1号墳：江南町史編さん委員会『江南町史　資料編1考古』江南町、1995年。
塩2号墳：江南町史編さん委員会『江南町史　資料編1考古』江南町、1995年。
三変稲荷神社古墳：埼玉県史編さん室編『埼玉県古式古墳調査報告書』1986年。
熊野神社古墳：埼玉県史編さん室編『埼玉県古式古墳調査報告書』1986年。
川輪聖天塚古墳：金谷克巳「武蔵児玉郡美里村沢輪発見の埴輪壺」『上代文化』27、1957年。菅谷浩之『北武蔵における古式古墳の成立』1984年。
野毛大塚古墳：世田谷区教育委員会『野毛大塚古墳』1992年。世田谷区教育委員会『野毛大塚古墳Ⅱ』1993年。

○総

手古塚古墳：杉山晋作「千葉県木更津市手古塚古墳の調査速報」『古代』第56号、1973年。
道祖神裏古墳：大塚初重ほか『道祖神裏古墳調査概報』道祖神裏古墳調査団、1976年。
新皇塚古墳：中村恵次ほか『市原市菊間遺跡』（財）千葉県都市公社、1974年。
香取神社古墳：西野元ほか『古墳測量調査報告書Ⅰ』筑波大学歴史・人類学系、1991年。
しゃくし塚古墳：荻悦久「千葉県多古町しゃくし塚古墳出土の有段口縁壺」『古代』第96号、1993年。
鶴塚古墳：市毛勲『下総鶴塚古墳の調査概報』千葉県教育委員会、1973年。（財）千葉県文化財センター『研究紀要』15、1994年。
上出島2号墳：大森信英ほか『上出島古墳群』岩井市教育委員会、1975年。日高慎・田中裕「上出島2号墳出土遺物の再検討」『岩井市の遺跡Ⅱ』岩井市史遺跡調査報告書第2集、1996年。

○相模

秋葉山3号墳：服部みはる「秋葉山古墳群」『シンポジウム2　東日本における古墳出現過程の再検討』日本考古学協会、1994年。

秋葉山5号墳：服部みはる「秋葉山古墳群」『シンポジウム2　東日本における古墳出現過程の再検討』日本考古学協会、1994年。

第7章　盾持人物埴輪の特質と歴史的意義

はじめに

　古墳時代中期以降、古墳へ樹立される埴輪のなかで、その中核を占める人物埴輪群の一画に盾持人物埴輪がいる。この埴輪は、身体の正面に盾をもち、構える人物の姿をあらわしている。基本形は、円筒形の胴部とその上端の頭部とからなり、通常は表現されるはずの両腕は盾面に隠れるためか欠落し、造形的には他の人物埴輪と大きく異なっている。

　過去の研究をみると、その造形の特異性のみならず、姿態や配置状況からうかがわれる他の人物埴輪とは異なる特徴が強調されている。若松良一がまとめたように(1)、盾持人物埴輪は、①他の人物埴輪より大振りに製作される傾向が強い、②正面性が著しく、耳が横に張り出すものが主流である、③入れ墨を施すものがある、④容貌魁偉なものがある、など特異な様相を呈している。周溝の外側や前方部先端など、他の人物埴輪群とは切り離された配置の特徴も考え合わせて、辟邪の性格をもつ埴輪とする解釈は大方の認めるところであろう(2)。

　さらに、盾持人物埴輪は、他の人物埴輪群とはその出現の契機を異にするとの意見がある。盾形埴輪や冑形埴輪などの器財埴輪にその系譜を求めようとする理解である(3)。ただ、これに対しては、初期の器財埴輪の多くが前方後円墳の後円部墳頂など古墳の中枢部に配置されることから、盾持人物埴輪のあり方とは大きく異なり両者は別系統であるとする異論があり重視すべきと思われる(4)。

　盾持人物埴輪は、上記のように腕の表現が省略されるなど特異性が多々ある。しかし、人物造形の象徴である顔、そして小林行雄の指摘にもあるように「盾持ち」というきわめて具体的な姿態を表現している点からみて(5)、まずは他の人物埴輪群と同様にその一類型として位置付けて考えてみるべきと思われる。

　また、現状の資料からみるとその出現の時期が他の人物埴輪群に先行する蓋然性が高く、勢い最古の人物埴輪という評価が生まれてくる(6)。つまり、前述の盾持人物埴輪の性格や出現の契機、要するに盾持人物埴輪の位置付けそのものが人物埴輪の初現やその発現の意味を考える上で重要な意味をもって提起されてくるのである。

　本章では、上記のような問題提起、すなわち「人物埴輪群の本義」に接近する一つの試みとして、あらためて盾持人物埴輪の特徴を分析し、再検討を試みたい。問題解決の足掛かりとして、他の人物埴輪群との比較を念頭に、盾持人物埴輪の特質を明確にすることが必要である。なかでも、

それが何者なのか、造形の対象となったモデルを探索し、立証することは重要な課題の一つでもある。
(7)

第1節　資料群と分析の視点

第21表は、今回分析の対象とする盾持人物埴輪の一覧である。資料の抽出にあたっては、盾持人物埴輪の特質を明確化するためにその形態と配置状況（出土状況）を重視し、この二点が少なからず特定できる資料を目的に選択している。ただし、一覧のなかには、形態の部分的特徴から盾持人物埴輪と想定され、しかも配置状況からその妥当性が高いと判断された資料など、わずかではあるが後述する分析成果を反映した資料もすでに含まれている。こうして、列島内58遺跡から、総数102点の資料を集成した。

これら資料群を地域別にみると、東北地方1遺跡（1）、関東地方38遺跡（80）、中部・北陸地方2遺跡（2）、近畿地方10遺跡（11）、山陰地方2遺跡（3）、九州地方5遺跡（5）となる。

すでに指摘があるように、その分布は関東地方の遺跡に集中し、次いで畿内地方に多く、資料点数（カッコ内の数字）にするとその傾向はさらに顕著となる。しかし、この数値の傾向は、人物埴輪群総体の分布にも通じるものであり、ことさら、盾持人物埴輪特有の分布傾向を示すものではない。むしろ、盾持人物埴輪は、粗密はあるにしても東北から九州地方の各地に分布し、その密度も他の人物埴輪群と同様の傾向を示していると考えられる。
(8)
(9)

次に、分析の視点について触れておきたい。上記資料の一覧には、出土古墳や遺跡の概要とともに、分析の視点に沿って必要なデータを簡潔に明記した。盾持人物埴輪は、盾を構える独特な形態と古墳への配置状況にその特質が見出される。分析の視点もその形態と配置状況にあり、それぞれにいくつかの観察項目が設定でき、次節からの分類や分析の基準となる。

形態については、盾部と頭部が特徴的である。盾部の観察は、盾面の（1）外形、（2）装飾、（3）貼付位置の三項目、頭部の観察は、（4）頭、（5）顔、（6）耳の三項目と、形態については全部で六項目を設定し分類を行う。

配置状況については、古墳への（1）配置場所と、共存する埴輪群の（2）構成を重視し、二項目を設定した。

なお、個々の盾持人物埴輪の所属時期については、共伴する円筒埴輪や須恵器の年代観を参考にしている。ちなみに、第21・22・24・25表には、Ⅰ期（5世紀前半代）、Ⅱ期（5世紀後半代）、Ⅲ期（6世紀前半代）、Ⅳ期（6世紀後半代）の4時期に分けて明示し、編年の指標としたい。

第2節　資料の分析

1. 形態の分類

盾持人物埴輪は、身体の正面に盾を持ち、構える半身像の人物埴輪である。両腕の表現が省略されることから、形態の主要な特徴は、盾部と頭部の造形に集約される。それぞれ先の観察項目に

第21表 盾持人物埴輪一覧

No.	古墳名	所在地	墳形	規模(m)	出土位置	頭	顔	耳	盾	盾面貼付	時期
1	原山1号墳	福島県西白河郡泉崎村	帆立貝形	20	後円部先端・単独	板状結髪	への字口	円環状	方形・外周綾杉, 三角文, 右手表現	円筒前面	5末
2	竜角寺101号墳	千葉県成田市大竹	帆立貝形	31	くびれ部外堤・群中	ラッパ形(リボン)		筒形	山形・赤彩, 左右三角文, 上縁凸帯	円筒前前	6前
	竜角寺101号墳					ラッパ形(リボン)	赤彩	筒形	方形・赤彩, 左右三角文, 上縁凸帯	円筒前方	
	竜角寺101号墳					ラッパ形(リボン)	赤彩	筒形	山形・赤彩, 左右鋸歯文, 上縁凸帯	円筒前方	
	竜角寺101号墳					ラッパ形(リボン)	赤彩	筒形	山形・赤彩, 左右, 中央鋸園文, 上縁凸帯	円筒前方	
3	東深井9号墳	千葉県流山市東深井	前方後円墳	21	前方部・群中	苧帽		円孔・耳環	凸形・牧の表現	円筒前面	6前
	東深井9号墳					苧帽(V字)		円孔・耳環	凸形・無文	円筒横位	
	東深井9号墳					苧帽(V字)		円孔・耳環	凸形・無文	円筒横位	
4	高野山1号墳	千葉県我孫子市我孫子	前方後円墳	36	くびれ部・前方部				二山形(左右突起付)	円筒前前	6後
5	舟塚古墳	茨城県小美玉市上玉里	前方後円墳	72	くびれ部造出し・群中	苧帽子	上唇突出	筒形	山形・外周三角文	円筒前前	6中
	舟塚古墳				前方部中段・単独	苧帽(三角文)		筒形	方形・外周三角文	円筒前方	
	舟塚古墳				高堤帯・単独	苧帽(三角文)		筒形			
6	富士見塚古墳	茨城県かすみがうら市稲崎	前方後円墳	90	くびれ部造出し・群中	苧帽	赤彩・線刻	円孔	方形・無文	円筒前前	5末
7	中台26号墳	茨城県つくば市北条	円	18	墳丘部・群中	ラッパ形(鳥貼付)		無	山形・無文	円筒前前	6後
8	白方5号墳	茨城県那珂郡東海村	前方後円墳	27	後円部	苧帽	赤彩	大耳		円筒前前	6後
	白方5号墳					苧帽					
	白方5号墳					苧帽					
9	大生西1号墳	茨城県潮来市大生	前方後円墳	72	前方部前面周溝内	ラッパ形(リボン)	笑う	筒(大耳)	方形・三角文(四段) 上・下縁凸帯	円筒前前	6後
10	塚原出土	茨城県つくば市横場					笑う	耳環	方形		
11	東大蔵	茨城県高萩市向原				烏帽子形		筒(大耳)			
12	茨城県出土(東博)	茨城県						筒	方形		
13	桑57号墳	栃木県小山市膂沢	帆立貝形	36	墳頂部埴輪列内?	苧帽(V字・前面突起)	線刻	円盤状	三角文, 上縁凸帯	円筒前前	5末
14	飯塚35号墳	栃木県小山市飯塚	前方後円墳	40～	外堤・単独	苧帽		筒形(板状)	方形・無文	円筒前前	6後
15	壬生愛宕塚古墳	栃木県下都賀郡壬生町	前方後円墳	78		苧帽		大耳	山形・外周三角文(赤彩)	円筒前前	6後
16	綾櫛大塚古墳	栃木県宇都宮市雀宮	前方後円墳	40～50		中空円筒(横位置)		大耳(耳環)	方形・上下三角文(赤彩)	円筒前方	6中
17	塚廻り1号墳	群馬県太田市竜舞	帆立貝形	26	前方部先端・群中	帽子(羽根状飾り)		円環状	方形・上下三角文	円筒前面	6前
	塚廻り1号墳					帽子(羽根状飾り)	赤彩	円環状	山形・外周三角文	円筒前前	
	塚廻り1号墳					苧帽(復元)	赤彩	円環状	方形・外周三角文	円筒前前	
18	中二子古墳	群馬県前橋市西大室町	前方後円墳	111	中堤外縁・単独, 群集	苧帽(復元)	赤彩	筒(耳環)	方形・外周三角文	円筒前前	
	中二子古墳					苧帽	赤彩(鯨面)	筒(耳環)	山形・外周三角文	円筒前前	
	中二子古墳					苧帽	赤彩(鯨面)	筒(耳環)	方形・外周三角文	円筒前前	
	中二子古墳					苧帽	赤彩	筒(耳環)	外周三角文	円筒前前	
19	保渡田八幡塚古墳	群馬県高崎市保渡田	前方後円墳	96	外堤・単独	帽子(烏帽子状)	への字口	大耳(板状)	山形・外周三角文(赤彩)	円筒前前	5末
	保渡田八幡塚古墳					帽子(鉢巻・リボン)		無	山形・外周三角文(赤彩)	円筒前前	
	保渡田八幡塚古墳					帽子(烏帽子状)		円環状	山形・外周, 内区三角文赤彩	円筒前前	
	保渡田八幡塚古墳					帽子(烏帽子状)	への字口	大耳(耳環)	山形・外周, 内区三角文(赤彩)	円筒前前	
	保渡田八幡塚古墳					帽子(鍔付)	赤彩	大耳(羽根状飾り)	山形?・外周, 内区三角文(赤彩)	円筒前前	
20	保渡田VII遺跡	群馬県高崎市井出	前方後円墳	107	二子山古墳の別区・群中	苧帽	赤彩	円孔	方形・赤格子文	円筒前面	5後
	保渡田VII遺跡					苧帽	赤彩	円孔	山形	円筒前面	
	保渡田VII遺跡					苧帽	赤彩	円孔	山形	円筒前前	
	保渡田VII遺跡					苧帽	赤彩	円孔	山形	円筒前面	
	保渡田VII遺跡							円孔	山形	円筒前面	
21	綿貫観音山古墳	群馬県高崎市綿貫町	前方後円墳	97	前方部南中段・列内	帽子(烏帽子状)	赤彩・頬突出・首環		方形・赤彩	円筒前前	6後
	綿貫観音山古墳						赤彩・顎突出・首環り		方形・赤彩	円筒前方	

No.	古墳名	所在地	墳形	規模(m)	出土位置	頭	顔	耳	盾	盾面貼付	時期
21	綿貫観音山古墳	群馬県佐波郡玉村町	前方後円墳	55	くびれ部西中段・列並	垪幅(リボン)	赤彩	筒(耳環付)	方形・赤彩・線刻	円筒前方	6 後
	綿貫観音山古墳	綿貫観音山古墳				中空円筒(横位置)		筒	方形・赤彩・線刻	円筒前方	
22	小呂大町出土	群馬県太田市			後円部西先端		赤彩・顎突出・首飾り	大耳	山形・三角文	円筒横位	6 後
23	藪本町3号墳	群馬県太田市	帆立貝形	35	前方部前面(先端)	帽子(板状飾り)	笑う・首飾り	筒(耳環)	方形・縦区画(中央凸帯)	円筒横位	6 後
24	内幡 M-1号墳	群馬県高崎市西大室町	円	23	石室開口部横	円幅(リボン)	石の歯		方形	円筒前方	6 後
25	山名1号墳	群馬県高崎市山名町	前方後円墳	51		山形幅	無文	耳環状	山形・無文	円筒前方	6 末
26	片田山古墳	群馬県伊勢崎市	前方後円墳	57	石室開口部横	円幅(二又)	赤彩	円環	山形・無文	円筒横位	6 後
27	蛇塚古墳	群馬県富岡市一ノ宮	円	20				円環・耳飾り	外閉三角文	円筒横位	6 後
28	稲荷山古墳	埼玉県行田市埼玉	前方後円墳	120	墳丘北裾				方形	円筒前面	5 後
29	稲荷山古墳	埼玉県行田市埼玉			中堤造出し・群中					円筒前面	
30	瓦塚古墳	埼玉県行田市埼玉	前方後円墳	71	中堤コーナー部・単独	垪幅	線刻(鯨面)	大耳(板状)	方形・無文	円筒前面	6 中
31	将軍山古墳	埼玉県行田市埼玉	前方後円墳	91	中堤造出し先端・単独	垪幅	線刻(鯨面)	円孔(耳環)	方形・無文	円筒前面	6 中
32	女塚1号墳	埼玉県熊谷市今井	帆立貝形	46	前方部周外堤・単独	垪幅	四角目	無	山形・三角文	円筒前面	6 初
						帽子(羽根状飾り)		下げ美豆良	外周・外閉三角文		
33	前の山古墳	埼玉県本庄市小島	円	30	石室入口付近	円筒飾り(横位置)	笑う・顎突出・歯	円	方形・外閉三角文	円筒前面	6 初
	前の山古墳						上唇・顎突出・歯	大耳(板状、円孔)	方形(上縁凸帯、無文		
34	おくま山古墳	埼玉県東松山市古凍		62	後円部周堤・単独		顎髭	大耳(板状、円孔)	方形・外閉三角文	円筒前面	
	おくま山古墳				後円部周堤・単独		顎髭・上唇裂	大耳(板状、円孔)	山形・外閉三角文	円筒前面	
	おくま山古墳				後円部周堤・単独		顎髭	円環状	方形・外閉三角文	円筒前面	
	おくま山古墳				後円部周堤・単独		顎髭	円環状	山形・外閉三角文	円筒前面	6 前
35	権現坂埴輪製作遺跡	埼玉県比企郡吉見町		30	前方部側縁・群中			円環状	山形・三角文	円筒前方	6 中
36	塚の越古墳	埼玉県坂戸市小山	前方後円墳			垪幅(リボン)	線刻	筒(耳環)	殻の表現	円筒前面	
37	十条出土	埼玉県美里郡十条	円 ?	40	周溝内				殻の表現	円筒前面	
38	天祥寺裏出土	神奈川県横浜市池区	円	29	西側周溝内	ラッパ形		筒(小)	上縁三角文	円筒前面	6 中
					西側周溝内	ラッパ形		筒(小)	上縁全周長方形格子文		
					西側周溝内			筒	上縁三角・綾杉(鋸歯)文二段		
39	富士山古墳	神奈川県横浜市池区	前方後円墳	85	前方部外堤・単独	衝角付冑	線刻	大耳(板状)	上縁三角(鋸歯)文二段	円筒前面	
	富士山古墳					円筒		大耳(板状)	上縁三角・綾杉・内食子・綾杉	円筒前面	
	富士山古墳					円筒(斜檀文)			上縁三角(鋸歯)文二段	円筒前面	6 前
40	菅原東埴輪窯跡	奈良県奈良市横関町高木	前方後円墳	224	外堤前方部コーナー・単独		笑う	円孔・耳栄	無文・左右毛先	円筒前面	5 前
41	墓山古墳	長野県飯田市竜丘上川路	前方後円墳	65	北くびれ部	円筒(線刻横断)	顎突出		鰭状・左右毛先(巴)	円筒横位	6 中
42	孤塚山古墳	石川県加賀市二子塚町		65				大耳(板状)	山形・側縁線刻(巴)	円筒前面	5 後
	羽子田1号墳	奈良県磯城郡田原本町	?				線刻	大耳	線刻(巴)	円筒前面	6 前
43	羽子田1号墳	奈良県磯城郡田原本町	円 ?	15		円筒(前面凸帯)・線刻				円筒前面	5 後
44	寺戸鳥形樹	奈良県北葛城郡広陵町	前方後円墳	60	前方部前面・単独	円筒			方形・無文	円筒横位	6 後
45	珠城山3号墳	奈良県桜井市六郷	前方後円墳	75	後円部前面・単独	円筒付胄	線刻		方形・無文	円筒前面	6 後
46	池田遺跡4号墳	奈良県大和高田市池田	前方後円墳	91	前方部前面・単独	円筒(線刻幅)二又	線刻	大耳(板状)	方形	円筒前面	5 後
47	富士山古墳	奈良県天理市柳本町	前方後円墳	35	前方部外堤・単独	垪幅		大耳	方形	円筒前面	6 前
48	菅原東埴輪窯跡	奈良県奈良市横関町高木				垪幅	笑う・顎突出	大耳	無文・左右毛先	円筒前面	
49	神並遺跡	大阪府羽曳野市白鳥				円筒斜面	顎突出	円孔・耳栄	方形・中央円孔あり	円筒横位	5 前
50	大谷山22号墳	大阪府東大阪市東石切町	前方後円墳	80	くびれ部造出し・群中	垪幅		大耳(板状)	方形・側縁三角文	円筒前面	6 後
51	三昧山2号墳	和歌山市岩崎山岩崎	前方後円墳	10	墳丘裾・群中				方形・無文	円筒線刻	6 後
52	井手狭3号墳	兵庫県たつの市市中垣内	円	30	※9本出土	鉢巻・立ち飾り	赤彩	円環状	山形・斜格子・線刻文	円筒前方	5 後
53	別府1号墳	鳥取県米子市別所	前方後円墳	27	後円部周面	円筒		大耳	方形・外縁三角文	円筒前面	6 前
54	寺鳥取岡1号墳	鳥取県米子市早良区			前方部前面・単独	円筒(斜檀文)二又	線刻・線刻	円環状	方形・外縁三角文	円筒横位	6 後
55	塚堂古墳	福岡県うきは市吉井町	前方後円墳	75	墳丘裾・群中	鉢巻・立ち飾り	線刻表現		方形・内食三角文	円筒線刻	5 後
56	仙道3号墳	福岡県朝倉郡筑前町	円	91	立屋根周面・群中	円筒(線刻平行線文)	赤彩	大耳	方形・綾杉・線刻文	円筒前方	5 後
57	貝徳寺古墳	福岡県筑紫郡那珂川町	前方後円墳	47	くびれ部周溝	垪幅	顎突出・線刻・顎突出	円環状	方形・左右凸帯、中央凸帯	円筒前方	6 初
58	中の城古墳	熊本県八代郡氷川町	前方後円墳	99	前方部周縁	胄	線刻	大耳	山形・綾杉・三角文	円筒前面	6 前

従って分類すると以下のようになる。

(1) 盾部

盾部は、円筒の前面に盾面を付したものであるが、線刻による一例を除き盾面はすべて粘土板で表現している。その造形は、盾形埴輪のそれと基本的に共通しており、盾面の中央は円筒の側面をそのまま利用し、両側に縦長の粘土板を左右対称に貼り付け、緩く湾曲した盾面を造り出したものが多い。

〔外形〕
1類：線刻で方形の盾面を表現するもの（第65図1）。
2類：粘土板で方形の盾面を表現するもの（第65図2、5、6）。
3類：2類の盾面上辺が凸形・山形を呈するもの（第65図3、4）。

〔装飾〕
1類：線刻によるもの。
　a：内区・外区に施すもの（第65図2）。
　b：外区のみに施すもの（第65図3）。
　c：内区・外区を区別しないもの（第65図4）。
2類：彩色によるもの（第65図5）。
3類：貼り付けによるもの。
　a：上辺に粘土紐の凸帯を貼付するもの（第65図6）。
　b：粘土紐で盾面に戟を表現するもの（第65図6）。
4類：装飾のないもの（第65図7）。
5類：盾面の側縁に手をそえる表現を施すもの（第65図2、7）。

盾面の装飾は、線刻による幾何学紋が一般的である。その紋様は、盾形埴輪と同様に連続三角紋（鋸歯紋）が主体をなし、とくに外区を飾る場合が多い。また、二種類の装飾が併用される場合もあり、とくに線刻と彩色とを併用する事例が多く認められる。

〔貼付位置〕
1類：円筒の前面に貼り付け、緩く湾曲した盾面を造り出しているもの（第66図1）。
2類：円筒側面のやや前方に貼り付け、湾曲した盾面を意識しているもの（第66図2）。
3類：円筒側面の真横に貼り付け、鰭状を呈するもの（第66図3）。

(2) 頭部

盾持人物埴輪の頭部は、他の人物埴輪と比較した場合、頭、顔、耳など各部位の表現方法に見られる多様性と異質性に大きな特徴がある。とくに、頭の表現は個性的で、装具、髪形いずれにしてもその実態は不明なものが多い。また、まれに首飾りや耳飾りの装身具を身に付けるものがあり、ここでは顔の表現の一部に分類している。

〔頭〕
1類：円錐形を呈するもの。
　a：鍔付の帽子状を呈するもの（第67図1）。

1：拝塚古墳　2：原山1号墳　3：女塚1号墳　4：小泉大塚越3号墳
5：保渡田Ⅶ遺跡　6：権現塚埴輪製作遺跡　7：寺戸鳥掛古墳

第65図　盾持人物埴輪の類型（盾部1）（縮尺＝約9分の1）

  b：後頭部が鰭状に突出するもの。
  c：烏帽子状を呈するもの（第67図2）。
 2類：頭頂部に飾りを付けるもの。
  a：一文字の棒状を呈するもの。
  b：U字形の棒状を呈するもの（第67図3）。

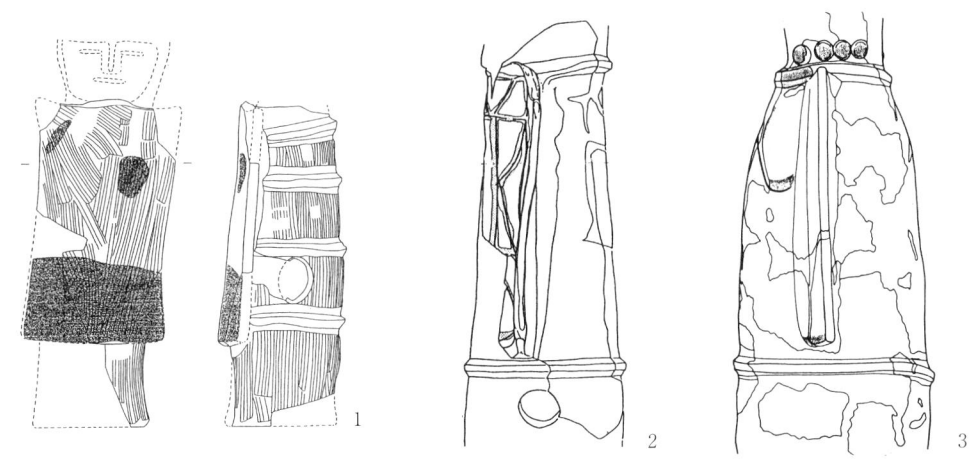

1：保渡田Ⅶ遺跡　2：中二子古墳　3：綿貫観音山古墳

第 66 図　盾持人物埴輪の類型（盾部2）（縮尺＝約9分の1）

　　c：V字形の棒状を呈するもの（第67図4）。
　　d：円筒形を呈するもの（第67図5）。
　　e：放射羽根状を呈するもの（第67図6）。
　　f：板状を呈するもの。
3類：円筒形を呈するもの。
　　a：後頭部が斜めに裁断されるもの（第67図7）。
　　b：後頭部が斜めに裁断され、前面に刻込みが施されるもの（第67図8）。
　　c：背の高い円筒形を呈するもの（第67図9）。
　　d：背の低い円筒形を呈するもの（第67図10）。
4類：頭部側面に立ち飾りを付けるもの（第67図11）。
5類：甲を表現したもの。
〔顔〕
1類：顔面に装飾を施すもの。
　　a：線刻によるもの（第67図8、第68図6）。
　　b：彩色によるもの（第67図2・3・11）。
　　c：線刻と彩色を併用するもの（第67図6）。
2類：口唇を変形させるもの[(12)]（第67図12、第68図1）。
3類：歯を表現するもの。
4類：顎の輪郭が極端に突出するもの（第67図13）。
5類：装身具を付けるもの（第68図2）。
〔耳〕
1類：円孔を開けるもの。
2類：環状の粘土紐を顔面に平行に貼付するもの。

1：舟塚古墳　2・3：保渡田Ⅶ遺跡　4：埼玉将軍山古墳　5：綿貫観音山古墳　6：塚廻り1号墳　7：竜角寺101号墳
8：貝徳寺古墳　9：別所1号墳　10：仙道古墳　11：塚堂古墳　12：菅原東埴輪窯跡　13：墓山古墳

第67図　盾持人物埴輪の類型（頭部1）（縮尺＝約11分の1）

1：舟塚古墳　2：綿貫観音山古墳　3：竜角寺101号古墳
4：白方5号墳　5：珠城山3号墳　6：埼玉稲荷山古墳

第68図　盾持人物埴輪の類型（頭部2）（縮尺＝約9分の1）

3類：円筒形を呈し、横に突出するもの（第68図3）。

4類：大きな板状を呈し、横に張り出すもの。

　a：耳たぶ状を呈するもの（第68図4）。

　b：半円形を呈するもの（第68図5）。

　c：中央に孔が開き、半円形を呈するもの（第68図6）。

　d：長方形を呈するもの。

5類：耳の表現のないもの。

2. 配置状況の分析

盾持人物埴輪は墳丘中段や裾部、墳丘外の付属施設等に配置され、墳頂部など古墳の中枢部に配置されることはない。つまり、古墳への配置の原則は他の人物埴輪群と同様であり、家形埴輪や器財埴輪のあり方とは異なっている。ただし、個々の配置の様相は多様であり、この多様性のなかにこそ盾持人物埴輪の特質と性格の一端が内包されている。また一方で、配置場所や群構成、他の形象埴輪群との配置関係に視点を向けることにより、多様性のなかにある共通項も見出したい。

（1）分類

〔配置場所〕

前方後円墳・帆立貝形古墳

1類：中堤・外堤など周溝外の付属施設に配置されるもの。

2類：くびれ部造り出しに配置されるもの。

3類：墳丘くびれ部に配置されるもの。

4類：前方部前面に配置されるもの。

第22表　盾持人物埴輪の配置状況分類
（構成＝1類：▨　2類：■）

時期	類型／古墳名	前方後円墳 1	2	3	4	5	6	帆立貝形古墳 1	3	4	6	円墳 1	2
Ⅰ	墓山	▨											
	拝塚		▨										
Ⅱ	原山1号											▨	
	富士見塚		■										
	保渡田八幡塚	▨											
	保渡田Ⅶ	■											
	埼玉稲荷山		■										
	池田4号		▨										
	塚堂												
Ⅲ	竜角寺101号							■					
	東深井9号				■								
	舟塚		■										
	中二子												
	塚廻り1号					■							
	瓦塚	■											
	女塚							▨	▨				
	おくま山												
	塚の越1号					■							
	小墓												
	大谷山22号		■										
	三昧山											■	
	貝徳寺		■										
Ⅳ	中台26号			■									
	綿貫観音山		■		■								
	小泉大塚越3号					▨							
	内堀M-1号									■			
	山名1号												■
	埼玉将軍山		■										
	前の山												■
	珠城山3号					▨							
	別所1号					▨							

※表中、二重線により、上下それぞれ東日本と西日本（畿内以西）に分かれる。

5類：前方部側面に配置されるもの。

6類：後円部先端付近に配置されるもの。

円墳

1類：墳丘中段、あるいは裾部に配置されるもの。

2類：石室入口付近に配置されるもの。

〔構成〕

1類：単独で配置されるもの。

2類：形象埴輪群中に配置されるもの。

配置場所および構成の分類をまとめたものが第22表である。

前述のように、盾持人物は、他の人物埴輪とは別個に単独で古墳に配置されることが多く、その性格の一端をあらわしている。しかし、第22表の分類結果からもわかるように、盾持人物埴輪のなかには単独で配置されるもの以外に、他の人物埴輪を含む形象埴輪群中に配置されるものも認められる。配置場所の明らかな類例を第22表からうかがうと、31例中18例が他の形象埴輪とともに群をなして出土しており、比率からみると単独配置の事例を凌ぐ結果となった。また、前方後円墳の中堤やくびれ部に付属する造り出し施設（1類の一部、2類）では形象埴輪群中に配置され、中・外堤（1類の一部）や前方部前面（4類）、後円部先端付近（6類）では単独で配置されるなど、配置場所による構成の違いも看取できる。つまり、配置状況からみると、盾持人物埴輪には単独と群中配置に象徴され、その役割や配置意図を反映すると思われる異なる二つの側面が認められるのである。

（2）形象埴輪群中の位置

では、形象埴輪群中における盾持人物埴輪は、どのような配置関係にあるのだろうか。まずは共存する形象埴輪の構成を墳形および種類ごとに分けて、第23表にまとめてみた。

これら形象埴輪群を人物、動物、器財の種類別に観察すると、盾持人物埴輪はとくに男女の人物埴輪[13]、馬形埴輪、家形埴輪の3種と共存する事例が多いことがわかる。おそらく、この3種が、盾持人物埴輪を含む形象埴輪群の主要な構成要素であり、最も重視されていたと推測される。ちな

第23表　盾持人物埴輪と共存する形象埴輪群構成表

古墳	構成	人物埴輪					動物埴輪					器財埴輪								
		女子	男子	武人	馬子	力士	馬	犬	猪	鹿	水鳥	家	船	蓋	翳	帽子	盾	太刀	靫	鞆
前方後円	富士見塚	●	●				●					●								
	保渡田VII	●	●		●		●		●		●	●								
	埼玉稲荷山						●					●								
	塚堂	●	●				●					●								
	東深井9号		●																	
	舟塚	●	●	●			●				●	●					●	●	●	
	瓦塚	●	●	●			●	●	●	●	●	●		●	●		●		●	
	塚の越1号						●													
	大谷山22号									●										
	貝徳寺	●					●					●								
	綿貫観音山	●	●	●			●		●			●		●			●	●	●	
	埼玉将軍山						●													
帆立貝	竜角寺101号	●	●	●			●	●	●	●	●	●		●			●		●	
	塚廻り1号	●	●				●													
	内堀M-1号											●		●	●	●	●	●	●	●
円	三昧山											●								
	中台26号		●																	
	山名1号		●																	
	前の山											●								

みに、この3種以外と共存する形象埴輪についてみると、前方後円墳が最も多様であり、次いで帆立貝形古墳、円墳と続き、墳形のランクごとにその種類が少なくなっている。円墳では、共存する形象埴輪の種類は3種以外きわめて少なく、このことからも盾持人物埴輪を伴う埴輪配置の場面で、男女の人物、馬、家の形象埴輪が重視され、表現する主題に必須な構成要素として意識されていたことが首肯されるのである。なお、上記3種の形象埴輪に次いで、盾形埴輪の共存事例が多いことが注目される。つまり、同様に盾を強調し表現しながらも、盾持人物埴輪と盾形埴輪の両者は、それぞれの目的に基づき異なる役割をもって配置されていたことが重要である。

これらの形象埴輪群と共存する盾持人物埴輪は、配置の面ではどのような位置にあったのだろうか。確かな配置状況が判明した古墳は少ないが、推測可能な事例をとりあげ少し具体的にみていくことにする。

全長71mの前方後円墳、埼玉県行田市埼玉瓦塚古墳（第69図）では、前方部側の中堤外縁に沿って形象埴輪群が配置されている。配置の様相は、中堤の出入り口付近に家形埴輪を中心に男女の人物や武人埴輪、盾や大刀の器財埴輪が配置され形象埴輪群の中核を形成している。その後方には、前方部先端方向に向かって、馬子を伴う馬形埴輪の列が中間に犬や鹿、水鳥の動物埴輪をはさんで並び、さらにその後方やや間隔をおいた最後尾に盾持人物埴輪が配置されている。

全長96mの前方後円墳、群馬県高崎市綿貫観音山古墳（第70図）では、くびれ部から前方部にかけての墳丘中段に形象埴輪が列状に配置されている。配置の様相は、後円部寄りのくびれ部に坐像の男女を中心とした人物埴輪の一群があり、その後方くびれ部から前方部側面へと男子主体の人物埴輪列が間に武人一体を置いて配置されている。盾持人物埴輪は、この人物埴輪列の最後尾に位置しており、隣接して馬形・盾形埴輪が配列されている。

全長約80mの前方後円墳、和歌山県和歌山市岩橋大谷山22号墳では、周囲を円筒埴輪列で区画したくびれ部造り出し上およびその隣接地に形象埴輪群が配置されている。配置の様相は、造り出し上に馬形埴輪、鶏形埴輪などの動物埴輪とともに武人を含む人物埴輪が10体以上確認されており、本来はさらに多くの形象埴輪群が配置されていたと思われる。盾持人物埴輪は、造り出し奥部の円筒埴輪列をはさんだ墳丘寄りの隣接地にあり、家形埴輪を中心に盾形、双脚輪状文形の器財埴輪とともに配置されている。

全長26mの帆立貝形古墳、群馬県太田市竜舞塚廻り1号墳（第71図）では、前方部前面の墳丘上に形象埴輪群が配置されている。配置の様相は、前方部中央寄りに女子人物埴輪2体と馬形埴輪2体が確認され、前方部先端外縁に沿って、4体の盾持人物埴輪が大刀形、靫形埴輪とともに等間隔に配置されていた。

上記の事例から、盾持人物埴輪が列状をなす形象埴輪群の最後尾や、形象埴輪群の位置する造り出しの奥部、前方部外縁などに配置されている状況がうかがわれる。つまり、盾持人物埴輪は、おもに男女の人物埴輪や家形埴輪、馬形埴輪とともに古墳に配置されるが、その場合埴輪群の中心に位置することはなく、群の後背部や周縁部に配置されていたと考えられる。

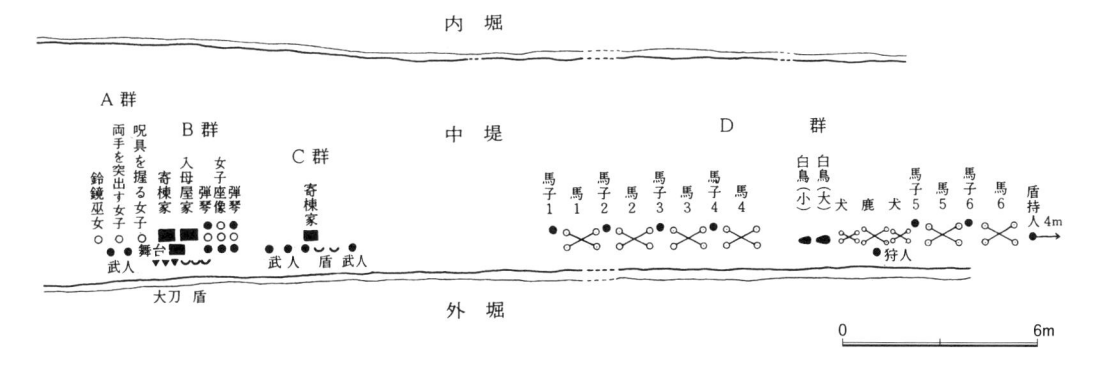

第69図　瓦塚古墳中堤の埴輪配置

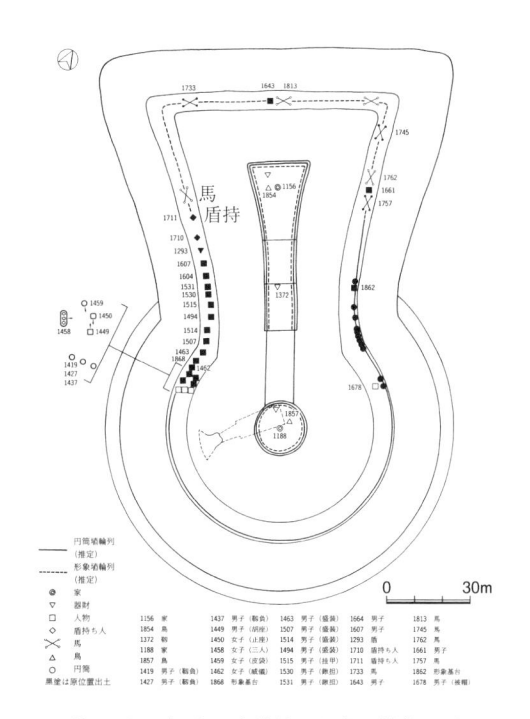

第70図　観音山古墳墳丘中段の埴輪配置

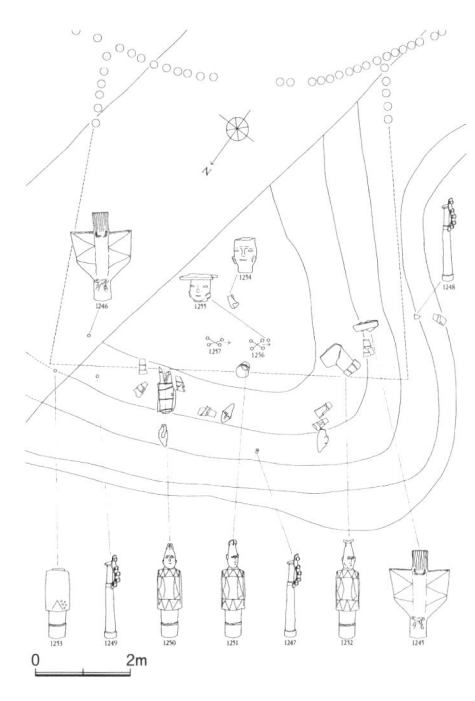

第71図　塚廻り1号墳前方部の埴輪配置

第3節　変遷と地域色

　前節での分類に基づき、盾持人物埴輪の形態や配置状況における時期的変遷と地域色について考えてみたい。変遷については、先のⅠ～Ⅳ期の区分を基準とする。また、地域については、現状における資料の分布密度が偏在していることを考慮し、資料数の多い関東と畿内を中心に、東日本と西日本（畿内以西）の2地域に区分しおおよその特色を把握しておきたい。

　形態については、先の分類に従い盾部と頭部に分け、時期ごとの特徴を第24・25表にまとめてみた。また、配置状況は前掲の第22表を参考にする。

第24表 盾持人物埴輪の形態時期別分類（盾部）

時期	類型 古墳・遺跡名	外形 1	外形 2	外形 3	装飾 1a	装飾 1b	装飾 1c	装飾 2	装飾 3a	装飾 3b	装飾 4	装飾 5	貼付位置 1	貼付位置 2	貼付位置 3
I	拝塚古墳	●													
II	原山1号墳		●		●							●	●		
II	富士見塚古墳		●		●							●	●		
II	保渡田八幡塚古墳		●		●							●	●		
II	保渡田Ⅶ遺跡		●		●							●	●		
II	埼玉稲荷山古墳		●			●							●		
II	狐山古墳		●			●							●		
II	寺戸鳥掛古墳		●		●						●		●		
II	池田4号墳		●			●					●		●		
II	井手挟3号墳		●			●							●		
II	塚堂古墳		●			●							●		
III	竜角寺101号墳		●				●						●		
III	東深井9号墳		●				●						●		
III	舟塚古墳		●				●						●		
III	中二子古墳		●				●	●					●		
III	塚廻り1号墳		●				●						●		
III	瓦塚古墳		●				●						●		
III	女塚1号墳		●				●						●		
III	おくま山古墳		●				●						●		
III	権現坂埴輪製作遺跡		●						●	●			●		
III	塚の越1号墳		●				●						●		
III	天祥寺裏古墳		●				●						●		
III	富士山古墳		●						●				●		
III	御猿堂古墳		●						●				●		
III	小墓古墳		●						●				●		
III	神並遺跡		●							●			●		
III	大谷山22号墳		●					●					●		
III	三昧山古墳		●					●					●		
III	仙道古墳		●						●				●		
III	中の城古墳		●						●				●		
IV	高野山1号墳			●					●					●	
IV	中台26号墳			●										●	
IV	愛宕塚古墳			●					●					●	
IV	綿貫観音山古墳			●					●					●	
IV	小泉大塚越3号墳		●											●	
IV	内堀M-1号墳		●											●	
IV	片田山古墳			●										●	
IV	太子堂塚古墳			●											●
IV	埼玉将軍山古墳			●											●
IV	前の山古墳			●											●
IV	珠城山3号墳			●											●
IV	別所1号墳			●											●

※表中、二重線により、上下それぞれ東日本と西日本（畿内以西）に分かれる。

1．I期

（1）形態

　盾部の判明する類例は、福岡県福岡市早良区拝塚古墳の一例のみで、円筒の胴部に方形の盾面を直接線刻で表現している。盾部を線刻だけで表現する1類は、今のところ後続する類例がなく、盾持人物埴輪出現期における定型化以前の手法と考えられる。ただ、方形を呈する盾面の基本的形態や、線刻による格子状の盾面装飾などは、II期以降にも継承される要素として指摘できる[14]。

　頭部に関しては、すでに拝塚古墳に大きく横に張り出す耳4a類が認められる。4類の耳は、盾

持人物埴輪特有の耳の形態としてその後に継承されるものである。また、大阪府羽曳野市白鳥墓山古墳出土の頭部片は、顎の輪郭が極端に突出する特徴を備えている。この4類とした顔の特徴も、類例は少ないながらもⅣ期まで継続しており、盾持人物埴輪特有の形態と捉えられる。

このようにわずかな類例からうかがい知れるⅠ期の様相には、その後盛行する盾持人物埴輪独特の個性がすでにあらわれている。形態の連鎖性から判断して、この時期を盾持人物埴輪の出現期と考えてよいものと思われる。

なお、Ⅰ期に遡る出土例は畿内（大阪府）と九州（福岡県）の2例のみであり、東日本からの出土例はない。

（2）配置状況

墓山古墳では、外堤の前方部コーナー、拝塚古墳では前方部前面から出土している。どちらも単独で配置されていた可能性が高く、以降、このあり方が盾持人物埴輪の特質の一つとして継続する。つまり、盾持人物埴輪は、当初古墳への単独配置を目的に出現したものと思われ、二基の古墳に見られる前方部前面を意識した配置も出現期の性格を反映しているのだろう。

2．Ⅱ期

（1）形態

盾部は、盾面を粘土板で表現する2、3類がともに認められる。ただし、西日本では、3類は山形を呈する鳥取県米子市淀江町井手挟3号墳1例のみであり、主流は方形を呈する2類である。

線刻による盾面の装飾1類は、この時期a〜c各類が認められるが、内区・外区に線刻を施すa類がやや多い。関東地方では、彩色による装飾2類が認められ、線刻と併用される事例もある。これに対し、西日本ではⅡ期以降も2類はなく、彩色による盾面装飾は関東を中心とする東日本の特色と考えられる。同様に、貼り付けによる装飾3a、3b類も関東地方に1例ずつ認められるが、西日本には認められない。3a、3b類の装飾は、類例は少ないが、その後も関東を中心にⅣ期まで継続して認められる。盾面に手をそえる表現の5類は、東西各1例ずつあり、Ⅱ期のみに認められる特徴的な表現である。どちらも右手を盾の側縁にそえていることから、左手で盾の把手を持ち構える姿をより具体的に表現した初期の特色ある事例といえる。つまり、盾持人物埴輪の盾は、元来「持ち盾（手盾）」を表現したことがうかがえる。なお、盾面の無紋化は時期が下るにしたがい進行する新しい特徴と考えられるが、この時期すでに装飾のない4類が東西ともに認められる。

盾面の貼付位置は、盾形埴輪と同様に湾曲した盾面を表現した1・2類が盛行し、鰭状を呈する3類はまだ認められない。

頭の表現は、東日本では1〜3類が認められるが、円筒形の3類は1例と少なく、主流は円錐形の1類と頭頂部に飾りを付けた2類である。これに対し西日本では、1・2類はなく、3〜5類が認められる。立ち飾りや甲を表現する4・5類は、西日本に限られ、しかもⅢ期初頭以降は認められず、相対的に古い特徴と考えられる。

顔面に装飾を施す1類は、線刻や彩色によるもの、あるいは両者を併用するものなどが認められる。顔面の装飾は、いずれかの形でⅡ期以降、Ⅳ期まで継続しており、盾持人物埴輪特有の表現

と考えられる。また、2類の口唇を変形させ、あたかも怒りや笑いの表情を表現するかにみえる手法もⅣ期まで継続しており、同様に理解できる。

耳の形態は、通有の円孔や円環状の形態とともに、円筒形の横に突出する3類や大きく横に張り出す板状の耳4類など、盾持人物埴輪特有の表現が東日本にも出現する。とくに、3類はⅣ期まで東日本に顕著であり、一方西日本には皆無であることから東日本の盾持人物特有の表現と考えられる。なお、耳を表現しない5類も1例だけ確認される。これは、東日本においてⅣ期までわずかながら継続しているが、西日本の確かな事例はない。

（2）配置状況

Ⅱ期には、構成1類に加え他の形象埴輪群中に配置される2類が出現する。これは、中期後半の新たな人物埴輪群の出現とこれを核とする形象埴輪群像の創出に伴い、盾持人物埴輪にその一員としての役割が付与されたことを意味している。こうして、Ⅱ期以降の盾持人物埴輪は、他の形象埴輪群との関係からみて単独配置と群中配置の二つの側面をもつことになる。

なお、配置場所に関しては、この時期3〜6類の墳丘内へは単独で配置され、群中配置は1・2類の中・外堤およびくびれ部に付設された造り出しなど墳丘外の施設に限られていたようである。

3. Ⅲ期

（1）形態

盾部の形態は、東日本では2・3類が継続して併存しているが、西日本ではⅢ期以降、方形の2類に限定される。

盾面の装飾は、内・外区を線刻で丁寧に装飾する1a類が全国的に姿を消す。東日本では、1b・1c類および彩色を併用するものが継続して確認される。一方西日本では、1b類も姿を消し、線刻による装飾1c類に限定され、これに伴い装飾のない無紋の盾面が増加の傾向を示す。

盾面の貼付位置に関しては、東日本で1・2類が継続して併存するが、2類の数が上回るようになる。また、この時期、鰭状の3類がわずかに出現する。これに対し、西日本では、1・2類が熊本県八代郡氷川町中の城古墳の1例を除き姿を消す。中の城古墳はⅢ期でも初期に位置付けられることから、西日本では、盾面の貼付位置はⅢ期以降鰭状を呈する3類にほぼ限定されたものと考えられる。

頭の表現は、東日本では1・3類もわずかにあるが、2類が顕著となる。なかでも、2a、2b、2c類など通常笄帽と呼称されてきた頭頂部の棒状飾りが一般化する。この傾向はⅣ期まで継続し、東日本とくに関東地方特有の頭頂部表現として定着する。ただ、この棒状飾りについては、Ⅲ期からみられる一文字の2a類に先行してU字形の2b類がすでにⅡ期には出現しており、明らかに異なるV字形2c類の存在などから考えても、本来これが笄を表現したものかどうかは疑わしい。なお、Ⅲ期の西日本では、円筒形の3類にほぼ限定され、とくに前面に割り込みを施した3b類が多く主流の形態となる。

顔面の装飾1類は、東日本では線刻、彩色の両者が継続するが、西日本ではⅢ期以降彩色による装飾は認められず、線刻の1a類だけとなる。また、東日本では、Ⅲ期以降耳飾りや首飾りの装

第7章 盾持人物埴輪の特質と歴史的意義

第 25 表　盾持人物埴輪の形態時期別分類（頭部）

類型時期	古墳・遺跡名	頭 1a	1b	1c	2a	2b	2c	2d	2e	2f	3a	3b	3c	3d	4	5	顔 1a	1b	1c	2	3	4	5	耳 1	2	3	4a	4b	4c	4d	5
I	墓山古墳																					■									
I	拝塚古墳																										■				
II	原山1号墳						■										■														
II	富士見塚古墳		■																			■			■						
II	桑57号墳				■													■													
II	保渡田八幡塚古墳	■			■		■													■										■	
II	保渡田VII遺跡					■															■										
II	埼玉稲荷山古墳								■											■											
II	狐山古墳																				■										
II	池田4号墳																					■									
II	井手挟3号墳							■										■													
II	塚堂古墳																				■					■					
III	竜角寺101号墳										■										■										
III	東深井9号墳										■								■												
III	舟塚古墳		■																						■						
III	塚廻り1号墳					■														■											
III	中二子古墳			■																	■					■					
III	瓦塚古墳									■								■							■						
III	女塚1号墳						■																							■	
III	おくま山古墳																														■
III	権現坂埴輪製作遺跡					■														■											
III	塚の越1号墳							■										■							■						
III	天祥寺裏古墳			■																■											
III	富士山古墳							■													■										
III	御猿堂古墳								■												■				■						
III	羽子田1号墳											■																			
III	小墓古墳																			■						■					
III	菅原東埴輪窯跡										■									■											
III	神並遺跡										■									■											
III	仙道古墳											■													■						
III	貝徳寺古墳												■					■													
III	中の城古墳																				■										■
IV	中台26号墳																	■									■				
IV	白方5号墳			■																■											
IV	大生西1号墳													■							■										
IV	壬生愛宕塚古墳					■												■													
IV	綾女塚古墳				■															■											
IV	綿貫観音山古墳													■											■						
IV	小泉大塚越3号墳												■																		
IV	藪塚本町																			■											
IV	内堀M-1号墳				■																										
IV	山名1号墳						■																					■			
IV	片田山古墳													■						■											
IV	太子堂塚古墳							■																					■		
IV	蛇塚古墳																														■
IV	埼玉将軍山古墳																					■									■
IV	前の山古墳																					■							■		
IV	珠城山古墳											■																		■	
IV	別所1号墳													■																	■

※表中、二重線により、上下それぞれ東日本と西日本（畿内以西）に分かれる。

身具で身を飾る5類の盾持人物が顕著となるが、西日本では確認できない。

耳の表現は、東日本特有の3類に対して、西日本とくに近畿地方では半円形の大きな板状の耳4b・4c類が主流となり、地域色として定着した感がある。

（2）配置状況

Ⅱ期以降、盾持人物埴輪の配置状況に大きな変化は認められず、先の二つの側面が基本的に継承される。

認められる変化は、形象埴輪総体の配置状況の推移にかかわるものと考えられる。Ⅲ期の変化の一つに、墳丘内への群配置の進出がある。前方後円墳のくびれ部や前方部、あるいは円墳それぞれの墳丘中段や裾部に形象埴輪群が配置され、盾持人物もその群中に位置付けられる。また、墳形にも変化が認められ、前方後円墳以外に帆立貝形古墳の出土例が増加し、円墳の事例も認められるようになる。

4. Ⅳ期

（1）形態

盾部の形態は、継続して東日本では方形の2類と山形の3類が併存し、西日本では方形のみが認められる。

盾面の装飾は、東日本では線刻による1a、1b類が姿を消し、内区・外区を区別しない1c類や彩色による装飾がわずかに確認され、3a、3b類や無紋の盾面と併存している。これに対し、西日本では装飾のない4類のみが確認され、盾面の無紋化が進行したものと思われる。

盾面の貼付位置は、東日本でも鰭状の3類が増加する。西日本と同様に、主流は3類となるが、1・2類もわずかに確認できる。

頭の表現は、東日本では継続して2類が主流で、円筒形の3類もわずかに認められる。Ⅳ期の特徴として、棒状飾りの変異形と考えられる円筒形の装飾2d類が関東北西部を中心に出現することが指摘できる。西日本では、円筒形の3c、3d類のみが確認される。

顔面に施す装飾は、全般的に稀薄となり、東日本では線刻による装飾は姿を消し、彩色のみが確認できる。また、Ⅳ期には東日本の一部に、石で歯を表現する独特な手法が新たに出現する。

耳の表現は、東日本では突出する円筒形の3類とともに、大きな耳たぶ状を呈する4a類が盾持人物埴輪特有の表現として盛行する。一方西日本では、類例は少ないが半円形の板状の耳4b類がⅢ期から継続したものと思われる。

（2）配置状況

Ⅳ期の盾持人物埴輪は、その構成に東西の地域的特徴が認められる。東日本は、すべて関東地方の事例だが7例中6例が2類の群中配置で、1類の単独配置は群馬県佐波郡玉村町小泉大塚越3号墳の1例だけである。一方西日本の事例は少ないが、2基の古墳で1類の単独配置のみが確認されており、群中配置の確かな事例は認められない。おそらくこの地域的傾向は、古墳時代後期後半のこの時期、東・西日本における対照的な埴輪配置の盛・衰に絡んで、それぞれの地域における形象埴輪群のみならず、盾持人物埴輪そのものの性格や位置付けの違いを何がしか反映しているもの

と思われる。

　配置場所に関しては、Ⅲ期に増加した墳丘内への配置が、単独配置、群中配置ともに主流となる。また、墳形では、帆立貝形古墳に加え、Ⅲ期に比べ円墳の事例が増加する。

　現状の資料から判断すると、盾持人物埴輪はⅠ期の5世紀前半に西日本で出現し、Ⅱ期の5世紀後半には関東地方など東日本へも波及したと考えられる。Ⅰ期の事例は、畿内の墓山古墳と九州の拝塚古墳の二例である。盾持人物埴輪全般に認められる配置の原則や共存関係には、5世紀中葉以降出現する他の人物埴輪群との共通性や一体性が明らかであり、両者は系譜的に連なるものと理解できる。つまり、頭部の造形に象徴されるように、盾持人物埴輪は「盾を持つ人物」の配置を目的に、他の人物埴輪に先んじて創出された最古の人物埴輪と考えられる。

　盾持人物埴輪は、盾部や頭部の主要な意匠の細部において、日本列島の東西で顕著な地域色の差違が認められる。その一方で、盾面の線刻装飾の様式変化や貼付位置の製作手法にかかわる部分では、東西地域が同様な変遷を遂げていることもわかった。しかも、その変化は西日本が先行して推移しており、技術的にも西から東への影響関係が想定できる。類例からみると、その変化の発現の地は王権の中枢である畿内地方にあり、盾持人物埴輪出現の地も同様に考えてよいと思われる。

　盾持人物埴輪の変遷には、その初期の段階から終焉まで基本的に変化しない特徴もある。そこには、盾持人物埴輪が一貫して保持する、古墳に配置される埴輪本来の特質にかかわる部分が多い。次節では、このような盾持人物埴輪の特質を整理し、埴輪配置の本質とその意味を検討する。

第4節　特質と埴輪配置の意味

　盾持人物埴輪は、5世紀前半に他の人物埴輪に先んじて出現し、埴輪が終焉する6世紀後半まで衰退することなく継続している。しかも、その出土個体数を全国的に集計すると、人物埴輪の諸形式の中最多の一群に数えられ[16]、必須な構成要素としてきわめて重要な位置にあったことが理解できる。このような盾持人物埴輪の位置付けは、性格や埴輪群における役割などその本質と深くかかわっている。以下、これまでの分析成果に基づき、表現方法や配置状況から盾持人物埴輪の特質を整理し、その源流や本質について論を進めたい。

1. 特質について

　盾を構える人物の独特な形態から、とくに盾面と頭部が強調され、そこに盾持人物埴輪固有の表現や、特徴的な表現方法が認められる。

　盾面は、（1）多くは線刻の幾何学紋、とくに連続三角紋を主体に装飾される、（2）ほぼ全期を通じて、盾面に戟の表現を付加するものが存在する、（3）盾は持ち盾（手盾）で、左手に盾を持ち構える人物を表している、などの特質がある。

　（2）の特質から、盾持人物埴輪は、盾とともに戟を携帯する場合があったことがわかる。腕の造形が省略されたため、戟は盾面上に表現されているが、本来は左手に盾、右手に戟を持つ姿を意

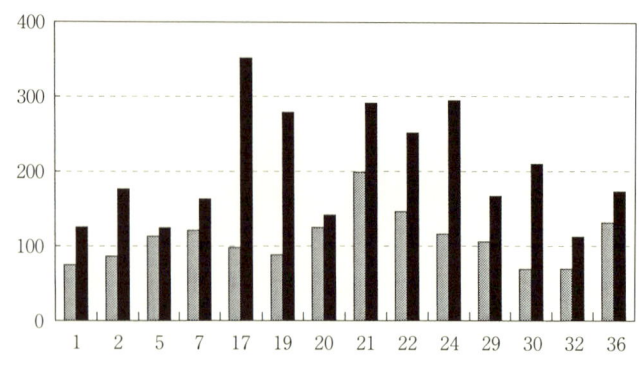

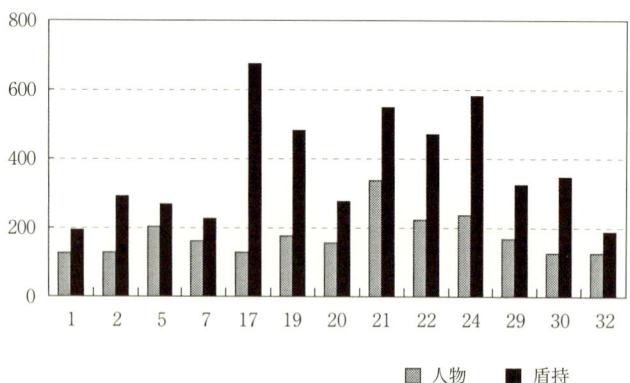

上図：顔面　下図：頭部（X軸のNo.は第21表と一致）。
第72図　盾持人物埴輪の顔面・頭部規模（幅×高さ）

図したものと考えられる。

　頭部については、（1）頭の表現が多様で変化に富み、かつ地域色が顕著である、（2）顔面に、線刻や彩色で装飾を施すものが多い、（3）口唇を変形させ、特異な表情を表すものが存在する、（4）顎の輪郭が極端に突出するものが存在する、（5）頭部が、共存する他の人物埴輪に比べ大きく造形される、（6）筒形や板状など、耳を横に大きく誇張するものが多い、などの特質がある。頭部の特質のなかで、口唇や顎の輪郭にみられる特徴は、他の人物埴輪にはみられない盾持人物埴輪固有の表現である。類例は少ないながら、Ⅰ～Ⅳの各期に散見される特徴であり、盾持人物埴輪の本質的な部分をあらわしている可能性が高い。

　これと関連して、頭部が大きく造形される特徴がある。試みに、比較可能な古墳の出土例から、盾持人物埴輪と他の人物埴輪との頭部および顔面の大きさと比べてみると（第72図）、例外なく盾持人物埴輪がより大きく表現されていることがわかる。最古に位置付けられる墓山古墳出土の頭部片も、その大きな顔面と突出した顎の特徴から盾持人物埴輪と考えられる。墓山古墳出土例は、畿内の初期人物埴輪に特徴的な球形の頭部をベースとしながら、さらにその下端に粘土板を貼付し意識的に突出した顎の輪郭をもつ平面的で大型の顔面を造り出している。これらは、頭部や顔面を単に大きく誇張表現したものではなく、本来は顔を覆う仮面のような装具を着装した姿を意図していたものと考えられ、突出した顎の輪郭や口唇の表情にその一端が表出したものと思われる。また、盾持人物埴輪に多い顔面の装飾も、従来から入墨の表現とも解されてきたが、その実態はいずれにしても本質ではこの仮面着装の意図に通じる表現と考えられる。

　一方、頭の表現は、他の形式の人物埴輪に比べ多様であり、時期的にも地域的にも変化に富んでいる。これは、盾持人物埴輪が、実に簡略に様式化され普遍的な姿態を呈していることと対照的であり、造形の対象となる実像が流動的で不確かだったことが想定される。これは、耳の特質においても同様であり、極端な誇張のため実像から遊離し、地域ごとに特有の変容過程を生み出している。

　以上のような頭部の特質を考えると、盾持人物埴輪の相貌は、身近に造形の対象を伴わない非

日常的、非現実的な姿にみえる。従来の解釈にある盾を持つ武人や門部など現実の姿の造形[20]とは考えにくく、「仮想の姿」あるいは「仮装の姿」を写している可能性が浮かんでくるのである。

次に、配置状況については、(1) 単独配置と群中配置の二つの側面がある、ことが大きな特質としてあげられる。さらに、(2) 単独では、主に中・外堤上や前方部前面、後円部先端付近など、墳丘外郭や墳丘内周縁に配置される、(3) 群中配置では、とくに男女の人物、馬、家形埴輪の3種と共存する事例が多い、(4) 群中の盾持人物埴輪は、他の形象埴輪群の後背部や周縁部に配置される、など細部の特質が認められ二つの側面の詳細を理解することができる。

このような配置状況の特質から、盾持人物埴輪には、古墳やそこに配置された形象埴輪群の周縁に立ちそれらを守護する役割があったことがうかがわれる。すでに指摘のあるように、連続三角紋の盾や戈を持つ姿態、その異様な相貌にも象徴されるように、盾持人物埴輪には迫り来る悪霊や邪霊を排除する「辟邪の性格」が色濃く認められるのである[21]。

上記の検討から、本質に迫るべく、盾持人物埴輪の具体的な特質をより簡潔に整理すると以下のようである。

① 人物埴輪の諸形式中、最古に位置付けられ、最も出土個体数が多い。
② 左手に盾、右手に戈を執る姿態を呈す。
③ 顔面を覆う装具、仮面を着装する。
④ 非日常的、非現実的な「仮想の姿」を写す。
⑤ 単独配置と群中配置の二つの側面をもつ。
⑥ 古墳や形象埴輪群の周縁に立ち、守護する。
⑦ 辟邪の性格をもつ。

2. 源流について

盾持人物埴輪は、古墳の外郭や時にはその中枢近くに立ち、被葬者を邪鬼から守護する辟邪の役割を果たしていた。また、他の人物埴輪など形象埴輪群の周縁にも配置され、古墳の世界に集う群集をも守護していたようである。

ところで、古代日本の喪葬にかかわって、同じように邪鬼を駆逐する役割を担ったものに令制下の方相がいる。養老喪葬令8親王一品条に、「凡親王一品。方相輼車各一具。」、「太政大臣。方相輼車各一具。」と、親王一品と太政大臣に対する葬儀における方相の使用の規定が認められる。また、方相は、喪葬以外に、大儺すなわち「鬼やらい」の儀式においても邪鬼を払う役割を果たしていた。大儺の方相は、『内裏式』および『延喜式』等にその具体的様相が記載されている。『内裏式』中、十二月大儺式には「方相一人。取大舎人長大者為之。着仮面黄金四目・玄衣朱裳。右執戈。左執楯。(中略) 方相先作儺声。即以戈撃楯。如此三遍。(後略)」とあり、方相は大舎人の中の長大なる者が扮し、黄金四目の仮面をつけ、黒い衣に朱い裳を身にまとい、右手に戈左手に楯を執り儺の先頭に立って邪鬼を駆逐していたことがわかる。『続日本紀』『日本後紀』には、聖武太上天皇・光仁太上天皇・桓武天皇の葬儀に際して、「御装束司」や「山作司」などとともに「作方相司」・「造方相司」の任官記事があり、左記の方相の衣類や装備を作るための臨時の官司と考えられてい

る。(22)

　喪葬や儺の儀式で活躍する方相は、『内裏式』の記載にみるよう異様の姿を呈している。葬列における役割はもとより、恐ろしく異様な姿形、とくに仮面の着用や盾や戈・戟の装備など細部において前述した盾持人物埴輪の特質と共通する部分が多い。

　方相に関する研究をみると、喪葬・大儺ともにその源流は中国に求められる。『周礼』夏官に、「方相氏掌。蒙熊皮。黄金四目。玄衣朱裳。執戈揚盾。帥百隷。而時難。以索室毆疫。大喪先柩。及墓入壙。以戈撃四隅。毆方良。」とある。中国では一般に方相氏と呼称され、儺における鬼やらいとともに、大喪の際に柩を先導し、墓壙に入って戈で四隅を撃ち、方良すなわち魑魅魍魎を駆逐する役割を果たしていた。『後漢書』礼儀志大喪にも、「方相氏。黄金四目。蒙熊皮。玄衣朱裳。執戈揚楯。立乗四馬。先駆。」と同様の記載があり、以後魏晋南北朝、隋、唐と各王朝において、葬列を先導する方相氏の規定が認められる。

　日本の令制下の喪葬に登場する方相は、この中国の葬令における方相氏を導入したことは明らかであり、服装や持物もその形をほぼ踏襲している。盾持人物埴輪の特質は、中国の喪葬儀礼に源を発する方相氏の姿を髣髴させるものであり、その形態と喪葬儀礼の両面において盾持人物埴輪の原形はこの方相氏にあるものと思われる。

　大日方克己は、日本の方相はまず喪葬とかかわって導入されたとし、『元興寺縁起』推古元年（593）正月の「第四輅載引導方相也」の記事や、上田早苗氏が方相氏の可能性を示唆する奈良県生駒郡斑鳩町藤の木古墳出土馬具の後輪把手の鬼神透彫図像などを事例に、その受容が律令以前の6世紀代に遡ることをすでに指摘している。また、喪葬における辟邪の方相氏は朝鮮半島にも導入されており、6世紀前半代の慶州壺杅塚出土の木心漆面を方相仮面とする解釈も認められるようである。このように、日本や朝鮮半島では、国家儀礼としての葬令が成立する以前から喪葬の方相氏を中国から受容していた痕跡が認められる。受容経路の問題はさておくとして、本章でとりあげた盾持人物埴輪は、日本における方相氏の受容がさらに5世紀前半代まで遡ることを示している。

3. 埴輪群の意味

　盾持人物埴輪は、葬儀で活躍した方相氏を造形し、古墳に配置したものである。このような方相氏の造形・描写は、中国の墳墓内でも行われていた。

　中国の墳墓から出土する俑のなかに、方相氏を造形したものが多数存在することが古く小林太市郎によって指摘されている。出土状況が不確かな資料のため、すべてを方相氏とする確証に欠けるが、小林が漢・六朝期とする俑のなかには、両足を開き、左手に盾を構え右手に戈を掲げた躍動的な姿態のものが多い。さらにこれらは、頭部が大きく怪異な面相で、仮面の表現が明らかなものが認められるなど、日本の盾持人物埴輪と同様に文献上に記された方相氏との類似が明らかである。

　また、方相氏は、中国の漢代・南北朝期の墓室壁画や画像石、画像磚などの図像中にも描かれている。画像石、画像磚の図像内容は、墓主が昇仙する様子や神仙界での生活などが主要なテーマと考えられている。また、信立祥は、画像のテーマの一つに、墓主が墓地祠堂で子孫から祭祀を受

ける光景があることを指摘している。このように、墓室の図像群は、主に墓室や墓地内で完結する世界と昇仙し仙界にいたる世界との二つから成り立っていると考えられる。

上田早苗は、図像の方相氏を、熊などの獣形を象る動物相と人形を象る人格神の二者に分類し、図像があらわす世界観を視点に検討している。その結果、図像の方相氏はその活躍の場によって、さらに次の二つに分類される。

①　墓室内部での疫鬼の駆逐を任務とし、墓主を鬼魅から守護する（第73図）。
②　墓主の昇仙に随行し、仙界での守護にあたる（第74図）。

②の方相氏は、図像の背景に雲気が立ち込め、仙人や羽人と共存するなどの特徴があり、明らかに神仙界での活動として描写されている。

このように、方相氏の役割は、現実世界において怪異な仮面の扮装で葬列を先導し、邪鬼を駆逐するだけではなかった。喪葬儀礼が終了した後も、俑や図像に形を変えて、墓室や墓地さらには神仙界へと移行し、他界における辟邪の役割を担っていたのである。また、前述の俑と同様に、墓室図像の方相氏にも、大形の耳、剥き出しの歯、顎ひげの垂下、頭上の角状突起など盾持人物埴輪の諸特徴につながる細かな類似点が認められ興味深い（第73・74図参照）。

方相氏を造形した盾持人物埴輪の意味も、これら中国の俑や墓室図像の方相氏と同様だったと思われる。つまり、盾持人物埴輪は、中国の喪葬儀礼と神仙思想の影響下、墓主が生活する他界の守護を意図して造形され、古墳に配置されたと考えられる。

繰り返し述べるが、盾持人物埴輪には、単独配置と群中配置の二つの側面がある。これまでの検討から、前者は、古墳の外郭や中枢近くに立って、墓主が生活する他界を守護する役割を果たしていたと考えられる。要するに、周溝などの外部施設を含む古墳全体が他界と観念されていたので

第74図　河南洛陽北魏孝昌2年（526）侯剛墓誌蓋刻画

第73図　河南鄭州二里崗漢代画像磚

ある。一方、後者の群中配置は、盾持人物埴輪が男女の人物埴輪や馬、家形埴輪などの形象埴輪群と密接にかかわって、その周縁に配置されていた。盾持人物埴輪は、この人物・馬・家などをその近辺に立ち守護しているのであり、当然この形象埴輪群は他界にあって墓主の周りに集う群集を意味していると解釈できる。

　盾持人物埴輪は、人物埴輪の諸形式中最古に位置付けられ、最も出土個体数が多い一群にある。数ある人物埴輪のなかで、辟邪の人物がとくに重要な意味を持っていたのであろう。盾持人物埴輪には、人物埴輪を中核とする埴輪群の本義が内在する可能性が高いと考える。あらゆる人物埴輪群は、同一の規則のもとに古墳に配置され、いずれも同じ世界を表現している可能性が指摘されている。方相氏を原形とする盾持人物埴輪とその創出を契機に後出した人物埴輪の諸形式は、この埴輪体系のなかで、被葬者をとりまく死後の世界、すなわち喪葬儀礼終了後の他界の情景を表現していると考えられる。こう考えると、被葬者の「生前の活動」、あるいは「殯儀礼」や「葬列」、「首長権継(霊)承儀礼」など、従来からある代表的な諸説はすべて喪葬儀礼終了以前の情景と理解され、人物埴輪を核とする形象埴輪群の解釈としては妥当性を欠き、成立しがたいものと思われる。

　盾持人物埴輪と共存する男女の人物埴輪や馬形埴輪、家形埴輪などの形象埴輪群は、他界でどのような役割を果たしていたのだろうか。この役割や意味については、家形埴輪の検討などを行い、その上であらためて論じることとしたい。ここでは、埴輪配置のテーマを三つの観念に分類し、下記の概念図によりその見通しを提示しておきたい。

埴輪のテーマ		400年	450年	500年
(1) 他界～昇仙	古墳+家	舟・水鳥・馬		
(2) 辟邪	円筒・壺(結界)、器財(武器、武具)	盾持人物	→力士	⇒
(3) 奉仕	円筒・壺(供献)、器財(威儀具)		男女人物、武人他	
	(神仙思想の導入)	(神仙思想の具象化) →	(整備・拡充)	

まとめ

　本章では、古墳に樹立された埴輪における盾持人物埴輪の特質に注目し、その再検討を試みた。その結果、盾持人物埴輪は、5世紀前半に王権の中枢である畿内地方で創出され、中国の喪葬儀礼や神仙界に登場する辟邪の方相氏を原形としていることが明らかとなった。さらに、この結論は、単に盾持人物埴輪の本質論にとどまらず、その後出現する他の人物埴輪を中核とする形象埴輪群の解釈にも深く関与する問題提起となった。

　盾持人物埴輪の創出は、古墳時代の開始期に中国から導入された神仙思想とその世界の具象化に他ならず、まずは辟邪の観念が優先されたことを意味している。その後展開する人物および形象埴輪群は、おのずと他界の情景を演出したものと考えられ、被葬者への奉仕の具象化を中心に古墳における神仙界の拡充・整備を図ったものと推測される。

追記

本章の初出以降に公表され、管見に触れた盾持人物埴輪に関する研究には、以下のような成果がある。
・設楽博己「盾持人埴輪の遡源」『東国の地域考古学』六一書房、2011年。
・かみつけの里博物館『古墳の守り人―盾持ち人埴輪と古墳―』2012年。
・岡﨑晋明「盾持ち人埴輪の諸相」『龍谷日本史研究』第36号、2013年。

注

（1） 若松良一・日高慎「形象埴輪の配置と復元される葬送儀礼（上）」『調査研究報告』第5号、埼玉県立さきたま資料館、1992年。
（2） 注（1）文献、辰巳和弘『埴輪と絵画の古代学』白水社、1992年。
（3） 高橋工「盾形埴輪の検討」『長原遺跡発掘調査報告』Ⅳ、1991年。若狭徹「群馬県の人物埴輪受容期をめぐる2、3の考察」『考古学ジャーナル』357、1993年。
（4） 清水真一「盾持人物埴輪考」『古代学評論』第4号、1995年。
（5） 小林行雄『埴輪』陶磁大系第3巻 平凡社、1974年。
（6） 注（1）、（4）文献。
（7） 盾持人物埴輪の造形の対象は、盾を持つ武人あるいは兵士と解釈される場合が多い。また、門部などの職掌をあてる意見もある。水野正好「埴輪芸能論」『古代の日本』第2巻、角川書店、1971年。橋本博文「埴輪祭式論」『塚廻り古墳群』群馬県教育委員会、1980年。
（8） 注（1）文献。
（9） 塚田良道「人物埴輪の形式分類」『考古学雑誌』81-3、1996年。
（10） 高橋克壽「器財埴輪」『古墳時代の研究』第9巻、雄山閣、1992年。
（11） 戈とする考えもあるが、ここでは「刺」の表現の存在を優先し戟とした。太田博之のように、これらを句兵と総称し、歩兵用の武器とする観点に立てば、刺の不確かなものについては戈を表現している可能性も十分あり得る。太田博之「句兵を表現する埴輪」『古代』第100号、1995年。
（12） 唇を突き出すもの、口を「へ」の字にするもの、口を左右に開き笑う表情をするものなど、いずれも怪異な表情をしている。
（13） 男女の人物埴輪群には、表からもわかるように武人や馬子、力士の埴輪を含まない。その内容は、塚田良道が分類した第1・第2ゾーンの人物埴輪に相当すると考えられる。注（9）文献。
（14） Ⅱ期の池田4号墳、Ⅲ期の富士山古墳・仙道古墳出土の盾面に、線刻による格子状表現が認められる。
（15） 畿内地方の事例は、Ⅱ期においても線刻装飾のみであり、顔面への装飾は当初から線刻表現を特徴としていたようである。注（2）辰巳文献、設楽博己「中二子古墳出土の人面線刻埴輪によせて」『中二子古墳』1995年。
（16） 注（9）文献。
（17） 体長に対する顔面の高さの比率においても、盾持人物埴輪は共存する他の人物埴輪の数値を上回る場合が多いようである。つまり、盾持人物埴輪は、体長に比して顔面が過大に造形される傾向が強い。
（18） 盾持人物埴輪に関するものではないが、過去においても、異様な相貌の人物埴輪に対して仮面の着装を示唆する指摘が認められる。猪熊兼勝ほか「大谷山22号墳」『岩橋千塚』関西大学考古学研究室、1967年、198頁。
（19） 伊藤純「古代日本における鯨面系譜試論」『ヒストリア』104、1984年、注（15）設楽文献。
（20） 注（7）文献。
（21） 注（1）文献、注（2）辰巳文献。
（22） 『続日本紀』天平勝宝八年五月乙卯条、『続日本紀』天応元年十二月丁未条、『日本後紀』大同元年三月壬

午条。
(23) 瀧川政次郎「令の喪制と方相氏」『日本上古史研究』第37号、1960年。上田早苗「方相氏の諸相」『橿原考古学研究所論集』第10、吉川弘文館、1988年。大日方克己「大晦日の儺」『古代国家と年中行事』吉川弘文館、1993年。三宅和朗「古代大儺儀の史的考察」『古代国家の神祇と祭祀』吉川弘文館、1995年。古代日本の方相に関する研究や文献史料について、堀部猛氏から多くの御教示をいただいた。
(24) 松木裕美「二種類の元興寺縁起」『日本歴史』325号、1975年、29〜30頁。
(25) 李杜鉉「韓国仮面の歴史」『古面』東京国立博物館、1982年。
(26) 小林太市郎『漢唐古俗と明器土偶』一條書房、1947年。
(27) 注(26)文献「古明器土偶百九図」図版の(1)・(3)・(4)・(5)・(7)・(8)・(11)・(13) など。
(28) 曾布川寛「崑崙山と昇仙図」『東方学報』京都第51冊、京都大学人文科学研究所、1979年。曾布川寛「漢代画像石における昇仙図の系譜」『東方学報』京都第65冊、京都大学人文科学研究所、1993年。
(29) 信立祥『中国漢代画像石の研究』同成社、1996年。
(30) 上田早苗「方相氏の諸相」『橿原考古学研究所論集』第10集、吉川弘文館、1988年。
(31) 洛陽前漢壁画墓（M61号）主室後壁壁画（河南省文化局文物工作隊「洛陽西漢壁画墓発掘報告」『考古学報』第33冊、1964年、彩色図版2）、河南鄭州二里崗漢代画像磚（周到・呂品・湯文興『河南漢代画像磚』1985年、図163）、江蘇鎮江東晋隆安二年画像磚（姚遷・古兵編著『六朝芸術』文物出版社、1981年、図版154・155）などが類例として提示されている。前者は獣形、後二者は人形で、剥き出しの歯、大形の耳、垂直に垂らす顎髭、盾や武器の携帯などに特徴がある。
(32) 洛陽前漢卜千秋墓主室後壁壁画（陳少豊・宮大中「洛陽西漢卜千秋壁画芸術」『文物』252号、1977年、図版1-1)、山東嘉祥宋山漢代画像石（山東博物館・山東省文物考古研究所『山東漢画像石選集』1982年、図178)、南陽前漢画像石（王建中・閃修山『南陽両漢画像石』文物出版社、1990年、図版200)、河南洛陽北魏孝昌二年侯剛墓誌蓋刻画（張万夫『漢画選』天津人民美術出版社、1982年、図版202）などが類例として提示されている。前二者は獣形、後二者は人形で、大形の耳、剥き出しの歯、頭上の二本の角などに特徴がある。
(33) 大形の耳や歯の表現は盾持人物埴輪に特有の表現であり、埼玉県おくま山古墳出土例には垂直にのびるやや誇張した顎ひげの表現も認められる。また、関東地方に多い頭頂部の棒状飾りの内、とくにV字形の棒状飾りは、方相氏の角状突起との関連が想定される。
(34) 川西宏幸『古墳時代の比較考古学』同成社、1999年、72〜73頁。
(35) 注(9)文献
(36) 人物埴輪群を被葬者の死後の世界、他界の世界の表現とする想定は、すでに辰巳和弘や塚田良道の見解にも認められる。辰巳和弘『黄泉の国の考古学』講談社、1996年、184頁。塚田良道「女子埴輪と采女（下）」『古代文化』50-1、1998年、35頁。
(37) 群馬県立歴史博物館『はにわ―秘められた古代の祭祀―』1993年、34頁。
(38) 再検討にあたっては、日高慎氏からひとかたならぬ援助と意見の交換をいただいた。
(39) 小林太市郎は、中国の俑を大別すると防衛（辟邪）と奉侍（奉仕）の二種類があるとする。注(26)文献。

資料文献（第21表のNo.と対照）
1．福島県教育委員会「原山1号墳発掘調査概報」『福島県立博物館調査報告』第1、1982年
2．千葉県文化財保護協会『千葉県成田市所在竜角寺古墳群第101号古墳発掘調査報告書』1988年。
3．流山市教育委員会『流山市東深井古墳群―昭和43年度調査概報―』1968年、流山市教育委員会『下総のはにわ』流山市立博物館調査研究報告書17、2000年。

4．東京大学文学部考古学研究室編『我孫子古墳群』1969年。
5．大塚初重・小林三郎「茨城県舟塚古墳」・「茨城県舟塚古墳Ⅱ」『考古学集刊』4-1・4、1968・1971年。
6．出島村教育委員会『発掘調査報告書　富士見塚古墳群』1992年。国士舘大学考古学研究室編『茨城県かすみがうら市富士見塚古墳群』かすみがうら市教育委員会、2006年。
7．茨城県教育委員会財団『中台遺跡』茨城県教育委員会財団文化財調査報告第102集、1995年。
8．茂木雅博ほか『常陸白方古墳群』東海村教育委員会、1993年。
9．大場磐雄『常陸大生古墳群』雄山閣、1971年。
10．東京国立博物館『東博図版目録・古墳遺物篇（関東Ⅰ）』1980年。
11．小林行雄『陶磁大系』第3巻、平凡社、1974年。
12．小林行雄『陶磁大系』第3巻、平凡社、1974年。
13．大和久震平『桑57号墳発掘調査報告書』小山市教育委員会、1972年。
14．栃木県立しもつけ風土記の丘資料館『群集墳の時代』2000年。
15．壬生町歴史民俗資料館『壬生町歴史民俗資料館年報』No.1、1999年。
16．秋元陽光・飯田光央・篠原真理「綾女塚古墳の課題」『栃木県考古学会誌』19集、1998年。
17．石塚久則ほか『塚廻り古墳群』群馬県教育委員会、1980年。
18．前原豊・戸所慎策『中二子古墳―大室公園史蹟整備事業に伴う範囲確認調査概報Ⅲ―』前橋市教育委員会、1995年。
19．かみつけの里博物館『顔・かお・KAO―異様な形相は魔除けの願い―』1998年。かみつけの里博物館『はにわ群像を読み解く』2000年。
20．若狭徹ほか『保渡田Ⅶ遺跡』群馬町埋蔵文化財調査報告第27集、1990年
21．梅沢重昭ほか『綿貫観音山古墳Ⅰ―墳丘・埴輪編―』群馬県埋蔵文化財調査事業団、1998年。
22．宮塚義人ほか『小泉大塚越遺跡』玉村町教育委員会、1993年。
23．東京国立博物館『東博図版目録・古墳遺物篇（関東Ⅱ）』1983年。
24．加部二生『内堀遺跡群Ⅱ』前橋市教育委員会、1989年。
25．高崎市教育委員会『山名原口Ⅱ遺跡』高崎市文化財調査報告書第111集、1991年。
26．館林市教育委員会『館林市立資料館特別展　利根川流域の古墳と埴輪』1997年。
27．かみつけの里博物館『顔・かお・KAO―異様な形相は魔除けの願い―』1998年。
28．茂木由行『蛇塚古墳』吉井町教育委員会、1987年。
29．柳田敏司ほか『埼玉稲荷山古墳』埼玉県教育委員会、1980年。
30．埼玉県教育委員会『瓦塚古墳』埼玉古墳群発掘調査報告書第4集、1986年。若松良一・日高慎「形象埴輪の配置と復元される葬送儀礼（上）・（中）」『調査研究報告』第5・6号、埼玉県立さきたま資料館、1992・1993年。
31．岡本健一ほか『将軍山古墳　確認調査編・付編』埼玉県教育委員会、1997年。
32．寺社下博『めづか』熊谷市教育委員会、1983年。
33．本庄市立歴史民俗資料館『本庄の市宝―発掘された地中のお宝―』1999年。増田一裕『埼玉県本庄市前の山古墳発掘調査概要』本庄市教育委員会、1999年。
34．若松良一『はにわ人の世界』埼玉県立さきたま資料館、1988年。
35．江南町史編さん委員会『江南町史　考古資料編Ⅰ』1995年。
36．昼間孝志ほか『坂戸市塚の越遺跡』埼玉県埋蔵文化財調査事業団報告書第101集、1991年。
37．埼玉県立博物館『埼玉県立博物館常設展示解説』歴史Ⅰ、1977年。太田博之「句兵を表現する埴輪」『古代』第100号、1995年。
38．行田市教育委員会『愛宕山古墳・天祥寺裏古墳・二子山古墳・中の山古墳・陣馬遺跡（6次・7次）』行田

市文化財調査報告書第 31 集、1994 年。
39. 佐藤安平・伊藤郭編『横浜市戸塚区上矢部町富士山古墳調査概報』1991 年。上矢部町富士山古墳調査団、横浜市歴史博物館の御好意により実見。
40. 滝沢誠ほか「飯田市南部における古墳の実測調査」『信濃』40-12、1988 年。
41. 上田三平「狐塚古墳」『県史跡名勝天然記念物』7-3、石川県教育委員会、1932 年。石川県立博物館『はにわ』1994 年。
42. 奈良県立橿原考古学研究所附属博物館『特別展　大和の埴輪』1984 年。豆谷和之「羽子田遺跡第 11 次調査」『大和を掘る』16、奈良県立橿原考古学研究所附属博物館、1998 年。
43. 高橋浩樹『寺戸鳥掛遺跡発掘調査概報』広陵町教育委員会、1993 年。
44. 桜井市教育委員会『国史跡　珠城山古墳群範囲確認調査報告書』1993 年。奈良県教育委員会『奈良県文化財調査報告（埋蔵文化財編）』第 3 集、1960 年。
45. 奈良県内市町村埋蔵文化財担当者連絡協議会『平成 10 年度奈良県内市町村埋蔵文化財発掘調査報告会資料』1999 年。神庭滋『開館記念特別展 葛城の埴輪』新庄町歴史民俗資料館、2000 年。
46. 天理市教育委員会『天理市埋蔵文化財調査概報 昭和 61・62 年度』1988 年。泉武「奈良県小墓古墳 （第 1 次）」『日本考古学年報』40（1987 年度版）日本考古学協会、1989 年。天理市教育委員会の御好意により実見。
47. 奈良市教育委員会『奈良市埋蔵文化財調査概要報告書　平成 3 年度』1992 年。
48. 藤井寺市教育委員会『新版古市古墳群』1993 年。国立歴史民俗博物館編『歴博フォーラム　はにわ人は語る』山川出版社、1999 年。
49. 東大阪市教育委員会『発掘 20 年のあゆみ』1987 年。
50. 末永雅雄ほか『岩橋千塚』和歌山市教育委員会、1967 年。
51. 岸本道昭・古本寛『中垣内天神山・三昧山古墳群』龍野市教育委員会、1998 年。
52. 中原斉「山陰の埴輪―因幡・伯耆を中心にして―」『はにわの成立と展開』加悦町教育委員会、1994 年。亀井正道「人物・動物はにわ」『日本の美術』346、至文堂、1995 年。国立歴史民俗博物館編『歴博フォーラム　はにわ人は語る』山川出版社、1999 年。
53. 米子市教育委員会『諏訪遺跡発掘調査報告書Ⅳ』1983 年。
54. 伊澤洋一ほか『入部Ⅰ』福岡市教育委員会、1990 年。朝日新聞社『古代史発掘 '88～'90』1991 年。
55. 福岡県教育委員会『塚堂遺跡Ⅰ』浮羽バイパス関係埋蔵文化財調査報告第 1 集、1983 年。
56. 高橋克壽『埴輪の世紀』講談社、1996 年。三輪町教育委員会『国指定史跡　仙道古墳』三輪町文化財調査報告第 10 集、2001 年。
57. 那珂川町教育委員会『貝徳寺古墳』那珂川町文化財調査報告書第 16 集、1987 年。
58. 甲元眞之ほか『熊本大学考古学研究室研究報告』第 1 集、1994 年。

第8章　家形埴輪と前方後円墳の儀礼

はじめに

　家形埴輪は、器台形円筒埴輪や円筒埴輪の配列を除くと、古墳における埴輪群のあらゆる場面に登場する唯一の形象埴輪である。つまり、人物埴輪などによって構成される形象埴輪群像の中核としてその場を象徴しているのが家形埴輪であり、人物埴輪が出現する以前より埴輪が演出する場の中枢にあってその役割を果たしていた。また、形象埴輪の中では最も早くに出現し、蓋形や盾形などの器財埴輪を伴って、具象化されるべき重要かつ必須な造形物だった。おそらく鶏形埴輪もその仲間だったようであり、家形を中心とする蓋、盾、鶏形などによる初期形象埴輪の構成内容については、成立時の家形埴輪の原形やその思想的背景を考える上で重要な視点を示唆していると考えられる。

　家形埴輪に関する過去の論考を振り返ると、その意味や起源について、①死後の生活の場・首長の居館(1)、②首長霊の依代(2)、③死後の王権祭儀用建物(3)、④殯宮・喪屋(4)、⑤大嘗宮(5)、⑥首長霊継承の場・施設(6)、⑦漢代墳墓の祠堂的施設(7)、などの諸説が提起されてきた。①～③は被葬者の死後の世界を造形するのに対し、④～⑥は古墳への埋葬に伴う儀礼・儀式を造形するものであり、両者は、埴輪群の性格や古墳の世界を捉える視点や次元を根本的に異にしている。一方、⑦については、家形埴輪の原形ともいうべきモデルを考古資料から鋭く指摘した内容は興味深く、東アジア的な視野に基づき古墳をとりまく思想的背景にも波及しうる着眼点は今なお重要である。

　諸説のなかには、家形埴輪の個別具体例をとりあげ、その形態的特徴や配置状況の復元、他の形象埴輪との特徴的な群構成を明らかにし、その分析から演繹的に論証・解釈した成果も見受けられる(8)。ただ、現状では、先の諸説全般において、家形埴輪の起源や性格について説得力をもって導くに足る、論理的、帰納的な論証が十分になされ成功しているとは言いがたい。

　そこで、近年の研究からみた視点や問題点を整理し、まずは本章の目的と方法を明らかにしておきたい。今、近年の家形埴輪の研究をその視点や目的、分析の方法といった点から概観してみると、おおよそ次の四つに大別・集約できる。

　①製作技法・表現方法の特徴・特色を分析し、編年や機能、工人集団のあり方などを追究。
　小笠原好彦(9)は、屋根・軸部の突帯、線刻表現、入口・基部・基底部表現等の特徴を抽出分析し、畿内を中心とする工人集団論を展開した。また、青柳泰介(10)、岡村勝行(11)の両氏は、軸部、屋根部の成形法、および屋根部の閉塞法の分析から家形埴輪の時期的特徴やその変遷を明らかにした。

②家形埴輪の形式分類をもとに、その地域性と変遷を追究。

稲村繁は、切妻形、寄棟形、入母屋形の形式分類と、祭殿形、住居形、倉庫形の機能論を背景に、家形埴輪の地域的展開とその変遷を跡付けた。

③家形埴輪の形態的、思想的起源を追究。

小笠原好彦は、首長居館と家形埴輪の対比を前提に、宮崎県西都市三宅西都原古墳群出土の子持家形埴輪など特色ある資料群を援用し、その背景に神仙思想や中国南朝文物の影響を想定し、家形埴輪の起源論にせまった。

④器種構成と配置状況の分析から、家形埴輪ひいては埴輪群の主題を追究。

高橋克壽は、埴輪群像の古墳における場の意味づけを重視し、中でも家形埴輪はその中核をなすものとして注目している。三重県伊賀市才良石山古墳の東方外区から出土した家形埴輪群の器種構成と配置状況を詳細に分析し、ひとつには喪葬の場面を再現しているとした。具体的には、大阪府高槻市群家新町今城塚古墳の内堤張出から発見された大型の家形埴輪を伴う4区画の形象埴輪群像を典型とみて、森田克行がその出土埴輪の特徴や配置状況の分析を通して提起した殯宮儀礼を想定している。

　本章では、①、②のような家形埴輪そのものに向けられた基礎的研究と、③、④のようにその使われ方や周辺資料との比較を通して性格論、起源論にせまる研究との二者を意識し、この二つの方法の相互補完的運用を念頭に資料を分析し、論を進めたい。課題として重要なことのひとつは、後円部埋葬施設上など古墳の中心に据え置かれ始まった家形埴輪とは何か、その起源や性格を鮮明にすることにある。これは、埴輪群の本質にとどまらず、家形埴輪が置かれた前方後円墳そのものの儀礼やその思想的背景にも深くかかわる問題といえよう。

第1節　形式と配置状況の分類

　本章では、円筒埴輪編年Ⅰ期からⅤ期にかけて、主に前方後円墳を中心に全国の古墳から出土した比較的属性の明らかな家形埴輪を集成した。ここでは、第26表の集成資料から、家形埴輪の形式と配置状況の分類について提示したい。

1. 形式の分類

　家形埴輪の形式は、機能論については保留する部分も多いが、稲村繁や青柳泰介らが提示する屋根形態による大分類が有効であり、分析の指標としても理解しやすい。つまり、Ⅰ類：切妻形式、Ⅱ類：寄棟形式、Ⅲ類：入母屋形式、Ⅳ類：片流れ形式、Ⅴ類：伏屋形式、以上の大別が可能である。ただ、これらの形式は単一の機能を反映するものではないということ、実在する建物形態を忠実に反映した形式差なのか未だ確証がなく判然としない点があるということなど、認識しておかなければならないこともある。また、伏屋形式以外の4形式には、さらにA類：平屋建物、B類：高床建物の分類が可能であり、外観上からみた家形埴輪の大分類は、ⅠA：切妻平屋、ⅠB：

切妻高床のようになり、伏屋形式だけがⅤ類のみの大分類となる。

さて、従来、個々の家形埴輪の機能については、軸部の形態とくに入口や窓のあり方を手がかりに、入口と窓をもつ住居、一ヶ所の入口のみを表現した倉庫などの捉え方が一般的であった。確かに、平屋、高床の大分類も含めて、家形埴輪の軸部の形態は最もよくその機能を反映していると考えられるが、全国の出土資料を網羅すると上記の一般論のように単純に理解できるのか確証はない。ある面、様式化され、単純化された形態から機能差を読み取ることは容易ではない。考えられる軸部の切り込みを中心に細分類を行い、屋根形態との相互関係や時期的、地域的な傾向を全体的に把握し、家形埴輪の分析に備えたい。

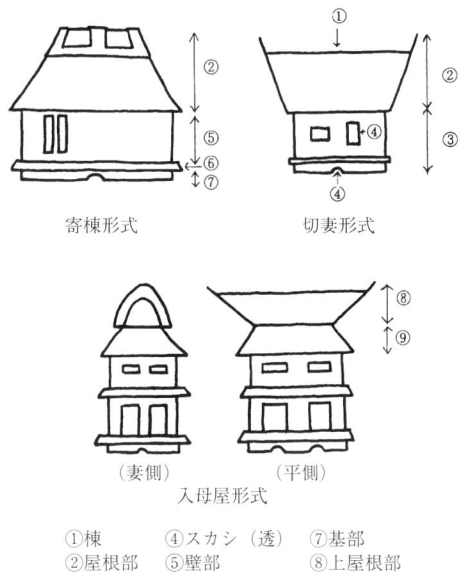

寄棟形式　　　切妻形式

入母屋形式
（妻側）　　（平側）

①棟　　　　④スカシ（透）　⑦基部
②屋根部　　⑤壁部　　　　⑧上屋根部
③軸部　　　⑥裾廻り突帯　⑨下屋根部

第75図　家形埴輪各部名称模式図

細分類は平屋、高床建物それぞれに、軸部の壁表現、入口表現、窓表現、基部の裾廻り突帯表現によって分類する。分類項目とその内容を概略列記すると、以下のようである（第75図）。

平屋―（壁表現）・四面開放―（入口表現）・平入口―（窓表現）・有―（基部突帯表現）・L字状
　　　・壁構造　　　　　・妻入口　　　　・無　　　　　　・板状
　　　　　　　　　　　　・両入口　　　　　　　　　　　　・低板状
　　　　　　　　　　　・無　　　　　　　　　　　　　　　・無

〈壁表現〉は、軸部四面すべてに切込みがある「四面開放」と、入口、窓以外は閉鎖的な「壁構造」に分類される。前者の切込みには、軸部の上下全面に及ぶ縦長のものや、下壁を残しやや横長のものなどがある。縦長のもののなかには、後述する要件から入口と判断できるものもあるが、それ以外の開口部については、多様な構造が想定されるもののひとまず窓と呼ぶのが適当と思われる。なお、高床建物では、二階部分を〈上層壁表現〉、一階部分を〈下層壁表現〉としてそれぞれに分類する。高床建物の壁表現も、平屋と同様に「四面開放」と「壁構造」とに分類される。ただ、床下の一階部分については、高床建物の二階部分や平屋建物とは構造的に異なることは明らかであり、家形埴輪の表現においてもⅤ期にみられる特殊な高床表現を除いて、その大半は縦長の「四面開放」となっている。

〈入口表現〉は、縦長の切込み（スカシ）を基本的に入口と判断しているが、確証はない。ただし、扉表現や扉の軸受け表現、後述する切込み下辺をU字形あるいは逆凸字形に刳り込む刳形表現などは確かな指標であり、多くが縦長の形態である。建物の平側と妻側の別から、「平入口」、「妻入口」、「両入口」があり、上記の判断基準からすると四面いずれにも入口表現が見当たらない

第26表 各地の家形埴輪一覧

埴輪編年	地域	古墳名	墳形(規模m)	時期	出土位置	家形器種・数	入口・窓・基部透孔
I	西日本	寺戸大塚	後円(98)	4中	後円部方形埴輪列外	不明	不明
		平尾城山	後円(110)	4中	後円部墳頂(埴輪列内)	入母屋 or 寄棟複数	窓・入口有、基部楕円形突帯有
II	西日本	日葉酢媛陵古墳	後円(206)	4後	後円部石室上	寄棟平屋	不明
		赤土山古墳	後円(103.5)	4後	後円部先端テラス(段築面)	切妻建物1	不明、基部透有
						切妻建物1	四面開放
						大型建物1	不明、基部透有
						切妻高床1	不明
						切妻建物1	妻入口有、窓無、基部透有
						入母屋建物1	窓有、基部透有
						切妻建物1	妻入口有、窓無、基部透有
						入母屋高床1	窓有、基部透有
						他3	
						鉤形囲形	入口1(三角板)、二条突帯、基部切り込み・透有※下記小型切妻とセット
						小型切妻建物1	四面開放、平入口1、基部透有
		庵寺山古墳	円(56)	4末	墳頂部方形埴輪列内	寄棟平屋1	妻入口1、平入口1?、平・妻線刻綾杉基部透有
						寄棟平屋1	平入口各1
						切妻平屋1	四面開放、基部透有
						入母屋平屋1	妻入口1、平窓各2
						入母屋高床1	四面開放
		石山古墳	後円(120)	4末	後円部方形埴輪列内	切妻平屋	平入口(刳込)、四面窓(刳込)
						入母屋建物	
						高床建物	四面開放(刳込)
						小型建物	
						囲形	
					東方外区(東側くびれ部方形壇)	片流れ高床1	平正面入口1、基部透有
						円柱入母屋1	
						切妻高床1	妻入口1、窓無、基部透有
						寄棟高床1	妻入口1、平線刻綾杉、窓無
						方形囲形1	入口1(三角板)、二条突帯
						鉤形囲形1	入口1、二条突帯、基部突帯
						入母屋高床1	四面開放(横長)
						入母屋平屋1	入口 or 窓複数有
						鉤形囲形1	入口1(三角板)、二条突帯
						小型切妻平屋1	四面開放、基部透有※上記鉤型囲内
						小型寄棟1	入口1、窓無、基部透有
						高床建物1	入口 or 窓複数有
						切妻建物1	四面開放?
						鉤形囲形1	入口1(三角板)、一条突帯、基部突帯 基部正面透孔1
		高廻り2号墳	円(19.6)	4末	周溝内	切妻平屋1	平入口1
						切妻他1	不明
						入母屋建物1	平入口1
						入母屋建物1	四面開放か
						寄棟1	不明
						入母屋他1	不明
						高床建物1~	四面開放か
		美園1号墳	方(約10)	4末	周溝内(コーナー部)	入母屋高床1	四面開放、窓8、入口なし、盾線刻 基部透有
						切妻平屋1	平入口1、基部透有
		金蔵山古墳	後円(165)	4末	後円部方形埴輪列外(内?)	入母屋建物1	不明
						入母屋(高床?)1	四面開放?
						(方形)囲形1	入口1、二条突帯、基部突帯
	東日本	昼飯大塚古墳	後円(150)	4末	後円部外縁埴輪列内(墓壙掘方外)	切妻建物1	四面開放?
						切妻建物1	入口 or 窓有、基部透有
						不明1	不明、基部透有
						入母屋建物	不明
						不明1	不明、基部透有
						他2以上	

第8章　家形埴輪と前方後円墳の儀礼　193

屋根表現	軸基部突帯	付属品	土器	土製供物	器財埴輪									人物埴輪						動物埴輪					文献
					蓋	翳	椅子	甲冑	盾	大刀	靫	鞆	船	女子	男子	武人	馬飼	盾持	力士	鶏	水鳥	馬	犬	猪	鹿	
不明	不明	不明	■																							1
網代	板	(堅魚木)	■		■															■						2
不明	不明	不明							■																	3
不明	L	不明																		■						4
	板																									
不明	L	不明																								
不明	L・板	不明																								
不明	L	扉軸受、踏板・台																								
不明	L	不明																								
不明	L	扉軸受、踏板・台																								
不明	L・L	不明																								
突帯押縁	L																									
突帯押縁	板				■			■																		5
線刻押縁	板																									
線刻押縁	板																									
線刻押縁	L																									
突帯押縁	不明																									
線刻押縁、円文	L		■																							6
		斗束																								
	L・？																									
	L																									
三面破風(鰭状)	板・板	鰭飾																								
突帯押縁	板・板																									
突帯押縁、網代	板・L																									
線刻連続三角文																										
突帯押縁	L・L																									
突帯押縁、網代	無	方杖																								
	無																									
軒線刻																										
切妻 or 入母屋	無																									
線刻押縁	板				■		■	■	■	□																7
突帯押縁	不明	不明																								
突帯押縁	不明																									
突帯押縁、網代	不明	下屋根直弧文																								
棟構造不明	板	不明																								
突帯押縁	不明	不明																								
不明	L、板	不明																								
突帯押縁	L・L	鰭飾、ベッド、斗束																								8
突帯押縁	板	扉軸受																								
突帯押縁、網代	不明							■													■	■				9
不明	L																									
三角板																										
不明	L	扉軸受			■	■			■																	10
突帯押縁	L																									
突帯押縁	L																									
不明	不明																									
不明	L	鰭飾																								

埴輪編年	地域	古墳名	墳形(規模m)	時期	出土位置	家形器種・数	入口・窓・基部透孔
Ⅲ	西日本	室宮山古墳	後円(238)	5前	後円部石室上	入母屋平屋(分離)1	四面開放、柱長方形中空、基部透有
						異形筒形(柵形?)	
						切妻平屋4	不明
					後円部方形埴輪列外	寄棟平屋1	平入口1、基部透有
						切妻平屋4	四面開放、基部透有
		乙女山古墳	帆立貝(130)	5前	後円部造り出し上	切妻平屋1	平入口1、妻窓1、基部透有
						他2	不明
						柵形?2以上	
		高廻り1号墳	方(15)	5前	周溝内	切妻平屋1	平入口1
						切妻高床1	不明
						切妻平屋1	平入口1、妻入口1、(四面開放か)
		野中宮山古墳	後円(154)	5前	くびれ部造り出し	伏屋	平入口1、妻窓1、基部透有
						長方形囲形	不明、L字突帯、基部透有
		心合寺山古墳	後円(160)	5初	くびれ部造り出し谷部	切妻平屋1	平入口1、妻上部円窓
						囲形	食い違い入口1、二条突帯
		ニゴレ古墳	不明(20)	5前	墳頂部埋葬施設上	切妻建物3	不明
						寄棟建物3	不明
		鳴谷東3号墳	方(10.5)	5前	墳頂部方形埴輪列	入母屋平屋1	平入口1、妻入口1、基部透有
						切妻平屋1	平入口1、妻窓1、基部透有
						切妻平屋1	平窓1
		巣山古墳	後円(220)	5初	前方部出島状遺構	小型切妻平屋他1	四面開放、基部透無※下記鉤型囲内
						鉤形囲形1他3	入口1(三角板)、二条突帯
						入母屋平屋1	四面開放(妻刳込)、基部透有
						入母屋平屋1	四面開放、基部透有
						切妻高床1	四面開放、基部透有
						切妻高床1	四面開放(平刳込)、基部透有
						入母屋平屋1	四面開放(妻刳込)、基部透有
						柵形10以上	三角板、二条突帯、円・方形透孔
		宝塚1号墳	後円(111)	5初	くびれ部造り出し周辺	入母屋高床1	平入口各1(刳込)、妻窓各1
						小型切妻平屋1	四面開放、井戸側のみ小窓
						方形囲形1	入口1、二条突帯、基部突帯
						小型切妻平屋1	
						方形囲形1	入口1(三角板)、二条突帯、基部突帯
						柵形2	
						入母屋高床1	四面開放(平刳込、線刻)
						小型切妻平屋1	四面開放(横長)
						鉤形囲形1	入口1(三角板)、二条突帯、基部突帯
						柵形2	
					くびれ部造り出し上面	入母屋高床1	四面開放(平刳込)、基部透有
		行者塚古墳	後円(99)	5前	後円部方形埴輪列内	不明	不明
					西造り出し上	入母屋平屋1	四面開放、平入口1(刳込)、線刻綾杉
						切妻平屋建物	不明
						囲形	不明
					西造り出し谷部	鉤形囲形1	入口1、二条突帯
					東造り出し谷部	小型切妻平屋	四面開放、基部透有
						長方形囲形1	入口1(三角板)、二条突帯、基部突帯、基部透有
					北東造り出し方形埴輪列内	入母屋平屋1	平入口1(刳込)、窓1、平窓2、妻窓各2、基部透有
						切妻平屋1	平入口1、基部透有
						寄棟平屋1	平入口1
						切妻高床1	妻入口1、基部透有
						片流れ高床	平入口1
					北西造り出し上	不明	
		月の輪古墳	造り出し付円(60)	5前	方形画石内	切妻高床1	不明、線刻綾杉
						入母屋平屋1	平入口1、線刻綾杉、基部透有
						切妻建物1	
						寄棟?高床1	四面開放
						寄棟?平屋1	不明
						入母屋平屋1	不明
						入母屋?平屋1	四面開放

屋根表現	軸基部突帯	付属品	土器	土製供物	蓋	翳	椅子	甲冑	盾	大刀	鞍	鞘	船	女子	男子	武人	馬飼	盾持	力士	鶏	水鳥	馬	犬	猪	鹿	文献
突帯押縁、網代	L	堅魚木			■			■	■	■																11
不明		不明																								
突帯押縁、網代																										
突帯押縁、網代	板																									
線刻押縁	板		■	■																						12
不明	板	不明																								
突帯押縁	不明				■		■	■		■	■															13
不明	無																									
線刻押縁	板																									
棟構造不明	不明				■															■	■	■				14
上面四隅に突起																										
線刻押縁（綾杉）	無	導水施設																								15
三角板全周、柱		取排水口																								
突帯押縁、網代	不明	不明						■	■			■														16
突帯押縁、網代	不明	不明																								
不明	板				■			■				■								■	■					17
線刻網代	板																									
突帯押縁	無																									
線刻押縁	板																									18
突帯押縁、網代	板																									
	板																									
線刻押縁	L・板																									
	L・L																									
	板																									
突帯押縁	L、板							■	■				■													19
突帯押縁	板	井戸枠						■		■																
突帯押縁		井戸枠																								
		鰭飾、井戸枠																								
突帯押縁	L、板	鰭飾			■																					
突帯押縁	板	導水施設																								
突帯押縁	L・L	堅魚木																								
網代	不明	鰭飾						■	■																	20
突帯押縁、網代	板	鰭飾	■	■																						
不明	不明																									
不明	不明																									
突帯押縁	板	堅魚木（鶏）																								
		導水施設土製品																								
突帯押縁、網代	板	鰭飾						■	■	■																
突帯押縁	板	鰭飾、千木、斗束																								
突帯押縁	板																									
突帯押縁、網代	L、板																									
			■																							
突帯押縁、網代	板・板	鰭飾		■																						21
不明	板・板																									
不明	板・板																									
不明	L																									
突帯押縁、網代	不明	鰭飾？																								
不明	板																									

第8章　家形埴輪と前方後円墳の儀礼

埴輪編年	地域	古墳名	墳形(規模m)	時期	出土位置	家形器種・数	入口・窓・基部透孔
	西日本	月の輪古墳			造り出し上	入母屋建物1	不明
	東日本	白石稲荷山古墳	後円(170)	5前	後円部墳頂	寄棟高床1	平入口1、基部透有
						切妻平屋1	平入口1、窓1、基部透有
						切妻平屋1	四面開放、基部透有
						切妻平屋1	平入口1、窓1、基部透有
						切妻平屋1	平入口1、基部透有
						切妻平屋1	平入口1、窓1、基部透有
						切妻平屋1	平入口1、基部透有
						寄棟(高床)1	不明
		赤堀茶臼山古墳	帆立貝形(45.2)	5前	墳頂部	切妻平屋1	平入口1、窓2、妻窓片面2
						切妻平屋2	平片面入口1(刳込)、窓1
						切妻高床3	平入口1のみ、下階平・妻に円孔有
						寄棟高床1	平入口1のみ、下階平・妻に円孔有
						小型切妻平屋1	平入口1のみ
IV	西日本	黒姫山古墳	後円(114)	5後	後円部方形埴輪列内(四隅)	寄棟	不明
						入母屋	不明
		弁天山D2号墳	後方(40)	5中	後方部埋葬施設上	切妻平屋1	平入口1、妻入口1
		蕃上山古墳	帆立貝形(53)	5中	後円部東側裾部	寄棟平屋1	平入口1、妻窓
						入母屋建物1	不明
		狼塚古墳	円(28)	5中	くびれ部	囲形(箱状8個)	入口1(刳込)、二条突帯、基部透有
		三ツ城古墳	後円(91)	5中	後円部外縁埴輪列内(埋葬施設前面)	切妻平屋1	線刻入口・窓?、基部透有
						切妻建物1	不明
						寄棟or入母屋建物1	不明
	東日本	常光坊谷4号墳	円(17.5)	5後	墳丘裾部	寄棟平屋1	平入口1、窓1、基部透有
		富士見塚古墳	後円(88)	5後	くびれ部造り出し	寄棟平屋1	平入口・窓1、線刻綾杉
		菅沢2号墳	円(50)	5後	墳頂周縁or下段テラス上面	切妻建物1	不明
						寄棟建物1	不明
						寄棟建物1	不明
						入母屋建物1	不明
						不明	四面開放
						円柱(寄棟?)高床1	不明
						他1以上	
		保渡田八幡塚古墳	後円(96)	5後	くびれ部東側中島上	入母屋建物	不明
						高床建物	不明
V	西日本	今城塚古墳	後円(186)	6前	内堤外縁張出部1区	入母屋円柱高床1	四面開放(上下刳込線刻平各2、妻各1、突起平各1)
						片流れ平屋1	鉤形入口1、平窓1と2
						他2	
					2区	寄棟平屋1	平入口1、窓各1、妻円孔各1
						他2	
					3区	入母屋円柱高床1	四面開放(刳込平、妻各1)
						入母屋平屋1	平入口1、妻円孔各1
						入母屋建物2	不明
						入母屋平屋1	四面開放(刳込平各1)
						他5	
					4区	入母屋円柱高床1	不明
					1~4区	囲形多数(列状)	
		井辺八幡山古墳	後円(88)	6前	くびれ部西造り出し上	入母屋1	不明
					くびれ部東造り出し上	入母屋平屋1(分離)	平入口1
						入母屋平屋1	平入口1
		荒蒔古墳	後円(30)	6前	くびれ部	入母屋高床3	平入口、妻円孔、
		勢野茶臼山古墳	後円(40)	6中	横穴式石室前庭部	寄棟平屋1	平入口各1、妻円孔各1、基部透有
		軽里4号墳	後円(18.2)	5末	墳丘上	入母屋平屋1(分離)	平入口各1、妻円孔各1
		音乗谷古墳	帆立貝(22)	6前	墳頂部	不明	不明
		菟道門の前古墳	後円(35)	6中	くびれ部~前方部裾	入母屋高床1	平入口1(2階)、窓1(3階)、妻円孔
		百足塚古墳	後円(80)	6前	外堤	入母屋平屋2(分離)	不明
						寄棟高床1	平入口1、妻側円形透
						寄棟円柱高床1	四面開放(全刳込)、円柱側柱のみ
						寄棟建物他2	
						柵形多数	

第 8 章　家形埴輪と前方後円墳の儀礼　197

屋根表現	軸基部突帯	付属品	土器	土製供物	器財埴輪									人物埴輪					動物埴輪						文献
					蓋	翳	椅子	甲冑	盾	大刀	鞍	鞘	船	女子	男子	武人	馬飼	盾持	力士	鶏	水鳥	馬	犬	猪	鹿	
突帯押縁、網代	不明		●																							
突帯押縁	L・板							●																		22
突帯押縁	板																									
線刻押縁	板																									
線刻押縁	板																									
突帯押縁	板																									
突帯押縁	板																									
線刻押縁																										
突帯押縁	不明																									
突帯押縁、網代	板(低)	堅魚木					●																			23
突帯押縁	板																									
突帯押縁	板・帯																									
線刻押縁	板・帯																									
線刻押縁	無																									
不明		不明			●			●	●	●																24
不明		不明																								
線刻押縁(綾杉)	板																									25
妻隠板	無	堅魚木			●		●							●												26
不明	不明	不明																								
三角板(全周？)		導水施設																								27
不明	板						●																			28
不明	不明	不明																								
不明	不明	不明																								
妻隠板	板	堅魚木	●											●							●	●				29
妻隠板	無	堅魚木												●								●	●	●	●	30
	不明				●			●		●																31
突帯押縁、網代	不明																									
突帯押縁、網代	不明																									
突帯押縁	不明																									
不明	板(低)																									
不明	L・？	鰭飾																								
不明	不明	不明	●											●												32
不明	不明	不明																								
板格子、網代	L・L	千木※三分離															●									33
連続三角板	板(低)																									
押縁、妻隠板、網代	板	堅魚木							●					●												
※三分離	L・L	堅魚木、千木			●			●						●												
線刻押縁※二分離	L																									
網代	不明	堅魚木、千木																								
不明※二分離	L	不明																								
不明	不明	不明																								
	不明	不明	●											●	●					●		●	●			34
	板(低)																									
	板(低)																									
線刻綾杉	低板	堅魚木			●			●	●	●				●						●						35
押縁・妻隠板	板(低)	堅魚木						●	●	●				●												36
上屋根不明	板(低)	不明																								37
不明	板(低)	不明																								38
線刻	低板・板				●																					39
突帯押縁、網代	板(低)	堅魚木																								40
妻隠板	L・低板																									
妻隠板	欠損																									

埴輪編年	地域	古墳名	墳形(規模m)	時期	出土位置	家形器種・数	入口・窓・基部透孔
	東日本	味美二子山古墳	後円(101)	6前	内堤上	入母屋平屋2、囲形?	平入口
		舟塚古墳	後円(88)	6前	前方部造り出し上	入母屋平屋1	平入口各1
		殿部田1号墳	後円(33.3)	6前	くびれ部(〜前方部)裾列状	寄棟(平屋?)1	平入口1、窓1、赤彩格子
						寄棟(平屋?)1	平入口1、窓1、突帯4条
		富士山古墳	円(85)	6中	墳頂部	入母屋(平屋?)1(分離)	平入口各1、妻側円孔各1
						円柱入母屋高床1(分離)	四面開放
		瓦塚古墳	後円(71)	6中	中堤上	円柱寄棟高床1	四面開放
						寄棟平屋1	平入口1
		片野23号墳	後円(33.7)	6後	前方部側面基壇テラス	入母屋(平屋?)1	平円孔2・3、妻円孔各2
		神保下條2号墳	円(10)	6後	墳頂部	入母屋(平屋?)1	平入口1、窓1、妻円孔各1
		綿貫観音山古墳	後円(97)	6後	後円部墳頂	入母屋or寄棟高床1(円柱・角柱)	不明
						入母屋建物1(分離)	不明
						他3以上	
					前方部墳頂	入母屋(平屋?)1(分離)	平入口各1、妻円孔各1
						入母屋建物1(分離)	不明
						他1以上	

「無」も加えて四分類される。

〈窓表現〉は、上記の入口表現以外の軸部の切込み(スカシ)が相当する。正方形や横長の切込みが多く、窓表現の「有」、「無」の二つに分類する。

〈基部突帯表現〉は、基部裾廻りでは基壇、土台、縁など、高床建物の高床部側廻りでは縁、柱の頂部に載る台輪などの表現が想定されるが確証はない。その横断面の形状から、立面的には台形を呈する「L字状」、薄く突出度の高い「板状」、突出度の低い断面台形の「低板状」、基部突帯を表現しない「無」の四つに分類される。なお、高床建物では、高床部側廻りを〈上層突帯表現〉、基部裾廻りを〈下層基部突帯表現〉として、それぞれに分類する。

以上のような大分類・細分類に基づき、先の集成資料群を分類すると、第27表のようになる。

2. 配置状況の分類

第26表の集成資料を吟味すると、ある程度の確からしさをもって家形埴輪本来の配置場所を推定できる。その配置場所は墳形や時期によってさまざまだが、共通する特色を整理し類型化することは、先述の高橋克壽の指摘にもあるように家形埴輪の本質を探る上で有効な手続きと思われる。ここでは、家形埴輪の配置場所8分類を下記に明記し、第28表で分類し、第26表にも併記(出土位置)しておく。

Ⅰ類：墳頂部方形埴輪列内(埋葬施設上)、Ⅱ類：墳頂部方形埴輪列外(埋葬施設周縁)、Ⅲ類：墳丘基壇および島状施設、Ⅳ類：造り出し、Ⅴ類：墳丘裾部およびテラス、Ⅵ類：周堤上、Ⅶ類：前方部上、Ⅷ類：横穴式石室前面。

屋根表現	軸基部突帯	付属品	土器	土製供物	蓋	翳	椅子	甲冑	盾	大刀	靫	鞆	船	女子	男子	武人	馬飼	盾持	力士	鶏	水鳥	馬	犬	猪	鹿	文献
突帯押縁、屋根妻円孔	低板	鰭飾	■	■	■				■	■				■	■	■		■			■	■				41
線刻彩色連続三画文	低板	堅魚木								■				■	■	■		■		■		■				42
線刻赤彩連続三角文、妻隠板	無	堅魚木、鳥												■	■											43
線刻赤彩連続三角文	無	堅魚木																								
線刻赤彩連続三角文、板格子	無						■																			44
線刻赤彩連続三角文	L·L	堅魚木、千木																								
粘土板押縁	板・無								■					■	■											45
粘土板押縁	無	堅魚木							■																	
線刻連続三角文妻隠板	低板	堅魚木、千木													■											46
線刻赤彩連続三角文	低板	堅魚木												■	■											47
不明	不明								■					■												48
線刻赤彩	不明																									
線刻赤彩、板格子	無								■																	
板格子	不明																									

第2節　家形埴輪の変遷とその意味

　第28表には、Ⅰ期からⅤ期の家形埴輪の形式と組み合わせ、およびその配置状況の変遷が示されている。形式については、「切妻平屋」などの大分類とその数量までを明記し、細分類についてはやはり同様の変遷を大分類ごとに第27表にまとめた。また、配置状況については、表の横列に前章での配置場所の8分類を明記しその推移を明確にするとともに、あわせて家形埴輪と共伴する形象埴輪の種類や土器、土製供物についても掲載している。以下、各期における家形埴輪の形式や配置状況の特徴、およびその推移の諸相について解説しておきたい（第78～81図参照）。

1．Ⅰ期

　Ⅰ期には、京都府向日市寺戸大塚古墳、京都府木津川市平尾城山古墳など畿内の事例が散見されるのみだが、現状での家形埴輪出現期の資料といえる。平尾城山古墳には入母屋ないしは寄棟形式の複数の家形埴輪が出土しているが、楕円形の基底部など定式化以前の様相がうかがえる（第76図）。ただ、家形埴輪の組成や形式の詳細については明らかでなく、Ⅰ期の家形埴輪の実態は判然としない。

　配置場所は、前者が後円部方形埴輪列の外側、後者が後円部方形埴輪列内の埋葬施設上にあり、どちらも前方後円墳の後円部墳頂に配置されていた。いずれも周辺に土器の供献が認められ、これに家形埴輪が介在していた蓋然性は高い。また、両古墳とも後円部墳頂には家形埴輪以外にも、円筒を主体とする方形埴輪列に伴う形象埴輪が樹立されていた。平尾城山古墳では、蓋形埴輪と鶏形

第27表　家形埴輪の形式分類（1）

1　切妻平屋の分類

時期・古墳名	分類	壁表現 四面開放	壁表現 壁構造	入口表現 平入口	入口表現 妻入口	入口表現 無	窓表現 有	窓表現 無		基部突帯 L字	基部突帯 板状	基部突帯 低板状	基部突帯 無
Ⅱ	（西日本）												
	赤土山	■		■	■		■				■		
	庵寺山	■		■	■		■				■		
	石山	■		■			■				■		
	高廻り2号		■	■				■			■		
	美園1号		■	■				■			■		
Ⅲ	（西日本）												
	室宮山	■		■	■		■				■		
	乙女山	■				■	■				■		
	鳴谷東3号	■				■	■				■		
	行者塚	■				■	■				■		
	（東日本）												
	白石稲荷山		■	■			■				■		
	白石稲荷山		■	■			■				■		
	白石稲荷山		■	■			■					■	
	赤堀茶臼山		■	■			■					■	
	赤堀茶臼山		■	■			■						■

2　小型切妻平屋

		四面開放	壁構造	平入口	妻入口	無	有	無		L字	板状	低板状	無
Ⅱ	（西日本）												
	赤土山（囲）	■		■			■				■		
	石山（囲）	■		■			■						■
Ⅲ	（西日本）												
	心合寺山（囲、導水）	■		■			■						■
	鳴谷東3号	■				■	■						■
	巣山（囲）	■	■	■			■						■
	宝塚（囲、井戸）	■		■			■				■		
	宝塚（囲、導水）	■		■			■				■		
	行者塚（囲、導水）	■		■				■			■		
	赤堀茶臼山		■ 矩形I					■					■

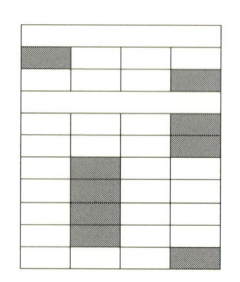

3　切妻高床の分類

時期・古墳名	分類	上層壁表現 四面開放	上層壁表現 壁構造	入口表現 平入口	入口表現 妻入口	入口表現 無	窓表現 有	窓表現 無	下層壁表現 四面開放	下層壁表現 壁構造	上層突帯 L字	上層突帯 板状	上層突帯 低板状	上層突帯 無	下層基部突帯 L字	下層基部突帯 板状	下層基部突帯 低板状	下層基部突帯 無
Ⅱ	（西日本）																	
	石山	■		■			■			■		■					■		
Ⅲ	（西日本）																	
	室宮山	■		■	■		■			■	■		■				■		
	巣山	■	■	■			■			■			■			■			
	巣山	■				■	■			■			■			■			
	行者塚	■				■	■			■			■				■		
	（東日本）																	
	赤堀茶臼山		■	■				■ 円孔		■			■						■

4　寄棟平屋の分類

時期・古墳名	分類	壁表現 四面開放	壁表現 壁構造	入口表現 平入口	入口表現 妻入口	入口表現 無	窓表現 有	窓表現 無		基部突帯 L字	基部突帯 板状	基部突帯 低板状	基部突帯 無
Ⅱ	（西日本）												
	庵寺山		■	■				■			■		
	庵寺山		■	■				■			■		
Ⅲ	（西日本）												
	室宮山		■	■				■			■		
	行者塚		■	■				■			■		
Ⅳ	（西日本）												
	蕃上山		■	■			■				■		
	（東日本）												
	常光坊谷4号		■	■			■				■		
	富士見塚		■	■				■					■
Ⅴ	（西日本）												
	今城塚		■	■			■ 円孔				■		
	勢野茶臼山		■	■				■ 円孔			■		
	（東日本）												
	殿部田1号（タテ長）		■	■				■			■		
	殿部田1号（タテ長）		■	■				■			■		
	瓦塚（タテ長）		■	■				■			■		

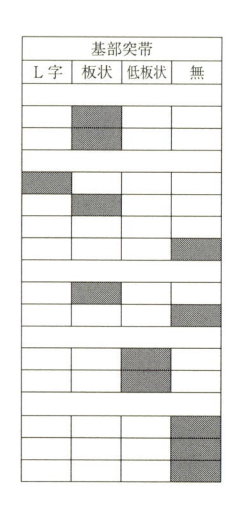

第27表 家形埴輪の形式分類（2）

5 寄棟高床の分類

時期・古墳名	上層壁表現 四面開放	上層壁表現 壁構造	入口表現 平入口	入口表現 妻入口	入口表現 無	窓表現 有	窓表現 無	下層壁表現 四面開放	下層壁表現 壁構造	上層突帯 L字	上層突帯 板状	上層突帯 低板状	上層突帯 無	下層基部突帯 L字	下層基部突帯 板状	下層基部突帯 低板状	下層基部突帯 無
Ⅱ (西日本)																	
石山		■	■				■		■				■	■			
Ⅲ (東日本)																	
白石稲荷山		■	■				■	■					■		■		
赤堀茶臼山		■	■			円孔		■					■				■
Ⅴ (西日本)																	
百足塚		■	■			円孔			■				■				■
百足塚（円柱）	■		剳形Ⅱ	剳形Ⅱ			■		■				■				■
(東日本)																	
瓦塚（円柱）	■				■		■	■					■				■

6 入母屋平屋の分類

時期・古墳名	壁表現 四面開放	壁表現 壁構造	入口表現 平入口	入口表現 妻入口	入口表現 無	窓表現 有	窓表現 無	基部突帯 L字	基部突帯 板状	基部突帯 低板状	基部突帯 無
Ⅱ (西日本)											
庵寺山		■			■		■		■		
Ⅲ (西日本)											
鴫谷東3号	■				■		■		■		
巣山	■			剳形Ⅰ			■		■		
巣山	■			剳形Ⅱ			■		■		
巣山	■				■		■		■		
行者塚	■		剳形Ⅰ				■	■			
行者塚	■		剳形Ⅰ				■	■			
Ⅴ (西日本)											
今城塚		■			■	円孔			■		
今城塚		■	剳形Ⅱ				■		■		
井辺八幡山		■			■		■		■		
井辺八幡山		■			■		■		■		
軽里4号		■			■	円孔			■		
(東日本)											
味美二子山		■			■		■				■
舟塚		■			■		■				■
富士山（タテ長）		■			■	円孔					■
片野23号（タテ長）		■			■	円孔					■
神保下條2号（タテ長）		■			■	円孔					■
綿貫観音山（タテ長）		■			■	円孔					■

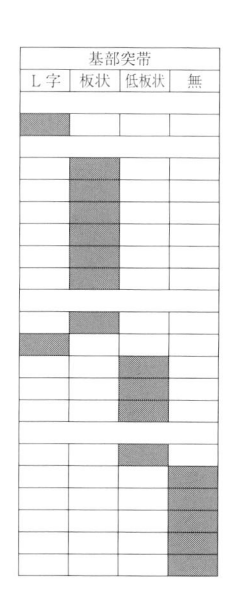

7 入母屋高床の分類

時期・古墳名	上層壁表現 四面開放	上層壁表現 壁構造	入口表現 平入口	入口表現 妻入口	入口表現 無	窓表現 有	窓表現 無	下層壁表現 四面開放	下層壁表現 壁構造	上層突帯 L字	上層突帯 板状	上層突帯 低板状	上層突帯 無	下層基部突帯 L字	下層基部突帯 板状	下層基部突帯 低板状	下層基部突帯 無
Ⅱ (西日本)																	
庵寺山	■				■		■		■				■	■			
石山	■				■		■	■			■			■			
美園1号	■				■		■	■			■			■			
Ⅲ (西日本)																	
室宮山	■				■		■	■					■				■
宝塚	■		剳形Ⅰ				■		■				■		■		
宝塚	■		剳形Ⅰ				■		■				■		■		
宝塚	■		剳形Ⅰ				■		■				■		■		
Ⅴ (西日本)																	
今城塚（円柱）	■		剳形Ⅱ	剳形Ⅱ			■		■				■		■		
今城塚（円柱）	■		剳形Ⅱ	剳形Ⅱ			■		■				■		■		
菟道門の前		■			■		■		■	円孔					■		
荒蒔		■			■	円孔		半円孔					■				■
荒蒔		■			■	円孔		■					■				■
荒蒔		■			■		■	■					■				■
(東日本)																	
富士山（円柱）	■				■		■	■					■				■

※ □ は、判定の不確かなもの。円孔は、円形のスカシ孔。剳形Ⅰは2段、剳形Ⅱは1段の剳り込み。

埴輪が出土している。この家形埴輪と蓋形、鶏形の形象埴輪三種は、後円部墳頂における出現期形象埴輪の典型的組成だったようであり、その中核ともいえる家形埴輪の生成やその背景をも示唆するものと思われる。なお、寺戸大塚古墳でも、後円部墳頂から種類は判然としないが鳥形の埴輪が出土している。

2. Ⅱ期

Ⅱ期は、畿内とその周辺、さらに岡山県岡山市沢田金蔵山古墳、岐阜県大垣市昼飯大塚古墳など山陽、東海地方の大型前方後円墳の後円部墳頂に配置され、その分布は列島の東西に拡散している。

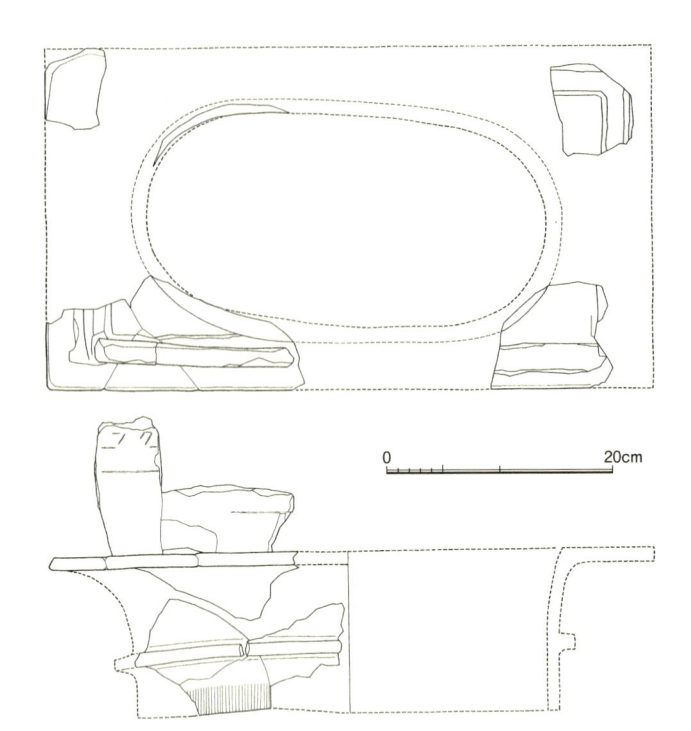

第76図　平尾城山古墳出土家形埴輪の基部

　切妻、寄棟、入母屋の各形式があり、それぞれ平屋建物、高床建物がある。形式の主流は切妻、入母屋形式で出土例も多く、切妻は平屋形式、入母屋は高床両形式が主体的である。また、共存する墳頂部の器財埴輪には蓋とともに盾、甲冑、靫等が加わり、鶏か水鳥の鳥形埴輪が伴っている。軸部の構造など形式の細部の特徴はどうだろうか。家形埴輪の入口表現は平側に位置するものが多くを占めているが、この時期に限り平入口とともに妻入口が目立ち、その影響はⅢ期まで残る。

　切妻形式は、軸部四面開放、壁構造の両者がある。壁構造のものは、平屋・高床ともに、窓表現がなく入口ひとつのみの開口である。切妻平屋形式の基部突帯は、L字状は一例のみでその他四例は板状、一例のみの高床形式も基部、高床部側廻りともに板状を呈しており、板状突帯が主流だったようである。

　寄棟形式は平屋、高床ともにすべて壁構造で、この特徴はその後Ⅴ期まで変わらない（ただし、Ⅴ期にみられる寄棟形式の円柱高床建物のみ、四面開放となる）。また、軸部の切込みに窓表現と思われる切込みはなく、縦長の入口のみで、京都府宇治市広野町庵寺山古墳例は両平側に二つの入口を表現したものと思われる。基部および高床部側廻りの突帯は、L字状もあるが、板状が主流と思われる。

　入母屋形式は高床建物が多く、軸部は四面開放が主流である。(17)一方、集成資料中で明らかな入母屋平屋形式は庵寺山古墳一例のみだが、軸部壁構造で平側各面に二つの窓を開け、妻側一面にのみ入口を表現している（第27表（2）・第77図）。後述する家屋紋鏡の入母屋平屋建物とも酷似し、この形式の典型をあらわすものとして注目される。基部および高床部側廻り突帯はL字状が

主流である。

　特殊な建物のひとつに、開口部が入口表現一ヶ所のみで閉鎖的ないわゆる「倉庫形」と呼ばれる形式がある。その機能の是非はひとまず保留するとして、この「倉庫形」は入母屋形式にはなく、集成資料からみると切妻形式と比較的寄棟形式にも多く認められ、どちらも平屋、高床両形式がある（石山古墳には、高床で切妻、寄棟両形式の「倉庫形」がある」）。次に、切妻平屋形式の中に家形埴輪としてはきわめて小型の一群がある。そのほとんどが囲形埴輪と共存することから、これが方形や鉤型の囲形埴輪の中に納められ配置されたことは明らかである。その特徴は、軸部の形態が四面開放か開口部が一ヶ所の閉鎖的な壁構造のいずれかで、導水施設形土製品や井戸形土製品を伴うことが多い。この組み合わせはⅡ期から認められるが、重要なことは埋葬施設上やその他の墳頂部、あるいは墳丘基壇や島状施設など、この時期の家形埴輪が配置されるすべての場所で使用されていることにある。また、石山古墳の島状施設には片流れ形式の高床建物が配置されており、出土例の限られる片流れ形式の初源である。この片流れ形式はⅤ期まで継続する特殊な家形埴輪で、墳頂部出土例がないのが特徴ともいえる。

　家形埴輪の配置場所は、墳頂部以外の墳丘基壇や島状施設など、墳丘周囲への配置が出現する。これらは、埋葬施設上など墳頂部への家形埴輪の配置とも共存するが、石山古墳と赤土山古墳の二例のみと事例は少ないながら、そこには墳頂部とは異なり他の形象埴輪や土器がほとんど共伴していないのが注意される[18]。

3. Ⅲ期

　Ⅲ期には、群馬県藤岡市白石稲荷山古墳、群馬県伊勢崎市赤堀茶臼山古墳や、宮崎県西都市三宅西都原古墳群など、関東や南九州地方など列島周縁地域にまで拡散する。切妻形式は平屋・高床ともに、引き続き軸部四面開放、壁構造の両者がある。妻入口も見られるが、平入口が増加する。大半が平入口のなか、確実に妻入口のものは高床形式で壁構造、窓表現のないものに限られる（第78図6）。このなかには、奈良県御所市室宮山古墳や兵庫県加古川市西条行者塚古墳例のように明らかに屋根倉様の高床建物もあることから、壁構造の高床形式で、妻入口のみの建物は倉庫の可能性が高い。基部裾廻り突帯および高床部側廻り突帯はⅡ期と同様板状が主流だが、高床建物の側廻り突帯にはL字状が多い。

　寄棟形式は平屋・高床とも類例は少ないが、引き続き壁構造で窓表現のない閉鎖的な建物で、入口は平側に多い。基部裾廻り突帯および高床部側廻り突帯は、L字状、板状いずれもある。

　入母屋形式は、平屋・高床ともに大半が四面開放で、平入口が増える。基部突帯および側廻り突帯は、平屋形式は大半が板状となるが、高床形式の高床部側廻り突帯は引き続きL字状が主流である。

　Ⅲ期になると、小型の切妻平屋形式と囲形埴輪の出土例が増加する。形式的には、閉鎖的な壁構造もあるが四面開放が多い。板状突帯か基部突帯を表現しないのが特徴で、おそらく一般的な建物とは異なり簡易な構造を表現しているものと思われる。畿内以外では埋葬施設上や墳頂部への配置が続くが、畿内など中枢部の大型前方後円墳では島状施設や造り出し周辺への配置が主流とな

第 28 表 家形埴輪の形式と配置状況

時期	古墳名	墳形（規模 m）	方形埴輪列内（埋葬施設上）	方形埴輪列外（墳頂部）	墳丘基壇・島状施設
Ⅰ	寺戸大塚（京都府）	後円（98）		○	
	平尾城山（京都府）	後円（110）	寄棟 or 入母屋		
Ⅱ	日葉酢姫陵（奈良県）	後円（206）	寄棟平屋		
	赤土山（奈良県）	後円（103.5）			切妻建物 1、切妻平屋 1、切妻正方形建物 1、切妻高床 1、切妻建物 1、切妻建物 1、入母屋建物 1、切妻正方形建物 1、入母屋高床 1 他 2 棟 小型切妻平屋 1（谷部）、鉤形囲形 1（谷部）
	庵寺山（京都府）	円（56）	入母屋平屋 1、入母屋高床 1、寄棟平屋 2、切妻平屋 1、他 2		
	石山（三重県）	後円（120）	入母屋建物 1、切妻平屋 1、高床建物 1、小型切妻平屋 1、他 3～4、囲形 1		
					片流れ高床 1、入母屋円柱建物 1、切妻高床 1、寄棟高床 1、方形囲形 1、鉤形囲形 1、入母屋高床 1 他 1 棟
					入母屋平屋 1、鉤形囲形 1、小型切妻平屋 1、寄棟平屋 1、高床建物 1（切妻 or 入母屋）、切妻建物 1、鉤形囲形 1 他 3 棟以上
	金蔵山（岡山県）	後円（165）	（中央石室）家形（網代文）	入母屋建物 1 他 1	
			（南石室）入母屋（高床？）1	方形囲形 1	
				切妻平屋 1	
	昼飯大塚（岐阜県）	後円（150）		切妻建物 2 入母屋建物 1 他 4 棟以上	
Ⅲ	室宮山（奈良県）	後円（238）	入母屋高床 1 切妻平屋 4		
				寄棟平屋 1 切妻平屋 4	
	乙女山（奈良県）	帆立貝（130）			
	野中宮山（大阪府）	後円（154）			
	心合寺山（大阪府）	後円（160）			
	巣山（奈良県）	後円（220）			入母屋平屋 3、切妻高床 2、小型切妻平屋 1 他 1 棟、鉤形囲形 1 他 3、柵形 10 以上
	行者塚（兵庫県）	後円（99）	家形複数（鰭飾等）		

造り出し	墳丘裾部	周堤上	前方部上	石室前面	形象埴輪	土器	土製供物
					○（鳥？）	■	
					鶏、蓋	■	
					蓋、盾		
					鶏		
					蓋、靫、甲冑		
					蓋、靫、甲冑、盾、ついたて、鶏	■	
					蓋、盾、甲冑、靫	■	
					蓋、盾、甲冑、高杯、鶏、水鳥		
					蓋、盾、甲冑	■	■
					蓋、盾、甲冑、鶏、水鳥		
切妻平屋1 他2棟 柵形2以上					蓋	■	■
伏屋式1、囲形？					蓋、盾、鶏、水鳥、馬、猪		
切妻平屋1（谷部）、鉤形囲形1（谷部）、囲形他1					鶏		
					蓋、盾、水鳥	■	
高床建物（切妻？）					蓋	■	
					蓋、盾、甲冑		
（西造り出し） 入母屋平屋1、切妻平屋複数、囲形、鉤形囲形（谷部）						■	■
（東造り出し谷部） 切妻平屋1、長方形囲形1							

時期	古墳名	墳形（規模m）	方形埴輪列内（埋葬施設上）	方形埴輪列外（墳頂部）	墳丘基壇・島状施設
Ⅲ	行者塚（兵庫県）	後円（99）			
	宝塚1号（三重県）	後円（95）		入母屋建物（鰭飾）？	
					（島状施設周辺基壇）入母屋高床2 小型切妻平屋2 方形囲形2 小型切妻平屋1 鉤型囲形1 柵形4
	月の輪（岡山県）	円（60）	切妻高床1、入母屋平屋2、切妻建物1、高床建物1、平屋建物2		
				囲形埴輪1、導水施設1	
	ニゴレ（京都府）	方（20）	切妻建物3、寄棟建物3		
	鳴谷東3号（京都府）	方（10.5）		切妻平屋2、入母屋平屋1、他2棟以上	
	白石稲荷山（群馬県）	後円（140）	寄棟高床2、切妻平屋6		
	赤堀茶臼山（群馬県）	帆立貝形（45.2）	切妻平屋3、切妻高床3、寄棟高床1、小型切妻平屋1、鉤型囲形1		
Ⅳ	黒姫山（大阪府）	後円（114）	寄棟建物複数or入母屋		
	蕃上山（大阪府）	帆立貝（53）			
	狼塚（大阪府）	帆立貝（33）			
	三ツ城（広島県）	後円（84）		切妻平屋1、切妻建物1、寄棟建物or入母屋1	
	常光坊谷4号（三重県）	円（17.5）			
	富士見塚（茨城県）	後円（80）			
	菅沢2号（山形県）	円（50）		切妻建物1、寄棟建物2、入母屋建物2、円柱高床1、他2棟以上	
	保渡田八幡塚（群馬県）	後円（96）			入母屋建物 高床建物
Ⅴ	今城塚（大阪府）	後円（186）			

造り出し	墳丘裾部	周堤上	前方部上	石室前面	形象埴輪	土器	土製供物
(北東造り出し埋葬施設上) 入母屋平屋1、寄棟平屋1、切妻平屋1、切妻高床1、片流れ高床1					盾、甲冑、靫		
家形（北西造り出し）					蓋、盾、甲冑	■	
			切妻 or 入母屋（墳頂）				
					蓋、盾、甲冑、靫、船		
入母屋高床1					鶏		■
					蓋、盾、甲冑、靫		■
入母屋建物1（埋葬施設有）					舟形土製品		■
					甲冑、椅子、船		
					蓋、甲冑、鞆、鶏、水鳥		
					甲冑		
					椅子、高杯、蓋、翳、甲冑		
					蓋、盾、甲冑、靫		
		(後円部) 寄棟平屋1、入母屋建物1			蓋、盾、甲冑、男女人物		
組合せ囲形1（谷部）					鶏、水鳥		
					蓋		
	寄棟平屋1				男女人物、馬、鶏	■	
寄棟平屋1					男女人物、鹿、犬、盾持人物	■	
					蓋、盾、甲冑、靫、馬		
					人物	■	
			入母屋円柱高床1、寄棟平屋1、片流れ建物1、他1棟		鶏		
			寄棟平屋1、入母屋円柱高床1、他1棟		盾、大刀、鶏、女子人物		
			入母屋円柱高床1、入母屋平屋2、入母屋建物1、他5棟		蓋、盾、大刀、男女人物、鶏、水鳥、獣脚		
			入母屋円柱高床1		盾、武人、力士、水鳥、牛、馬	■	
			柵形多数（列状）				

時期	古墳名	墳形（規模m）	方形埴輪列内（埋葬施設上）	方形埴輪列外（墳頂部）	墳丘基壇・島状施設
V	荒蒔 （奈良県）	後円（40）			
	勢野茶臼山 （奈良県）	後円（40）			
	軽里4号 （大阪府）	後円（18.2）			
	音乗谷 （京都府）	帆立貝（22）		家形	
	井辺八幡山 （和歌山県）	後円（88）			
	菟道門の前 （京都府）	後円（35）			
	百足塚 （宮崎県）	後円（80）			
	味美二子山 （愛知県）	後円（101）			
	舟塚 （茨城県）	後円（72）			
	殿部田1号 （千葉県）	後円（36）			
	瓦塚 （埼玉県）	後円（71）			
	富士山 （栃木県）	円（35）		入母屋（平屋？）1、入母屋円柱高床1	
	片野23号 （千葉県）	後円（34）			
	神保下條2号 （群馬県）	円（10）		入母屋（平屋？）1	
	綿貫観音山 （群馬県）	後円（98）		入母屋 or 寄棟高床1 （円柱・角柱） 入母屋建物1 他3棟以上	

る。ただ、Ⅱ期と同じく、やはり家形埴輪が配置されるほとんどすべての場所で使用されていることに変わりはない。なお、岡山県久米郡美咲町月の輪古墳墳頂部出土の囲形埴輪には、導水施設形土製品が伴う。囲形埴輪に伴う導水施設形土製品は墳丘裾部や造り出し谷部に多出するが、Ⅱ期の金蔵山古墳でも月の輪古墳と同様の可能性が考慮され、本来家形埴輪を配置するあらゆる場面に普遍的に存在する施設であった可能性は高く、古墳における家形埴輪群の性格をも規定するものと思われる。特殊な例としては、大阪府藤井寺市野中宮山古墳の造り出しに、伏屋形式の家形埴輪が単独で出土している。

　Ⅲ期には、従来の配置場所と共存しながら、造り出しへの家形埴輪の配置が出現し、蓋等の器財埴輪や鶏形埴輪、土器や土製供物をも共伴している。これと連動してか、Ⅱ期に始まる島状施設および墳丘基壇上の家形埴輪にも、蓋、盾等の主要器財埴輪や鳥形埴輪、供献土器などが伴うよう

造り出し	墳丘裾部	周堤上	前方部上	石室前面	形象埴輪	土器	土製供物
	入母屋高床3 （くびれ部）				盾、大刀、双脚輪、馬、水鳥、鶏、人物		
				寄棟平屋1	蓋、盾、大刀、女子人物		
			入母屋平屋1		盾、馬、男子人物	▨	
					鞍		
入母屋平屋2					蓋、翳、盾、武人、力士、馬、猪、鳥	▨	
入母屋建物1					蓋、盾、馬、女子人物、武人、力士	▨	
	入母屋高床1 （くびれ〜前方部）				蓋、盾、大刀、鞍、男子人物、馬、鳥		
		入母屋平屋2、寄棟高床1、寄棟円柱高床1 他2棟 柵形多数			大刀、男女人物、鶏、馬		
		入母屋平屋2 囲形？			蓋、盾、馬、水鳥、男女人物、力士、盾持人物	▨	
入母屋（平屋？）1					大刀、舟、馬、男女人物、武人、盾持人物		
	寄棟（平屋？）2 （くびれ〜前方部）				男女人物、武人、馬		
		寄棟円柱高床1 寄棟（平屋？）1			大刀、男女人物、武人		
					翳、盾		
	入母屋（平屋？）1 （前方部側面）				男女人物		
					男女人物、盾、鞍、鞆、馬		
					盾、大刀、鶏	▨	
			入母屋（平屋？）1 入母屋建物1 他1棟以上		盾、鶏	▨	

※表中の二重横線は、西日本と東日本を分けている。

になる。なお、三重県松阪市宝塚町宝塚1号墳における前方部墳頂への家形埴輪の配置は異例であり、少し遅れてⅣ～Ⅴ期に顕在化するものと思われる。以上のように、前方後円墳を中心に大型古墳では他の形象埴輪を伴いながら家形埴輪の多様な配置が展開するが、小型古墳では、ニゴレ古墳や鴫谷東3号墳例が示すように埋葬施設上や墳頂部への配置が主体的に継続されているようである。

　数少ない東日本の事例をみると、白石稲荷山古墳や赤堀茶臼山古墳では、西日本で最も主要な入母屋形式の家形埴輪が欠落するのが特徴的で、切妻形式を中心にわずかに寄棟形式が配置されている。

4. Ⅳ期

Ⅳ期には、山形県山形市菅沢2号墳など東北地方にまで拡散し、主要器財埴輪や動物埴輪を伴い多数の家形埴輪を配置する前半期の典型的な様式を踏襲している。大型古墳に加え、小・中規模古墳の出土事例が増加するが、この時期は全国的にも家形埴輪の確かな事例が少なく、細部については不明なところが多い。

切妻形式は事例も少なく形式の細部は判然としないが、三ツ城古墳や菅沢2号墳は大型の平屋建物である。軸部は壁構造が多く、特徴は基部突帯の低板状化といえようか。切妻形式は、Ⅳ期に突然減少し、Ⅴ期には消滅する。

寄棟形式は高床の確かな事例はないが、平屋・高床ともにⅤ期に向けてその数を増加する傾向にある。引き続き壁構造が主体的だが、Ⅳ期から窓表現が一般的となり、Ⅴ期へと継続する。また、基部突帯を欠落するものが登場し、これもⅤ期へと継続する。

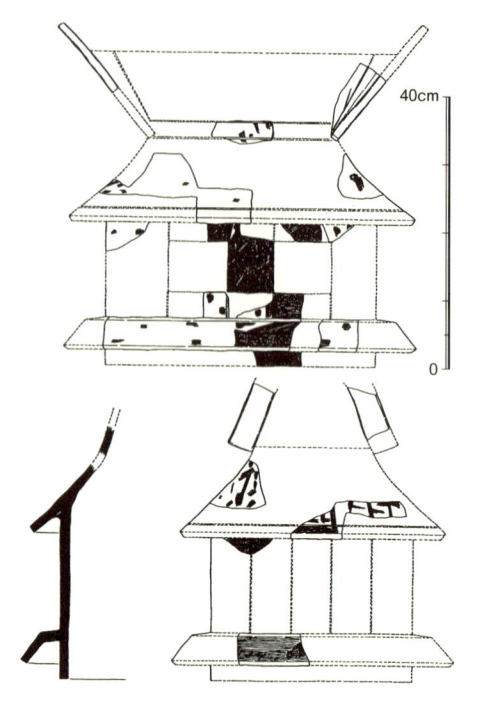

第77図　庵寺山古墳出土の入母屋平屋建物

Ⅳ期の入母屋形式は、平屋・高床ともに確かな事例がない。後述するⅤ期の様相から推測すると、円柱の高床を除くと、軸部は四面開放から壁構造に推移し、窓表現のないものや、円孔表現のものが出現してくるかと思われる。

小型の切妻平屋建物と囲形埴輪の組み合わせは、この時期極端に減少し、現状でⅤ期の出土例はない。なお、Ⅳ期の家形埴輪は、屋根部・軸部ともに高さを増し、蕃上山古墳例のようにやや縦長のプロポーションが増えてくるが、この傾向はⅤ期に向けて一層顕著となる。また、切妻形式の衰退、消滅もその一因と考えるが、Ⅳ期より全般的に家形埴輪の配置数が減少し、Ⅴ期には入母屋形式、寄棟形式いずれかの単独あるいは少数配置が主流となる。

家形埴輪の配置状況は、埋葬施設上やその他墳頂部への配置は継続し、これに蓋形等の器財埴輪も共伴する。島状施設や造り出しに加えて、小型古墳では男女人物埴輪を伴い墳丘裾部やテラス上への配置が出現する。これは、畿内地方で人物埴輪が登場する大型前方後円墳の周堤上への配置と同義かと想定されるが(19)、Ⅳ期に周堤上配置の確かな事例はなく後述するようにⅤ期にいたり盛行する。これに対し、関東地方では、Ⅳ期後半から末にかけて、島状施設や造り出しに人物埴輪を伴う家形埴輪の配置事例が散見されるようになる。

なお、この時期、土製供物は見られなくなるが、家形埴輪と土器の共存は継続する。

5. Ⅴ期

西日本では、畿内や九州地方、東日本では関東地方の事例を中心に、人物埴輪を伴い、家形埴輪を中核とする形象埴輪の群集配置が継続し、盛行する。

第 8 章　家形埴輪と前方後円墳の儀礼　211

1　庵寺山（Ⅱ期）

2　美園 1 号（Ⅱ期）

3　赤土山（Ⅱ期）

4　室宮山（Ⅲ期）

5　乙女山（Ⅲ期）

8　白石稲荷山（Ⅲ期）

6　長原 84 号（Ⅲ期）

9　赤堀茶臼山（Ⅲ期）

7　白石稲荷山（Ⅲ期）

10　弁天山 D 2 号（Ⅳ期）

第 78 図　家形埴輪（切妻形式）（縮尺：1・2 ＝ 約 10 分の 1、3～10 ＝ 約 20 分の 1）

1　庵寺山（Ⅱ期）

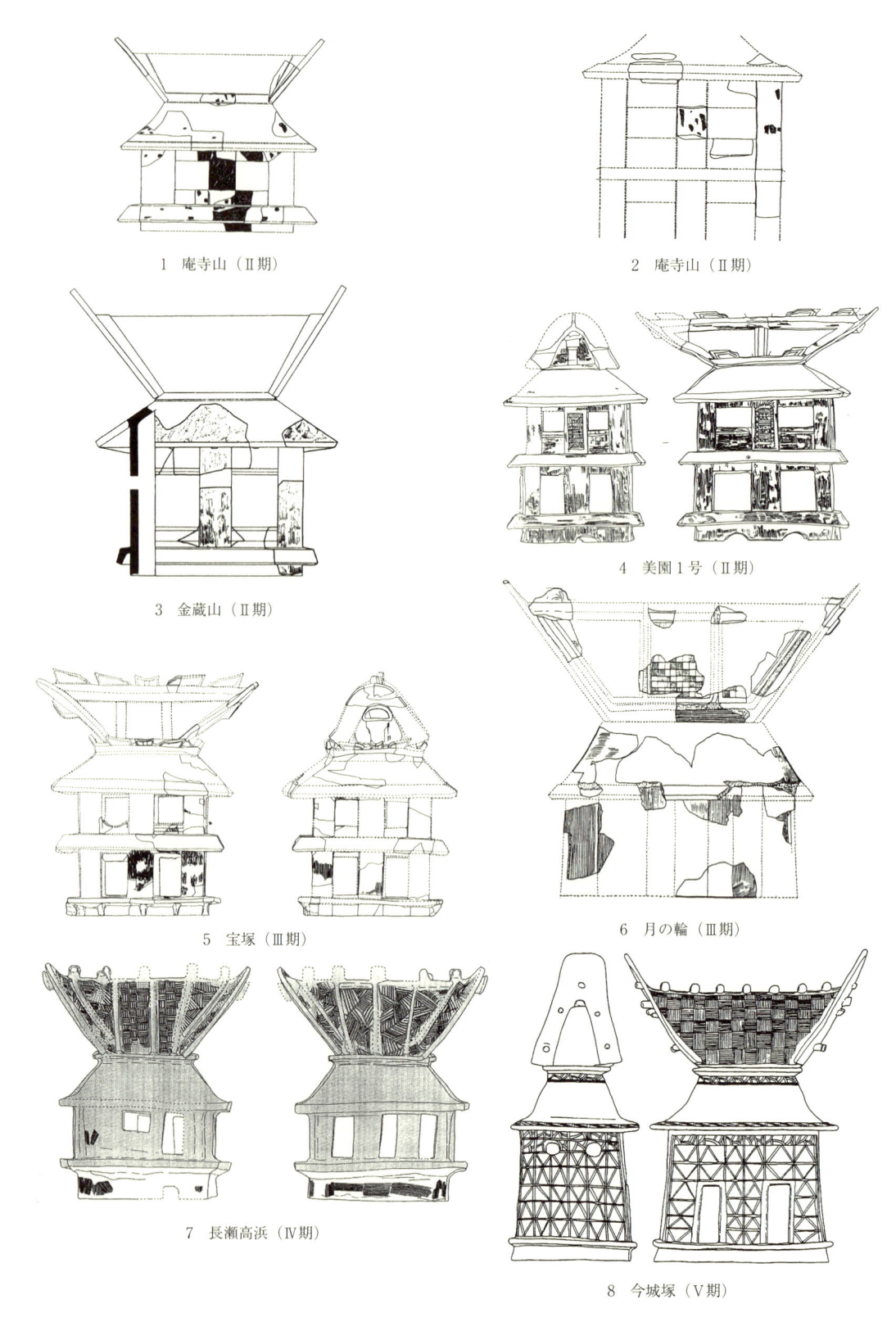

2　庵寺山（Ⅱ期）

3　金蔵山（Ⅱ期）

4　美園1号（Ⅱ期）

5　宝塚（Ⅲ期）

6　月の輪（Ⅲ期）

7　長瀬高浜（Ⅳ期）

8　今城塚（Ⅴ期）

第79図　家形埴輪（入母屋形式）1（縮尺：1〜7＝約20分の1、8＝約30分の1）

第 8 章　家形埴輪と前方後円墳の儀礼　213

1　菟道門の前（V期）

2　舟塚（V期）

3　神保下條 2 号（V期）

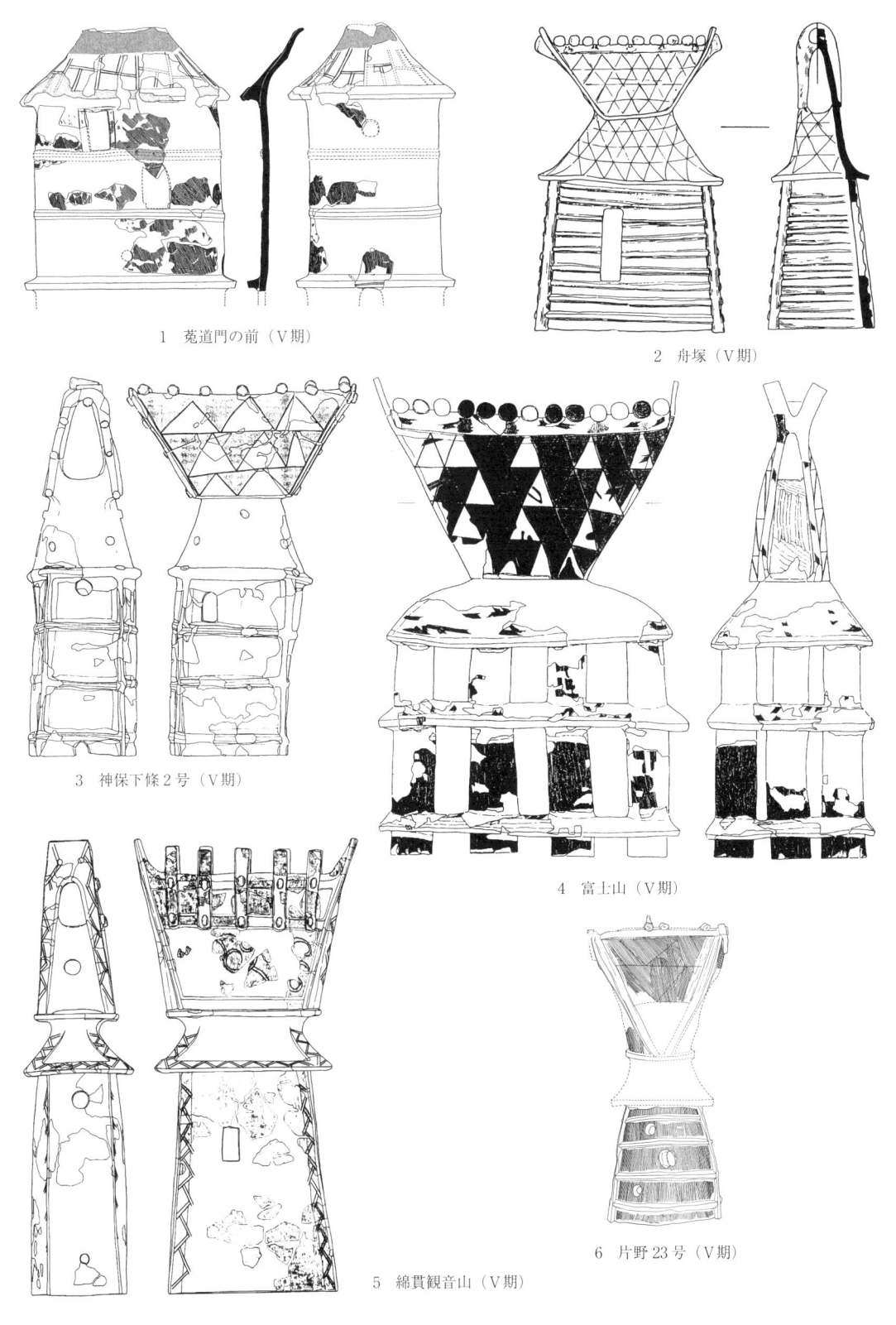

4　富士山（V期）

5　綿貫観音山（V期）

6　片野 23 号（V期）

第 80 図　家形埴輪（入母屋形式）2（縮尺：約 20 分の 1）

1　庵寺山（Ⅱ期）　　　　　　　　　　　2　庵寺山（Ⅱ期）

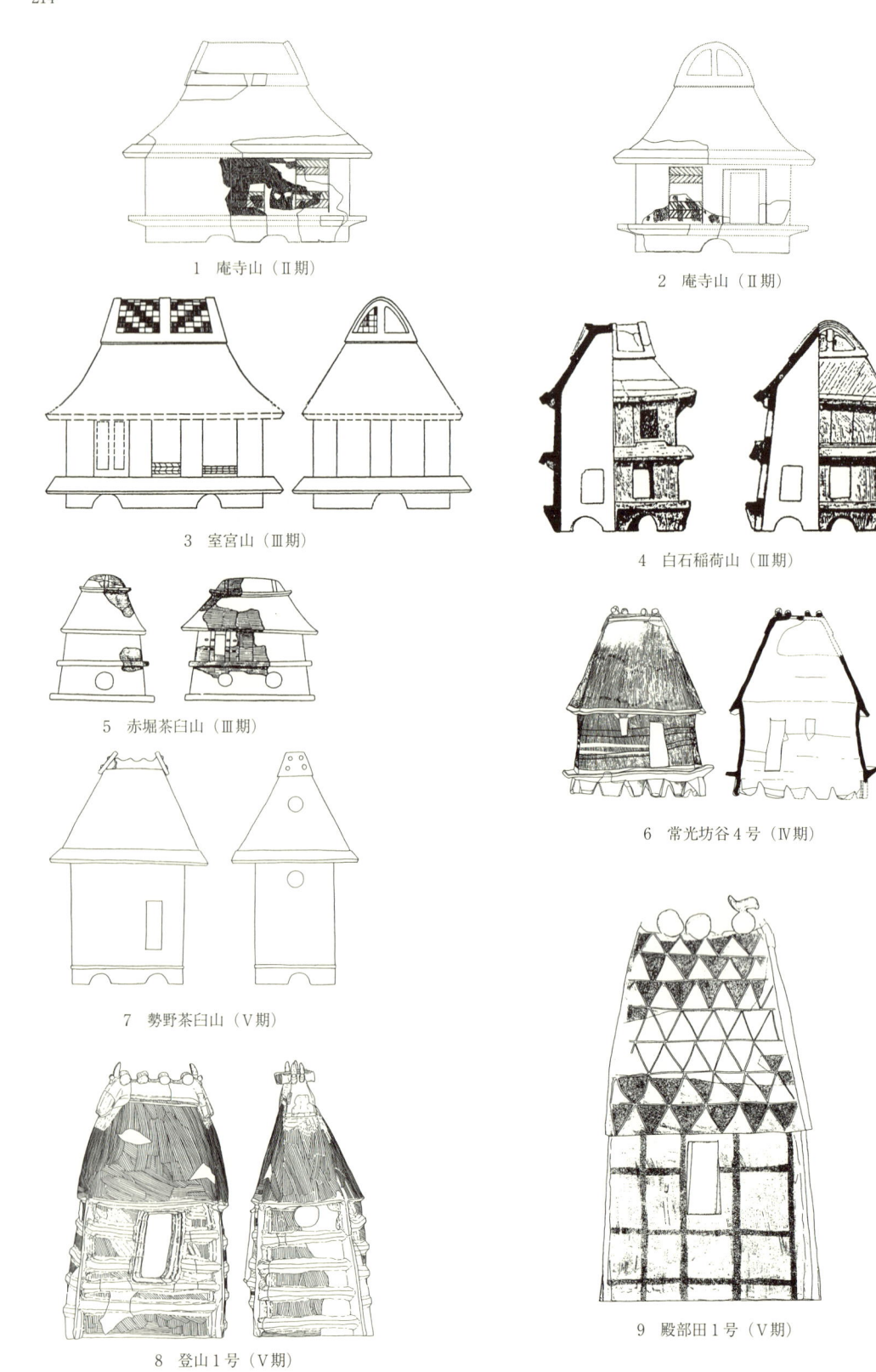

3　室宮山（Ⅲ期）　　　　　　　　　　　4　白石稲荷山（Ⅲ期）

5　赤堀茶臼山（Ⅲ期）

6　常光坊谷4号（Ⅳ期）

7　勢野茶臼山（Ⅴ期）

8　登山1号（Ⅴ期）　　　　　　　　　　9　殿部田1号（Ⅴ期）

第81図　家形埴輪（寄棟形式）（縮尺：約20分の1）

寄棟形式は、切妻形式の衰退・消滅と対照的に、平屋・高床ともにその配置が相対的に増加する。円柱の高床形式以外は引き続き壁構造を呈し、平屋・高床のほとんどに窓が表現されるが、ないものには円孔表現が散見されるようになる。ちなみに、宮崎県児湯郡新富町百足塚古墳の寄棟高床建物の妻側にある円孔表現は、窓表現の可能性が高い。基部突帯および側廻り突帯は、平屋では低板状か欠落するものが多いが、高床ではL字状、板状が存続する。V期の大きな特徴は、平屋形式の屋根部および軸部の縦長化にあり、東日本に多いV期後半の事例ではそれが極端に進行する。

　入母屋形式は、大阪府高槻市郡家新町今城塚古墳の一例や円柱高床形式を除き、軸部表現が四面開放から急変しそのほとんどが壁構造となる。また、窓表現のないものが急激に増加するが、それに代わって円孔表現が出現し、前述の事例から方形窓の簡略化表現と思われる。基部突帯および側廻り突帯は、V期前半にはL字状、板状も存続するが、とくに平屋では低板状が顕在化し、東日本のV期後半には基本的に基部突帯は消滅する。入母屋形式も寄棟同様の推移で、屋根部・軸部ともに全体に縦長となる。

　家形埴輪の造り出しや墳丘裾部・テラスへの配置は継続し、畿内でも造り出し上に人物埴輪が参入する。加えて、人物、動物埴輪などを伴い周堤上への家形埴輪の配置が東・西日本の前方後円墳で顕在化し、盛行する。V期には、最も原初的な家形埴輪の墳頂部配置に代わり、新たに前方部上や横穴式石室前面への配置が出現する。これは、古墳時代後期における横穴式石室の導入に伴う喪葬儀礼の場の変化による影響が大きいと思われるが、一方では後円部墳頂への配置が存続、復活するものも散見され、前・中期からの前方後円墳築造に伴う儀礼とその観念が継承されていることがうかがわれる。

　この時期は、家形埴輪を中核としながら、多数の人物、動物埴輪を伴う群集配置が盛行し、際立ってくる。ただし、家形埴輪出現当初からの蓋・盾形等の器財埴輪や鶏形埴輪との共存もこの終焉の時期まで健在であり、隣接して土器の供献も継続して行われていることなどは、家形埴輪の本質を示唆する重要な事柄と考えられる。

　列島各地の家形埴輪を視野に、I〜V期各期の形式や配置状況の概略を解説してみた。ここで、これら各期の家形埴輪の特徴や移り変わりを踏まえて、次節の家形埴輪の特質を考える上での要点やその意味するところについて少し触れてみたい。重要な点は、特色ある家形埴輪とそのあり方がどのように移り変わったのか、変わらなかったものは何か、家形埴輪の本質を見据えてその画期と普遍性を捉えることにある。そういう意味で、家形埴輪を前半期（I〜III期）と後半期（IV〜V期）に分け、その推移を比較、対照してみることは有効なことと思われる。

　まずは、前半期の家形埴輪の構成が、切妻・入母屋形式を主体とし、寄棟形式は相対的に少ないことが注意される。また、他の形象埴輪として蓋形を中心とする器財埴輪と鶏形埴輪が多くの事例で共存することから、前方後円墳の後円部墳頂に配置される初期形象埴輪の典型として、切妻建物、入母屋建物、蓋、鶏といった構成内容が想起されてくる。人物埴輪が出現し多様な埴輪群像が展開する後半期にも、家形を中心に蓋、盾、靫等の器財埴輪と鶏、水鳥等の鳥形埴輪は共存してお

り、配置場所が多様に展開するなかで家形埴輪をとりまく初期形象埴輪の典型的構成内容がⅤ期終焉まで維持されていたことは重要である。ただ、家形埴輪の形式構成は、後半期にいたり変化する。切妻形式が減少しⅤ期の事例はなくなり、代わってⅣ期から寄棟形式が台頭する。Ⅴ期には、数少ない片流れ形式などを除くと入母屋形式と寄棟形式とで占められるようになり、切妻形式の家形埴輪は配置されなくなる。これと関連して、前半期には豪族居館の再現ともいわれるように多種類の家形埴輪を多数配置する事例が多いが、後半期には配置数が極端に減少する。Ⅴ期には、入母屋・寄棟形式いずれかの単独配置か少数配置が大勢を占めており、家形埴輪の役割が形式上集約され、入母屋、寄棟どちらか一方があれば事たれりという状況が生まれる。

外観上の大きな変化に、後半期の家形埴輪にみられる屋根部・軸部の縦長化の現象があげられる。これは、東日本の事例を中心にⅤ期における家形埴輪の伸張化、外観上の誇大表現として捉えられているがはたしてそうなのだろうか。家形埴輪各部位の縦長化は、入母屋・寄棟の平屋形式に見られる現象で、後半期における家形埴輪の形式構成の変化や配置数の減少と時期的に連動している。形式細部の特徴やその推移については各期の概要のとおりだが、その内Ⅴ期における入母屋形式の軸部表現の変化や、入母屋・寄棟形式の基部突帯および側廻り突帯が退化・欠落する形骸化現象などは、平屋形式の伸長化という外観上の大きな変化と深くかかわるのではないかと考えている。また、機能上重要な表現に入口がある。入口表現は全般的に「平入口」が多いが、前半期とくにⅠ・Ⅱ期の初期の特徴として、「平入口」と共に「妻入口」の表現が目立つことが注意される。

家形埴輪の配置状況については大きく8類型に分類したが、時期ごとに新たな配置場所が出現し、複雑かつ多様な様相を呈している。配置状況の推移は第28表にまとめたとおりだが、留意することは、家形埴輪の配置（これは、家形埴輪を中核とする形象埴輪群の配置と言い換えられる）が古墳の中心部から裾部、外周部へと拡大していくこと。それとともに、前半期には配置場所の多様化に伴い、墳頂部と造り出し、造り出しと島状施設など各所への配置が併存する事例が多々あるのに対し、後半期とくにⅤ期になると、墳頂部への配置が衰退するなか、裾部や外周を中心に配置場所が限定・集約される傾向が認められることである。

最後に、前方後円墳における家形埴輪の性格を考える上で、供献土器や土製供物との関係は重要である。前者は実物、後者はその雛形であり、飲食物を供える目的は両者同義であったと思われる（第82・83図）。現状では、土製供物はⅡ・Ⅲ期の墳頂部や造り出し上で家形埴輪と共存し盛行するが、家形埴輪の墳頂部や造り出しへの配置が減少、衰退するⅣ期以降は、確実な共存事例は見当たらなくなる。一方、供献土器は、Ⅰ～Ⅴ期へと多様化していく家形埴輪の各配置場所で共存しており、きわめて密接な関係が継続している。いずれにしても、家形埴輪を介在し、土器や土製品をもって行われる飲食物供献儀礼が、Ⅴ期終焉まで継続する重要な行為だったことは間違いないといえよう。

第3節　家形埴輪の特質

前節までの形式や配置状況の特徴を念頭に、家形埴輪の特質について考察し、家形埴輪の性格

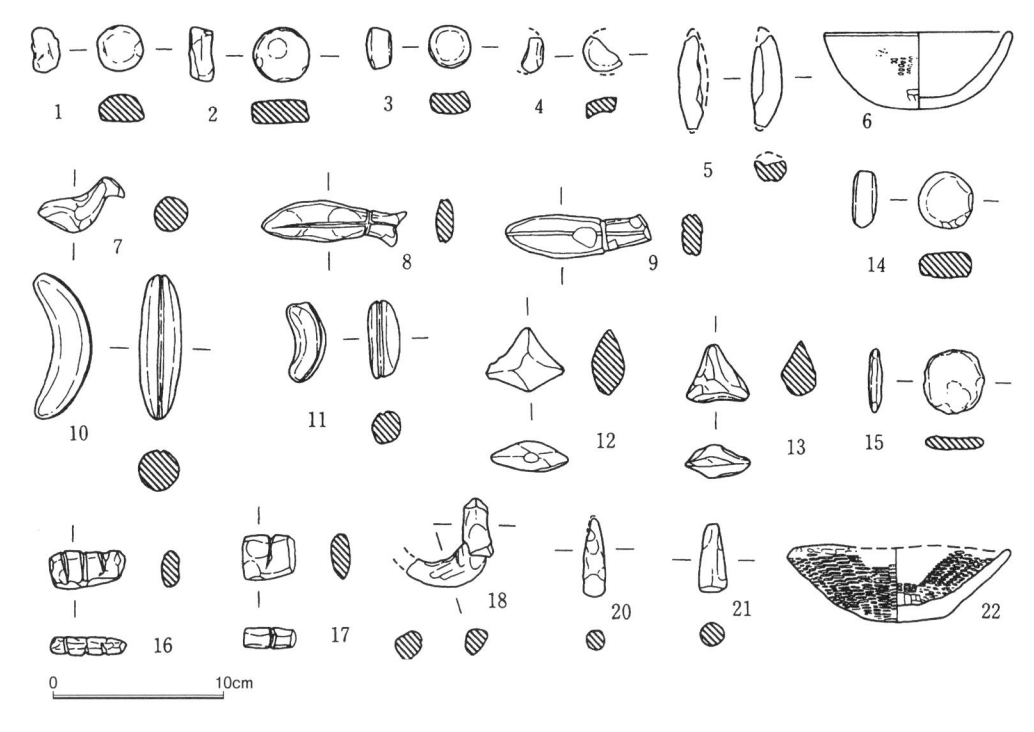

第 82 図　家形埴輪と共存する土製供物（1～6：昼飯大塚古墳、7～22：行者塚古墳）

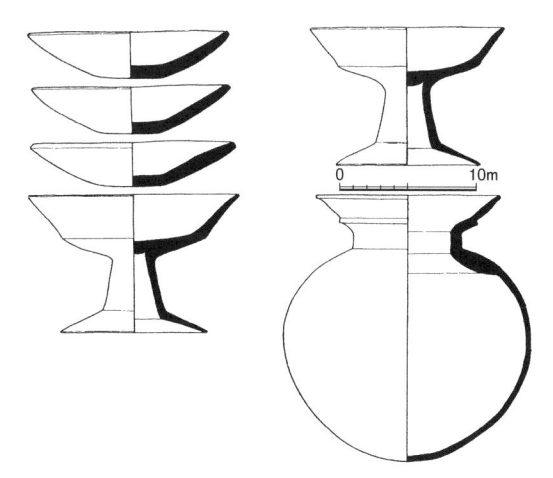

第 83 図　家形埴輪と共存する供献土器（金蔵山古墳）

や起源、その思想的背景を探りたい。このような家形埴輪の本質に迫るひとつの方法として、その原形を明らかにすることがある。

これまでの家形埴輪の形式や配置状況、その変遷の検討から、家形埴輪と原形を同じくする、あるいは同じ思想的背景によって製作されていると強く想定されるものに奈良県北葛城郡河合町佐味田宝塚古墳出土の家屋紋鏡の図像がある（第 84 図）。さらに、この家屋紋鏡が表現する世界を凝縮した特徴的な家形埴輪として、宮崎県西都原 170 号墳出土のいわゆる子持家形埴輪が考えられる（第 85 図）。

佐味田宝塚古墳の家屋紋鏡は、伏屋、切妻高床、入母屋高床、入母屋平屋の 4 棟の建物で構成されている。また、西都原 170 号墳の子持家形埴輪はその墳頂部に配置されていたもので、伏屋建物を主屋とし、これに切妻平屋・入母屋平屋建物を付属させたものである。子持家形埴輪は家屋紋鏡と同じ屋根形式の建物構成となっており、家屋紋鏡の建物構成を原形としひとつの埴輪に一体化させた、他に例のないきわめて特異かつ象徴的な家形埴輪と考えられる。ここで、家屋紋鏡や子持家形埴輪が同じ原形や思想を背景に製作されたと仮定して、家屋紋鏡の図像と多くの家形埴輪との

関係を、図像と家形埴輪の形式の比較から探ってみたい。

　家屋紋鏡に描かれた4棟の建物を中心とする図像について、梅原末治[22]、池浩三[23]、辰巳和弘[24]らの見解を総合すると、次のように整理される。

　　○伏　　屋　　・入口：妻側（入口突き上げ式扉表現）
　　　　　　　　　・裾廻り表現：厚みのある台状（土堤？）
　　　　　　　　　・付属物：蓋、入口柵、千木、左側に樹木、屋根右上に人物像、屋根の棟に鳥[25]
　　　　　　　　　　（鶏？）
　　○切妻高床　　・上層軸部表現：板壁　　下層軸部表現：蓆状、網代状の仕切
　　　　　　　　　・入口：妻側
　　　　　　　　　・側廻り表現：薄い板状（台輪）
　　　　　　　　　・付属物：梯子、千木、左側に樹木、屋根の棟に鳥（鶏？）　※梅原は、左右に
　　　　　　　　　　樹木とする。
　　○入母屋高床　・上層軸部表現：板壁　　下層軸部表現：蓆状、網代状の仕切
　　　　　　　　　・入口：妻側
　　　　　　　　　・側廻り表現：厚みのある台状（縁）
　　　　　　　　　・付属物：蓋、露台　手摺付き梯子、千木、左側に樹木、屋根右上に人物像
　　○入母屋平屋　・軸部表現：両開きの板扉
　　　　　　　　　・入口：？　※梅原は、妻入口と推定

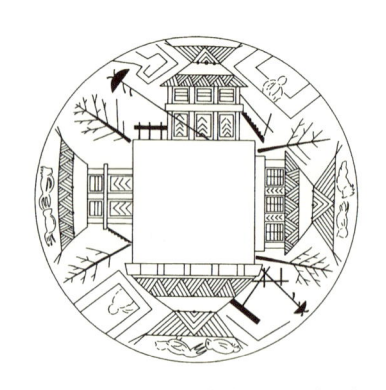

第84図　佐味田宝塚古墳出土の家屋紋鏡

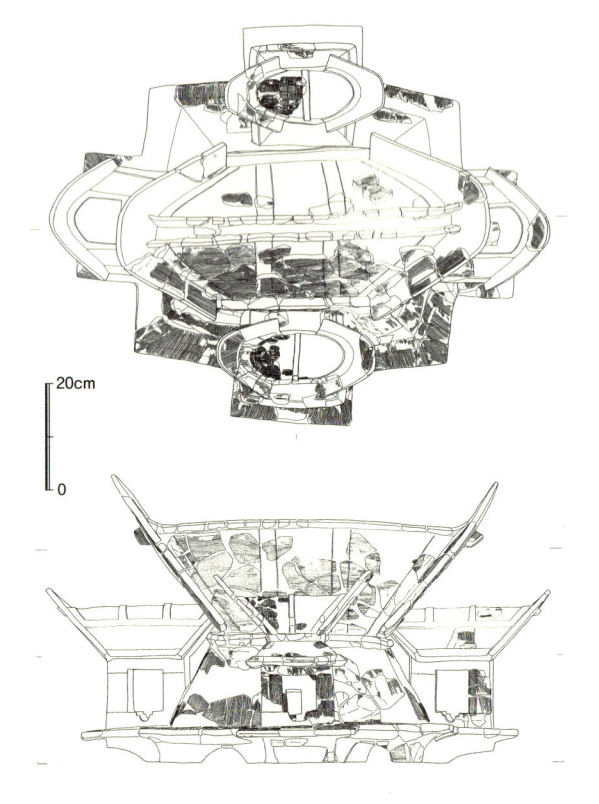

第85図　西都原170号墳出土の子持家形埴輪

　　　　・裾廻り表現：厚みのある台状（土台）
　　　　・付属物：千木、左側に樹木、屋根の棟に鳥（鶏？）　※梅原は、左右に樹木とする。

　以上の家屋紋鏡各建物を、家形埴輪の細分類や群構成などと比較してみる。まず、家屋紋鏡各建物を家形埴輪の形式細分類に当てはめてみると次のように考えられる。
　○伏　　　屋：入母屋屋根伏＋妻入口＋窓無＋Ｌ字突帯
　○切妻高床：上層壁構造＋妻入口＋窓無＋下層四面開放＋上層板状突帯
　○入母屋高床：上層壁構造＋妻入口＋窓無＋下層四面開放＋上層Ｌ字突帯
　○入母屋平屋：四面開放＋妻入口？＋窓有＋Ｌ字突帯

　家屋紋鏡は前期後半（本章の家形埴輪Ⅱ期）の古墳から出土しているが、想定されている建物形式は、前半期（Ⅰ～Ⅲ期）の家形埴輪と比較すると共通する部分とやや異なる部分が認められる。共通する部分は、初期の家形埴輪を中心に妻入口が目立つこと、入母屋形式の家形埴輪はＬ字状突帯が主流なのに対し、切妻形式には板状突帯が多いことなどがある。これに対し、異なる部分に家形埴輪の軸部壁表現がある。とくに大きな異同は、入母屋高床建物の上層壁表現で、家屋紋鏡のそれが板壁構造とされるのに対し、家形埴輪前半期の入母屋高床形式はすべて四面開放に表現されている。この四面開放形式が具体的にどのような構造を表現したものか不明な部分が多いが、少なくとも板壁構造のような閉鎖的な造りでなかったことは想定されてよい。この点、池浩三や辰巳和弘らが家屋紋鏡の入母屋高床建物が、国見などを行う高殿的建物とみなす機能面の解釈でも齟齬をきたしているようにみえる。一方、前半期の切妻高床形式、入母屋平屋形式の家形埴輪には、壁構造と四面開放双方の表現が認められる。

　ところで、家屋紋鏡の図像と家形埴輪との間に、その原形や思想的背景に強い類縁性を想定した大きな理由は、図像群と形象埴輪群との群構成の共通性にある。家形埴輪の形式や配置状況の検討から、初期形象埴輪の典型的群構成として家形埴輪、蓋形埴輪、鶏形埴輪があったこと、その基本的構成はⅤ期終焉まで継続されるきわめて重要視された内容であったことを述べた。これは、家屋紋鏡が４棟の建物を中心に、蓋とともに屋根上に鶏とも思しき鳥を配置する図像構成と酷似しており、しかも前半期の家形埴輪の主体は切妻・入母屋建物にあったと考えられ、家屋紋鏡の建物から伏屋式を除くと屋根の形式構成も合致する。伏屋式建物を被葬者の住まいと考えれば、古墳では墳頂部石室がそれにあたるとし、通常はあえて埴輪では表現しなかったのだろうか。前述したように、伏屋建物を主屋とし、切妻建物・入母屋建物を付属させた子持家形埴輪は、当時の主要な建物を凝縮して表現した家形埴輪であり、家屋紋鏡や家形埴輪の原形あるいはその背後にある思想を元に製作されたきわめて象徴的な造形物と考えられる。

　小笠原好彦は、家屋紋鏡の入母屋高床建物に露台が付き、屋根に一対の鳥（本来、描かれる予定だったと解釈）、さらに樹木が有機的な関連をもって描かれていることから、漢代画像石など神仙思想に基づく昇仙図の楼閣建物に系譜を引くものと考えた。[26] つまり、４棟の建物を中心に描かれた家屋紋鏡の図像は、昇仙図の楼閣建物を原形に神仙界を表現していることになる。また、小笠原

も言及したように、中国浙江省出土の屋舎人物画像鏡は、家屋紋鏡とも少なからざる類縁性の認められる後漢鏡で、やはり重層の楼閣建物を中心に侍者を伴う人物や獣形など画像石とも共通する図像で神仙界を描いている。家屋紋鏡の原形と考えられる昇仙図や屋舎人物画像鏡があらわす神仙界は重層の建物を中心に描かれており、それは開放的な楼閣建物として表現されている。先に類推した家屋紋鏡の図像構成と家形埴輪群との間の密接な関係を評価すれば、家形埴輪の中心もやはり重層の高床建物であったろうと思われる。前半期にみられる高床の家形埴輪の中で、入母屋高床形式はすべて四面開放形式に表現されており、他界した被葬者が向かう神仙界の楼閣建物にふさわしいものである。ところが、家屋紋鏡では、入母屋高床建物の上層壁表現は閉鎖的な板壁構造とされている。問題は、家屋紋鏡における建物表現細部の解釈にある。

　家屋紋鏡の入母屋高床建物にみる上層、下層の壁表現は、切妻高床建物のそれと同一である。上の検討に沿って、今仮に、家屋紋鏡の入母屋高床建物の上層壁表現を家形埴輪の特徴から四面開放形式と考えると、同様に切妻高床建物のそれも四面開放形式を表現していることになる。家屋紋鏡の図像があらわす切妻高床建物は、従来から閉鎖的な壁構造を呈する高床倉庫と考えられてきた。家形埴輪にも、切妻形式を中心に開口部が入口のみで閉鎖的ないわゆる「倉庫形」と呼ばれてきた建物があり、そのなかには明らかに屋根倉を模したと思われる切妻高床建物がある。ただ、切妻高床形式の家形埴輪のなかには、上層が壁構造とならない開放的な四面開放形式もあり、今回の集成資料では奈良県巣山古墳の事例などが特徴的である。切妻平屋形式の家形埴輪にも壁構造と四面開放形式との両者があるが、後者は初期の事例に多い特徴がうかがわれる。とくに、囲形埴輪に納められた小型の切妻平屋形式には四面開放の壁表現が多い。この小型切妻平屋建物には、導水施設形土製品を伴うなど、浄水祭祀や聖域にかかわる儀礼的施設の性格が色濃く認められる。ここではひとまず、家屋紋鏡では壁構造で閉鎖的な施設と考えられてきた切妻高床建物にも、開放的な構造で左記と類似する儀礼的な性格の建物があっても不思議ではないだろうと考え、同様に家屋紋鏡が表す入母屋高床建物も開放的な造りの施設であった可能性を示唆しておきたい。

　後半期の家形埴輪についても考えてみたい。後半期の大きな変化は、切妻形式の家形埴輪が衰退、消滅するなかで、入母屋、寄棟いずれかの単独あるいは少数配置が主流になることである。なかでもⅤ期の特徴として、入母屋・寄棟の平屋形式が軸部を中心に伸長化し、極端に縦長な形態になることが指摘されてきた。この現象は、とくに東日本のⅤ期後半に顕著だが、この時期の家形埴輪には、高床建物がほとんど消滅することも特徴的な現象として指摘されている。

　東日本Ⅴ期後半を中心とする、極端に縦長の入母屋・寄棟平屋形式の事例から、その細部の特徴を整理してみる。

【入母屋平屋形式】
・壁構造—平入口2（軸上部1/3）—妻円孔—基部突帯無（富士山古墳）（第86図）
・4条突帯壁構造—平入口1（軸上部1/2）—妻・平円孔—低板（最下段突帯）（片野23号墳）（第80図6）
・3条突帯壁構造—平入口1（軸上部1/3）—妻円孔—低板（最下段突帯）（神保下條2号墳）（第80図3）

・壁構造―平入口 2（軸上部 1/3）―妻円孔―基部突帯無（綿貫観音山古墳）（第 80 図 5）

【寄棟平屋形式】

・壁構造―平入口 2（軸上部 1/2）―窓無―基部突帯無（殿部田 1 号墳）（第 81 図 9）

・4 条突帯壁構造―平入口 2（軸上部 1/2）―窓無―低板（最下段突帯）（殿部田 1 号墳）

・5 条突帯壁構造―平入口 2（軸上部 1/3）―妻円孔―低板（最下段突帯）（茨城県水木古墳）(30)

同じく Ⅴ 期の畿内の事例には、上・下層が壁構造を呈する入母屋高床の家形埴輪があり、Ⅳ 期以前の四面開放形式とは大きく形態

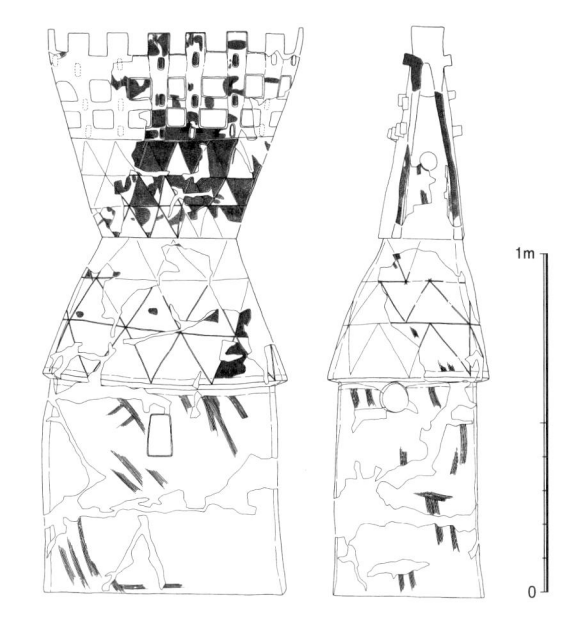

第 86 図　富士山古墳出土の入母屋家形埴輪

を異にしている。上・下層を分離する側廻り突帯は極端な低板状だが、各層に入口ないし窓いずれかの表現があり、明らかに高床構造の家形埴輪である。同様に特徴を列記すると、以下のようである。

【荒蒔古墳・入母屋高床 3 棟】(31)(32)

・上層壁構造―平入口 2（軸上部 1/2）―妻円孔―下層壁構造（入口？ 1）―上層低板―下層低板

・上層 1 条突帯壁構造―平入口 1（軸上部 1/2）―妻円孔―下層壁構造（入口？ 1、2）―上層低板―下層低板

・上層 1 条突帯壁構造―平入口 1（軸上部 1/2）―平窓・妻円孔―下層壁構造（入口？ 1、円孔 2）―上層低板―下層低板

【菟道門の前古墳・入母屋高床 1 棟】（第 80 図 1）

・上層 2 条突帯壁構造―平窓・妻円孔―平入口 1（軸上部 2/3）―下層壁構造（平円孔）―上層低板―下層板状

上記のように、畿内 Ⅴ 期の入母屋高床建物は、一部の円柱建物を除きその多くが上・下層ともに壁構造の表現となる。一方、東日本に多い極端な縦長を特徴とされてきた平屋建物は、入母屋、寄棟ともに多条突帯の壁構造で、平側の軸上部 1/2 以上の上半に入口を開口するなど、その形式細部は壁構造表現をとる畿内 Ⅴ 期の入母屋高床建物の特徴と酷似している。つまり、東日本に多い縦長の平屋建物は、畿内の影響下に壁構造表現の高床建物を造形していた可能性が高く、Ⅴ 期後半にも入母屋とともに寄棟形式も加えて高床建物が継続して配置され、どちらかというと配置の指向は高床建物にあったと考えられる。畿内 Ⅴ 期にみられる入母屋高床建物は、通常開放的な構造をとるはずの下層の床下部分も閉鎖的な壁構造に表現することから、家形埴輪製作上の形骸化が進んだ様相が看取される。同様に、上層部分も本来は Ⅳ 期まで主体的に表現されてきた四面開放形式を意図

していたものと思われ、Ⅴ期後半の終焉期にいたっても楼閣建物を背景に持つ開放的な高床建物が重視されていたことが想起されるのである。

　まとめ──家形埴輪と前方後円墳の儀礼的性格──

　本章では、家形埴輪の形式、群構成や配置状況、その変遷について検証し、とくに前半期の家形埴輪と家屋文鏡の図像との比較検討、後期における家形埴輪の縦長化と壁構造高床建物との比較検討などを行い、家形埴輪の特質について考察した。その結果、古墳に配置された家形埴輪は、中国の昇仙図などに描かれた死者が向かう神仙界の楼閣建物を原形とし、神仙思想に基づく他界を表現しているとする考えにいたった。家形埴輪初期の実態は判然としないが、多彩な形式をもつ前半期の群構成の中でも、中核をなすのは楼閣建物としての入母屋高床建物であったろうと思われる。後半期の事例でも、東日本に多い極端に縦長化した平屋形式家形埴輪は、西日本にみられる壁構造の高床建物が簡略化、形骸化した可能性が高いと考え、出現の初期からⅤ期終焉にいたるまで入母屋形式高床建物が重視されていたことを強調した。

　家形埴輪は、その変遷のなかで古墳の中枢部から、裾部、外周部へとその配置場所を拡大していく。この状況は、とくに前方後円墳において特徴的であり、家形埴輪は前方後円墳に他界の世界を演出する象徴的な装置として、その儀礼のなかで重要な役割を果たしていたものと思われる。

　家形埴輪各形式の器種構成や他の形象埴輪との群構成は、配置場所が拡散し多様化しても基本的に変わることはなかった。つまり、入母屋高床建物など開放的な楼閣建物を中心に、家屋紋鏡の図像が表す蓋形や鶏など鳥形の埴輪を伴いながら、盾持人物や被葬者の近辺で奉仕する男女の人物埴輪とともに神仙界の情景を各配置場所で演出していたのである。被葬者が暮らす神仙界の祭祀儀礼に不可欠だったと思われる浄水施設を伴う小型切妻平屋建物と囲形埴輪の組み合わせも、墳頂部に始まる家形埴輪の多くの配置場所で認められる。また前半期の家形埴輪における、墳頂部以外の多様な配置場所への拡散とそれらの配置場所の共存は、前方後円墳に演出された他界と現世の子孫や近親とのつながりを意識したもので、ほとんどすべての配置場所で共伴する土製供物あるいは土器の供献などがその目的と実態を暗示している。同様に、出土例は少ないながらⅡ期からⅤ期まで存続し、墳頂部以外から出土する片流れ形式家形埴輪も、かつて梅原末治が家形埴輪の原形として主張した「祠堂」[33]のような現世に向けて開かれた特別な施設であった可能性も考えられる。

　後半期の家形埴輪の変化は、終焉まで変わることのなかった最も重要な部分を示唆している。ひとつは、入母屋を中心とする高床建物への形式の集約にあり、楼閣建物は、前方後円墳の各所に神仙界を演出するため最も大切な装置だったのだろう。もうひとつは、存続する墳頂部への配置とともに、周堤上のような墳丘周縁部の特定箇所へと配置場所が限定・集約され、盛行することにある。つまり前方後円墳は、儀礼の実修とともに埴輪群の配置などさまざまな舞台装置の配備を通して他界を演出し、前述したように墳丘周縁の外にひろがる現世との儀礼関係をも表現し固定化させようとするきわめて思想的なモニュメントとして機能している。家形埴輪は、そのなかにあって不可欠な中心として、形象埴輪のなかで最も象徴的な役割を果たしていたといえよう。

追記

本章の初出以降に公表され、管見に触れた家形埴輪に関する研究には、以下のような成果がある。
- 小笠原好彦「家形埴輪の成立」『芹沢長介先生追悼　考古・民族・歴史学論叢』六一書房、2008年。
- 前田真由子「製作技法からみた家形埴輪の変遷とその画期―近畿地方出土家形埴輪を中心に―」『古文化談叢』第61集、2009年。
- 古谷毅「家形埴輪の構造・変遷と分析視角」『埴輪研究会誌』第15号、2011年。

注

（1）　後藤守一「上古時代の住宅」『東京帝室博物館講演集』第11冊、1931年。
（2）　小林行雄「埴輪論」『史迹と美術』15-4、1944年。
（3）　辰巳和弘『高殿の古代学―豪族の居館と王権祭儀』白水社、1990年。
（4）　岡本明郎「形象埴輪の性格」『月の輪古墳』1960年。若松良一「形象埴輪群の配置復元について」『瓦塚古墳』1986年。
（5）　喜谷美宣「住居および建築」『日本の考古学』V、河出書房新社、1966年。
（6）　水野正好「埴輪体系の把握」『古代史発掘』7、講談社、1974年。
（7）　梅原末治『久津川古墳研究』1920年。
（8）　注（1）、（3）、（4）若松論文、（6）の成果など。
（9）　小笠原好彦「家形埴輪の配置と古墳時代の豪族居館」『考古学研究』31-4、1985年。「畿内の家形埴輪と形態・入口・基底部」『初期古墳と大和の考古学』学生社、2003年。
（10）　青柳泰介「家形埴輪の製作技法について」『日本の美術第348号　家形はにわ』至文堂、1995年。同「家―家形埴輪のモデルについて」『季刊考古学』第79号、2002年。
（11）　岡村勝行「家形埴輪について」『長原遺跡発掘調査報告Ⅳ』（財）大阪市文化財協会、1991年。
（12）　稲村繁「家形埴輪論」『埴輪研究会誌』第4号、2000年。
（13）　小笠原好彦「首長居館遺跡からみた家屋文鏡と囲形埴輪」『日本考古学』13、2002年。同「家形埴輪に関する三つの問題」『考古論集』2004年。
（14）　高橋克壽「東方外区の埴輪」『石山古墳　第24回三重県埋蔵文化財展』2005年。同「埴輪―場から群像に迫る」『列島の古代史5　専門技能と技術』岩波書店、2006年。
（15）　森田克行「今城塚古墳の埴輪群像を読み解く」『発掘された埴輪群と今城塚古墳』2004年。
（16）　川西宏幸「円筒埴輪総論」『考古学雑誌』64-2、1978年。
（17）　黒田龍二は、奈良県室宮山古墳や大阪府美園1号墳の板状柱をもつ入母屋高床形式の家形埴輪を参考に、奈良県御所市極楽寺ヒビキ遺跡で発見された同様の柱形状の大型掘立柱建物遺構から、周囲に縁を持つ開放的な入母屋高床建物を復元している。黒田龍二「極楽寺ヒビキ遺跡大型掘立柱建物（建物1）の復元とその諸問題」『考古学論攷』第29冊、橿原考古学研究所紀要、2006年。同「極楽寺ヒビキ遺跡の建築史における意義―板状柱の大型掘立柱建物をめぐって―」『葛城氏の実像―葛城の首長とその集落―』橿原考古学研究所附属博物館特別展図録第65冊、2006年。
（18）　そのなかにあって、赤土山古墳の後円部先端の基壇状遺構では、稀少な共存例として鶏形埴輪が想定されている。本章冒頭で述べたように、家形埴輪と鶏形埴輪との不即不離な関係がうかがわれる。
（19）　小浜成「埴輪による儀礼の場の変遷過程と王権」『大阪府立近つ飛鳥博物館平成17年度秋季特別展図録』2005年。
（20）　梅原末治『佐味田及新山古墳研究』1921年。
（21）　宮崎県教育委員会『特別史跡西都原古墳群　170号墳現地説明会資料』2005年。松浦宥一郎・古谷毅ほか『重要文化財西都原古墳群出土　埴輪子持家・船』東京国立博物館編、同成社、2005年。

(22) 注(20)文献。
(23) 池浩三『家屋文鏡の世界』相模書房、1983年。
(24) 辰巳和弘「家屋文鏡の再検討」『高殿の古代学―豪族の居館と王権祭儀』白水社、1990年。
(25) 車崎正彦は雌雄2羽の鶏とし、夜の世界・神の世界を象徴するものと考える。車崎正彦「家屋紋鏡を読む」『考古学論究―小笠原好彦先生退任記念論集―』2007年。
(26) 注(13)小笠原2002年文献。
(27) 王士『浙江省出土銅鏡』文物出版社、1987年。
(28) 奈良県磯城郡田原本町唐古・鍵遺跡の弥生土器に描かれた楼閣風の建物についても、漢代の明器や画像磚における重層建築の表現との共通性から、高殿などの楼閣建物ではなく、農耕祭祀と深くかかわる倉楼を表現したものとする考えがある。橋本裕行「「楼閣」絵画の再考」『原始絵画の研究　論考編』六一書房、2006年。
(29) 宮本長二郎「建築史としての家形埴輪」『日本の美術5　家形埴輪』至文堂、1995年。
(30) 日立市立郷土資料館に展示中の資料を実見させていただいた。
(31) 天理市教育委員会の御好意により、資料を実見させていただいた。
(32) 奈良県立橿原考古学研究所附属博物館『春季特別展　はにわ人と動物たち―大和の埴輪大集合―』2008年。
(33) 注(7)文献。

遺跡文献（第26表の文献）

1. 京都大学文学部考古学研究室・向日丘陵古墳群調査団「京都向日丘陵の前期古墳群の調査」『史林』54-6、1971年。都出比呂志「前期古墳の築造工程と儀礼」『向日市史上巻』1983年。
2. 近藤喬一編『京都府平尾城山古墳』財団法人古代学協会、1990年。
3. 石田茂輔「日葉酢姫御陵の資料について」『書陵部紀要』第19号、1967年。
4. 松本洋明『史跡赤土山古墳　第4次～第8次発掘調査概要報告書』天理市教育委員会、2003年。
5. 宇治市教育委員会『宇治市埋蔵文化財発掘調査概報第15集』1990年。京都府立山城郷土資料館『特別展京都府のはにわ』1991年、10頁。荒川史ほか「京都府宇治市庵寺山古墳の発掘調査」『古代』105、1998年。大阪府立近つ飛鳥博物館平成17年度秋季特別展「王権と儀礼―埴輪群像の世界―」を見学し、展示資料を実見した。
6. 京都大学文学部博物館『紫金山古墳と石山古墳』1993年。三重県埋蔵文化財センター『石山古墳』2005年。
7. (財)大阪市文化財協会『長原遺跡発掘調査報告Ⅳ』1991年。
8. 大阪府教育委員会『美園』1985年。
9. 西谷眞治・鎌木義昌『金蔵山古墳』倉敷考古館、1959年。
10. 大垣市教育委員会『史跡　昼飯大塚古墳』2003年。
11. 奈良県教育委員会『室大墓』奈良県史跡名勝天然記念物調査報告第18冊、1959年。奈良県立橿原考古学研究所附属博物館『古代葛城の王　王を支えた技術者集団』1995年。
12. 河合町教育委員会『史跡　乙女山古墳　付高山2号墳』1988年。
13. (財)大阪市文化財協会『長原遺跡発掘調査報告Ⅳ』1991年。
14. 藤井寺市教育委員会『新版古市古墳群』1993年。
15. 八尾市教育委員会『史跡心合寺山古墳発掘調査概要報告書』2001年。
16. 弥栄町教育委員会『ニゴレ古墳』1988年。
17. 立命館大学文学部『立命館大学文学部学芸員課程研究報告第4冊―鳴谷東古墳群第3・4次発掘調査概報―』1992年、加悦町古墳公園はにわ資料館『加悦町のはにわ―丹後地域におけるはにわの成立と展開―』

加悦町古墳公園はにわ資料館研究報告第 1 集、1993 年。
18. 広陵町教育委員会『巣山古墳調査概報』学生社、2005 年。
19. 松阪市教育委員会『史跡　宝塚古墳』2005 年。
20. 加古川市教育委員会『行者塚古墳発掘調査概報』1997 年。
21. 近藤義郎編『月の輪古墳』1960 年。
22. 後藤守一・相川龍雄『群馬県史蹟名勝天然記念物調査報告』第三輯、1936 年。
23. 後藤守一『上野国佐波郡赤堀村今井茶臼山古墳』帝室博物館、1933 年。
24. 末永雅雄・森浩一『河内黒姫山古墳の研究』大阪府教育委員会、1953 年。
25. 田代克己『弁天山古墳群の研究』大阪府教育委員会、1967 年。
26. 大阪府水道部『藤の森・蕃上山二古墳の調査』1965 年。大阪府立泉北考古資料館『特別展　大阪府の埴輪』1982 年。
27. 文化庁編『発掘された日本列島 '99』朝日新聞社、1999 年。上田睦「狼塚古墳と導水施設形埴輪」『水と祭祀の考古学』学生社、2005 年。
28. 広島県教育委員会『三ツ城古墳』1954 年。東広島市教育委員会『史跡三ツ城古墳―保存整備事業第 1〜5 年次発掘調査概報―』1989〜91 年。
29. 松阪市教育委員会『常光坊谷古墳群埋蔵文化財発掘調査報告書』2005 年。
30. 出島村教育委員会『富士見塚古墳群』1992 年。
31. 山形市教育委員会『菅沢 2 号墳』1991 年。
32. 福島武雄ほか『福島県史跡名勝天然記念物調査報告』第 2 輯、1932 年。群馬町教育委員会『保渡田Ⅶ遺跡』1990 年。群馬町教育委員会『保渡田八幡塚古墳』2000 年。
33. 高槻市教育委員会『発掘された埴輪群と今城塚古墳』2004 年。
34. 森浩一『井辺八幡山古墳』1972 年。
35. 泉武「荒蒔古墳」『大和前方後円墳集成』奈良県立橿原考古学研究所、2001 年。
36. 奈良県教育委員会『奈良県史跡名勝天然記念物調査報告』第 23 冊、1966 年。
37. 羽曳野市遺跡調査会『古市大溝（軽里 4 号墳）発掘調査概報』1992 年。
38. 奈良文化財研究所『奈良山発掘調査報告Ⅰ―石のカラト古墳・音乗谷古墳の調査―』2005 年。
39. 宇治市教育委員会『菟道門ノ前古墳・菟道遺跡発掘調査報告書』1998 年。
40. 新富町教育委員会『百足塚古墳の埴輪　特別展示図録』2002 年。特別展開催中に見学し、町教育委員会のご高配により関係資料を実見させていただいた。
41. 春日井市教育委員会『味美二子山古墳』2004 年。
42. 大塚初重・小林三郎『茨城県舟塚古墳』『考古学集刊』4-1、1968 年。大塚初重・小林三郎「茨城県舟塚古墳Ⅱ」『考古学集刊』4-4、1971 年。
43. 濱名徳永『上総殿部田古墳・宝馬古墳』芝山はにわ博物館、1980 年。
44. 壬生町教育委員会『栃木県壬生町富士山古墳』1998 年。
45. 埼玉県教育委員会『瓦塚古墳』1986 年。
46. 東国古文化研究所『下総片野古墳群』1976 年。
47. 群馬県埋蔵文化財調査事業団『神保下條遺跡』1992 年。
48. 群馬県教育委員会『綿貫観音山古墳Ⅰ　墳丘・埴輪編』1998 年。

第9章　古墳時代後期の前方後円墳と儀礼
——常総地域における後期・終末期古墳をとおして——

　はじめに——研究の視点——

　はじめに、研究の視点を説明しておきたい。古墳時代の研究において、研究の動機付けという意味で、「時代論」と「地域論」の二つの枠組みを意識している。時代論については全国的資料あるいは広域にわたる資料の集成を心がけ、その分析に基づいて古代国家形成期における時代の特質を考察することを、とくに畿内など中枢域の動向を視野において行ってきた。地域論については、地域資料と地域史の考察、これはたんに目の前にある地域ではなく歴史的背景を共有する地域の設定を意識して、とくに古霞ヶ浦沿岸地域（後の常総地域）や筑波山南麓から桜川河口域の資料に焦点をあてて考察してきた。
　古墳時代後期（6世紀）の常総地域について、関東地方という広域の視点で考えてみると、大和政権との関係において注目すべき特色が二つ指摘できる。一つは、政治的拠点として、6世紀における大規模前方後円墳の増大があげられる。第29・30表は、関東と畿内地方の後期前方後円墳の規模と数を集計したものである。古墳時代後期になると、畿内や西日本の地域では大勢として前方後円墳はその規模を縮小し、数も減少すると認識されているが、関東地方では相模や安房を除くほとんどの地域で後期大規模前方後円墳の数が畿内地方を大幅に上まわっており、対照的な状況が理解できる。とくにこの状況は後期後半に顕著で、関東各地で前方後円墳の増大がピークに達したと考えられ、下総北部から常陸南部にかけての常総地域もその例外ではない。
　二つ目は、交通の要衝として、6世紀初め頃に大和政権とも密接な関係をもつ広域祭祀が確立し、定着することがあげられる。常総地域の源流ともいえる古霞ヶ浦の内海をめぐる鹿島、香取、浮島、筑波山の祭祀の連環は、おもに外洋と内陸とを結ぶ水上交通の神祀りと考えられ、畿内中枢とも関わり深い祭祀として注目される。その萌芽は5世紀に認められ、6世紀には確立する広域祭祀であることから、先の大規模前方後円墳の増大やそれに伴う政治拠点の拡充とも無関係ではなく、連動する現象とも捉えられる。
　これら二つの特色は、古墳時代後期の関東地方、そして常総地域の政治的位置を暗示するものといえる。この歴史的背景については、6世紀における関東地方首長層の独自性とみる指摘にも一考すべきところはあるが、この地域の経済的、軍事的重要性を踏まえた上で、古墳時代前期から中期における大和政権の中枢メンバーである西日本地域首長層の政治的位置が後期には東日本のとくに関東地方の地域首長層に移っていたのではないかという視点を重視したい。つまり、関東地方の

第29表 関東地方の後期大型前方後円墳の規模と数
(墳丘規模単位：m)

墳丘規模	60〜79	80〜99	100〜119	120以上	計
上 野	64	17	15	1	97
下 野	8	5	2	1	16
常 陸	24	12	2	0	38
下 総	9	1	1	0	11
上 総	16	6	5	1	28
安 房	0	0	0	0	0
武 蔵	17	1	6	2	26
相 模	0	0	0	0	0
合 計	138	42	31	5	216

注（3）文献より

第30表 畿内地方の後期大型前方後円墳の規模と数
(墳丘規模単位：m)

墳丘規模	60〜79	80〜99	100〜139	140以上	計
大 和	8	2	6	4	20
河 内	4	2	4	2	12
和 泉	0	0	0	0	0
摂 津	1	0	0	1	2
山 城	4	0	1	0	5
合 計	17	4	11	7	39

注（3）文献より

首長層は古墳時代後期における大和政権の中枢メンバーで、その動向は政権の動向と密接不離の関係にあったと考えられる。

こうしたことから、本章では、身近な常総地域の資料をもとに、地域論ではなく古墳時代後期の位置付けなど時代論にアプローチしたいと思う。資料の中心は、当地域の後期前方後円墳とその動向にある。古墳時代を代表する前方後円墳は、本書の序章でも定義したように他界の演出によって実施された政治的表示であり、第7・8章では形象埴輪の分析からその論証を試みた。この前方後円墳の築造と他界の演出は、喪葬儀礼などさまざまな儀礼的行為を軸に進行している。序章ではこれらをもって前方後円墳築造儀礼と称し、その論理を提起しているが、本章における分析や考察も、おもにこの古墳における儀礼を観点に進めることとしたい。

第1節　古墳時代後期の認識

はじめに、古墳時代後期（6世紀）の位置付けについて現在の主な認識を確認し、問題点を整理したい。古墳時代後期が政治や社会の変わり目にあたることは多くの研究者の認めるところだが、この古墳時代後期の位置付けや認識如何によって、時代の画期をどこに置くかの見解も分かれてくる。

第87図に和田晴吾による弥生墳丘墓と古墳の変遷図を提示したが、筆者が注記した◀印は考えられるおもな時代の画期を指している。一つ目（◀1）は、後期の始まり、つまり5・6世紀の間に時代の画期を求める考えである。ちなみに、図を作成した和田も、初期国家と成熟国家の段階論を前提に、古墳時代中期と後期の境に時代の大きな画期を認めている。考古学では横穴式石室の普及に伴う他界思想の変革や群集墳の成立に伴う支配構造の変革を、文献史では国造制や部民制、ミヤケ制などの成立を指標とする考えで、前方後円墳の時代を前期から中期と後期とに大きく二分する時代認識といえる。二つ目（◀2）は、後期の終わり、つまり7世紀初頭頃に時代の画期を求める考えである。考古学では列島規模での埴輪の終焉や大規模前方後円墳の築造停止を、文献史では冠位十二階など推古朝の政治改革や遣隋使の派遣を指標や背景とするもので、前方後円墳の時代を一つのまとまりとする時代認識である。

本章では、おもにこの二つの時代認識の対比をもとに考察を進めたいが、もうひとつ古墳時代終末期（飛鳥時代）のなか、7世紀中頃に時代の画期を求める考えもある（◀3）。考古学では古墳や石室の縮小化や群集墳の終焉、大王陵としての八角墳の登場を、文献史では大化の改新や薄葬令など孝徳朝の政治改革を指標とする考えで、7世紀後半を古代国家の成立とする考えにつながる時代認識と言える。以下、これらの古墳時代後期に対する認識や位置付けをあらためて考察するため、常総地域における古墳時代後期・終末期（6・7世紀）の古墳と儀礼について分析を進めたい。

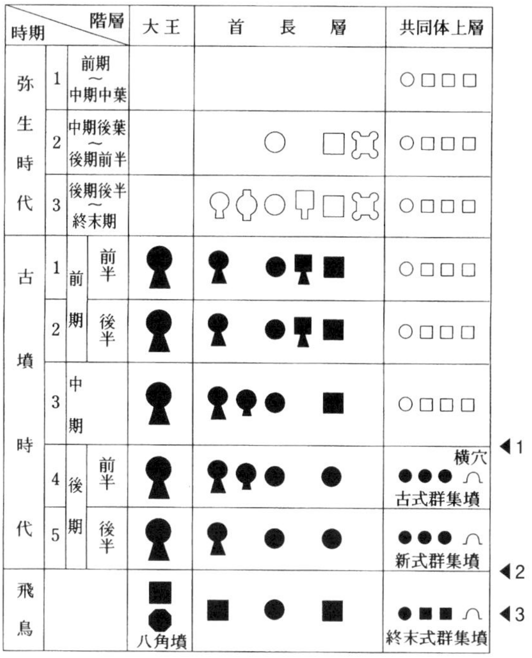

第87図　弥生墳丘墓と古墳の変遷概念図

第2節　古墳の変遷——首長系譜と前方後円墳の消長——

第88図の分布図は、古墳時代後期・終末期を中心に、常総地域に分布する規模の大きな古墳を主眼に作成したものである。そこには、高浜入周辺など霞ヶ浦北岸の地域や桜川下流から筑波山南麓の地域、霞ヶ浦東南岸の潮来・鹿島地域、利根川下流域、印旛沼周辺地域など比較的分布が集中する地域が看取される。また、第89図は、それらの地域ごとに、中期から終末期の主要な古墳の変遷を首長系譜と前方後円墳の消長を視点にまとめたものである。黒塗りは埴輪を出土する古墳、白ぬきはそれが確認できない古墳で、古墳の形やおおよその大きさを明示してある。

本節では、これらの図を参照して、常総地域における首長系譜と前方後円墳の消長やその特質について考えてみたい。

1. 地域の概観
（1）霞ヶ浦北岸（高浜入～玉里、小川・玉造～出島）

高浜入に中期前半の巨大前方後円墳・石岡市北根本舟塚山古墳が出現し、後半の同市府中愛宕山古墳に継続する。この中期後半から後期初頭にかけ、70m級以上の大規模前方後円墳が高浜入や、玉里、小川・玉造、出島北岸にそれぞれ築造され、首長墳（権）が分散する動向が看取される。後期になると、玉里地域に全長60mを超える大規模前方後円墳が集中的に多数築造される。玉里、小川地域に集中する大型円墳（帆立貝形古墳）の存在も併せ考えると、6世紀のこの地域は、他の地域に比べより複雑な階層構造の特質を有し、さらに広域に及ぶ複数系列の首長墳が築造されていた可能性が指摘できる。なお、後期末葉（6世紀末～7世紀初頭）には、かすみがうら市

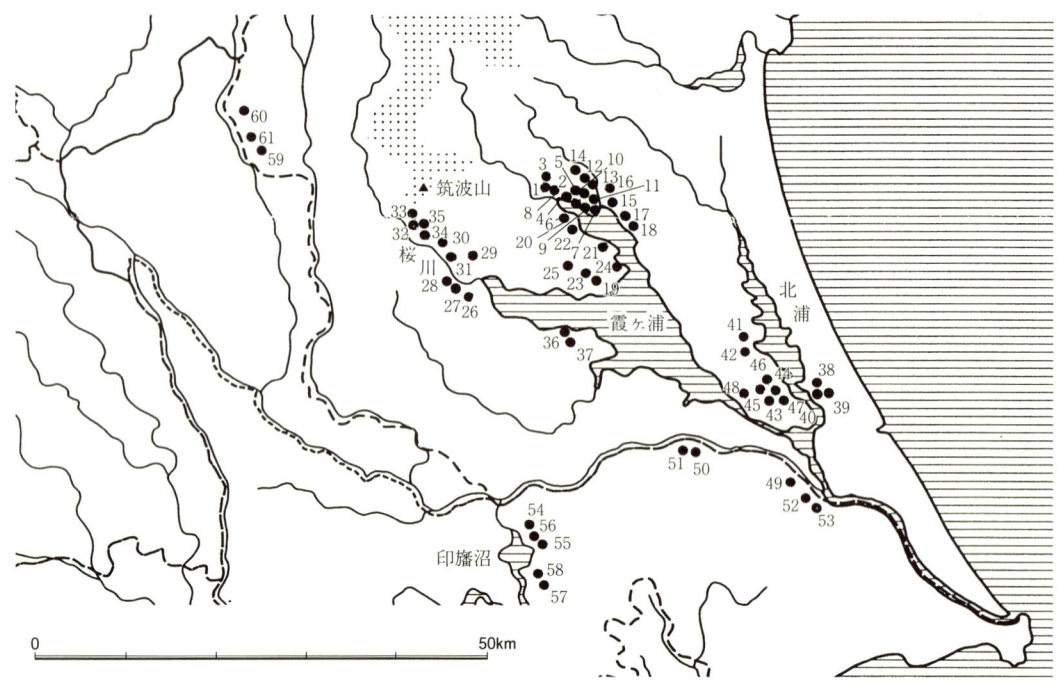

1：舟塚山　2：府中愛宕山　3：茨城　4：権現山　5：舟塚　6：滝台　7：山田峰　8：桃山　9：桃山　10：雷電山　11：愛宕塚　12：栗又四箇岩屋　13：岡岩屋　14：要害山1号　15：権現塚　16：地蔵塚　17：三昧塚　18：大日塚　19：富士見塚　20：風返大日山　21：太子唐櫃　22：風返稲荷山　23：坂稲荷山　24：十日塚　25：富士見塚　26：宍塚大日山　27：松塚1号　28：松塚2号　29：愛宕山　30：高崎山2号　31：武者塚　32：土塔山　33：八幡塚　34：甲山　35：平沢1号　36：弁天塚　37：木原塚4号　38：夫婦塚　39：宮中野大塚　40：宮中野99-1号　41：瓢箪塚　42：赤坂山　43：大生西1号　44：大生西2号　45：大生西5号　46：大生西4号　47：姫塚　48：日天月天塚　49：三之分目大塚山　50：権現前　51：禅昌寺山　52：城山5号　53：城山1号　54：浅間山　55：竜角寺岩屋　56：みそ岩屋　57：船塚　58：天王塚　59：茶焙山　60：弁天山　61：船玉

第88図　常総地域の主要古墳分布図

風返稲荷山古墳や同市折越十日塚古墳など大規模前方後円墳は出島地域に移動し、その築造が終焉する。

　7世紀前半以降、大規模前方後円墳が集中した玉里、出島地域には、30〜40mの中規模な方・円墳が築造される。一方、大規模な古墳は、中期の巨大前方後円墳が築造された高浜入の台地上に移動した可能性がある（石岡市茨城古墳：約50〜60m）[13]。

（2）桜川下流域（土浦入）〜筑波山南麓

　中期と目されるつくば市漆所土塔山古墳以降、筑波山南麓に後期前半まで比較的大型の前方後円墳が築造され、単独の首長系譜が継続する。とくに、後期前半の大規模前方後円墳つくば市沼田八幡塚古墳（94m）の築造は注目される。後半になると、筑波山南麓では小・中規模な古墳群、群集墳が形成され、土浦市宍塚古墳群、つくば市松塚古墳群など全長60m規模の前方後円墳が桜川下流域に移動し、7世紀初頭頃には終焉する。

　7世紀前半以降は、桜川下流域では30m以下の小規模な前方後円形墳や方墳で構成される古墳群が形成される。一方、筑波山南麓に、一辺35mを超える中規模方墳・つくば市平沢1号墳が築造される。

（3）霞ヶ浦南西岸

中期前半の大規模円墳・稲敷郡美浦村弁天塚古墳（直径約50m）以後目立った古墳はなく、首長系譜が断絶する。後期後半に至り、全長60m規模の前方後円墳・同村木原台4号墳が首長墳として築造されるが、その後大規模な前方後円墳は継続せず、中規模以下の終末期古墳へと移行する。

（4）霞ヶ浦東南岸〜北浦北部

中期の断絶期を経て、後期に首長系譜が復活する。全長100mを超す大規模前方後円墳の鹿嶋市宮中野夫婦塚古墳のほか、潮来地域には60〜70m規模の前方後円墳が多数築造され、複数系列の首長系譜の存在も想定される。一方、北浦北部には目立った首長墳はなく、後期後半から終末期にかけて、中・小規模な古墳群が形成される。

潮来地域の大規模前方後円墳は、6世紀末葉から7世紀初頭には築造を停止し、かわって宮中野古墳群に7世紀前半の大塚古墳、後半の宮中野99-1号墳と終末期の大規模円墳、方墳が築造される。とくに、径92mの円墳・大塚古墳は、関東地方の巨大終末期古墳のひとつに数えられ、対岸の印旛郡栄町竜角寺岩屋古墳とともに注目される。

（5）利根川下流域

中期前半に、全長124mの大規模前方後円墳・香取市三之分目大塚山古墳が築造されて以降、一時、首長系譜は断絶する。この首長系譜は、おそらく後期前半には復活し、同市城山古墳群など60〜70m規模の大規模前方後円墳の築造が6世紀後半まで継続する。

（6）印旛・手賀沼沿岸

前期から後期へと長期に継続する成田市公津原古墳群や、後期から終末期の竜角寺古墳群など大型の古墳群が形成される。

大規模前方後円墳の首長系譜は後期にあらわれ、後期後半を境に公津原古墳群から竜角寺古墳群へと移動する。竜角寺古墳群では、7世紀初頭の浅間山古墳（全長78m）を最後に大規模前方後円墳の築造は終焉し、一辺80mを測る大規模方墳・岩屋古墳やみそ岩屋古墳へと推移する。

（7）鬼怒川中流域

大規模前方後円墳の首長系譜は不明な部分が多いが、6世紀代になって筑西市上野茶焙山古墳や同市船玉弁天山古墳など全長50mを超える前方後円墳が散見され、7世紀前半になると、一辺35mの中規模方墳・同市船玉古墳が築造される。

2. 首長系譜と前方後円墳の消長

中期（5世紀）については、中期前半に高浜入と利根川下流域に舟塚山古墳と三之分目大塚山古墳の100mを超える2基の大規模前方後円墳が築造される。その他の地域では、前期の首長系譜は断絶しており、中期中頃から中期末にかけては、唯一中期前半の首長系譜を継承しつつ高浜入から玉里、小川・玉造、出島にかけての霞ヶ浦北岸地域に、大規模前方後円墳や大規模円墳が分散し築造され、他地域を圧倒した様相を呈することになる。

後期（6世紀）になると、霞ヶ浦北岸には玉里地域を核に継続して大規模前方後円墳や大規模円

第89図 常総地域の古墳変遷図

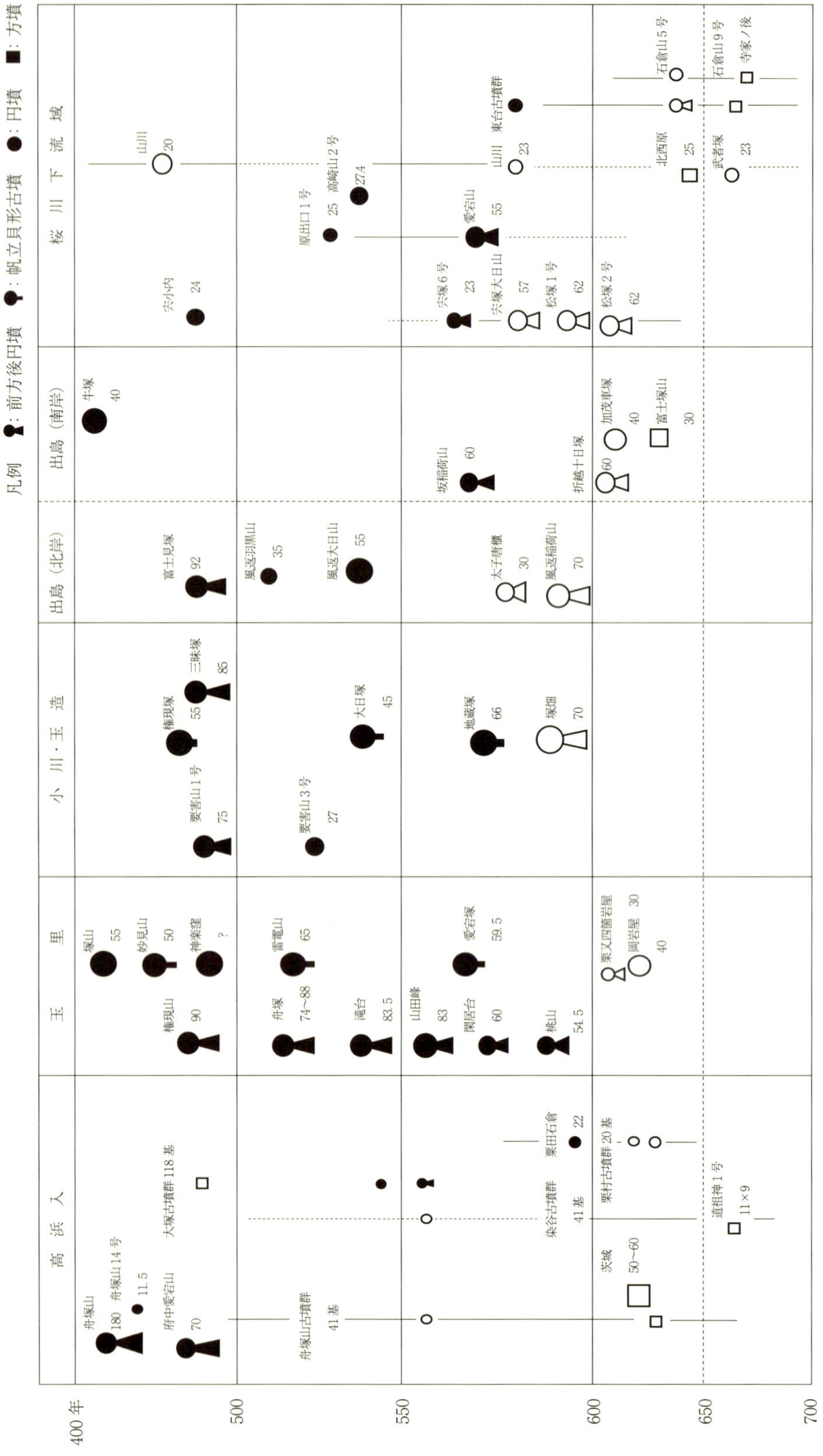

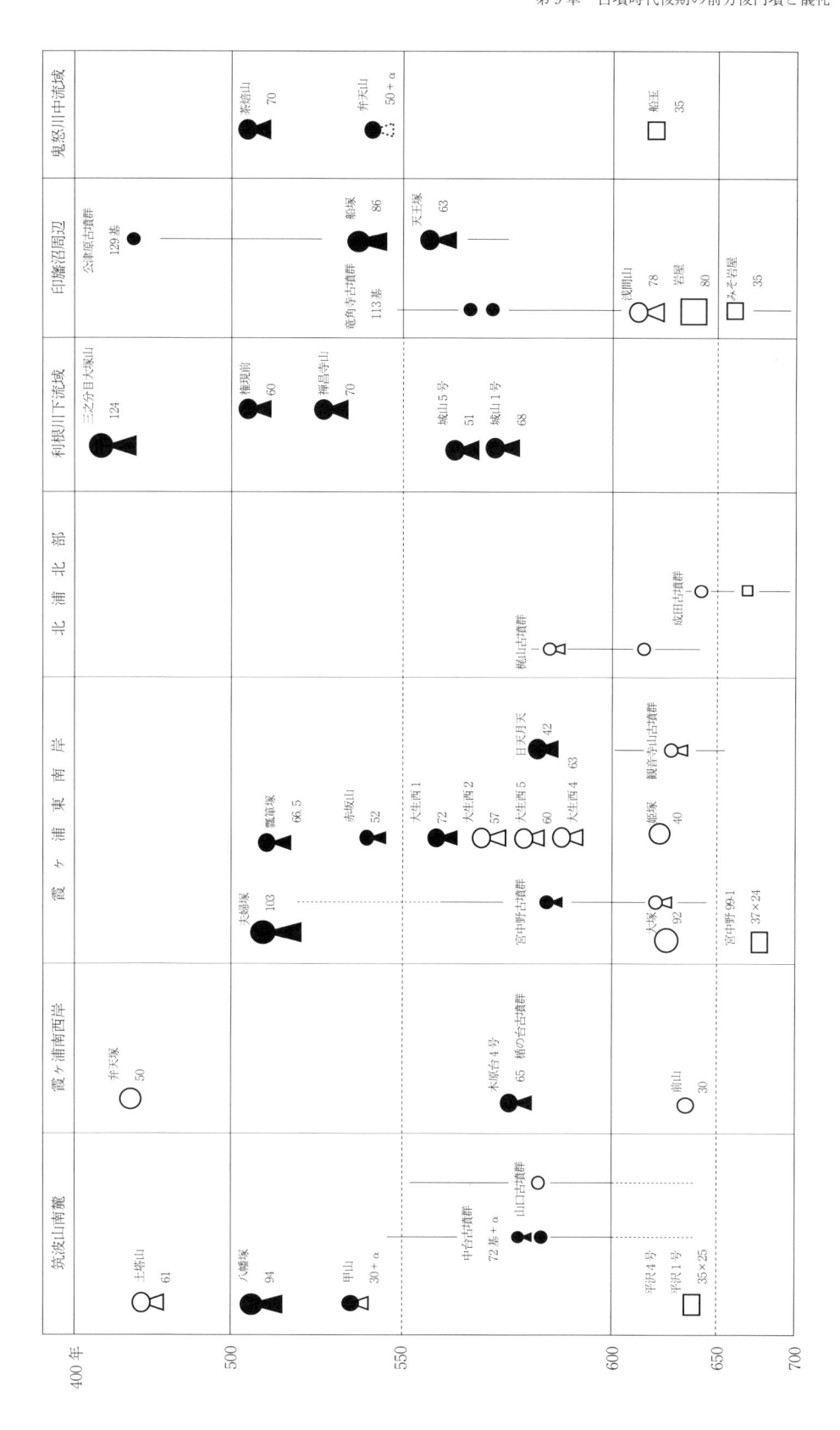

第 9 章 古墳時代後期の前方後円墳と儀礼　233

第31表　終末期古墳の墳丘規模（注(15)文献より）

東国地域		畿内地域	
千葉県岩屋古墳	□80	大阪府葉室塚古墳	□75（長辺）
千葉県駄ノ塚古墳	□62	大阪府向山（用明陵）古墳	□65
群馬県宝塔山古墳	□60	大阪府磯長高塚（推古陵）古墳	□59
群馬県愛宕山古墳	□56	奈良県石舞台古墳	□50
栃木県車塚古墳	○82	奈良県牧野古墳	○48〜60
埼玉県八幡山古墳	○80	大阪府上城墓（聖徳太子墓）古墳	○52
栃木県桃花原古墳	○63	奈良県ムネサカ1号墳	○45

※数字は、方墳は一辺、円墳は直径の長さ、単位はm。

墳（その多くは小さな前方部を持つ帆立貝形古墳）が多数築造される。これについては、この地域が他地域に比べより複雑な階層構造を呈し、霞ヶ浦南西岸を含む茨城国造の領域など広域に及ぶ複数系列の首長系譜が、霞ヶ浦北岸に集まって墓域を形成した可能性などが想定される。一方、他地域でも、後期になると大規模前方後円墳の首長系譜が徐々に復活し、後期後半にはその数も増大し盛んになる。とくに、筑波山南麓の八幡塚古墳や霞ヶ浦東南部の夫婦塚古墳は突出した規模で、地域的にも注目される存在である。筑波山南麓では中期以来の首長系譜が後期中頃まで継続し、その後大規模前方後円墳の首長系譜は桜川下流域に移動したと考えられる。

　大規模前方後円墳の築造は、各地で7世紀初頭、遅くとも7世紀前半には停止するものとみられ、竜角寺浅間山古墳や出島折越十日塚古墳などが、最後の築造と考えられる。

　終末期（7世紀）については、6世紀末葉における畿内中枢の変革と連動して、7世紀初頭以降の首長系譜は大規模・中規模の方墳、円墳へと変化する。なかでも、竜角寺浅間山古墳の系譜上にある岩屋古墳（一辺80mの方墳）や宮中野夫婦塚古墳の系譜上にある宮中野大塚古墳（径92mの円墳）の巨大さは特筆され、両地域の歴史的特質もさることながら、畿内の終末期古墳をも凌ぐ規模が注目される。これは、第31表に示す広瀬和雄作成の終末期古墳における畿内と東国との比較をみてもわかるように、畿内中枢の巨大前方後円墳を頂点とする時代とその体制の崩壊を示唆するものといえよう。なお、先述した茨城古墳の内容如何だが、中期末葉に霞ヶ浦北岸各地に分散し移動した高浜入における首長墳の系譜は、終末期には舟塚山古墳のある本貫の地に戻り、復活した可能性がある。

　一方、桜川下流域や霞ヶ浦東南岸、北浦北部などには小規模な前方後円墳や方墳・円墳による古墳群も形成される（第89図の土浦市木田余東台古墳群、同市烏山石倉山古墳群、潮来市上戸観音寺山古墳群、鉾田市梶山古墳群など）。このうち、7世紀前半以降も継続して築造される小規模な前方後円墳（岩崎卓也は、前方後円形小墳と呼ぶ。注（16）岩崎文献参照）は、低墳丘で偏在する地下埋葬を特徴とし、群集するものが多いなど、首長墳としての前方後円墳とは明らかに歴史性の異なる、異質な墳墓として築造されたものと理解される。

第3節　埋葬施設の特徴と変遷

　上述の常総地域における首長系譜と前方後円墳の消長を踏まえた上で、後期前方後円墳の儀礼について検討を行いたい。第32表は、常総地域のおもな後期・終末期古墳の一覧である。とくに、古墳における儀礼の特質を検証するため、埋葬施設の構造や供献土器、埴輪についてその概要を明示してある。まずは、埋葬施設の特徴と変遷について、当該地域の後期・終末期に特徴的な箱式石棺と横穴式石室とに分けて検討してみる。いずれも、筑波山南麓から南東麓にかけて産出する通称筑波石と呼ばれる雲母片岩を組み合わせた石棺や石室が多い[17]。

　箱式石棺については、時期のわかる資料を、第90図変遷図の左側に提示してみた。現状では、舟塚山14号墳や、弁天塚古墳など、5世紀前半から中頃の円墳の墳頂部埋葬施設が初期の事例で、その後5世紀末頃に、行方市沖洲三昧塚古墳やかすみがうら市柏崎富士見塚古墳など大規模前方後円墳の墳頂部埋葬施設に採用されている。これらは、基本的に底石、蓋石、側石、妻石ともに片岩の一枚石を使用することから、三之分目大塚山古墳の好例からも理解できるように、長持形石棺など畿内中枢域の組み合わせ式石棺の影響下に位置付けられるものといえよう[18]。なおこの系譜は、6世紀前半の小美玉市上玉里舟塚古墳までは継続し、6世紀後半以降、底石を中心に蓋石、側石の使用石材が分割され、多数化すると考えられている[19]。

　潮来市堀之内日天月天塚古墳例などから、箱式石棺は6世紀末頃までは前方後円墳の墳頂部埋葬施設として採用されているのがわかる。ここで重要なことは、これら墳頂部埋葬の箱式石棺には、舟塚古墳の後円部箱式石棺に典型的かつ象徴的にみられるように、埋葬に際して丁重な粘土被覆が行われていることで、前期古墳以来の辟邪密封の思想が連綿と継承されていることである。また、後で述べるように、6世紀後半以降、箱式石棺は横穴式石室内にも設置され、その後終末期横穴式石室にも継承されている。一方6世紀後半以降には、後期古墳群を中心に小・中規模古墳の埋葬施設にも箱式石棺が採用されるが、低墳丘の裾部に位置し、追葬による多数埋葬が行われるなど、大規模前方後円墳の墳頂部埋葬とは異なる位置付けが与えられる。

　横穴式石室については、第90図変遷図の右側に明示した。この変遷図でみると、常総地域の横穴式石室の多くは、割石の乱石積横穴式石室（第90図9・10・11）、雲母片岩の板石組横穴式石室（第90図12～18）、雲母片岩の石棺系石室（第90図19・20）の大きく三つに分類できる。

　初期の事例は、6世紀前半から後半にかけて、土浦市小高高崎山2号墳の九州型横穴式石室（第90図9）やつくば市山口1・2号墳の畿内型横穴式石室（第90図11）など、中規模古墳を主体に西日本系譜の乱石積横穴式石室が採用されるが、その後には継承されず単発に終わっている。

　6世紀後半以降、当地域独自の片岩板石組横穴式石室が大規模前方後円墳の主体埋葬施設として採用される。この石室は、複室構造の大型石室を指向し、多くの場合奥室内に造り付けの箱式石棺が設置されるのを特徴としている（第90図12・13・14・15）。この後期の造り付け石棺は、通常は、通有の箱式石棺と同様に蓋石によって密閉されている。これに対し、7世紀前半以降、つまり大規模前方後円墳が終焉する終末期段階になると、石室内の造り付け石棺は仕切り石様の形態に大

第32表 常総地域の主な後期・終末期古墳

規格	編年	古墳名	所在	規模	時期	埋葬施設 形式	埋葬施設 位置	埋葬数	供献土器 種類	供献土器 出土位置	埴輪 種類	埴輪 出土位置	備考	文献
中期(参考)		青柳1号(円)	桜川市	52	5c中	木棺2	墳頂部	—	須恵器	—	なし			1
		舟塚14号(円)	石岡市	11.5	5c中	石棺4	墳裾部	—	—					4
		三昧塚	行方市	86	5c末	小型箱式石棺(縄墳突起)	後円部頂(盛土)	1	—	造り出し	円筒,形象	墳丘,造り出し		2
		富士見塚(後円)	かすみがうら市	88	5c末	木棺杜土柳・箱式石棺	前方部頂(盛土)	2以上	須恵器・高杯,𤭯,杯,蓋 土師器	造り出し	円筒,形象	墳丘,造り出し		3
		大塚山(後円)	香取市	124	5c前	長持形石棺系	後円部頂(盛土)	—			円筒	墳丘		5
		花野井大塚(円)	柏市	20	5c後	木棺直葬	墳丘頂(盛土)	—			円筒,鳥	墳丘		6
大後円	後期	大生西1号	潮来市	72	6c前	箱式石棺(二重)	墳丘頂部(盛土)	2	須恵器・高杯	造り出し	円筒,形象	墳丘中段,裾部		7
		舟塚	かすみがうら市	72	6c前	箱式石棺	くびれ部(地下)	3?	須恵器・高杯,台付𤭯,高杯,平瓶	石室前室	円筒	墳丘,造り出し	複室構造	8
		鳳返稲荷山古墳	かすみがうら市	77.5	7c初	板石組横穴式石室	後円部(盛土)	1?	須恵器	墳丘	なし		複室構造	9
		折越十日塚	かすみがうら市	70	7c初	箱式石棺	くびれ部(盛土)	—	須恵器・提瓶	後円部頂	円筒	墳丘	複室構造	10
		神昌寺山	香取市	60~70	6c前	板石組横穴式石室	後円部(地下)	—	須恵器・平瓶	後円部中段	なし		単室構造	11
		城山1号墳	香取市	68	6c後	木棺直葬	—	—	須恵器・蓋杯,有蓋高杯,𤭯,有蓋台付長頸壷,提瓶	墳頂部,墳丘中段	円筒,形象	墳頂部,墳丘中段	単室構造	12
		浅間山	印旛郡栄町	78	7c初	板石組横穴式石室	後円部(地下)	3以上	須恵器・平瓶	石室前庭	なし		複室構造 漆塗木棺	13
中後円		甲山	つくば市	30+α	6c前	箱式石棺2	後円部頂(盛土)	3以上	土師器・杯,須恵器	石室支室	円筒	墳丘		14
		高崎山2号	土浦市	24.8	6c前	割石積横穴式石室	後円部(地下)	—	須恵器・杯,高杯	石室前庭脇	形象(人・馬)	墳丘裾外周	単室構造	15
		丸山4号	石岡市	35	6c中	割石積横穴式石室	後円部(盛土)	—	須恵器・杯	石室前庭	円筒,形象	後円部頂	単室構造	16
大円		大塚大日山5号	かすみがうら市	23.8	6c後	箱式石棺	くびれ部(地下)	1	須恵器・杯		埴輪	墳頂部		17
		宍塚大日山	土浦市	56	6c末	箱式石棺	くびれ部裾(地下)	—	須恵器・甕		なし		単室構造	19
		日天目山	潮来市	42	6c末	板石組横穴式石室	くびれ部(地下)	—			円筒	墳丘		18
		大師塔	?	?	7c初	板石組横穴式石室	後円部(地下?)	—			なし		単室構造	20
		菊角山2号墳	成田市	43	6c末	割石積横穴式石室	後円部頂(地下)	—	須恵器・台付長頸壷,フラスコ瓶,短頸壷,杯	くびれ部	円筒,形象	墳丘	単室構造	21
		竜角寺112号墳	印旛郡栄町	26.5(帆立)	6c末	箱式石棺	くびれ部(地下)	—			墳丘	石室前庭	単室構造	22
		高野山1号墳	我孫子市	36	6c末	箱式石棺(砂有)	後円部器(半地下)	3以上	土師器・杯	墳丘	円筒,形象	墳丘裾外周		23
		日立精陵2号	我孫子市	30	7c初	切石積横穴式石室	くびれ部(半地下?)	—	須恵器・提瓶	石室前庭	なし		単室構造	24
		鳳返大日山	かすみがうら市	55	6c前	箱式石棺	墳頂部(盛土)	—			円筒	墳頂部	複室構造	25
		大日塚	行方市	40	6c中	板石組横穴式石室	円丘部(地下)	—			埴輪 形象	墳頂部	単室構造	26
		中台2号	かすみがうら市	36	6c後	板石組横穴式石室	円丘部(半地下)	1以上土師器			円筒,形象	墳丘裾外周	複室構造	27
小円		要害山3号	石岡市	27	6c前	箱式石棺	後円部頂(盛土)	—			円筒,形象	墳丘		28
		富士見塚3号	かすみがうら市	17	6c後	箱式石棺	後円部(中央?地下?)	1?	須恵器・杯	石室前庭	なし		単室構造	29
		中栗村東10号	かすみがうら市	20.8	6c後	板石組・割石乱石積併用	?	?			円筒	墳丘裾	単室構造	30
方		中台6号	つくば市	23	6c後	片岩乱石積横穴式石室	円丘部(半地下?)	—	須恵器・杯	墓道	なし			31

分類	古墳名	所在地	規模	時期	埋葬施設	位置	棺数	土器	器種	出土位置	形象(人物)	墓道	構造	番号
	中台18号	つくば市	19	6c後	片岩乱石積横穴式石室	円丘部(半地下?)	1以上	—	—	—	—	墓道	単室構造	31
	山口2号	つくば市	?	6c後	乱石積横穴式石室・割石積石室併用	墳丘(盛土?)	—	—	—	—	—	墳正	単室構造	32
	栗田石倉	かすみがうら市	22	6c末	板石組・割石積石室併用	墳正横(半地下)	—	—	—	墓道	円筒、形象	周溝	単室構造	33
	中台21号	つくば市	15	6c末	横穴式石室	円丘部(半地下?)	1以上	須恵器	壺・甕・瓶	墓道	円筒、形象	周溝	単室構造	31
	中台34号	つくば市	26.5	6c末	片岩乱石積横穴式石室	円丘部(半地下?)	—	須恵器	甕・壺	墓道	円筒、形象	周溝	単室構造	31
	山口1号	つくば市	23	6c末	乱石積横穴式石室	墳丘中央(盛土?)	—	土師器	杯・碧清石製形製品		—		単室構造	32
	等行寺	下妻市	20	6c末	箱式石棺	墳正帯(半地下)	7				円筒	周溝		34
	高野山2号	我孫子市	18	6c末	箱式石棺	墳正帯(半地下)	3以上	土師器	杯	墳丘	円筒、形象		単室構造	35
	高野山4号	我孫子市	27	6c末	箱式石棺(第1)	墳正帯(半地下)	5以上	土師器	杯	石棺横	円筒、形象	墳正帯外周	単室構造	35
	台の内	香取市	23	6c末	箱式石棺(第2)	(地下)	2	須恵器	杯・土師器・杯	墳丘・周溝	なし	墳正帯外周		36
円墳	梶山	鉾田市	40	7c初	箱式石棺	墳正帯(地下)	5	須恵器	大甕破片	石棺上	なし	周溝		38
	中台19号墳	つくば市	16	7c前	片岩乱石積横穴式石室	円丘部(半地下?)	—	須恵器	長頸瓶	周溝	なし		単室構造	39
	宮中野大塚	鹿嶋市	80	7c前	石屋形横穴式石室?	墳正造り出し(地下)	—	土師器	杯	石室周辺	なし		単室構造	41
	大塚2号	かすみがうら市	14	7c中	箱式石棺	墳正帯(地下)	—	須恵器	大甕片、土師器・甕・杯片	?	なし			37
	栗村東19号墳	つくば市	16.4	7c中	石棺系横穴式石室		—	須恵器	甕破片、平瓶、土師器	羨道	なし		複室構造	30
	洞敞7号墳	石岡市	—	7c中	石棺系横穴式石室	羨道? (地下)	—	須恵器	平瓶	羨道	なし			40
	平沢3号	つくば市	15	7c中~	板石組横穴式石室	—	—	須恵器	瓶		なし		複室構造	43
	平沢4号	つくば市	18	7c中~	石棺系横穴式石室	墳正帯(地下)	1	須恵器	長頸瓶破片	石棺上	なし		複室構造	43
	寿行地	土浦市	15	7c後	箱式石棺	—	—	須恵器	瓶		なし			42
	栗塚5号	かすみがうら市	17.3	7c後	石棺系横穴式石室	墳正帯(地下)	6	須恵器	長頸瓶破片		なし		単室構造	30
	武者塚	土浦市	23	7c後	石棺系横穴式石室	墳正帯谷(地下)	5	須恵器	長頸瓶	石室墓道	なし		単室構造	45
	成田3号	鉾田市	21	7c前	板石組横穴式石室			須恵器	大甕・滑石白玉	周溝	なし		複室構造	44
前方後円墳	栗又四箇岩屋	小美玉市	30	7c中	石棺系横穴式石室		2	須恵器	長頸瓶	周溝	なし			47
	栗村東12号	かすみがうら市	16.9	7c中	石棺系横穴式石室	後円部帯(地下)	—	須恵器	長頸瓶・甕破片	周溝	なし			30
	東台4号	土浦市	23.3	7c	箱式石棺	後円部帯(地下)	—	須恵器	長頸瓶	周溝	なし			46
	竜角寺24号	成田市	27	7c中	切石積横穴式石室		2	須恵器	長頸瓶	周溝	なし			48
	舟玉	筑西市	35	7c前	板石組横穴式石室	墳正中央(地下)	—				なし		彩色壁画	49
	平塚1号	つくば市	35	7c中~	板石組横穴式石室	墳丘中央(半地下?)	—	須恵器	長頸瓶	周溝内	なし		複室構造	43
	石倉山9号	土浦市	17	7c後	石棺系横穴式石室	墳正帯(地下)	—	須恵器	長頸瓶	周溝内	なし		複室構造	51
方墳	峠1号	石岡市	18.5	7c後	石棺系横穴式石室	墳正帯(地下)	—	須恵器	長頸瓶	羨道	なし		複室構造	52
	道祖神1号	石岡市	11	7c後	石棺系横穴式石室	墳正帯(地下)	—	須恵器	長頸瓶平瓶	周溝内	なし		複室構造	53
	宮中野99-1号	鹿島市	22×34	7c	石棺系横穴式石室2基	墳丘中央(地下)	—	須恵器	長頸瓶	周溝内	なし		単室構造	54
	高山1号	つくば市	16.5	7c	石棺系横穴式石室	墳正中央(地下)	—	須恵器	長頸瓶・甕	周溝内	なし		単室構造	50
終末期	寺家ノ後B1	土浦市	16	8c初	石棺系横穴式石室	墳正帯(地下)	—	須恵器	長頸瓶	周溝内	なし		単室構造	55
	寺家ノ後B2	土浦市	13	8c初	石棺系横穴式石室	墳正帯(地下)	—	須恵器	短頸壺	周溝内	なし		単室構造	55
	寺家ノ後B3	土浦市	12.5	8c初	石棺系横穴式石室	墳正帯(地下)	—	須恵器	長頸瓶	石室掘方	なし		単室構造	55
	龍角寺108号	印旛郡栄町	16×14.5	7c中	石棺系横穴式石室	墳正帯(地下)	—	須恵器	平瓶	石室前、溝内	なし		単室構造	56
	公津原H141号	成田市	—	7c中	石棺系横穴式石室	墳正帯(地下)	—	須恵器	大甕(底部破損)、蓋杯、土師器、杯	玄室	なし		単室構造	57
	上福田13号墳	成田市	20	7c後	切石積横穴式石室	墳正帯谷(地下)	—	須恵器	長頸瓶	石室前、溝内	なし		単室構造	58

238

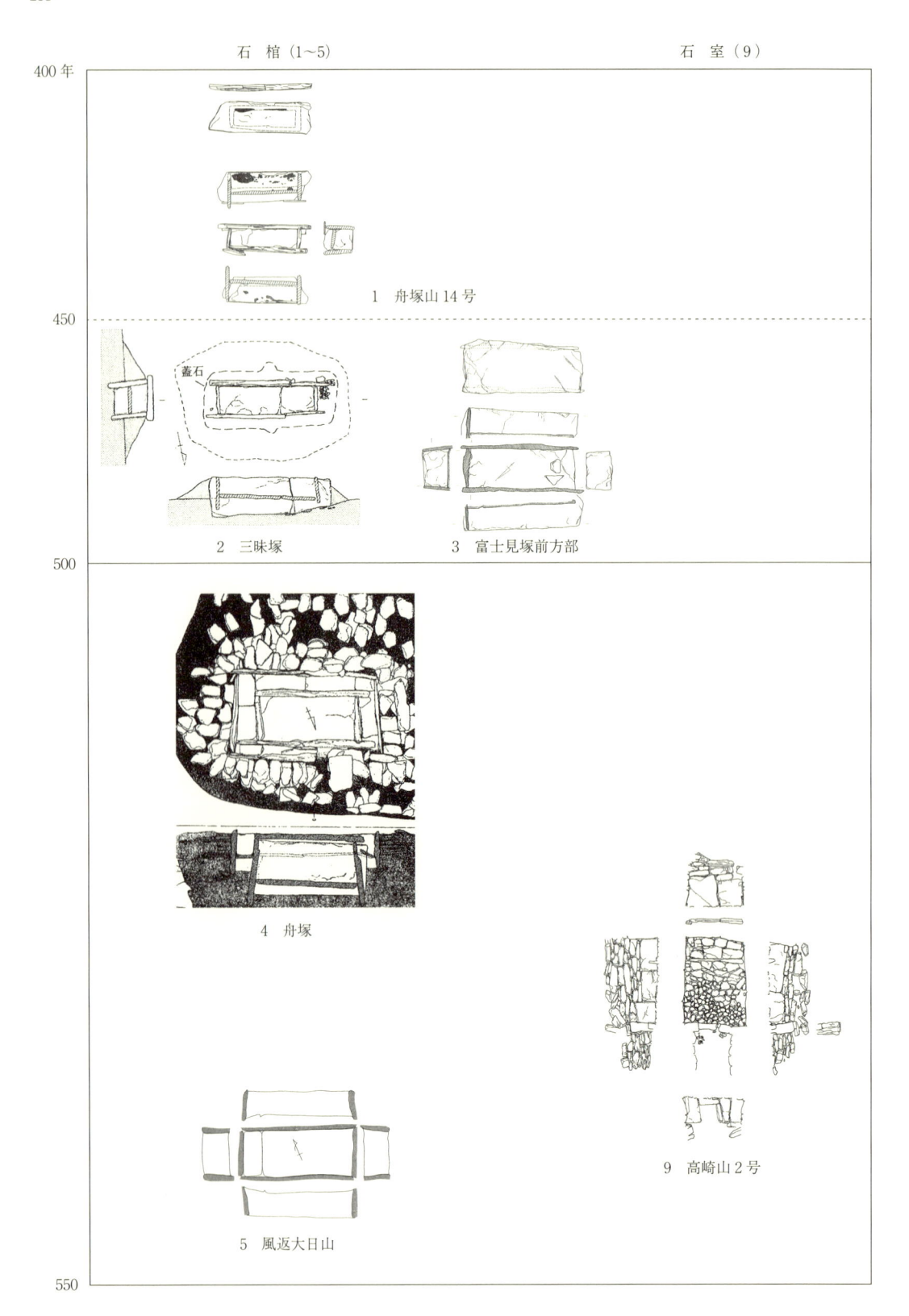

石 棺（1〜5）　　　　　　　　　　　　　　　石 室（9）

400年

450

1　舟塚山 14 号

2　三昧塚　　　3　富士見塚前方部

500

4　舟塚

5　風返大日山　　　　　　　　9　高崎山 2 号

550

第 90 図　箱式石棺・横穴式石室変遷図（1）（縮尺：石棺＝約 100 分の 1、石室＝ 200 分の 1）

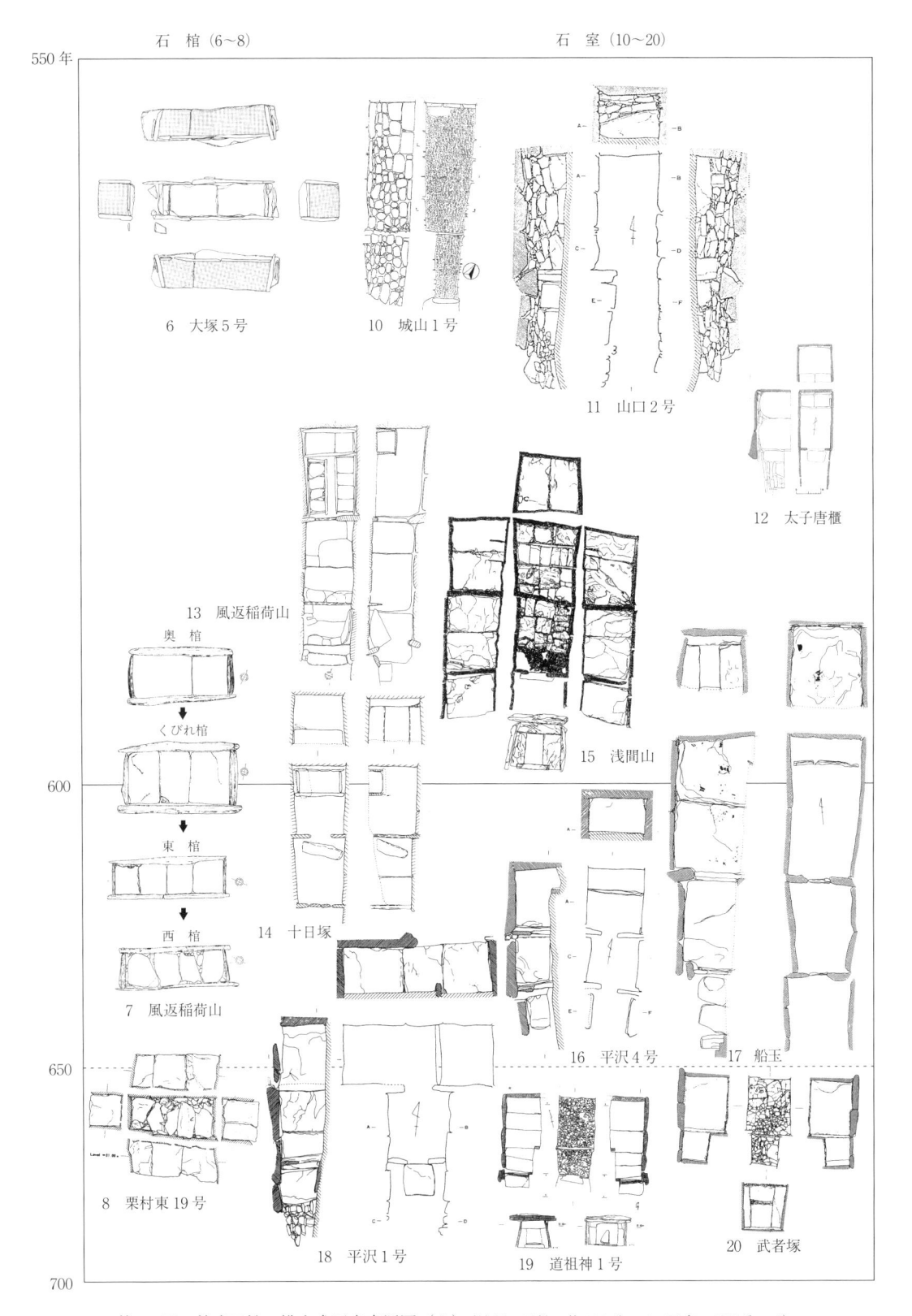

第9章 古墳時代後期の前方後円墳と儀礼　239

石棺（6〜8）　　　　　　　　石室（10〜20）

550年

6　大塚5号　　10　城山1号

11　山口2号

12　太子唐櫃

13　風返稲荷山

奥棺
↓
くびれ棺
↓
東棺
↓
西棺

7　風返稲荷山

14　十日塚

15　浅間山

600

16　平沢4号　　17　船玉

650

8　栗村東19号

18　平沢1号　　19　道祖神1号　　20　武者塚

700

第91図　箱式石棺・横穴式石室変遷図（2）（縮尺：石棺＝約100分の1、石室＝200分の1）

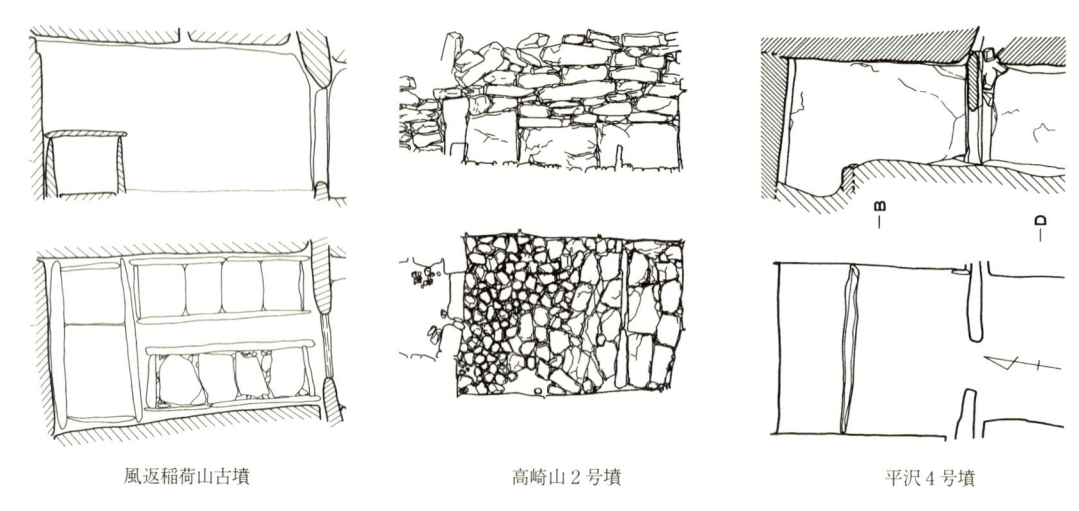

| 風返稲荷山古墳 | 高崎山2号墳 | 平沢4号墳 |

第 92 図 横穴式石室後室の造り付け石棺（縮尺：約 100 分の 1）

きく変化し（第 90 図 16・17・18）、蓋石はなくなり棺内が開放されることが注目される[20]（第 92 図）。

石棺系石室は 7 世紀中頃以降に顕在化し、石室が小型化する。石岡市染谷道祖神 1 号墳（第 90 図 19）のように羨道と墓道を付設するものと、土浦市上坂田武者塚古墳（第 90 図 20）のように墓道のない前室のみの大きく二つの類型があるが[21]、いずれも箱式石棺に入口を付設した形態で、畿内中枢域の終末期横口式石槨墳の影響も想定される。埋葬には、棺を用いないか、現代のように遺体を入れて持ち運ぶ釘付式木棺などが用いられた痕跡も認められる[23]。

第 4 節　埴輪配置と土器供献の変遷

　次に、埴輪の配置と土器を用いた飲食物供献について考えてみる。序章でも述べたように、前方後円墳はおもに埋葬施設の密封と防御、被葬者への飲食物供献によって、他界における辟邪と奉仕を演出した政治的記念物である。すでに本書第 7 章や 8 章で検証しているが、埴輪はその道具立て・舞台装置の中心として墳丘に配置されたと考えられる。常総地域の資料から、その消長について俯瞰すると、墳丘各所への埴輪配置が盛行するのは 6 世紀後半まで、第 89 図や第 32 表をみてもわかるように最後の大規模前方後円墳に埴輪は認められない。つまり、他の関東主要地域も同様な展開を示すように、大規模前方後円墳が終焉する直前、6 世紀末頃を境に埴輪の配置は停止するものと考えられる。

　なお、7 世紀初頭頃、折越十日塚古墳や船玉古墳など、埴輪を配置しない最後の前方後円墳や初期方墳の横穴式石室壁面に描かれた彩色壁画が注目される。この壁画は 7 世紀前半以降には積極的に継承されず、一時的かつ地域的にも限られた現象だったとも考えられる。埴輪配置の停止直後に見られることから、壁画に描かれた武器や武具、連続三角紋など辟邪の図紋が、埴輪に代わる演出効果を意図したものと推察される。

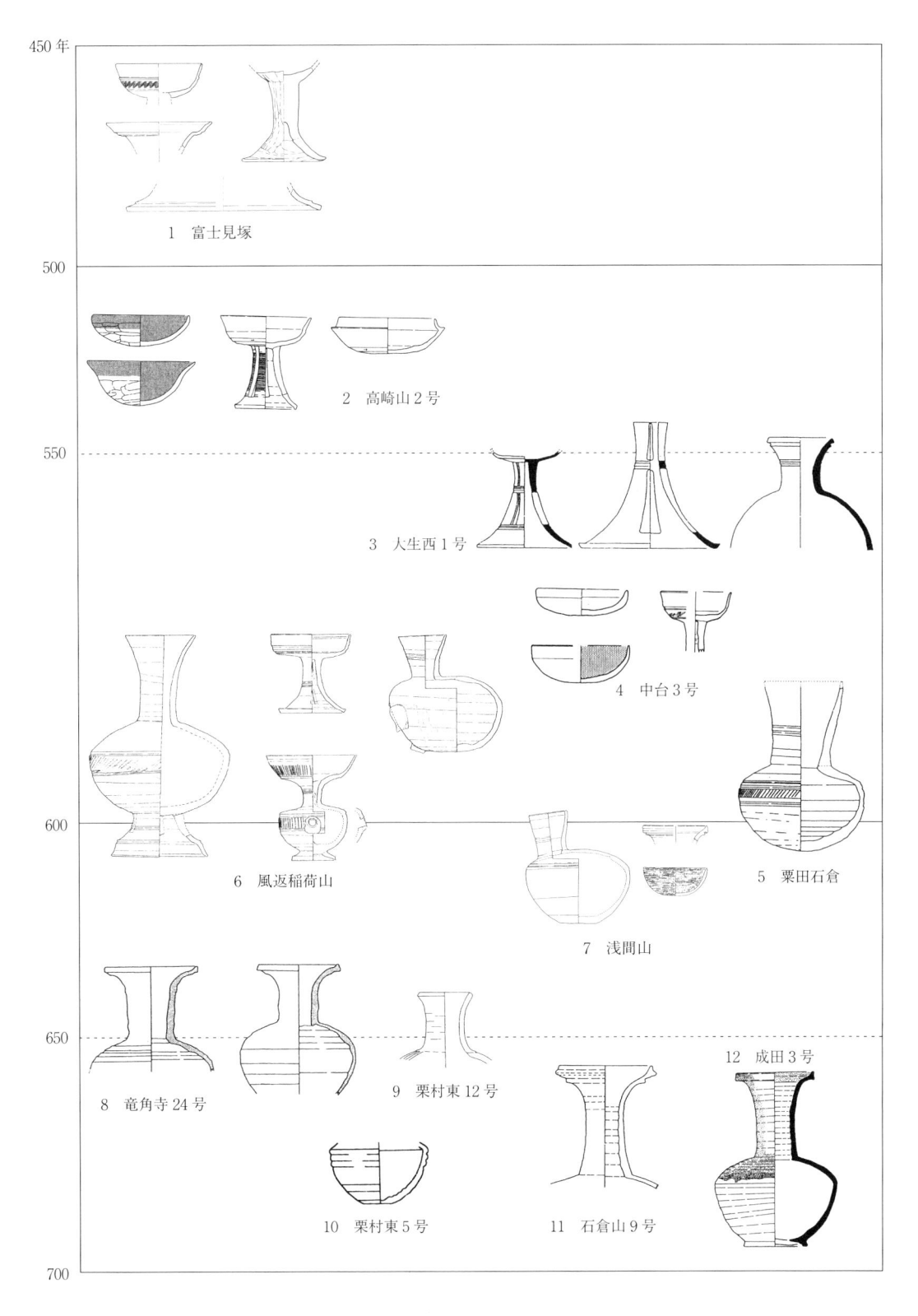

第9章 古墳時代後期の前方後円墳と儀礼　241

1　富士見塚
2　高崎山2号
3　大生西1号
4　中台3号
6　風返稲荷山
7　浅間山
5　栗田石倉
8　竜角寺24号
9　栗村東12号
10　栗村東5号
11　石倉山9号
12　成田3号

第93図　古墳出土供献土器変遷図（縮尺：約8分の1）

次に、第93図から土器を用いた飲食物供献の変遷について考えてみる。古墳時代後期は、朝鮮半島から伝来した横穴式石室が畿内中枢域に定着し、拡散する時期である。通説では、横穴式石室と一緒に他界思想や喪葬儀礼も伝来し、朝鮮半島などで一般的な石室内への土器の副葬が普及し、横穴式石室内に新たな他界がイメージされたと考えられている[24]。しかし、常総地域の事例をみても、中期古墳から後期古墳へと高杯、椀（杯）、壺（瓶）などの供膳具を用いた伝統的な土器の儀礼は継承されている（第93図1～4、6）。これは、西日本から東日本へと波及した弥生時代終末期ないしは古墳時代前期以来の飲食物供献のスタイルで、後期に横穴式石室が導入された以後も石室内や石室入口付近に供献され、大規模前方後円墳終焉期まで継続したものと考えられる。畿内地方をはじめ、おそらく全国の多くの地域で同様のことが予測され、通説のように大陸から伝わった土器の副葬ではなく、古墳時代前期以来の被葬者に向けた飲食物供献儀礼そのものと言えよう。これに対し、7世紀前半以降の終末期古墳では、供膳具を用いた飲食物供献儀礼は姿を消し、墓道や墓道入口、周溝内で長頸壺を主体とする祭祀用土器の廃棄行為が確認されるのみとなる[25]（第93図8～12）。

まとめ

以上、常総地域における後期・終末期（6・7世紀）の古墳と儀礼について分析を行ってみた。最後に、その成果を整理し、古墳時代後期の位置付けについて考察しまとめとしたい。

常総地域の大規模前方後円墳は6世紀後半の築造増大の中、7世紀初頭を最後に突如その築造を停止する。また、竜角寺岩屋古墳や宮中野大塚古墳など7世紀前半に出現する終末期の方墳や円墳は、畿内地方のそれを凌ぐ大規模古墳である。古墳時代前期以来、前方後円墳の頂点は畿内の全長200ｍを超える巨大前方後円墳が独占していたことを想起すれば、地方における上記の事態は、古墳の規模によって格付けする列島規模の身分秩序そのものが崩壊したものと考えられる。

箱式石棺の後円部墳頂への埋葬は6世紀末頃まで行われたが、7世紀初頭を境に箱式石棺や横穴式石室の墳丘内への構築は徐々に姿を消し、地下への埋葬が一般化する。この時期から、埋葬施設の構築や埋葬行為そのものが墳丘築造と一体のものではなくなり、埋葬後に墳丘の構築が行われた可能性も高いと推察される。つまりこれは、前方後円墳に内在した山上他界観の消失、また寿陵の停止を意味するものだろう。墳頂部に埋葬された箱式石棺は、舟塚古墳にみられるように前期古墳以来の辟邪密封の思想を象徴している。これに対し、横穴式石室内に設置された石棺は、7世紀前半以降の終末期段階になると、蓋石のない仕切り石形態に変化する。この密封されない棺の登場こそ他界思想の大きな変革で、辟邪密封思想の衰退を意味していると思われる。

大規模前方後円墳の築造停止に先んじて、6世紀末を最後に古墳への埴輪配置が行われなくなった可能性が高い。埴輪は他界の道具立ての中心的役割を担っていたことから、大規模前方後円墳で繰り広げられた他界の演出が大きく後退したものと考えられる。

被葬者に向けて執り行われる伝統的な飲食物供献儀礼は、後期古墳へも継承され、横穴式石室導入後もその本質を変えずに実施されていた。ところが、7世紀初頭を境にこの儀礼も終焉し、常

総地域の終末期古墳では長頸壺を用いた祭祀用土器の廃棄行為が確認されるのみとなる。また、7世紀中頃以降顕在化する小型の石棺系石室では、布で包むなど棺を用いないで埋葬するか、あるいは現代のような持ち運ぶ釘付式木棺などが用いられた可能性がある。これらの変化から、納棺や飲食物供献儀礼などの喪葬に伴う中心的儀礼は、古墳以外の場所で行われるようになり、古墳が儀礼の場から単なる埋葬の場へと変化していったことが理解できる。

以上のように、常総地域の事例から古墳時代後期末葉の7世紀初頭を境に、前方後円墳の築造とそれに伴う儀礼の多くが終焉することが確認された。これは、当地域において大規模前方後円墳の築造や埴輪配置が盛行するそのピーク時に起こったことだけに、なおさら重大な歴史的変化と捉えられる。関東地方の主要地域においても同様な事態が想定され、多少の時間差をもちながら、当然畿内中枢域とも連動する全土的な政治改革であったと考えられる。このようにみてくると、古墳時代後期には中期から継続・継承するものが多く、本書で提示した前方後円墳築造儀礼が崩壊する古墳時代後期末葉にこそ、時代の大きな画期を読みとるべきと思われる。

注
（1） 本書における、第1〜3章、第6〜8章などの論考。
（2） 地域論については、研究の論点や方向性について、塩谷修文献（「古墳時代古霞ヶ浦沿岸社会の論点」『土浦市立博物館紀要』第21号、2011年）に、その概略を提示している。
（3） 白石太一郎「関東の後期大型前方後円墳」『国立歴史民俗博物館研究報告』第44集、1992年。
（4） 広瀬和雄・太田博之編『前方後円墳の終焉』雄山閣、2010年。
（5） 塩谷修「古代筑波山祭祀への視角―内海をめぐる交流・交通と祭祀の源流―」『東国の地域考古学』六一書房、2011年。
（6） 塚田良道「関東地方における後期古墳の特質」『古代学研究』第121号、2002年。
（7） 注（3）文献。
（8） 藤沢敦「東北」注（4）文献。
（9） これらの背景には、6世紀前半の筑紫君磐井の乱などを契機におこった大和政権の統治機構の整備、ミヤケ制支配の成立・浸透（山尾幸久『古代王権の原像―東アジア史上の古墳時代―』学生社、2003年。同「古墳時代研究における考古学と文献学―筑紫君の統治解明との関連で―」『熊本古墳研究』第2号、2004年）に伴い、畿内と西日本首長層および東日本とくに関東地方首長層との関係が大きく変化したことが想定される。
（10） 和田晴吾「古墳文化論」『日本史講座1　東アジアにおける国家の形成』東京大学出版会、2004年。
（11） 考古学の側からの国家論として、前述した和田の国家論に先立ち、前方後円墳体制を提唱した都出比呂志の初期国家論がある。都出は和田と異なり、前方後円墳築造に象徴される古墳時代を一つの時代と認識し、古代国家の前半段階・初期国家とし、続く律令体制を後半段階・成熟国家と把握している。都出比呂志『前方後円墳と社会』塙書房、2005年、第1部第1・2章。なお、前方後円墳の時代を提唱した近藤義郎は、古墳時代を擬制的な同祖同族関係に基づく部族連合の段階とし、律令制支配の確立をもって古代国家の成立とみている。近藤義郎『前方後円墳の時代』岩波書店、1983年。これら諸賢の見解については、すでに本書序章において提示している。
（12） 塩谷修「第3章　考察　霞ヶ浦沿岸の前方後円墳と築造規格」『常陸の前方後円墳（1）』茨城大学人文学部考古学研究報告第3冊、2000年。

(13) 千葉隆司氏のご教示により、現地を実査（2011年1月28日）した。埴輪は採集できなかった。石岡市遺跡分布調査会『石岡市遺跡分布調査報告書』石岡市教育委員会、2001年では、長径42m、短径33mの円墳としているが、全長50mを超える方墳の可能性も考えられる。

(14) 注(12)文献では、霞ヶ浦沿岸の前方後円墳の築造規格を比較し、畿内色の濃厚な中央型の霞ヶ浦北岸地域に対し、その他の地域は、前期以来の独自性を保持する地方型と考えた。地方型の地域では、6世紀前半頃までは独自性を主張しつつ首長系譜が断絶する地域も認められるが、後期後半に前方後円墳の築造が復活・盛行するなかで中央型に変化する地域が多く、大和政権との関係強化が推察される。

(15) 広瀬和雄「東国における前方後円墳の終焉」注（4）文献。

(16) 岩崎卓也「関東地方東部の前方後円形小墳」『国立歴史民俗博物館研究報告』第44集、1992年。塩谷修「終末期古墳の地域相―茨城県桜川河口域にみられる小型古墳の事例から―」『土浦市立博物館紀要』第4号、1992年。

(17) 石橋充「筑波山南東麓における6・7世紀の古墳埋葬施設について」『筑波大学先史学・考古学研究』第12号、2001年。

(18) 茂木雅博「箱式石棺の再検討―霞ヶ浦沿岸を中心として―」『博古研究』第17号、1999年。

(19) 茂木雅博「箱式石棺に関する一試論」『上代文化』36、1966年。石橋充「常総地域における片岩使用の埋葬施設について」『筑波大学先史学・考古学研究』第6号、1995年。

(20) 後期の造り付け石棺はいずれも、四周に妻石・側石各2枚が廻り、蓋石で密閉されていたことが明らかである。これに対して終末期の諸例では、石室壁側の妻石や側石が省略されており、蓋石等での被覆は考慮されていない。

なお、第90図中央の高崎山2号墳の造り付け石棺は後期前半の事例だが、蓋石がなく開放されている。これは、石室の本体構造とともに古墳時代中期から続く九州型横穴式石室の特徴と考えられ、上記の状況とはその歴史的背景を異にし、本例はその直接的な影響下にあるものと理解される。和田晴吾「棺と古墳祭祀（2）―『閉ざされた棺』と『開かれた棺』―」『立命館大学考古学論集　Ⅲ-2』2003年。同「古墳の他界観」『国立歴史民俗博物館研究報告』第152集、2009年。

(21) 注(16)塩谷文献。

(22) 未盗掘の状態で発見された武者塚古墳では、石室内から木棺材や鉄釘は全く発見されず、その代わりに遺体を覆っていたと思われる布・革・紐（この順に）などの残片が見つかっている。武者塚古墳調査団編『武者塚古墳』新治村教育委員会、1986年。

(23) 釘付式木棺の確かな事例はないが、鹿嶋市宮中野大塚古墳や土浦市常名北西原1号墳などの終末期古墳では、盗掘された石棺系石室の墓道より鉄釘の出土が報告されている。鹿島町教育委員会『宮中野古墳群発掘調査概報』1983年、土浦市教育委員会『北西原遺跡（6次調査）・（1次調査）』2003・2004年。
また、近隣の下野の終末期古墳では、複数の古墳から鉄釘の出土があり、釘付式木棺の存在やその可能性が指摘されている。秋元陽光「栃木県における前方後円墳以降と古墳の終末」『シンポジウム　前方後円墳以後と古墳の終末』東北・関東前方後円墳研究会、2005年。

(24) 白石太一郎「ことどわたし考」『橿原考古学研究所論集　創立三十五周年記念』1975年。土生田純之「畿内型石室の成立と伝播」『ヤマト王権と交流の諸相』名著出版、1994年。

(25) 畿内地方の事例でも、古墳時代終末期の7世紀代になると石室内に土器を持ちこむ儀礼は行われなくなる。森本徹「墓室内への土器副葬の意味」『大阪府立近つ飛鳥博物館平成19年度秋季特別展図録』2007年。同「喪葬儀礼の変化からみた終末期古墳」『歴史研究』50、大阪教育大学歴史学研究室、2013年。
また、7世紀代の東日本では、フラスコ形長頸瓶を中心とする須恵器を墳墓に埋納する習慣が、広域に共通する地域性として指摘されている。本章で確認した常総地域の動態もこの一端を示しており、いずれも上記の畿内の変化と連動したものと考えられる。岡林孝作「須恵器フラスコ形長頸瓶の編年と問題点」『日

(26) 古墳時代終末期の棺制を特徴付ける「持ちはこぶ棺」を定義したのは和田晴吾で、和田はこの棺の出現によって、喪葬祭祀の中心は遺体を古墳に運ぶ前の殯儀礼に移ったと指摘している。和田晴吾「棺と古墳祭祀―「据えつける棺」と「持ちはこぶ棺」―」『立命館文学』第542号、1995年。

なお、古墳時代の殯については、田中良之が埋葬された人骨や埋葬状態の詳細な分析から、その実態について検証している。それによると、殯は古墳などの墳墓域ではなく、居住域もしくは「歌舞」が可能な開けた場所において行われたと考えられる。田中良之「殯再考」『福岡大学考古学論集―小田富士雄先生退職記念―』2004年。

遺跡文献（第32表の文献）

1. 未報告。発掘調査中に実見させていただいた。
2. 茨城県教育委員会『三昧塚古墳』1960年。
3. 国士舘大学考古学研究室編『茨城県かすみがうら市　富士見塚古墳群』かすみがうら市教育委員会、2006年。
4. 篠原慎二・関根信夫「舟塚山14号墳測量調査報告」『石岡市遺跡分布調査報告』石岡市教育委員会、2001年。
5. 安藤鴻基ほか「千葉県香取郡小見川町三之分目大塚山古墳の長持形石棺遺材」『古代』第64号、1978年。小見川町教育委員会『三之分目大塚山古墳発掘調査報告書』1987年。平野功「豊浦古墳群」『千葉県の歴史　資料編　考古2（弥生・古墳時代）』2003年。
6. 柏市教育委員会『花野井大塚古墳』柏市埋蔵文化財調査報告書44、2001年。古谷毅「花野井大塚古墳」『千葉県の歴史　資料編　考古2（弥生・古墳時代）』2003年。
7. 大塚初重・小林三郎「茨城県舟塚古墳」『考古学集刊』4-1、1968年。大塚初重・小林三郎「茨城県舟塚古墳Ⅱ」『考古学集刊』4-4、1971年。
8. 大場磐雄編『常陸大生古墳群』雄山閣、1971年。
9. 千葉隆司ほか『風返稲荷山古墳』霞ヶ浦町教育委員会、2000年。
10. 千葉隆司ほか『風返稲荷山古墳』霞ヶ浦町教育委員会、2000年。
11. 杉山晋作ほか「佐原市禅昌寺山古墳の遺物」『古代』第83号、1987年。平野功「大須賀川下流域の古墳群」『千葉県の歴史　資料編　考古2（弥生・古墳時代）』2003年。
12. 丸子亘ほか『城山第一号前方後円墳』小見川町教育委員会、1978年。
13. （財）千葉県史料研究財団『千葉県史編さん資料　印旛郡栄町浅間山古墳発掘調査報告書』千葉県、2002年。
14. 筑波大学『筑波古代地域史の研究―昭和54年～56年度文部省特定研究費による調査研究概要』1981年。
15. 山武考古学研究所編『茨城県新治村　高崎山古墳群第2号墳・第3号墳―発掘調査報告書―』新治村教育委員会、2001年。
16. 後藤守一・大塚初重『常陸丸山古墳』丸山古墳顕彰会、1957年。
17. 茨城県教育財団『常磐自動車道関係埋蔵文化財発掘調査報告書Ⅰ』1980年。
18. 茂木雅博・横須賀倫達『常陸日天月天塚古墳―茨城大学人文学部考古学研究報告第2冊―』1998年。
19. 國學院大學『常陸宍塚』1971年。
20. 斎藤忠「太子の唐櫃古墳」『茨城県史料　考古資料編　古墳時代』1974年。
21. （財）香取郡市文化財センター「下総町菊水山2号墳」『事業報告Ⅳ』1995年。
22. （財）印旛郡市文化財センター『千葉県印旛郡栄町大畑Ⅰ-3遺跡』1994年。
23. 東京大学文学部考古学研究室編『我孫子古墳群』我孫子町教育委員会、1969年。
24. 我孫子市教育委員会『我孫子市埋蔵文化財報告3』1983年。古谷毅「我孫子古墳群」『千葉県の歴史　資料

編　考古2（弥生・古墳時代）』2003年。
25. 竹石健二・平沢一久「新治郡出島村の古墳概観」『茨城県史研究』17、1970年。出島村史編さん委員会『出島村史』出島村教育委員会、1971年。
26. 大塚初重「大日塚古墳」『茨城県史料　考古資料編　古墳時代』1974年。
27. 茨城県教育財団『(仮称)北条住宅団地建設工事地内埋蔵文化財調査報告書　中台遺跡』茨城県教育財文化財調査報告第102集、1995年。
28. 海老沢稔ほか『要害山古墳群発掘調査報告書』石岡市教育委員会、1988年。
29. 国士舘大学考古学研究室編『茨城県かすみがうら市　富士見塚古墳群』かすみがうら市教育委員会、2006年。
30. 伊藤重敏『栗村東古墳群・栗村西古墳群・丸峰古墳群調査報告』千代田村教育委員会、1997年。
31. 茨城県教育財団『(仮称)北条住宅団地建設工事地内埋蔵文化財調査報告書　中台遺跡』茨城県教育財文化財調査報告第102集、1995年。
32. 筑波大学『筑波古代地域史の研究―昭和54年～56年度文部省特定研究費による調査研究概要』1981年。筑波大学考古学研究会『茨城県筑波郡筑波町　平沢・山口古墳群調査報告』1982年。
33. 稲村繁ほか『粟田石倉古墳』千代田村教育委員会、1983年。
34. 茂木雅博ほか『関城町専行寺古墳発掘調査報告書』1986年。
35. 東京大学文学部考古学研究室編『我孫子古墳群』我孫子町教育委員会、1969年。
36. 平岡和夫編『台の内古墳　千葉県香取郡栗源町・岩部所在古墳調査報告書』山武考古学研究所、1984年。
37. 茨城県教育財団『常磐自動車道関係埋蔵文化財発掘調査報告書Ⅰ』1980年。
38. 大洋村教育委員会『梶山古墳報告書』1981年。
39. 茨城県教育財団『(仮称)北条住宅団地建設工事地内埋蔵文化財調査報告書　中台遺跡』茨城県教育財文化財調査報告第102集、1995年。
40. つくば市教育委員会『羽成7号墳』1990年。
41. 鹿島町教育委員会『宮中野古墳群発掘調査概報』1983年
42. 土浦市・出島村教育委員会『寿行地古墳発掘調査報告書』1995年。
43. 筑波大学『筑波古代地域史の研究―昭和54年～56年度文部省特定研究費による調査研究概要』1981年。筑波大学考古学研究会『茨城県筑波郡筑波町　平沢・山口古墳群調査報告』1982年。
44. 茨城県教育財団『北ối複合団地造成事業地内埋蔵文化財調査報告書Ⅰ　炭焼遺跡　札場古墳群　三和貝塚　成田古墳群』茨城県教育財団文化財調査報告第130集、1998年。
45. 武者塚古墳調査団編『武者塚古墳』新治村教育委員会、1986年。
46. 土浦市教育委員会『木田余台Ⅰ』1990年。
47. 玉里村立史料館「第2部　調査報告　岩屋古墳発掘調査報告」『玉里村立史料館報』第5号、2000年。
48. 千葉県教育委員会『竜角寺古墳群発掘調査報告書―第2次（昭和58年度）―』1984年。
49. 生田目和利「船玉古墳（2）船玉装飾古墳」『関城町史　別冊資料編　関城町の遺跡』関城町、1988年。
50. 茨城県教育財団『科学博関連道路谷田部明野線道路改良工事地内埋蔵文化財調査報告書』1983年。
51. 茨城県住宅供給公社『土浦市烏山遺跡群』1975年。
52. 石岡市教育委員会『石岡市峠遺跡群発掘調査報告書』1989年。
53. 石岡市教育委員会『茨城県石岡市道祖神古墳発掘調査報告書』1989年。
54. 茨城県考古学会『茨城県鹿島郡鹿島町宮中野古墳群調査報告』1970年。
55. 茨城県教育財団『永国地区住宅団地建設予定地内埋蔵文化財調査報告書』茨城県教育財文化財調査報告第60集、1990年。
56. (財)千葉県文化財センター『主要地方道成田安食線道路改良工事地区内埋蔵文化財発掘調査報告書』1985

年。
57. 千葉県企業庁『公津原』1975年。
58. （財）千葉県文化財センター『主要地方道成田安食線地方道道路改良事業に伴う埋蔵文化財調査報告書Ⅱ』1993年。

終章　前方後円墳における儀礼と時代観

　はじめに、本書第1章から9章の全体構成にいたる経緯と意図について簡単に触れておきたい。研究の端緒は、岩崎卓也の論考「古式土師器再考」(1)に触発され、前期古墳の土器祭祀について、とくに事例の多い関東地方を中心に検討することから始まっている。ここから派生して、古墳時代の前期から中期にかけては、土器祭祀やそれに起源をもつ壺形埴輪や円筒埴輪をとりあげ考察することとなった。これらの論点は、おもに政治史的な視点に重きを置くものであったが、土器や土製品を用いた喪葬祭祀、埴輪配置、儀礼の場、さらには前方後円（方）墳の築造など相互の有機的かつ総体的な関係に注目することとなり、その理解に努めた。祭祀儀礼の変遷に伴い、古墳時代中期初頭には前方後円墳くびれ部に造り出しが成立し、土器祭祀とともにその後形象埴輪群の配置が盛んになる。中期から後期にかけてはこの形象埴輪から資料を選定し、表現しているものは何か、埴輪群配置の意味などを考え、そこから前方後円墳築造の思想的背景の解明を試みた。当初は政治史的な視点を中心に土器祭祀や埴輪配置について考えていたが、儀礼や思想への視点について、信立祥の著書『中国漢代画像石の研究』(2)から多くの示唆を得た。さらに後期については、前方後円墳の終焉や終末期古墳を視野に、後期に前方後円墳の築造が盛行する関東地方を俎上にあげ、箱式石棺や横穴式石室の儀礼的側面の検討から、時代論へと接近した。

　序章で述べたように、本書では古墳時代の特質や歴史性を理解するため、前方後円墳の築造とそれに伴うあらゆる喪葬行為や儀礼行為を包括的に捉え、前方後円墳築造儀礼という概念を提示した。各章の検討を経て、この概念をあらためて考えてみると、前方後円墳は単なる王墓というより、王が保持する首長霊の再生の場であり、伊勢神宮の式年遷宮のように定期（前方後円墳では、王の代替わり毎）に造り替えることが不可欠であったと考えられる。つまり、前方後円墳という構築物は、喪葬の場、儀礼の場としてのみあるのではなく、その築造行為自体が儀礼としての本源的な意味を持っていたことになる。(3)王や首長の墳墓である各地の前方後円墳が、世代ごとに、繰り返し大規模に築造される所以もこの辺りにあるといえよう。なお、先学の研究成果を参照しつつ本書の検証結果を踏まえて、あらためて前方後円墳の築造と儀礼の流れを大まかに考えると、①墳丘築造前の選地・地鎮儀礼、②墳丘・附属施設の造営儀礼、③王や首長の埋葬儀礼、④埴輪の配置（他界の演出・舞台装置の整備）儀礼、⑤土器・土製品（飲食物）の供献儀礼の諸段階が想定される。

　以下にまとめる各章は、この前方後円墳築造儀礼の観点から、おもに土器祭祀や埴輪配置の論題とその考察を中心に構成したものである。

　第1章「前期古墳の土器祭祀—関東地方を中心に—」は、関東地方の前期古墳から出土する土師器をとりあげ、その出土状況と器種組成から土器を用いた祭祀儀礼の類型化を行い、その変遷や

地域性について考えた。また、土器祭祀と古墳の属性、とくに墳形との相関に注目し、弥生墳丘墓の伝統をひく埋葬施設上の土器祭祀が初期の前方後方墳に多く、前方後円墳には顕著でないこと、壺形土器の配列が大型前方後方墳に特徴的であることなどを明らかにした。

さらに、天皇陵古墳からわずかに発見されている土師器から、畿内大型前方後円墳の編年観や喪葬儀礼の特徴についても言及した。とくに最古の巨大前方後円墳奈良県桜井市箸墓古墳における円筒埴輪と壺形埴輪の萌芽、成立に注目した。また、この時期を境に埋葬施設上の土器群が周縁に移動し、埋葬施設内への土器副葬が出現するなど畿内大型前方後円墳における土器祭祀の変革も示唆した。

第2章「埋葬施設上土器祭祀の系譜」は、東日本とくに関東地方の出現期古墳には、埋葬施設上における壺、器台、高杯形土器を用いた喪葬祭祀が顕著であることに注目した。この儀礼の母体は千葉県神門4号墓など弥生時代終末期の在地首長墓祭祀にあると考え、その淵源は、吉備を中核とする山陽、山陰地方の弥生時代後期から終末期の墳丘墓祭祀であろうとの考えを提起した。

本章のねらいは、関東地方における出現期古墳の土器祭祀から、当時の政治的関係を読み解くことにある。弥生時代墳丘墓祭祀の東日本への波及には、吉備勢力の主導的意志に基づき東海西部地域が関与しており、吉備を中核とする在地首長層間の緩やかな連合関係が弥生時代終末期の東海・関東を含めた比較的広範囲に成立していたと推測した。こうして、吉備に遡源する墳丘墓祭祀が関東の出現期古墳に継承されているのは、初期大和政権が古墳出現の契機とも言うべき政治的連合関係の形成にあたり、先のような吉備中枢の首長間交流をとりこんだ結果と考えた。

第3章「壺形埴輪の性格と歴史的意義」は、古墳時代前期の円筒埴輪と相対峙する儀礼装置として壺形埴輪を検討した。両者は、前方後円墳出現時の大和でほぼ同時に成立したと考えられ、壺形埴輪は畿内の墳墓祭祀を起源とし、円筒埴輪は吉備の墳墓祭祀を起源とする。

本章の検討は、壺形埴輪とともに、前方後方墳の特質にも注目すべき結果となった。壺形埴輪を全国的に集成すると、東日本と九州に多く、とくに東日本では大型の前方後方墳に多く伴うことを明らかにした。一方、東日本の初期円筒埴輪は、大型前方後円墳に顕著で前方後方墳には皆無に近い。円筒と壺形ふたつの異なる埴輪は、弥生墳丘墓からの儀礼的系譜と出自を背景として、前方後円墳を前方後方墳より優位とする身分秩序と同様に、優劣の関係をもって生成されたと考えた。

第4章「前方後方墳の築造と儀礼の波及―東山道・東海道東縁からみた前方後方墳の特質―」は、東日本に濃密に分布する前方後方墳について、その東端境界域に位置する上野、下野、常陸の前方後方墳からその歴史的性格についてアプローチした。

前方後円墳に対峙する前方後方墳の儀礼的特徴とともに、上野と下野・常陸との間に認められる前方後方墳の二面性に注目し、前者には弥生時代後期以来の東海地方との強い関係性が、後者には大和政権との政治的、戦略的関係性がうかがわれた。また、後者の政治的動向は、第5章の東海道筋における出現期大規模前方後円墳の築造とも連動したもので、古墳時代前期前半における大和政権の東山道に対する東海道重視の指向性が想定された。

第5章「前方後円墳の築造と儀礼の波及―器台形円筒埴輪と壺形埴輪の検討―」は、常陸北部の出現期前方後円墳である星神社古墳・梵天山古墳の二基の大型古墳とその古墳群を俎上にあげ、

初期埴輪の祭祀儀礼の特色とその波及について考察した。

　星神社古墳と梵天山古墳の二基の大規模前方後円墳における、器台形円筒埴輪や壺形埴輪の年代と儀礼の系譜、および古墳群の構成や推移を検討した。その結果、大小二基の大型古墳が並立し、前期から中期へと継続する地域的特性が想定され、墳丘規格や埴輪に特徴付けられる前方後円墳の築造と儀礼の波及にみる当地域の政治的、軍事的重要性について言及した。

　第6章「土器祭祀の展開と「造り出し」の成立」は、古墳時代前期から中期への変化を、前方後円墳の築造と儀礼の推移から跡付けたものである。古墳築造に伴う土器祭祀が顕著に認められる関東地方の当該期の変化に着目し、埋葬施設上の土器祭祀および墳頂部に配列された壺形埴輪の終焉、畿内系大型高杯と坩形土器祭祀の普及などを意味ある変化として指摘し、いずれも大和政権が専制化へと始動する政治変革によるものと推定した。

　さらに、前期大型前方後円墳の後円部に取り付く台形状施設を検討し、墳丘への入口施設から転化した土器や土製品を用いる喪葬儀礼の場と考えた。上記の埋葬施設上土器祭祀の終焉や畿内系大型高杯・坩形土器祭祀の普及などの祭祀儀礼の変化と連動し、古墳時代中期に定型化する造り出しの起源とその成立へと導いた。

　第7章「盾持人物埴輪の特質と歴史的意義」は、古墳時代中期初頭に出現し、最初に人物を表した埴輪である盾持ちの人物について、全国的な集成を行いその特質を抽出した。

　この埴輪は、古墳時代中期から埴輪が終焉する後期末葉まで、地域的にも時期的にも普遍的に存在するきわめて重要な人物埴輪であった。とくに形態的な特徴から、その原形は、古代中国の葬送を先導する辟邪の方相氏であると考え、思想的背景として、中国漢代から南北朝期に隆盛する神仙思想に基づく他界観念があったことがうかがわれた。

　本章のねらいは、人物埴輪配置の本質にある。その本質は、神仙思想の導入を契機として、前方後円墳において執行された他界の演出に他ならないと結論付けた。古墳時代前期から後期へと継続し発展する埴輪配置と演出された他界の情景からみて、前方後円墳の築造と儀礼の一貫した理念は、「辟邪」と「奉仕」にあると理解された。

　第8章「家形埴輪と前方後円墳の儀礼」は、全国から集成した家形埴輪を形態と出土状況から分類し、その分布を確認し、変遷を跡付けた。家形埴輪は最も古くから古墳に配置された形象埴輪で、前方後円墳の築造に伴い時期的にも地域的にも普遍的に認められる重要かつ象徴的な存在である。

　検討の結果、家形埴輪のなかでその出現期から終焉にいたるまで最も重視された形式として、入母屋高床建物が注目された。その原形は、日本の家屋紋鏡や子持ち家形埴輪にもあらわれ、中国漢代の墓室画像石に遡る楼閣建物と想定し、家形埴輪を中核とする前方後円墳の儀礼とその思想的背景を示唆した。家形埴輪は、前方後円墳に他界を演出する象徴的な装置として鶏形や蓋形とともに最初に用意された必須の形象埴輪であり、本章の検討から、昇仙する被葬者を迎え入れる楼閣建物として重要な役割を果たしていたと考えた。

　第9章「古墳時代後期の前方後円墳と儀礼―常総地域における後期・終末期古墳をとおして―」は、常総地域は古墳時代に形成された地域圏にその源流があると考え、このような一定の歴史的・

社会的領域における後期・終末期古墳を題材に前方後円墳と儀礼について検討した。国造制やミヤケ制の成立、群集墳の成立など、政治社会的に変革の時代といわれる古墳時代後期の位置付けについて検証するのが第一のねらいである。

　常総地域の後期・終末期古墳の特徴である箱式石棺や板石組横穴式石室、石棺系石室など、片岩利用の埋葬施設の地域的展開や変遷を整理し、儀礼の系譜とその推移を跡付けた。墳丘と石棺・石室の構築状況、土器の儀礼や埴輪配置の特質と変遷をみると、前・中期から後期へと継続する祭祀儀礼の連続性が顕著であるのに対し、7世紀初頭頃の後期・終末期の境界には大きな変化が認められた。この変化は、当該地域において、前方後円墳の築造や埴輪配置が盛行する古墳時代後期後半直後の突然の事態だった。本章では、ここに大和政権とその地域連合における政治的変革を想定し、本書で提示した前方後円墳築造儀礼の観点から、前方後円墳の思想的、政治的両面の終焉を意味する大きな時代の画期にあたると考えた。

　以上の第1章から9章の検討結果とその整理をふまえて、序章で提示した論点について、本書の見解をまとめてみたい。

　1点目の祭祀儀礼の系譜について、第2章で検討した埋葬施設上の土器祭祀は、弥生時代の在地首長墓祭祀の系譜上にあり、発信源である吉備地域を核とする列島規模の首長連合のなかで東西日本へと波及した。前期古墳に継承され、その後祭祀の場を変えながら古墳時代後期まで連綿と継承される。前方後円墳の外表施設として欠かせない壺形埴輪や円筒埴輪も、畿内と吉備の弥生墳丘墓の土器祭祀にその源流が辿れる。

　一方、盾持人物埴輪や家形埴輪の検討から、神仙思想に基づく中国の思想的影響が認められた。盾持人物は中期初頭(6)から、家形は前期中葉からあらわれ、神仙思想の影響は前方後円墳出現期から浸透していた可能性が高い。都出比呂志も、北枕の思想、墳丘の三段築成、埋葬施設の朱の使用と密封思想など、出現期前方後円墳の諸要素に中国思想の影響を認めている。三角縁神獣鏡のような神仙観に彩られた鏡の副葬もまた中国思想の影響を示すものであろう。ただ、川西宏幸や向井佑介は、前期古墳にみられる中国思想の諸要素は、部分的あるいは選択的なもので、本格的な受容と深化は古墳時代後期からと指摘する。

　本書で提示した前方後円墳築造儀礼の理念は、中国伝来の神仙思想が内包する辟邪と奉仕の思想にあると考えている。古墳の外表施設である埴輪の配置は、他界の舞台装置としてまさにその思想を体現していたといえよう。この思想は、円筒埴輪や壺形埴輪が弥生墳丘墓の土器供献祭祀から発展・成立しつつ、前方後円墳では「結界と飲食物供献」の装置として「辟邪と奉仕」と同義の役割を果たしていたと考えられることからすれば、埴輪配置の初源の時期から始まって、形象埴輪や人物埴輪が出現する古墳時代中期にかけて整備拡充されていったものと思われる。つまり、前方後円墳の築造とその儀礼への中国思想の影響は、地域や社会への浸透の程度は検討課題とするとしても、大王墳や首長墳においては古墳築造から埋葬・埋納にいたる行為や儀礼の全体に認められ、前方後円墳出現期からすでに神仙思想が体系的に導入されていた蓋然性は高いと思われる。

　2点目の祭祀儀礼の秩序と階層性については、すでに古墳時代前期から、前方後円墳の築造が総体として被葬者の階層差を表示していたことを指摘したい。本書では、前期古墳の検討から、墳丘

形態や規模、儀礼としての土器祭祀、外表施設としての埴輪配置など前方後円墳の築造と祭祀儀礼にかかわる異なる構成要素の多くの点で、階層表示がなされていることを検証してみた。前方後円墳と前方後方墳、その大小、埋葬施設上土器祭祀の存否、円筒埴輪と壺形埴輪と、個別の要素ごとの秩序によって階層が表現されていることを明らかにした。

　中期になると、前期の階層表示の内、前方後方墳や壺形埴輪などが終焉する。これらは、弥生時代終末期の系譜を背景に、前方後円墳や円筒埴輪に対峙して劣位に位置づけられた階層表示である。前方後方墳に顕著に認められた埋葬施設上の土器祭祀なども、首長墳からはこれらとほぼ同時に姿を消している。前期古墳の身分秩序は、広瀬和雄の指摘にもあるように日本列島をおよそ西と東に分かつ地域偏差的な優劣関係で、中期になると、優位にあった西日本の構成要素である前方後円墳や円筒埴輪に単一化されたものと考えられる。後述する前方後円墳くびれ部の造り出しも、上記のような祭祀儀礼の秩序変動に連動して出現する。一つの目的として、墳頂部に代わる儀礼の場としての側面をもっているが、一方では墳頂部に対して下位の施設として、従属的な埋葬が行われる場合もあった。

　中期に認められる階層表示の単一化、斉一化の傾向は、中期を経て後期になって進展したようである。序章で紹介したように、畿内地方では、古墳時代後期になると埋葬施設が横穴式石室に斉一化され、石室の規模の差でもって明確で統一的な身分秩序が整備されたと考えられている。ただこれも、6世紀における畿内の身分制の一面を捉えたものと思われる。第9章で検討した古墳時代後期の常総地域の事例は、前方後円墳に大小の箱式石棺や複数系統の横穴式石室など多様な埋葬施設が採用され、墳頂部などの古墳の中心部だけでなく墳丘裾部の地表下にも構築されている状況を確認した。このような埋葬施設にみられる格差構造の錯綜した様相は、ミヤケ制や部民制に象徴される制度的身分制とは程遠い、前期以来のまさに古墳時代的な階層表示として注視すべきであろう。

　3点目の祭祀儀礼の波及と政治動向については、古墳時代前期の論題を中心に検討した。前期大和政権の進出と古墳の波及は、弥生時代からの出自や系譜を重視する祭祀儀礼の創出とその政治的な管理運用に特徴があること、東日本では東海西部地域が重要な役割を果たしており、地域的には東海道筋が重視されていたことなどをまずは指摘しておきたい。

　弥生時代後期の吉備地方に発達した埋葬施設上の土器祭祀は、終末期には在地首長墓祭祀として、山陰・北陸の日本海沿岸や東日本を中心に波及する。第2章では、この喪葬儀礼にあらわれた共通性を政治的に捉え、大和を中枢とする前方後円墳の出現に先行して、吉備を中心に列島各地の首長層の間に何らかの連合関係が成立していたことを示唆するものとして注目した。また、前方後円墳の出現と連動して創出された埴輪配置の儀礼も、吉備地方を源流とする円筒埴輪が西日本を中心に波及するのに対し、畿内地方を源流とする壺形埴輪は東日本や九州を中心に波及することを明らかにした。これらは、福永伸哉が主張する統合儀礼の戦略的管理とそれへの参画という視点でみると、その成立過程として注視すべきものと思われる。

　東日本、とくに関東地方への祭祀儀礼の波及の問題については、前方後方墳・前方後円墳の波及や埴輪の波及など前方後円墳築造儀礼の核となる論点に関してあらためて考えてみたが、古墳時

代前期の東山道筋の地域と東海道筋の地域との間にいくつかの異なる様相が認められた。第1章では上野には初期埴輪の事例が多く、総・常陸・下野に顕著な埋葬施設上の土器祭祀が認められないこと、第4・5章では前方後方墳・前方後円墳出現期において、上野には群集する低墳丘の前方後方墳が目立ち、常陸・下野の前方後方墳には孤立した中規模墳が多いこと、また上野の初期の器台形円筒埴輪が中規模以下の前方後円墳にとどまるのに対し、常陸のそれは東日本では破格の規模の前方後円墳に採用されていることなどを指摘した。本書ではこれらを、東海道筋を重視した初期大和政権の政治・戦略的な動向として捉えたが、当然そこでは、新納泉が主張する物資流通経路の掌握など経済的諸関係の重要性にも配慮する必要があろう。

古墳時代中期以降に関しては、大和政権が主導した埴輪の創出とその配置について、形象埴輪の中で普遍的かつ不可欠な存在だった家形埴輪や盾持人物埴輪がいずれも全国の主要な各地に波及し中核的な役割を果たしていたこと、また、前方後円墳築造儀礼の理念として重要だった埋葬における辟邪密封の思想が、関東の一地方においても前方後円墳時代の終末まで徹底されていたことなどを検証した。おそらく、古墳時代中・後期の政治体制も、大和政権が突出した中心性を確立しながら、地方に対してはやはり儀礼の波及が大きな意味をもっていたと想定される。

4点目の祭祀儀礼の場と形の変遷については、まずは墳頂部における祭祀とくびれ部における祭祀とを比較し、後円部墳頂の性格の変化について言及した。第1章では、埋葬施設上の土器祭祀とそれ以外の特定の場所での土器祭祀に分類し、土器と古墳両者の検討から相対的に前者が先行するものと考えた。さらに第6章の検討から、弥生時代後期の在地首長墓祭祀の系譜をひく埋葬施設上の土器祭祀は、畿内では前方後円墳出現後まもなく後円部方形埴輪列の外に移動し、前期後半頃には後円部墳頂に代わる祭祀の場として方壇の台形状施設が付設されたと考えた。このような変遷は、亡き首長の神聖化に伴い埋葬の場である後円部墳頂が聖域化したことによるものと理解し、前方後円墳くびれ部に成立する造り出しはその延長上に位置付けられると解釈した。

上記のような後円部墳頂の土器祭祀から台形状施設の付設、さらにくびれ部造り出しの成立へといたる推移は、祭祀儀礼の場の変遷だけでなく土器祭祀の形態変化をも伴うものであった。それは、山陽・山陰地方の弥生墳丘墓に起源する壺・器台・高杯形土器の伝統的な祭祀形態から畿内系大型高杯と坩形土器を用いた祭祀への刷新であり、大和政権がその成立時から抱える出自や系譜関係を払拭し、古墳時代中期の専制化へと始動する政治変革に連動するものと考えられる。

つづく後期古墳における祭祀儀礼の大きな変化は、横穴式石室を新たな儀礼の場とする所にある。これは、5点目の祭祀儀礼からみた後期古墳変質の実態につながる問題である。

すでに序章でも触れたように、古墳時代後期の初めにおこった朝鮮半島南部から伝来した畿内型横穴式石室の普及・定着は、大陸からの新たな他界思想の導入を促したとする考えが通説化している。だが、普遍的にみられる土器を用いた祭祀儀礼の形態は、前・中期からの伝統を継承するものであった。このことは、本書第9章の常総地域の検討からも追認され、前方後円墳終焉後の終末期になって、石室外で長頸壺を破砕・廃棄する儀礼行為に変化することも確認された。さらに、全国的な家形埴輪や盾持人物埴輪の検討から、古墳時代前期から後期へと続く中国の神仙思想を起源とする他界観念の存在を指摘した。前期の円筒埴輪や壺形埴輪の配列にはじまり、家形埴輪や器財

埴輪、人物埴輪などを加え発展整備される形象埴輪群は、古墳に神仙界を演出する舞台装置である。本書では、これらが前方後円墳の儀礼体系の本質を具現化しているものと考え、この思想が連綿と後期まで受け継がれていることを重視し、強調したい。

　前方後円墳の築造に伴う祭祀儀礼をテーマに各章で検証した結果を踏まえ、祭祀儀礼の系譜、秩序と階層性、波及と政治動向、場と形の変遷、そして祭祀儀礼からみた後期古墳変質の実態の各論点についてまとめてみた。これらの要点を整理すると、以下のようになる。

　前方後円墳出現時に創出された儀礼体系は、弥生時代在地首長墓祭祀の出自や系譜を背景に、中国伝来の神仙思想を導入して整備されたものである。大和政権の権力構造は、身分秩序を伴うこの儀礼体系の地域首長層への波及と共有を梃子に、これと連動して日本列島各地への進出が図られていったと考えられる。この体系は、王や首長の神聖化に伴い、また王権の専制化に向けて中期初頭には一旦その改変が行われたが、その後も中国の神仙思想を核に随時大陸文化の影響を採り込み、後期まで一貫して前方後円墳体制を体現していたのである。このような前方後円墳に象徴される儀礼体系は、古墳時代後期末葉、およそ 7 世紀初頭頃に終焉を迎える。この事態は、前方後円墳の築造や埴輪配置による他界の演出にはじまり、埋葬施設の密封や被葬者に対する飲食物の供献など、辟邪と奉仕の思想を基盤とする前方後円墳築造儀礼の全体に及ぶものであったと考えられる。[15]

　喪葬に伴う儀礼だけでなく、王権や首長権の継承にかかわる政治的儀礼、さらには墳形や規模で政治的身分秩序を表示する墳丘の築造儀礼、これらをすべて包含する前方後円墳築造儀礼が終焉する古墳時代後期末葉は、前方後円墳の思想的・政治的、両面の終焉を意味する大きな時代の画期にあたるといえよう。つまり、前方後円墳の時代は、前方後円墳築造儀礼によって生み出された政治的記念物に象徴されるきわめて個性的な時代である。その後に続く飛鳥時代や律令制の時代は、前方後円墳の時代の継承、あるいは発展の産物というより、その儀礼体系を否定し、思想的背景や政治体制の変革の上に成立した新たな時代と考えられる。

注
（ 1 ）　岩崎卓也「古式土師器再考」『史学研究』91、1973 年。この論考は、全国の前期古墳から出土するおもな土師器をとりあげ、出土位置の類型化とその内容を吟味している。土師器群の機能、祭祀の系譜や性格、埴輪配置との関係などを考察し、その歴史的な契機を展望したもので、研究の端緒というだけでなく、方向性や考え方の上で本書の基礎となっている。
（ 2 ）　信立祥『中国漢代画像石の研究』同成社、1996 年。
（ 3 ）　前方後円墳に代表される古墳に対して、築造当時は墓としての認識がきわめて稀薄だったのかもしれない。こう考えれば、和田晴吾も指摘するように（序章第 1 節（ 3 ））、古墳に継続的な祭祀を行う施設が見られないことや、埋葬終了後、定期的に祭祀を行った痕跡がほとんど認められないことも頷けることである。なお、愛媛県今治市大西町妙見山 1 号墳の調査では、埋葬終了後半世紀以上もの間、墳丘への祭祀儀礼が断続的に続いていたとの報告がある（下條信行編『妙見山 1 号墳』今治市教育委員会、2008 年）。上記の理解とは相反する興味深い事例だが、定型化以前の出現期の前方後円墳であることとともに、埋葬施設上への土器供献や底部穿孔二重口縁壺と特殊大型器台の墳丘上への集中配置が儀礼の特徴として注意される。前方後円墳の儀礼的特徴と解釈するより、吉備を中心に瀬戸内沿岸でも盛行したと想定される弥生

墳丘墓祭祀の流れの中で理解すべきかと思われる。
（4）　本書第1章では旧稿のまま神門4号墳と表記しているが、第2章の旧稿執筆時には神門4号墓とあらためている。本書では、第1章注(28)にもあるように、都出比呂志の見解（都出「前方後円墳出現期の社会」『考古学研究』26-3、1979年）を有効と考え、神門墳墓群の他近隣の小田部墓、北作1号墓なども、突出部が通路状を呈する特徴から弥生墳丘墓の系譜上で理解している（本書第1章注(33)および、第2章第1節2参照）。
（5）　井博幸は、星神社古墳に近接し、星神社・梵天山両古墳に後続する可能性のある前期古墳として中野富士山古墳を紹介し、測量調査の成果を報告している。本古墳は、全長約70mの比較的大形の前方後円墳と考えられており、前期中葉を前後する星神社古墳と梵天山古墳、中期初頭を前後する高山塚古墳と阿弥陀塚古墳、これらの間隙を埋める首長墳の候補として興味深い。井博幸・横田篤「久慈川中流域の首長墓Ⅰ—新発見古墳の紹介と星神社古墳採集遺物を中心に—」『婆良岐考古』第35号、2013年。
（6）　2011年2月、奈良県桜井市茅原大墓古墳のくびれ部から、古墳時代前期末葉に遡る盾持人物埴輪が発見されている。桜井市教育委員会『史跡　茅原大墓古墳第1次～第4次発掘調査概要報告書』2011年。奈良県立橿原考古学研究所附属博物館『5世紀のヤマト—まほろばの世界—』橿原考古学研究所附属博物館特別展図録第79冊、2013年。
（7）　前方後円墳出現期の奈良県桜井市箸中ホケノ山古墳の後円部中心埋葬施設には、厚い被覆礫で密封された石囲い木槨が採用されており、朝鮮半島南部を介した中国思想の影響が看取される。岡林孝作「第2部　日本列島における木槨の分類と系譜—ホケノ山古墳中心埋葬施設の成立背景をめぐって—」・「第3部　中心埋葬施設」『ホケノ山古墳の研究』橿原考古学研究所研究成果第10冊、2008年。

奈良県桜井市大字太田の纒向遺跡では、弥生時代終末期の土坑（素掘り井戸）から木製仮面とともに木製の彩色盾と鎌の柄が出土しており、農耕祭祀との関連が考えられている。鎌を戈のような武器と考えれば、仮面と盾と戈とを装備する方相氏の存在が容易に想像され、前方後円墳出現の直前には中国思想に基づくこの習俗がすでに大和の地に浸透していたことも想定されてくる。2007年11月、桜井市埋蔵文化財センター平成19年度秋季特別展を見学し、関係資料を拝見させていただいた。

なお、設楽博己は、群馬県渋川市赤城町有馬遺跡の弥生時代後期の礫床墓から発見された顔面付土器とその類例を検討し、中国の方相氏を起源とする「盾持人埴輪」を生み出す母体がすでに弥生時代後期の日本列島にかなり広く存在していたとの考えを示している。設楽博己「盾持人埴輪の遡源」『東国の地域考古学』六一書房、2011年。
（8）　都出比呂志「古墳が造られた時代」『古代史復元6』講談社、1989年。
（9）　川西宏幸『同型鏡とワカタケル』同成社、2004年。向井佑介「中国諸王朝と古墳文化の形成」『古墳時代の考古学』7、同成社、2012年。
（10）　本書第7章・第4節・（3）埴輪群の意味の概念図参照。
（11）　広瀬和雄「古墳時代再構築のための考察」『国立歴史民俗博物館研究報告』第150、2009年。
（12）　和田晴吾「古墳文化論」『日本史講座1』東京大学出版会、2004年。
（13）　福永伸哉「古墳の出現と中央政権の儀礼管理」『考古学研究』46-2、1999年。
（14）　新納泉「経済モデルからみた前方後円墳の分布」『考古学研究』52-1、2005年。
（15）　森本徹は、近畿地方における終末期古墳の喪葬儀礼を検討し、古墳で執り行われてきた埋葬施設を保護密閉する儀礼は、その他の儀礼とは異なり古墳時代終末期まで継続するとしている。森本徹「喪葬儀礼の変化からみた終末期古墳」『歴史研究』50、大阪教育大学歴史学研究室、2013年。

挿図出典一覧

第 1 図　白石太一郎「装飾古墳にみる他界観」『国立歴史民俗博物館研究報告』第 80 集、1999 年。
第 2 図　森本徹「墓室内への土器副葬の意味」『近つ飛鳥博物館平成 19 年度秋季特別展図録』2007 年。
第 3 図　塚田良道『人物埴輪の文化史的研究』雄山閣、2007 年。
第 4 図　都出比呂志『古代国家の胎動―考古学が解明する日本のあけぼの―』NHK 人間大学テキスト、1998 年。
第 5 図　筆者作成。
第 6 図　駒形大塚古墳：岩崎卓也ほか「栃木県駒形大塚古墳出土の土師器」『大塚考古』10、1972 年。
　　　　神門 4 号墳：田中新史「市原市神門 4 号墳の出現とその系譜」『古代』63、1977 年。
　　　　能満寺古墳：『土師式土器集成』本編 2、東京堂出版、1972 年
　　　　北作 1 号墳：金子浩昌ほか「千葉県東葛飾郡沼南村片山古墳群の調査」『古代』33、1959 年。
第 7 図　小田部古墳：杉山晋作「千葉県市原市小田部古墳の調査」『古墳時代研究』1、1972 年。
　　　　飯合作 1 号墳：沼沢豊ほか『佐倉市飯合作遺跡』財団法人千葉県文化財センター、1978 年。
　　　　佐自塚古墳：『土師式土器集成』本編 2、東京堂出版、1972 年。
　　　　原 1 号墳：茂木雅博編『常陸浮島古墳群』浮島研究会、1976 年。
第 8 図　下郷 SZ42 号墳：群馬県教育委員会『下郷』1981 年
　　　　山王寺大枡塚古墳：前沢輝政『山王寺大桝塚古墳』早大出版部、1977 年
　　　　水神山古墳：東京大学文学部考古学研究室編『我孫子古墳群』我孫子町教育委員会、1969 年。
　　　　山木古墳：上川名昭編『茨城県筑波町山木古墳』茨城考古学会、1975 年。
　　　　東間部多 2 号墳：滝口宏ほか「東間部多古墳群」『上総国分寺台遺跡調査報告』I、上総
　　　　国分寺台遺跡調査団編、1975 年。
第 9 図　茂木雅博ほか『常陸安戸星古墳』安戸星古墳調査団、1982 年。
第 10 図　新皇塚古墳：中村恵次ほか『市原市菊間遺跡』千葉県都市公社、1974 年。
　　　　上出島 2 号墳：大森信英ほか『上出島古墳群』岩井市教育委員会、1975 年。
　　　　元島名将軍塚古墳：田口一郎ほか『元島名将軍塚古墳』高崎市教育委員会、1981 年。
　　　　下侍塚古墳：『下侍塚古墳周濠発掘調査概報』湯津上村教育委員会、1976 年。
第 11 図　箸墓古墳：中村一郎・笠野毅「大市墓の出土品」『書陵部紀要』27、1976 年。
　　　　渋谷向山古墳：笠野毅「景行天皇山辺道上陵の出土品」『書陵部紀要』第 26 号、1975 年。
　　　　行燈山古墳：笠野毅「崇神天皇陵外堤及び墳丘護岸区域の事前調査」『書陵部紀要』第 28 号、1977 年。
　　　　誉田山古墳：大阪府教育委員会『大水川改修にともなう発掘調査概要』1989 年。
第 12 図　中村一郎・笠野毅「大市墓の出土品」『書陵部紀要』27、1976 年（一部改変）。
第 13 図　近藤喬一ほか『京都府平尾城山古墳』山口大学人文学部考古学研究室研究報告第 6 集、1990 年。
第 14 図　小川町教育委員会『那須八幡塚古墳』小川町埋蔵文化財調査報告第 10 冊、1997 年。
第 15 図　『土師式土器集成』本編 2、東京堂出版、1972 年。
第 16 図　金子浩昌ほか「千葉県東葛飾郡沼南村片山古墳群の調査」『古代』33、1953 年。
第 17 図　勅使塚古墳：大塚初重・小林三郎「茨城県勅使塚古墳の研究」『考古学集刊』2-3、1964 年。

	駒形大塚古墳：三木文雄編『那須駒形大塚』吉川弘文館、1987年。
第18図	神門4号墓：田中新史「市原市神門4号墳の出現とその系譜」『古代』63、1977年。
	神門5号墓：田中新史「出現期古墳の理解と展望—東国神門5号墳の調査と関連して—」『古代』77、1984年。
	小田部墓：杉山晋作「千葉県市原市小田部古墳の調査」『古墳時代研究』1、1972年。
第19図	田中新史「市原市神門4号墳の出現とその系譜」『古代』63、1977年。
第20図	奈良県立橿原考古学研究所編『見田・大沢古墳群』奈良県史跡名勝天然記念物調査報告書第44冊、1982年。
第21図	近藤義郎「黒宮大塚弥生墳丘墓」『岡山県史　第18巻　考古資料』岡山県、1986年。
第22図	近藤義郎編著『楯築弥生墳丘墓の研究』楯築刊行会、1992年。
第23図	近藤義郎編著『楯築弥生墳丘墓の研究』楯築刊行会、1992年。
第24図	島根大学法文学部考古学研究室『山陰地方における弥生墳丘墓の研究』1992年。
第25図	島根大学法文学部考古学研究室『山陰地方における弥生墳丘墓の研究』1992年。
第26図	津市教育委員会『高松弥生墳墓発掘調査報告』津市埋蔵文化財調査報告4、1970年。
第27図	斎藤忠ほか『弘法山古墳』松本市教育委員会、1978年。
第28図	近藤義郎・春成秀爾「埴輪の起源」『考古学研究』13-3、1967年。
第29図	箸墓：中村一郎・笠野毅「大市墓の出土品」『書陵部紀要』27、1976年。
	津古生掛：『津古生掛遺跡1』小郡市教育委員会、1987年。
	茶臼山：上田宏範「桜井茶臼山古墳　附櫛山古墳」『奈良県史蹟名勝天然記念物調査報告』第19冊、1961年。
	甲斐銚子塚：『銚子塚古墳附丸山塚古墳—保存整備事業報告書—』山梨県教育委員会、1988年。
	佐賀銚子塚：『銚子塚』佐賀市教育委員会、1976年。
	森将軍塚：『森将軍塚古墳』更埴市教育委員会、1973年。
	御旅山：『大阪府文化財調査報告』22、大阪府教育委員会、1971年。
	元島名将軍塚：田口一郎ほか『元島名将軍塚古墳』1981年。
	深長：増田安生「三重県松阪市深長古墳出土の二重口縁」『マージナル』9、1988年。
	関野1号：『関野古墳群』富山大学人文学部考古学研究室、1987年。
	新皇塚：『市原市菊間遺跡』(財)千葉県都市公社、1974年。
	三国の鼻1号：『三国の鼻遺跡1』小郡市教育委員会、1985年。
第30図	朝倉2号：『前橋市史』第1巻、1971年。
	根田6号：『(財)市原市文化財センター年報　昭和60年度』(財)市原市文化財センター、1985年。
	院塚：乙益重隆ほか「院塚古墳調査報告」『熊本県文化財調査報告』第6集、1965年。
	三変稲荷神社：埼玉県史編さん室編『埼玉県古式古墳調査報告書』1986年。
	美園：『美園』大阪府教育委員会・大阪文化財センター、1985年。
	長坂二子塚：河村義一「金沢市長坂二子塚古墳について」『石川考古学研究会会誌』12、1969年。
	上出島2号：大森信英ほか『上出島古墳群』岩井市教育委員会、1975年。
第31図	大阪府教育委員会『大阪府文化財調査報告』22、1970年。山梨県教育委員会『銚子塚古墳附丸山塚古墳—保存整備事業報告書—』1988年。小郡市教育委員会『三国の鼻遺跡1』1985年より作図（一部改変）。
第32図	松島栄治「前橋天神山古墳」『群馬県史』資料編3、1981年。名取市教育委員会「史跡雷神山古墳」『名取市文化財調査報告』3・5、1977・78年より作図（一部改変）。
第33図	田口一郎ほか『元島名将軍塚古墳』1981年、前沢輝政ほか『藤本観音山第1次・2次発掘調査』

挿図出典一覧　259

	1985・86 年。湯津上村教育委員会『下侍塚古墳周濠発掘調査概報』1976 年より作図（一部改変）。
第 34 図	山梨県教育委員会『銚子塚古墳附丸山塚古墳―保存整備事業報告書―』1988 年。田島桂男「朝子塚古墳」『群馬県史』資料編 3、1981 年、附図より作図（一部改変）。
第 35 図	西川修一「南関東における古墳出現過程の評価」『月刊文化財』470、2002 年。
第 36 図	筆者作成。
第 37 図	筆者作成。
第 38 図	筆者作成。
第 39 図	筆者作成。
第 40 図	筆者作成。
第 41 図	赤塚次郎「東海系のトレース―3・4 世紀の伊勢湾沿岸地域―」『古代文化』44-6、1992 年。
第 42 図	筆者作成。
第 43 図	1：中村一郎・笠野毅「大市墓の出土品」『書陵部紀要』第 27 号、1976 年（一部改変）。
	2：特殊器台形・特殊壺形埴輪：白石太一郎・春成秀爾・杉山晋作・奥田尚「箸墓古墳の再検討」『国立歴史民俗博物館研究報告』第 3 集、1984 年。
	3：底部穿孔有段口縁壺：徳田誠志・清喜裕二「倭迹々日百襲姫命大市墓被害木処理事業（復旧）箇所の調査」『書陵部紀要』第 51 号、1999 年。
第 44 図	斎藤新「二　星神社古墳（諏訪山古墳）」『採集資料集　久慈川流域の前期・中期古墳』2004 年。
第 45 図	茂木雅博『シンポジウム　梵天山古墳と久自国の成立　資料』2004 年。
第 46 図	1：斎藤新「二　星神社古墳（諏訪山古墳）」『採集資料集　久慈川流域の前期・中期古墳』2004 年（一部）。
	2〜5：茂木雅博・井之口茂・田中裕貴「常陸星神社古墳（町指定名称諏訪山古墳）の測量調査」『博古研究』第 26 号、2003 年（一部）。
	6〜10：田中新史「有段口縁壺の成立と展開」『土筆』第 6 号、2002 年（一部）。同「点景をつなぐ―古墳踏査学による常陸古式古墳の理解―」『土筆』第 10 号、2008 年（一部）。
第 47 図	茂木雅博・田中裕貴・高橋和成「常陸梵天山古墳の測量調査」『博古研究』第 27 号、2004 年。
第 48 図	上段：田中新史「有段口縁壺の成立と展開」『土筆』第 6 号、2002 年（一部）。同「点景をつなぐ―古墳踏査学による常陸古式古墳の理解―」『土筆』第 10 号、2008 年（一部）。
	下段：塩谷修「常陸太田市梵天山古墳」『常陸の円筒埴輪』茨城大学人文学部考古学研究室、2002 年。
第 49 図	茂木雅博・川上みね子・柴田ユリコ・山本吉一「常陸高山塚古墳の測量調査」『博古研究』第 21 号、2000 年。
第 50 図	梅沢重昭・橋本博文「Ⅰ基調報告　4 群馬県」『シンポジウム　関東における古墳出現期の諸問題』学生社、1988 年。
第 51 図	松本洋明編『西殿塚古墳・東塚古墳』天理市埋蔵文化財調査報告書第 7 集、2000 年。
第 52 図	寺沢薫『王権誕生　日本歴史第 02 巻』講談社、2000 年。
第 53 図	奈良県立橿原考古学研究所編『ホケノ山古墳の研究』橿原考古学研究所研究成果第 10 冊、2008 年。
第 54 図	勅使塚：大塚初重ほか「茨城県勅使塚古墳の研究」『考古学集刊』2-3、1964 年。
	原 1 号：茂木雅博編『常陸浮島古墳群』浮島研究会、1976 年。
	山崎 1 号：真岡市史編さん委員会『真岡市史第 1 巻　考古資料編』1984 年。
	茂原愛宕塚：久保哲三『下野茂原古墳群』宇都宮市教育委員会、1990 年。
	前橋天神山：松島栄治・加部二生「前橋天神山古墳出土の土器」『シンポジウム 2　東日本における古墳出現過程の再検討』日本考古学協会新潟大会実行委員会、1993 年。
	藤本観音山：『藤本観音山第 1 次・2 次発掘調査』1985・86 年。

下郷10号：群馬県教育委員会『下郷』1981年。

堀ノ内CK2号：志村哲ほか『堀ノ内遺跡群』藤岡市教育委員会、1982年。

諏訪山29号：埼玉県史編さん室編『埼玉県古式古墳調査報告書』1986年。

手古塚：杉山晋作「千葉県木更津市手古塚古墳の調査速報」『古代』第56号、1973年。

第55図　梵天山：佐藤政則「梵天山古墳」『東日本における古墳出現期過程の再検討』1993年。

上根二子塚1号：『栃木県市貝町　上根二子塚古墳測量・発掘調査報告書』市貝町、1993年。

山の根：埼玉県教育委員会『埼玉県古墳群詳細分布調査報告書』1994年。

那須八幡塚：三木文雄ほか『那須八幡塚古墳』小川町古代文化研究会、1957年。

下侍塚：『下侍塚古墳周濠発掘調査概報』湯津上村教育委員会、1976年。

元島名将軍塚：田口一郎ほか『元島名将軍塚古墳』1981年。

前橋天神山：松島栄治・加部二生「前橋天神山古墳出土の土器」『シンポジウム2　東日本における古墳出現過程の再検討』日本考古学協会新潟大会実行委員会、1993年。

朝子塚：橋本博文「東国への初期円筒埴輪波及の一例とその史的位置づけ」『古代』59・60、1976年。

馬門愛宕塚：茂木克美『馬門南遺跡・馬門愛宕塚古墳発掘調査概要報告書』佐野市教育委員会、1992年。

藤本観音山：『藤本観音山第1次・2次発掘調査』1985・86年。

塩1号・2号：江南町史編さん委員会『江南町史　資料編1考古』江南町、1995年。

道祖神裏：大塚初重ほか『道祖神裏古墳調査概報』道祖神古墳調査団、1976年。

第56図　狐塚：西宮一男『常陸狐塚』岩瀬町教育委員会、1969年。

佐自塚：斎藤忠「佐自塚古墳」『茨城県史料　考古資料編　古墳時代』1974年。田中裕・日高慎「茨城県出島村田宿天神塚古墳の測量調査」『筑波大学先史学・考古学研究』7、1996年。

山木：上川名昭編『茨城県筑波町山木古墳』茨城考古学会、1975年。

田宿天神塚：田中裕・日高慎「茨城県出島村田宿天神塚古墳の測量調査」『筑波大学先史学・考古学研究』7、1996年。

上根二子塚3号：『栃木県市貝町　上根二子塚古墳測量・発掘調査報告書』市貝町、1993年。

山王寺大枡塚：前沢輝政『山王寺大桝塚古墳』早大出版部、1977年。

北山茶臼山西：田口正美ほか『大島上越遺跡・北山茶臼山西古墳』群馬県埋蔵文化財事業団、1988年。

蟹沢：埋蔵文化財研究会『第25回埋蔵文化財研究集会　古墳時代前半期の古墳出土土器の検討』1989年。

下郷天神塚：群馬県教育委員会『下郷』1981年。

堀ノ内DK4号：志村哲ほか『堀ノ内遺跡群』藤岡市教育委員会、1982年。

熊野神社：埼玉県史編さん室編『埼玉県古式古墳調査報告書』1986年。

秋葉山3号：服部みはる「秋葉山古墳群」『シンポジウム2　東日本における古墳出現過程の再検討』日本考古学協会、1994年。

第57図　朝倉2号：『前橋市史』第1巻、前橋市、1971年。

北山茶臼山：田口正美ほか『大島上越遺跡・北山茶臼山西古墳』群馬県埋蔵文化財事業団、1988年。

北山茶臼山西：田口正美ほか『大島上越遺跡・北山茶臼山西古墳』群馬県埋蔵文化財事業団、1988年。

下郷天神塚：群馬県教育委員会『下郷』1981年。

箱石浅間：平野進一「古墳出現期の地域性」『第5回三県シンポジウム資料』1984年。

三変稲荷神社：埼玉県史編さん室編『埼玉県古式古墳調査報告書』1986年。

　　　　熊野神社：埼玉県史編さん室編『埼玉県古式古墳調査報告書』1986年。
　　　　新皇塚：中村恵次ほか『市原市菊間遺跡』(財)千葉県都市公社、1974年。
　　　　香取神社：西野元ほか『古墳測量調査報告書Ⅰ』筑波大学歴史・人類学系、1991年。
　　　　しゃくし塚：荻悦久「千葉県多古町しゃくし塚古墳出土の有段口縁壺」『古代』第96号、1993年。
　　　　十二天塚：志村哲『伊勢塚古墳・十二天塚古墳範囲確認調査報告Ⅲ』藤岡市教育委員会、1988年。
　　　　峰岸1号：内田憲治ほか『峰岸遺跡』新里村教育委員会、1985年。
　　　　川輪聖天塚：菅谷浩之『北武蔵における古式古墳の成立』1984年。
　　　　鶴塚：(財)千葉県文化財センター『研究紀要』15、1994年。
　　　　上出島2号：日高慎・田中裕「上出島2号墳出土遺物の再検討」『岩井市の遺跡Ⅱ』岩井市史遺跡調
　　　　　査報告書第2集、1996年。
　　　　秋葉山5号：服部みはる「秋葉山古墳群」『シンポジウム2　東日本における古墳出現過程の再検討』
　　　　　日本考古学協会、1994年。
第58図　岩崎卓也ほか『長野県森将軍塚古墳』東京教育大学文学部、1973年。
第59図　更埴市教育委員会『史跡森将軍塚古墳—保存整備事業発掘調査報告書—』1992年。
第60図　更埴市教育委員会『史跡森将軍塚古墳—保存整備事業発掘調査報告書—』1992年。
第61図　東潮「中山大塚古墳」『磯城・磐余地域の前方後円墳』奈良県史跡名勝天然記念物調査報告第42冊、
　　　　1981年。
　　　　東潮「灯籠山古墳」『磯城・磐余地域の前方後円墳』奈良県史跡名勝記念物調査報告第42冊、1981
　　　　年。
　　　　松本洋明『赤土山古墳第1・2次範囲確認調査概報』天理市教育委員会、1989・1990年。
　　　　上田宏範「櫛山古墳」『桜井茶臼山古墳』奈良県史跡名勝天然記念物調査報告第19冊、1961年。
　　　　青木豊昭「越前における大首長墓について」『福井県立博物館紀要』第1号、1975年。
　　　　青木豊昭編『六呂瀬山古墳群』福井県埋蔵文化財調査報告第4集、1980年。
第62図　左図：関川尚功「天理市櫛山古墳出土の滑石製品」『橿原考古学研究所紀要　考古學論攷』第34冊、
　　　　2011年。
　　　　右図：関川尚功・奥田尚「天理市櫛山古墳出土の土器・土製品」『橿原考古学研究所紀要　考古學論
　　　　攷』第35冊、2012年。
第63図　都出比呂志「前期古墳の築造工程と儀礼」『向日市史　上巻』京都府向日市、1980年。
第64図　松本洋明『史跡赤土山古墳—第4次〜第8次発掘調査概要報告書』天理市教育委員会、2003年。
第65図　1：伊澤洋一ほか『入部Ⅰ』福岡市教育委員会、1990年。
　　　　2：福島県教育委員会「原山1号墳発掘調査概報」『福島県立博物館調査報告』第1、1982年。
　　　　3：寺社下博『めづか』熊谷市教育委員会、1983年。
　　　　4：宮塚義人ほか『小泉大塚越遺跡』玉村町教育委員会、1993年。
　　　　5：若狭徹ほか『保渡田Ⅶ遺跡』群馬町埋蔵文化財調査報告第27集、1990年。
　　　　6：江南町史編さん委員会『江南町史 考古資料編Ⅰ』1995年。
　　　　7：高橋浩樹『寺戸鳥掛遺跡発掘調査概報』広陵町教育委員会、1993年。
第66図　1：若狭徹ほか『保渡田Ⅶ遺跡』群馬町埋蔵文化財調査報告第27集、1990年。
　　　　2：前原豊・戸所慎策『中二子古墳—大室公園史蹟整備事業に伴う範囲確認調査概報—』前橋市教育
　　　　　委員会、1995年。
　　　　3：梅沢重昭ほか『綿貫観音山古墳Ⅰ—墳丘・埴輪編—』群馬県埋蔵文化財調査事業団、1998年。
第67図　1：大塚初重・小林三郎「茨城県舟塚古墳」・「茨城県舟塚古墳Ⅱ」『考古学集刊』4-1・4、1968・
　　　　1971年。

2・3：若狭徹ほか『保渡田Ⅶ遺跡』群馬町埋蔵文化財調査報告第27集、1990年。
 4：岡本健一ほか『将軍山古墳　確認調査編・付編』埼玉県教育委員会、1997年。
 5：梅沢重昭ほか『綿貫観音山古墳Ⅰ—墳丘・埴輪編—』群馬県埋蔵文化財調査事業団、1998年。
 6：石塚久則ほか『塚廻り古墳群』群馬県教育委員会、1980年。
 7：千葉県文化財保護協会『千葉県成田市所在竜角寺古墳群第101号古墳発掘調査報告書』1988年。
 8：那珂川町教育委員会『貝徳寺古墳』那珂川町文化財調査報告書第16集、1987年。
 9：米子市教育委員会『諏訪遺跡発掘調査報告書Ⅳ』1983年。
 10：高橋克壽『埴輪の世紀』講談社、1996年。
 11：福岡県教育委員会『塚堂遺跡Ⅰ』浮羽バイパス関係埋蔵文化財調査報告第1集、1983年。
 12：奈良市教育委員会『奈良市埋蔵文化財調査概要報告書　平成3年度』1992年。
 13：藤井寺市教育委員会『新版古市古墳群』1993年。

第68図　1：大塚初重・小林三郎「茨城県舟塚古墳」、「茨城県舟塚古墳Ⅱ」『考古学集刊』4-1・4、1968・1971年。
 2：梅沢重昭ほか『綿貫観音山古墳Ⅰ—墳丘・埴輪編—』群馬県埋蔵文化財調査事業団、1998年。
 3：千葉県文化財保護協会『千葉県成田市所在竜角寺古墳群第101号古墳発掘調査報告書』1988年。
 4：茂木雅博ほか『常陸白方古墳群』東海村教育委員会、1993年。
 5：奈良県教育委員会『奈良県文化財調査報告（埋蔵文化財編）』第3集、1960年。
 6：柳田敏司ほか『埼玉稲荷山古墳』埼玉県教育委員会、1980年。

第69図　若松良一・日高慎「形象埴輪の配置と復元される葬送儀礼（中）」『調査研究報告』第6号、埼玉県立さきたま資料館、1993年。

第70図　梅沢重昭ほか『綿貫観音山古墳Ⅰ—墳丘・埴輪編—』群馬県埋蔵文化財調査事業団、1998年（一部改変）。

第71図　石塚久則ほか『塚廻り古墳群』群馬県教育委員会、1980年。

第72図　筆者作成。

第73図　周到・呂品・湯文興『河南漢代画像磚』1985年。

第74図　上田早苗「方相氏の諸相」『橿原考古学研究所論集』第10集、吉川弘文館、1988年

第75図　青柳泰介「家形埴輪の製作技法について」『日本の美術5　家形はにわ』至文堂、1995年（一部改変）。

第76図　近藤喬一編『京都府平尾城山古墳』（財）古代学協会、1990年。

第77図　宇治市教育委員会『宇治市埋蔵文化財発掘調査概報第15集』1990年。

第78図　1：宇治市教育委員会『宇治市埋蔵文化財発掘調査概報第15集』1990年。
 2：大阪府教育委員会『美園』1985年。
 3：松本洋明『史跡赤土山古墳　第4次～第8次発掘調査概要報告書』天理市教育委員会、2003年。
 4：奈良県教育委員会『室大墓』奈良県史跡名勝天然記念物調査報告第18冊、1959年。
 5：河合町教育委員会『史跡　乙女山古墳　付高山2号墳』1988年。
 6：（財）大阪市文化財協会『長原遺跡発掘調査報告Ⅳ』1991年。
 7、8：後藤守一・相川龍雄『群馬県史蹟名勝天然記念物調査報告』第三輯、1936年。
 9：後藤守一『上野国佐波郡赤堀村今井茶臼山古墳』帝室博物館、1933年。
 10：大阪府教育委員会『弁天山古墳群の調査』大阪府文化財調査報告第17輯、1967年。

第79図　1、2：宇治市教育委員会『宇治市埋蔵文化財発掘調査概報第15集』1990年。
 3：西谷眞治・鎌木義昌『金蔵山古墳』倉敷考古館、1959年。
 4：大阪府教育委員会『美園』1985年。
 5：松阪市教育委員会『史跡　宝塚古墳』2005年。

挿図出典一覧　263

　　　　　6：近藤義郎編『月の輪古墳』1960年。
　　　　　7：(財)鳥取県教育文化財団『鳥取県羽合町　長瀬高浜遺跡発掘調査報告書Ⅳ』1982年。
　　　　　8：原口正三ほか『高槻市史』第6巻考古編、1973年。青柳泰介「家形埴輪の製作技法について」
　　　　　　『日本の美術第348号　家形はにわ』至文堂、1995年。
第80図　　1：宇治市教育委員会『菟道門の前古墳・菟道遺跡発掘調査報告書』1998年。
　　　　　2：大塚初重・小林三郎「茨城県舟塚古墳Ⅱ」『考古学集刊』4-4、1971年。
　　　　　3：群馬県埋蔵文化財調査事業団『神保下條遺跡』1992年。
　　　　　4：壬生町教育委員会『栃木県壬生町富士山古墳』1998年。
　　　　　5：群馬県教育委員会『綿貫観音山古墳Ⅰ　墳丘・埴輪編』1998年。
　　　　　6：東国古文化研究所『下総片野古墳群』1976年。
第81図　　1、2：宇治市教育委員会『宇治市埋蔵文化財発掘調査概報第15集』1990年。
　　　　　3：奈良県教育委員会『室大墓』奈良県史跡名勝天然記念物調査報告第18冊、1959年。
　　　　　4：後藤守一・相川龍雄『群馬県史蹟名勝天然記念物調査報告』第三輯、1936年。
　　　　　5：後藤守一『上野国佐波郡赤堀村今井茶臼山古墳』帝室博物館、1933年。
　　　　　6：松阪市教育委員会『常光坊谷古墳群埋蔵文化財発掘調査報告書』2005年。
　　　　　7：奈良県教育委員会『奈良県史跡名勝天然記念物調査報告』第23冊、1966年。
　　　　　8：厚木市教育委員会『厚木市登山1号墳出土埴輪修理報告書』1997年。
　　　　　9：濱名徳永『上総殿部田古墳・宝馬古墳』芝山はにわ博物館、1980年。
第82図　西田健彦「古墳出土の土製供物について」『考古聚英』梅澤重昭先生退官記念論文集、2001年。
第83図　西谷眞治・鎌木義昌『金蔵山古墳』倉敷考古館、1959年。
第84図　辰巳和弘『埴輪と絵画の古代学』白水社、1992年。
第85図　東京国立博物館編『重要文化財　西都原古墳群出土　埴輪子持家・船』同成社、2005年。
第86図　壬生町教育委員会『栃木県壬生町富士山古墳』1998年。
第87図　和田晴吾「古墳文化論」『日本史講座1　東アジアにおける国家の形成』東京大学出版会、2004年。
第88図　筆者作成。
第89図　筆者作成。
第90図　　1：篠原慎二・関根信夫「舟塚山14号墳測量調査報告」『石岡市遺跡分布調査報告』石岡市教育委員会、2001年。
　　　　　2：石橋充「常総地域における片岩使用の埋葬施設について」『筑波大学先史学・考古学研究』第6号、1995年。
　　　　　3：国士舘大学考古学研究室編『茨城県かすみがうら市　富士見塚古墳群』かすみがうら市教育委員会、2006年。
　　　　　4：大塚初重・小林三郎「茨城県舟塚古墳」『考古学集刊』4-1、1968年。大塚初重・小林三郎「茨城県舟塚古墳Ⅱ」『考古学集刊』4-4、1971年。
　　　　　5：茨城県史編さん原始古代史部会『茨城県史料　考古資料編　古墳時代』1974年。
　　　　　9：山武考古学研究所編『茨城県新治村　高崎山古墳群第2号墳・第3号墳―発掘調査報告書―』新治村教育委員会、2001年。
第91図　　6：茨城県教育財団『常磐自動車道関係埋蔵文化財発掘調査報告書Ⅰ』1980年。
　　　　　7：千葉隆司ほか『風返稲荷山古墳』霞ヶ浦町教育委員会、2000年。
　　　　　8：伊藤重敏『栗村東古墳群・栗村西古墳群・丸峰古墳群調査報告』千代田村教育委員会、1997年。
　　　　　10：丸子亘ほか『城山第一号前方後円墳』小見川町教育委員会、1978年。
　　　　　11：筑波大学『筑波古代地域史の研究―昭和54年～56年度文部省特定研究費による調査研究概要』

12：斎藤忠「太子の唐櫃古墳」『茨城県史料　考古資料編　古墳時代』1974年。
13：千葉隆司ほか『風返稲荷山古墳』霞ヶ浦町教育委員会、2000年。
14：千葉隆司ほか『風返稲荷山古墳』霞ヶ浦町教育委員会、2000年。
15：(財)千葉県史料研究財団『千葉県史編さん資料　印旛郡栄町浅間山古墳発掘調査報告書』千葉県、2002年。
16：筑波大学『筑波古代地域史の研究―昭和54年～56年度文部省特定研究費による調査研究概要』1981年。
17：生田目和利「船玉古墳（2）船玉装飾古墳」『関城町史　別冊資料編　関城町の遺跡』関城町、1988年。
18：筑波大学『筑波古代地域史の研究―昭和54年～56年度文部省特定研究費による調査研究概要』1981年。
19：石岡市教育委員会『茨城県石岡市道祖神古墳発掘調査報告書』1989年。
20：武者塚古墳調査団編『武者塚古墳』新治村教育委員会、1986年。

第92図　風返稲荷山古墳：千葉隆司ほか『風返稲荷山古墳』霞ヶ浦町教育委員会、2000年。
高崎山2号墳：山武考古学研究所編『茨城県新治村　高崎山古墳群第2号墳・第3号墳―発掘調査報告書―』新治村教育委員会、2001年。
平沢4号墳：筑波大学『筑波古代地域史の研究―昭和54年～56年度文部省特定研究費による調査研究概要』1981年。

第93図　1：国士舘大学考古学研究室編『茨城県かすみがうら市　富士見塚古墳群』かすみがうら市教育委員会、2006年。
2：山武考古学研究所編『茨城県新治村　高崎山古墳群第2号墳・第3号墳―発掘調査報告書―』新治村教育委員会、2001年。
3：大場磐雄編『常陸大生古墳群』雄山閣、1971年。
4：茨城県教育財団『(仮称) 北条住宅団地建設工事地内埋蔵文化財調査報告書　中台遺跡』茨城県教育財文化財調査報告第102集、1995年。
5：稲村繁ほか『粟田石倉古墳』千代田村教育委員会、1983年。
6：千葉隆司ほか『風返稲荷山古墳』霞ヶ浦町教育委員会、2000年。
7：(財)千葉県史料研究財団『千葉県史編さん資料　印旛郡栄町浅間山古墳発掘調査報告書』千葉県、2002年。
8：千葉県教育委員会『竜角寺古墳群発掘調査報告書―第2次（昭和58年度）―』1984年。
9：伊藤重敏『栗村東古墳群・栗村西古墳群・丸峰古墳群調査報告』千代田村教育委員会、1997年。
10：伊藤重敏『栗村東古墳群・栗村西古墳群・丸峰古墳群調査報告』千代田村教育委員会、1997年。
11：茨城県住宅供給公社『土浦市烏山遺跡群』1975年。
12：茨城県教育財団『北浦複合団地造成事業地内埋蔵文化財調査報告書Ⅰ　炭焼遺跡　札場古墳群　三和貝塚　成田古墳群』茨城県教育財団文化財調査報告第130集、1998年。

初出一覧と編集方針

本書に収録した論文の初出内容は、各章以下のとおりである。

序章　前方後円墳の築造と儀礼について（新稿）

第1章　前期古墳の土器祭祀
　はじめに・第1〜4節：「古墳出土の土師器に関する一試論」『古墳文化の新視角』雄山閣、1983年11月刊。
　附節：「天皇陵古墳出土の土師器」『季刊考古学』58号、雄山閣、1997年2月刊。

第2章　埋葬施設上土器祭祀の系譜
　「関東地方における古墳出現の背景」『土浦市立博物館紀要』第2号、1990年3月刊。

第3章　壺形埴輪の性格と歴史的意義
　「壺形埴輪の性格」『博古研究』第3号、博古研究会、1992年4月刊。

第4章　前方後方墳の築造と儀礼の波及
　「北関東の前方後方墳―東山道・東海道東縁から見た前方後方墳の世界」『シンポジウム　前方後方墳とその周辺』発表要旨資料、第11回東北・関東前方後円墳研究会、2006年2月刊。

第5章　前方後円墳の築造と儀礼の波及
　「前方後円墳の波及と埴輪祭祀―常陸北部久慈川中流域の梵天山古墳群をめぐって―」『常総の歴史』第38号、2009年2月刊。

第6章　土器祭祀の展開と「造り出し」の成立
　はじめに・第1節：「前期古墳から中期古墳へ―古墳出土の土器（関東）―」『シンポジウム前期古墳から中期古墳へ』発表要旨資料、第3回東北・関東前方後円墳研究会、1998年1月刊。
　第2節・まとめ：「前期大型古墳の台形状施設」『史跡森将軍塚古墳』森将軍塚古墳発掘調査団、1992年3月刊。

第7章　盾持人物埴輪の特質と歴史的意義
　「盾持人物埴輪の特質とその意義」『茨城大学考古学研究室20周年記念論文集　日本考古学の基礎研究』茨城大学人文学部考古学研究報告第4冊、2001年3月刊。

第8章　家形埴輪と前方後円墳の儀礼
　「家形埴輪と前方後円墳の儀礼」『日中交流の考古学』茂木雅博編、同成社、2007年3月刊。

第9章　古墳時代後期の前方後円墳と儀礼（新稿）

終章　前方後円墳における儀礼と時代観（新稿）

　本書を編集するに際し旧稿はすべて改筆を施したが、字句や文章表現の若干の改訂、注の補足や可能な範囲で用語の統一をはかる程度にとどめ、論旨は基本的に元のままである。筆者の研究の経過としてご理解いただければ幸いである。ただし、第4章は、第11回東北・関東前方後円墳研究会大会シンポジウム「前方後方墳とその周辺」の発表要旨をもとに、全体に加筆修正を行い新たに成稿したものである。同様に、第6章の「まとめ」については、二つの論考から新規に章を起こしたため、整合性をはかる意味で旧稿をもとにやはり全体に加筆修正を施し改稿を行っている。

　なお、わかりやすさのために旧稿に不足していた挿図を追加し、旧稿発表後に明らかにされた研究成果についても筆者の研究と深くかかわるものは研究史でとりあげ、その他必要と思われるものは章末に追記として加えている。また、遺跡等の所在地名は、現在の市町村名に改めた。

あとがき

　本書は、私がこれまでに執筆した論文をもとに、「前方後円墳の築造と儀礼」をテーマに編集したもので、その出典と編集内容は前述の初出一覧に掲載したとおりである。本書の刊行に際し、序章と第9章および終章を新たに書き起こしたが、ここにいたる研究の経緯は、終章の冒頭にまとめておいたのでご参照いただきたい。

　私は、古墳時代の研究を進めるにあたり、大きな枠組みとして時代論と地域論の二つの方向性を意識してきた（第9章・はじめに）。そういう意味で本書は、まずは前者について、不十分ながらも現時点の総括として刊行するものである。浅学非才をかえりみず、前方後円墳の儀礼を論題に当時の政治構造やその動向、思想的背景をとおして時代の特質や歴史性についてまとめてみたいと考え出したのは、30歳代後半の頃だったので、すでに20年近い年月が経過したことになる。これまで、博物館建設や史跡整備、展示改装等々、土浦市の本務では多忙な日々が続いていた。こうしたなか、細々とではあるがあきらめずに自己の研究を継続できたのは、茨城大学の恩師である茂木雅博先生のご教導のお陰である。その学恩は計り知れず、感謝の念に堪えない。

　國學院大學大学院では、短いながら考古学に専心する貴重な時間を過ごすことができ、多くのことを学んだ。指導教官の乙益重隆先生や吉田恵二先生、当時助手だった池田榮史氏にご指導いただき、なにかと面倒を見ていただいた。

　私にとって、在学中に茂木雅博先生を通してご紹介いただいた近藤義郎先生と岩崎卓也先生の存在も大きい。両先生の研究をひもとき活動に接するなかで、その問題意識や考古学研究の社会的役割に対する考え方に感銘を受け、研究を続ける上で大きな支えとなった。

　本書は、学生時代からの友人諸兄や諸先輩研究者、同僚学芸員諸氏との切磋琢磨の結晶でもある。稲村繁氏と渡辺英夫氏には今にいたるまで長くお付き合いいただき、その学問的刺激が研究を進める原動力となってきた。また、調査や研究会を共にし、ご教示いただいた方は多数にのぼり、資料の実見に際しては、関係諸機関に多大な便宜を図っていただいた。

　残念ながら、乙益重隆先生と近藤義郎先生のお二人はすでに亡くなられてしまったが、私は本書を刊行するにあたり、以上の方々や機関に記して感謝の意を表したい。

　本書の出版には、同成社社長佐藤涼子氏と編集の三浦彩子氏に大変お世話いただいた。同社会長の山脇洋亮氏からは十数年来、見捨てずに研究のまとめをお勧めいただいた。最後に、深甚なる謝意を表し、御礼申し上げたい。

2013年11月

塩谷　修

索　引（事項・遺跡名・人名）

【あ行】

安威1号墳　　77, 81, 84
青木一男　　148
青木豊昭　　157
青塚古墳　　77, 81, 84
青塚茶臼山古墳　　77, 81
青柳1号墳　　236
青柳泰介　　189
赤城寺裏山古墳　　99
赤塚古墳　　100
赤塚次郎　　51, 73, 106, 107, 116
赤土山古墳　　151, 152, 192, 203, 223
赤堀茶臼山古墳　　196, 203, 209
秋葉山3・5号墳　　140, 145
秋元陽光　　244
阿久山1号墳　　98
朝顔形（円筒）埴輪　　12, 76, 151, 152, 155
朝倉瀧古墳　　98
朝倉2号墳　　27, 32, 77, 81, 84, 139, 140
葦間山古墳　　77, 81, 113, 137, 139
味美二子山古墳　　198
飛鳥時代　　229, 255
阿曽岡・権現堂1・2号墳　　98
安土瓢箪山古墳　　77, 81, 84
安戸星1号墳　　31, 32, 39, 100, 116, 123, 127, 130
姉崎天神山古墳　　113
阿弥陀塚古墳　　126, 132, 134, 256
綾女塚古墳　　163
荒蒔古墳　　196, 221
有馬遺跡　　256
粟田石倉古墳　　236
庵寺山古墳　　192, 202
行燈山古墳　　44, 46, 131
安養寺1号墓　　67
飯塚35号墳　　163
井博幸　　256
家形埴輪　　4, 12, 17-19, 151, 157, 170-172, 181, 184, 189-191, 198, 208, 210, 216, 219-222, 251, 252, 254
　　入母屋形式——　　190, 199, 202, 203, 209, 210, 215, 216, 220, 221, 222
　　片流れ形式——　　190, 203, 216, 222
　　切妻形式——　　190, 202, 203, 209, 215, 216, 220
　　伏屋形式——　　190, 191, 208
　　寄棟形式——　　190, 199, 202, 203, 209, 210, 215, 216, 220, 221

池浩三　　218, 219
池田遺跡4号墳　　164, 185
飯合作1・2号墳　　30-32, 52
石囲い木槨　　256
石倉山9号墳　　237
石倉山古墳群　　234
石塚山古墳　　77, 81, 83, 84, 90
石橋充　　244
石山古墳　　190, 192, 203
出雲地方　　16, 48
伊勢崎・東流通団地1-19-8号墓　　98
伊勢湾地方　　18
板石組横穴式石室　　235, 252
帷帳　　9, 19
井手挟3号墳　　164, 175
伊藤純　　185
伊藤清司　　23
井戸形土製品　　203
稲村繁　　12, 117, 190
稲荷前16号墳　　52
稲荷山古墳　　164
犬形（埴輪）　　172
茨城国造　　234
茨城古墳　　230, 234
鋳物師谷2号墓　　63, 65, 66
今城塚古墳　　190, 196, 215
今富塚山古墳　　113
岩崎卓也　　9, 18, 19, 25, 50, 72, 73, 249
岩松保　　8
岩屋古墳　　231
飲食儀礼　　11
飲食物供献（儀礼）　　10, 13, 15, 216, 240, 242, 252, 255
院塚古墳　　77, 81-84, 86
井辺八幡山古墳　　196
上田早苗　　182, 183
上田宏範　　90, 93, 94, 146
上殿古墳　　42, 77, 81, 84
宇垣匡雅　　94, 116
内堀M-1号墳　　164
菟道門の前古墳　　196, 221
宇野隆夫　　116
馬形（埴輪）　　171, 172, 181, 184
梅原末治　　4, 218, 222, 223
浦間茶臼山古墳　　77, 81, 84, 90

延喜式　181
円筒埴輪　4, 12, 14, 28, 42, 43, 46, 47, 52, 53, 66, 75, 76, 78, 82, 86, 88-90, 92, 94, 110, 113, 126-129, 149, 151, 152, 155, 157, 162, 172, 189, 249, 250, 252, 253
円筒埴輪起源論　75
王権　18, 20, 179
王土　224
王塚古墳　8
王墓　17, 249
大生西1号墳　163, 236
狼塚古墳　196
大上4号墳　100
大坧古墳　90
太田博之　185, 243
大谷山22号墳　164, 172
大塚2・5号墳　236, 237
大塚初重　51, 72
大庭重信　10
大峰山1号墳　100
大和久震平　50
小笠原好彦　189, 190, 219
岡林孝作　244, 256
岡村勝行　189
岡本明郎　223
屋舎人物画像鏡　220
奥田尚　94, 157
おくま山古墳　164, 186
御猿堂古墳　164
小曽根浅間山古墳　113, 133
小田部古墳（墓）　29, 31, 32, 60, 68, 256
御旅山古墳　42, 77, 81, 83, 84, 86, 90
乙女山古墳　194
小野一臣　73
小墓古墳　164
小浜成　18, 223
大日方克己　182
音乗谷古墳　196

【か行】

戈　182, 185, 256
海上他界　15
階層構造　107, 109, 114, 115, 229, 234
階層性　17, 44, 92, 115, 132, 252, 255
階層表示　92, 253
甲斐銚子塚古墳　77, 81, 83, 89, 90, 93
外来系土器　68
外来思想　8, 10, 14, 16
家屋紋鏡　202, 217, 222, 251
鏡塚古墳　113
囲形埴輪　18, 152, 203, 208, 210, 220, 222

風返稲荷山古墳　230, 236
風返大日山古墳　236
笠形木製品　46
笠野毅　23, 53, 93, 134
梶山古墳（群）　237
画像石・画像磚　182, 219, 224, 251
片田山古墳　164
片野23号墳　198, 220
片山古墳　90
滑石製模造品　126
甲冑形埴輪　202
門部　181, 185
香取神社古墳　77, 81, 140
金蔵山古墳　192, 202, 208
蟹沢古墳　139, 140
冑形埴輪　161
甲山古墳　236
上出島2号墳　31, 32, 40, 77, 81, 82, 84, 87, 145
上侍塚北古墳　100
上侍塚古墳　100, 106
上縄引C-14号墓　98
上根二子塚1・3号墳　99, 138, 139
上福田13号墳　237
上細井稲荷山古墳　140, 145
亀の子塚古墳　99
仮面　180-183, 185, 256
蒲原宏行　93
唐古・鍵遺跡　224
カラネガ岳2号墳　158
軽里4号墳　196
川井稲荷山古墳　113, 128, 133
川西宏幸　16, 23, 53, 93, 127, 135, 158, 186, 223, 252, 256
瓦塚古墳　164, 172, 198
河輪聖天塚古墳　77, 81, 82, 87, 145
冠位十二階　228
官人化　20
勘助野地1号墳　77, 81, 82, 84
関東地方　19, 25, 39, 42, 51, 55, 59, 60, 62, 68, 69, 71, 72, 76, 88, 97, 107, 121, 128, 133, 137-139, 146, 162, 175, 176, 178, 179, 186, 203, 210, 227, 243, 249-251, 253
観音寺山古墳群　234
神原神社古墳　77, 81, 84
菊水山2号墳　236
器財埴輪　161, 170, 172, 189, 202, 208, 210, 215, 254
后塚古墳　100
岸本直文　135
器台形円筒埴輪　17, 76, 82, 86, 88, 89, 92, 110, 113, 119-121, 123, 127, 128, 130, 132, 134, 189, 250, 251,

254
北作1号墳（墓）　　30-32, 38, 41, 52, 57, 256
北平1号墓　　10
北西原1号墳　　244
喜谷美宣　　223
北枕の思想　　4, 15, 252
北山茶臼山古墳　　77, 81, 83, 84, 86, 98, 139, 140
北山茶臼山西古墳　　77, 81, 83, 84, 101, 139, 140
狐塚古墳　　31, 32, 37, 41, 52, 100, 137, 139
狐山古墳　　164
キトラ遺跡方形台状墓　　63
畿内型（横穴式）石室　　13, 235, 254
畿内系大型高杯　　140, 145, 146, 251, 254
畿内地方　　16, 42, 48, 60, 63, 68, 96, 179, 184, 185, 210, 242, 244, 253
蓋形埴輪　　151, 157, 189, 199, 202, 208, 210, 215, 219, 222, 251
木下良　　117, 135
木原台4号墳　　231
吉備地方　　16, 48, 63, 66, 68, 71, 72, 75, 94, 119, 253
九州型（横穴式）石室　　235, 244
九州地方　　128, 162, 210
宮中野大塚古墳　　231, 234, 237, 242, 244
宮中野99-1号墳　　231, 237
供献土器　　208, 216, 235
行者塚古墳　　194, 203
居館　　12, 189, 190, 216
鋸歯紋　　165
儀礼体系　　4, 19, 255
近畿地方　　119, 162, 178, 256
釘付式木棺　　240, 243, 244
草摺形埴輪　　151
櫛山古墳　　146, 151-153
くびれ部　　4, 18, 27-31, 39, 42, 44, 46, 52, 86, 110, 121, 130, 131, 137, 138, 146, 149, 155, 170, 172, 176, 178, 249, 253, 254, 256
熊野神社古墳　　77, 81, 84, 139, 140
熊野堂1号墓　　98
組み合わせ式箱形木棺　　18, 235
倉賀野浅間山古墳　　113
栗又四箇岩屋古墳　　237
栗村東5・10・12・19号墳　　236, 237
車崎正彦　　12, 21
車塚古墳　　66, 67
黒田龍二　　223
黒姫山古墳　　196
黒宮大塚墳丘墓　　63, 65, 66
桑57号墳　　163
群集墳　　16, 153, 228, 230
群中配置　　171, 176, 178, 179, 181, 184

形象埴輪　　14, 44, 152, 157, 170-172, 176, 178, 181, 184, 189, 190, 199, 203, 209, 210, 219, 222, 228, 249, 251, 252, 254, 255
貝徳寺古墳　　164
戟　　179, 182, 185
華蔵寺裏山古墳　　99
結界　　12, 252
剣崎天神山古墳　　140, 145
小石塚古墳　　77, 81
小泉大塚越3号墳　　164
高句麗　　16
公津原H41号墳　　237
公津原古墳群　　231
孝徳朝　　229
神門5号墓　　60, 68
神門4号墳（墓）　　29, 31, 32, 41, 51, 52, 60, 62, 68, 69, 71, 250, 256
神並遺跡　　164
高野山1・2・4号墳　　163, 236, 237
弘法山古墳　　69
古海松塚古墳　　99
後漢書　　182
国造制　　6, 228, 252
極楽寺ヒビキ遺跡　　223
小島芳孝　　72, 93
戸籍　　20
古代国家　　20, 229, 243
後藤守一　　12, 223
コトドワタシ　　6, 9
小林三郎　　25, 51, 72
小林太市郎　　182, 186
小林行雄　　4, 6, 9, 161, 223
古墳祭祀　　7, 12, 19, 36, 41, 42, 44, 55, 68, 71, 88, 146
古墳文化　　20
駒形大塚古墳　　28, 31, 32, 38, 41, 57, 99, 101, 107, 114, 115
小室勉　　49
子持家形埴輪　　190, 217, 219
権現坂埴輪製作遺跡　　164
権現山51号墳　　77, 81, 84, 90
権現山方形周溝墓　　60
誉田山古墳　　44, 46
近藤義郎　　4, 20, 21, 73, 75, 93, 94, 116, 156, 243
崑崙山　　15, 16

【さ行】
祭祀儀礼　　15-21, 43, 55, 72, 110, 132, 222, 249, 251-255
彩色壁画　　240
祭壇（状）施設　　148, 153, 156

在地首長墓祭祀　68, 71, 250, 252, 254, 255
西都原古墳群　190, 203
西都原170号墳　217
桜井茶臼山古墳　42, 46, 47, 75, 77, 81-84, 94, 129, 131, 134
桜塚古墳　100
佐自塚古墳　31, 32, 37, 38, 41, 52, 139, 140
佐味田宝塚古墳　217
山陰地方　68, 162, 250, 254
三角縁神獣鏡　83, 252
三神山　15
山上他界　15, 242
三段築成　4, 6, 15, 16, 19, 45, 46, 151, 252
山王寺大桝塚古墳　28, 31, 32, 37, 39, 40, 52, 77, 81, 83, 84, 99, 106, 139, 140
三王山南塚1・2号墳　99, 101
三之分目大塚山古墳　231, 235, 236
三変稲荷神社古墳　77, 81-84, 86, 139, 140
三昧塚古墳　235, 236
三昧山2号墳　164
山陽地方　250, 254
寺院　20
塩1・2号墳　138, 139
塩谷修　23, 72, 116, 243, 244
心合寺山古墳　194
鹿形（埴輪）　172
鴫谷東3号墳　194, 209
寺家ノ後B1・B2・B3号墳　237
諡号　9
宍塚古墳群　230
宍塚大日山古墳　236
四神思想　16
設楽博己　185, 256
地鎮儀礼　5, 249
祠堂　4, 182, 189, 222
誄　9
渋谷向山古墳　44-46
島状施設　198, 203, 208, 210, 216
清水真一　185
清水久男　135
下郷SZ42号墳（下郷10号墳）　28, 32, 39, 53, 98, 138, 139
下郷SZ46号墳（下郷天神塚古墳）　53, 139, 140
下佐野ⅠA-4号墓　98
下佐野寺前6・9号墳　98
下侍塚古墳　28, 32, 40, 53, 77, 81, 84, 90, 100, 106, 138, 139
下庄司原1号墳　99
しゃくし塚古墳　140
周溝　15, 25, 28, 29, 51, 52, 60, 110, 138, 140, 145, 242
周隍　124, 129
周濠　46
周堤　198, 210, 215, 222
周庭帯　126, 129
十二天塚古墳　140, 145
儒教　16
首長系譜　229, 231, 235, 244
首長権（霊）継承儀礼　4, 5, 10, 13, 14, 184
首長墳　252, 253
首長墓祭祀　14, 17, 18
首長霊　4, 5, 189, 249
朱の愛好（使用）　4, 15, 16, 19, 252
周礼　182
寿陵　4, 5, 15, 242
春林院古墳　77, 81, 84
将軍山古墳　164
常光坊谷4号墳　196
昇仙（図）　15, 182, 183, 219, 222, 251
常総地域　227, 229, 235, 240, 242, 244, 251, 253
城山1号墳　236
城山古墳群　231
松林山古墳　89, 93
初期国家　20, 228, 243
続日本紀　181
食物供献（儀礼）　7, 9, 11, 19
白石稲荷山古墳　140, 145, 196, 203, 209
白石太一郎　5-7, 9, 10, 14, 23, 24, 94, 243, 244
白方5号墳　163
神仙界　182-184, 220, 222, 255
神仙観　16, 252
神仙思想　15, 183, 184, 190, 219, 222, 251, 252, 254, 255
新皇塚古墳　29, 32, 40, 53, 77, 81, 83, 84, 93, 140
人物埴輪　5, 12-14, 161, 162, 170-172, 176, 179-181, 184, 185, 189, 210, 215, 251, 252, 255
新豊院山3号墓　68, 69
新保下條2号墳　198, 220
新保田中村前8号墓　98
信立祥　23, 182, 186, 249
推古朝　20, 228, 249
水神山古墳　30, 32, 52
瑞龍寺山頂（遺跡）　10
据えつける棺　7
陶邑　47
菅原東埴輪窯跡　164
椙山林継　51
杉山晋作　12, 94
寿行地古墳　237
菅沢2号墳　196, 210

鈴木敏弘　　52
鈴木裕芳　　134
鈴の宮7号墓　　98
州浜状施設　　15
巣山古墳　　194, 220
諏訪山5・29号墳　　27, 31, 32, 138, 139
成熟国家　　20, 228, 243
関亀令　　49
関川尚功　　53, 157
石室入口　　170
石製模造品　　145
関野1号墳　　77, 81
石槨　　5, 7
石棺系石室　　235, 240, 243, 244, 252
勢野茶臼山古墳　　196
専行寺古墳　　237
浅間塚古墳　　113
浅間山古墳　　231, 234, 236
塼室墓　　9
禅昌寺山古墳　　236
仙道古墳　　164, 185
前方後円形小墳　　234
前方後円墳祭祀　　5, 8
前方後円墳祭式　　6
前方後円墳出現期　　16, 53, 252, 254, 256
前方後円墳体制　　20, 243, 255
前方後円墳築造儀礼　　15, 17, 20, 21, 101, 133, 228, 243, 249, 252, 253, 255
前方後方形周溝墓　　101, 107, 115
前方部祭壇説　　4
双脚輪状文形埴輪　　172
造山3号墳　　68
装飾古墳　　8
喪葬儀礼　　3, 6, 7, 8, 10, 11, 19, 183, 184, 228, 242, 250, 251, 256
葬送儀礼　　10, 11
喪葬祭祀　　4, 25, 32, 36, 38, 39, 41-43, 52, 55, 57, 71, 148, 153, 155, 245, 249, 250
そとごう1号方形周溝墓　　60
外堤　　46, 170, 176, 181
曾布川寛　　23, 186

【た行】
大王墳　　92, 132, 252
大王山9号方形台状墓　　63
大化の改新　　229
台形状施設　　146-148, 151-153, 155, 156, 251, 254
大師唐櫃古墳　　236
太子堂塚古墳　　164
大儺　　181, 182

大日塚古墳　　236
台の内古墳　　237
内裏式　　181
楕円筒形埴輪　　152, 157
他界観（念）　　6-8, 10, 251, 254
他界思想　　6, 7, 15, 19, 20, 108, 115, 228, 242, 254
高井田山古墳　　11
他界の演出　　15, 21, 249, 251, 255
高崎山2号墳　　235, 236, 244
高根信和　　134
高橋克壽　　12, 185, 190, 198
高橋工　　185
高橋照彦　　20
田上雅則　　53
高松C墳墓遺跡（墳丘墓）　　10, 68, 69
高廻り1・2号墳　　192, 194
高山1号墳　　237
高山塚古墳　　126, 132, 134, 256
宝塚1号墳　　209
宝塚古墳　　100, 194
瀧川政次郎　　186
田口一郎　　93, 116
田宿天神塚古墳　　139, 140
大刀形埴輪　　172
辰巳和弘　　9, 185, 186, 218, 219, 223
盾　　182, 256
竪穴式石室　　16, 63, 65, 66, 69, 75, 83, 151, 155
盾形埴輪　　157, 161, 165, 172, 189, 202, 208, 215
楯築墳丘墓　　63, 65, 66
盾持人物埴輪　　17, 19, 161, 162, 165, 170-176, 178-183, 185, 186, 251, 252, 254, 256
盾持人埴輪　　256
縦横突帯付壺形土器　　31, 130
田中清美　　146, 156
田中新史　　51, 72, 116, 117, 134, 135
田中英夫　　157
田中裕　　117
田中良之　　245
谷川健一　　23
玉城一枝　　21
珠城山3号墳　　164
短甲形埴輪　　151, 152
単独配置　　171, 175, 176, 178, 179, 181, 183
千賀久　　73
千葉隆司　　244
茅原大墓古墳　　256
茶臼山古墳　　231
中国思想　　4, 6, 9, 15, 16, 252, 256
中国大陸　　9
中部地方　　162

朝子塚古墳　　28, 32, 39, 43, 52, 53, 77, 81, 89, 90, 93, 113, 138, 139
銚子塚古墳（佐賀県佐賀市）　　77, 81, 84, 90
銚子塚古墳（静岡県磐田市）　　90
朝鮮半島　　6, 8, 9, 19, 182, 242, 254, 256
長辺寺山古墳　　113
勅使塚古墳　　30-32, 41, 57, 59, 100, 137, 139
塚田良道　　12, 185, 186, 243
塚の越1号墳　　164
塚廻り1号墳　　163, 172
塚堂古墳　　164
月の輪古墳　　194, 196, 208
筑紫君磐井　　6, 243
造り出し　　12, 17-19, 46, 110, 145, 146, 155, 158, 171, 172, 176, 198, 203, 208, 210, 215, 216, 249, 251, 253, 254
津古生掛古墳　　77, 81, 84, 86
堤台方形周溝墓　　59
堤東2号墓　　98
都出比呂志　　4, 6, 14, 15, 19-21, 51, 75, 86, 93, 94, 158, 243, 252, 256
椿井大塚山古墳　　83, 130
壺形埴輪　　14, 17, 18, 46, 48, 53, 75, 76, 78, 82, 86-89, 92, 110, 115, 119-121, 124, 126-130, 132, 134, 137, 139, 140, 145-147, 249-254
壺杆塚（韓国慶州市）　　182
鶴塚古墳　　145
底部穿孔壺　　10, 53
手繰ヶ城山古墳　　151-153
手古塚古墳　　138, 139
出島状施設　　15
寺沢薫　　69, 73, 134, 135
寺戸大塚古墳　　4, 10, 48, 155, 192, 199, 202
寺床1号墳　　68
寺戸鳥掛古墳　　164
寺山古墳　　99
天祥寺裏古墳　　164
天神塚古墳　　126
天神森古墳　　77, 81
天皇陵古墳　　43, 44, 48, 49, 250
東海系土器群　　19, 68
東海西部系高杯　　145
東海西部地域　　62, 68, 69, 71, 115, 137, 250, 253
東海地方　　68, 71, 72, 97, 107, 114, 202, 250
東海道　　115, 132, 133, 250, 253, 254
東間部多2号墳　　29, 32
道教　　16
峠1号墳　　237
東山道　　114, 133, 254
導水施設形土製品　　203, 208, 220

道祖神1号墳　　237, 240
道祖神裏古墳　　138, 139
同祖同族関係　　3, 20, 243
動物埴輪　　172, 210, 215
東北地方　　97, 115, 128, 162, 210
灯籠山古墳　　151-153
十日塚古墳　　230, 234, 236, 240
土器供献　　63, 222, 255
土器祭祀　　9, 14, 16-19, 43, 44, 49, 55-57, 59, 60, 62, 63, 66-69, 71, 72, 110, 137, 145, 146, 153, 156, 249-254
土器副葬　　250
特殊器台（形土器）　　65-68, 75, 76, 119
特殊器台形（円筒）埴輪　　18, 45, 47, 48, 86, 90, 94, 119, 123, 127
特殊壺（形土器）　　65-68, 75, 76, 119
特殊壺形埴輪　　45, 47, 86, 94
土製供物　　12, 199, 208, 210, 216, 222
都月1号墳　　77, 81, 84, 88, 94
都月2号墓　　63, 66
突出部　　39, 42, 51, 60, 62, 65, 130, 131
土塔山古墳　　230
殿部田1号墳　　198, 221
富沢7号墳　　99
鳥形（埴輪）　　152, 202, 208, 215, 222
鳥越古墳　　29, 31, 32, 38

【な行】
中井正幸　　117
長坂二子塚古墳　　77, 81, 82, 84, 87
中台2・6・18・19・21・26・34号墳　　163, 236, 237
中堤　　170-172, 176, 181
中の城古墳　　164, 176
中野富士山古墳　　256
中野面A-14号墓　　99
中二子古墳　　163
長堀2号墳　　100
中村一郎　　23, 53, 93, 134
長持形石棺　　151, 235
中山A-1号墓　　98
中山大塚古墳　　90, 129, 131, 149, 152, 153
那須八幡塚古墳　　28, 31, 32, 38, 50, 99, 106, 138, 139
七つ坑1号墳　　77, 81, 84, 90
成田3号墳　　237
新沢千塚古墳群　　153
新納泉　　18, 254
ニゴレ古墳　　194, 200
西桂見遺跡　　67
西川修一　　116
西嶋定生　　21

西谷 3 号墓　　67
西殿塚古墳　　77, 81, 130, 131
西野 3 号墳　　77, 81, 84
西山 1 号墳　　100
二重口縁壺形土器　　50, 53, 110, 134, 255
二段築成　　6, 19, 124, 151
日天月天塚古墳　　235, 236
二の沢 B-1・2・6 号墳　　100
日本後紀　　181
鶏形（埴輪）　　172, 189, 199, 202, 215, 219, 222, 223, 251
根田 6 号墳　　77, 81, 83, 84
根塚墳丘墓　　10
粘土槨　　19, 28, 38, 39, 40, 42, 52, 66, 86, 153
納棺儀礼　　5, 7
能満寺古墳　　29, 31, 32, 38, 56, 59
野毛大塚古墳　　145
野中宮山古墳　　194, 208

【は行】
拝塚古墳　　164, 174, 175, 179
墓山古墳　　164, 175, 179, 180
舶載鏡　　38, 87
薄葬令　　229
箱石浅間古墳　　77, 81, 139, 140, 252
箱式石棺　　235, 240, 242, 249, 253
羽子田 1 号墳　　164
箸墓古墳　　18, 44, 46-49, 77, 81, 82, 86, 90, 94, 119, 121, 126, 128, 130, 131, 135, 250
橋本博文　　53, 94, 116, 117, 135, 185
橋本裕行　　224
撥形前方部　　149
八幡塚古墳　　230, 234
八幡山古墳　　113
八角墳　　20, 229
花野井大塚古墳　　236
羽成 7 号墳　　237
埴輪の終焉　　228
埴輪配置　　9, 14, 16, 43, 44, 48, 49, 55, 72, 240, 242, 249, 251-253, 255
埴輪配列　　52, 76, 89, 90, 92, 148
土生田純之　　6, 244
原 1 号墳　　30-32, 52, 100, 137, 139
原山 1 号墳　　163
春成秀爾　　73, 75, 93, 94
坂靖　　134
蕃上山古墳　　196, 210
東大沼 4 号墳　　100
東台古墳群　　234
東台 4 号墳　　237

東殿塚古墳　　12, 77, 81, 128, 130
東野台 2 号墳　　27, 32
東原 B-1・2・14・16 号墓　　98
東深井 9 号墳　　163
瓢塚古墳（茨城県常陸太田市）　　126
瓢塚古墳（静岡県掛川市）　　77, 81-84, 86, 87
菱田哲郎　　6, 17, 19
比田井克仁　　145, 156
日高慎　　185, 186
日立精機 2 号墳　　236
日葉酢姫陵古墳　　192
平尾城山古墳　　10, 48, 192, 199
平沢 1・3・4 号墳　　230, 237
昼飯大塚古墳　　192, 202
広瀬和雄　　5, 8, 17, 20, 234, 243, 253
深澤敦仁　　116
深長古墳　　77, 81
葺石　　11, 14, 27, 45, 46, 121, 124, 151, 152, 155
複合口縁壺形土器　　27, 30, 57
福永伸哉　　5, 14, 17, 252
藤沢敦　　117, 243
藤ノ木古墳　　7, 8, 182
富士見塚古墳　　163, 196, 235, 236
富士見塚 3 号墳　　236
藤本観音山古墳　　77, 81, 88, 90, 99, 106, 113, 138, 139
富士山古墳（神奈川県横浜市）　　164, 185
富士山古墳（栃木県壬生町）　　198, 220
富士山 4 号墳　　100
武人（埴輪）　　172, 181
部族連合　　4, 20, 243
舞台 1・9 号墳　　98, 99
府中愛宕山古墳　　229
仏教文化　　20
舟形石棺　　83, 152
船玉古墳　　231, 237, 240
舟塚古墳　　163, 198, 235, 236, 242
舟塚山古墳　　229, 231, 234
舟塚山 14 号墳　　235, 236
フラスコ形長頸壺　　244
古谷毅　　223
古屋紀之　　10
不老長寿　　15
墳丘規格　　251
墳丘裾部　　5, 30, 39, 44-46, 67, 82, 88, 138, 140, 145, 151, 170, 178, 198, 208, 210, 215, 253
墳丘中段　　170, 172, 178
墳丘墓　　16, 17, 51, 55, 60, 63, 68, 71, 110, 112, 228, 250, 252, 254, 256
墳頂部　　10, 15, 19, 29, 43, 44, 63, 67, 82, 88, 110,

137-140, 155, 198, 202, 203, 209, 210, 216, 222, 235, 242, 251, 253, 254
墳墓祭祀　　62, 63, 66, 68, 69, 71, 72, 137, 250
辟邪　　5, 8, 15, 161, 181-184, 186, 235, 240, 242, 251, 252, 254, 255
別所1号墳　　164
別所茶臼山古墳　　113
蛇塚古墳　　164
部民制　　6, 17, 19, 228, 253
弁天塚古墳　　231, 235
弁天山A1号墳　　77, 81
弁天山古墳　　231
弁天山D2号墳　　196
方形周溝墓　　10, 42, 52, 55, 59, 60, 63, 68, 71, 97, 101, 109, 110
方形台状墓　　63, 67, 68, 71
方形埴輪列　　48, 155, 198, 199, 254
奉仕　　12, 14, 15, 184, 186, 240, 251, 252, 255
北條芳隆　　90, 93, 94
仿製鏡　　40, 83
方相氏　　181-184, 186, 251, 256
方壇状施設　　18, 152, 153, 155
北陸地方　　162
ホケノ山古墳　　10, 53, 131, 134, 256
墓壙（坑）　　4, 5, 7, 10, 29, 60, 63, 65, 67, 147, 182
星神社古墳　　113, 115, 119, 123-126, 128, 131, 132, 134, 250, 251, 256
星の宮浅間塚古墳　　99
墓上儀礼　　5
墓前儀礼　　5, 7, 12
帆立貝形古墳　　158, 170, 172, 178, 179, 229, 234
保渡田Ⅶ遺跡　　163
保渡田八幡塚古墳　　163, 196
堀ノ内CK-2号墳　　98, 138, 139
堀ノ内DK-4号墳　　139, 140
梵天山古墳　　113, 115, 119, 120, 123, 125, 127-129, 131, 132, 134, 137, 139, 250, 251, 256

【ま行】

埋葬儀礼　　15, 48
埋納儀礼　　5, 7, 249
前沢輝政　　49, 117, 135
前の山古墳　　164
前橋天神山古墳　　27, 32, 40, 53, 77, 81-84, 86, 90, 98, 113, 138, 139
前橋八幡山古墳　　98
前山2号墳　　27, 32
前六供1号墳　　99
馬王堆墓（中国長沙市）　　16
馬門愛宕塚古墳　　113, 133, 138, 139

間壁忠彦　　73
間壁葭子　　73
纒向遺跡　　69, 135, 256
馬子（埴輪）　　172
真崎5号墳　　100
松浦宥一郎　　223
松木裕美　　186
松塚古墳群　　230
松本岩雄　　94
松山古墳　　99, 106, 113
的場遺跡　　67
丸山1・4号墳　　100, 236
三国の鼻1号墳　　77, 81, 83, 84, 90
水木古墳　　221
水鳥形（埴輪）　　172, 202, 215
水野正好　　5, 12, 185, 223
みそ岩屋古墳　　231
美園古墳（1号墳）　　77, 81, 82, 87, 192, 223
見田大沢1号墓　　63
三ツ城古墳　　196, 210
密封（思想）　　15, 16, 235, 242, 252, 254, 255
峰岸1号墳　　140, 145
壬生愛宕塚古墳　　163
身分制　　17
身分秩序　　14, 17, 242, 250, 253, 255
三宅和朗　　186
ミヤケ制　　6, 17, 19, 228, 243, 252, 253
宮本長二郎　　224
妙見山1号墳　　255
向井佑介　　8, 19, 252, 256
百足塚古墳　　196, 215
武者塚古墳　　237, 240, 244
室宮山古墳　　194, 203, 223
明器　　9
夫婦塚古墳　　231, 234
メスリ山古墳　　130, 132
女塚1号墳　　164
殯（儀礼）　　7, 9, 11, 184, 245
殯宮　　189, 190
茂木雅博　　22, 23, 49, 94, 116, 135, 244
木炭槨　　29, 38, 52, 56
持ちはこぶ棺　　7, 245
木槨（墓）　　16, 17, 65, 134
木棺　　16, 17
木棺直葬　　38, 39, 52, 60, 69, 83, 153
元稲荷古墳　　18, 77, 81, 84, 90
元島名3号墳　　98
元島名将軍塚古墳　　27, 32, 34, 40, 77, 81-84, 87, 90, 98, 138, 139
茂原愛宕塚古墳　　99, 138, 139

茂原権現山古墳　　99
茂原大日塚古墳　　99
森将軍塚古墳　　77, 81, 83, 84, 89, 93, 146-148, 152, 153, 155
森田克行　　190
森本徹　　11, 19, 23, 244, 256

【や行】

屋敷内 B-1 号墓　　99
矢島宏雄　　93
八ツ木浅間山古墳　　99
矢中村東 3 号墓　　98
矢場鶴巻山古墳　　99
山尾幸久　　243
山木古墳　　30, 32, 52, 139, 140
山口 1・2 号墳　　235, 236
山口隆夫　　52
山崎 1 号墳　　52, 99, 138
大和政権　　3, 55, 69, 71, 72, 115, 133, 146, 156, 227, 228, 243, 244, 250-255
大和地方　　42
山名 1 号墳　　164
山野井清人　　52
山の根古墳　　138, 139
有段口縁壺形土器　　27-31, 47, 48, 53, 56, 57, 63, 86, 87, 93, 94, 110, 119, 121, 124, 125, 127, 131, 139, 140, 145
靫形埴輪　　172, 202, 215
能峠南山 7 号方形台状墓　　63
俑　　9, 182, 183, 186
要害山 3 号墳　　236
用木 3 号墳　　66
養老喪葬令　　181

横穴式石室　　7-9, 11, 13, 16, 17, 19, 126, 153, 198, 215, 228, 235, 240, 242, 249, 253, 254
横口式石槨　　240
吉田温泉神社古墳　　99, 106, 109
四隅突出型墳丘墓　　67
米田敏幸　　53
黄泉国　　6, 8
黄泉戸喫　　6, 9

【ら行】

雷神山古墳　　77, 81, 90
洛陽前漢壁画墓 M61 号（中国洛陽市）　　186
洛陽前漢卜千秋墓（中国洛陽市）　　186
律令制（国家）　　20, 255
李杜鉉　　186
竜角寺 24・101・108・112 号墳　　163, 234, 237
陵墓　　44, 48
陵墓参考地　　44, 48
霊肉分離　　8
連合体制　　3, 20, 71
連続三角紋　　8, 165, 179
楼閣建物　　219, 222, 224, 251
六呂瀬山 1 号墳　　152, 153

【わ行】

若狭徹　　12, 185
若松良一　　12, 161, 223
和田晴吾　　5, 7, 11, 14, 17, 18, 20, 86, 93, 158, 228, 243-245, 255, 256
渡辺貞幸　　73
綿貫観音山古墳　　8, 163, 172, 198, 221
割竹形石棺　　152
割竹形木棺　　19

前方後円墳の築造と儀礼
（ぜんぽうこうえんふん　ちくぞう　ぎれい）

■著者略歴■
塩谷　修（しおや　おさむ）
1957 年　茨城県生まれ
1981 年　茨城大学人文学部文学科史学専攻卒業
1987 年　國學院大學大学院文学研究科日本史学専攻博士課程単位取得修了
1985 年　土浦市教育委員会博物館準備室
1988 年　土浦市立博物館学芸員
現　在　土浦市立博物館副館長
主要論著
・「霞ヶ浦沿岸の前方後円墳と築造規格」『常陸の前方後円墳（１）』茨城大学人文学部考古学研究室、2000 年
・「筑波山南麓の六所神社と巨石群」『山岳信仰と考古学』同成社、2003 年
・「古霞ヶ浦沿岸における古墳時代前期玉作の歴史的意義」『常総台地』16 号、2009 年
・「古墳時代古霞ヶ浦沿岸社会の論点」『土浦市立博物館紀要』第 21 号、2011 年
・「古代筑波山祭祀への視角―内海をめぐる交流・交通と祭祀の源流―」『東国の地域考古学』六一書房、2011 年

2014 年 4 月 12 日発行

著　者　塩谷　修
発行者　山脇洋亮
印　刷　藤原印刷㈱
製　本　協栄製本㈱

発行所　東京都千代田区飯田橋 4-4-8
（〒 102-0072）東京中央ビル　㈱同成社
TEL 03-3239-1467　振替 00140-0-20618

ⒸShioya Osamu 2014. Printed in Japan
ISBN978-4-88621-661-8 C3021